사회복지개론

사회복지개론

2025년 2월 24일 초판 1쇄 찍음
2025년 3월 6일 초판 1쇄 펴냄

지은이 이준상·이진숙·조한진·현진희·박영준·양난주·김문근
　　　 김사현·이현주·김석주·곽민영·이동석·이승주

책임편집 정용준
편집 김찬호·박훈·정지현
디자인 김진운
본문조판 민들레
마케팅 유명원

펴낸이 윤철호
펴낸곳 ㈜사회평론아카데미
등록번호 2013-000247(2013년 8월 23일)
전화 02-326-1545
팩스 02-326-1626
주소 03993 서울특별시 마포구 월드컵북로6길 56
이메일 academy@sapyoung.com
홈페이지 www.sapyoung.com

사회복지개론

이준상 이진숙 조한진 현진희 박영준 양난주 김문근
김사현 이현주 김석주 곽민영 이동석 이승주 지음

사회평론아카데미

서문

　　사회복지의 목적은 인간이 사회적으로 원활히 기능하게 하는 데 있다. 이러한 사회복지는 현대사회가 지향하는 지표로, 사회복지사는 전문직 종사자로서의 윤리의식에 기반하여 사회복지를 실현하기 위해 노력한다. 이들은 사회복지실천에 관한 지식을 쌓고 기술을 갖춰 사람들이 욕구를 해결할 수 있게 돕고, 사회복지 이념과 정책을 근본적으로 이해함으로써 사회변화에 대응한다. 이 책은 미래의 사회복지사 혹은 사회복지 전문가를 꿈꾸며 사회복지를 전공으로 선택한 학생이나, 사회복지에 관심이 있는 이가 사회복지를 학문적으로 연구하는 데 필요한 기본 개념을 체계적으로 다루었다. 또한 한국사회복지교육협의회에서 제시한 「2022 사회복지 교과목 지침서」에 근거하여 내용을 구성하였으며, 대부분 대학교에서 실시 중인 15주 수업에 적합하도록 13개의 장으로 목차를 만들었다.

　　먼저 제1장부터 제3장까지는 사회복지와 관련된 개념을 정의한다. 제1장에서는 사회복지의 다양한 개념, 사회복지의 목적과 기능 그리고 사회복지학이라는 학문의 과학적 기반을 다룬다. 제2장에서는 사회복지의 동기를 살펴보고 현대사회의 사회복지가 지향하는 기본 가치를 소개한다. 제3장에서는 인권의 개념과 특성을 이해한 다음, 이를 기반으로 사회복지실천의 개념과 실천 방법을 톺아 본다.

제4장과 제5장에서는 사회복지의 구성 요소와 공급 주체를 설명한다. 제4장에서는 사회복지의 주요 구성 요소인 욕구, 대상, 자원에 대한 기본 이론을 설명하고, 이 세 요소를 균형 있게 구성하는 기초 지식을 살펴본다. 제5장에서는 사회복지 공급 주체를 구분하는 기준과 각 주체의 이론적 특징, 한국 사회복지의 공급 체계를 이해하고, 다양한 공급 주체가 사회복지수급자와 전체 사회복지에 대해 갖는 의미를 알아본다.

제6장부터 제8장까지는 사회복지가 역사적으로 어떠한 발전을 거쳐 현재의 모습이 되었는지 조명한다. 제6장에서는 사회복지제도가 어떤 역사적 사건과 사상을 배경으로 생겨나고 변화해 왔는지를 서양과 우리나라의 경우로 구분하여 살펴본다. 제7장에서는 복지국가의 개념과 형성 및 발전 과정을 설명하고 현존하는 복지국가들의 현재 상황과 미래 전망을 제시한다. 제8장에서는 현대 사회복지정책의 개념과 사회복지정책의 근간이 되는 대표적인 사상, 그리고 우리나라 사회복지정책의 역사적 변화와 현황을 개관한다.

제9장부터 제11장까지는 사회복지실천의 실제에 초점을 맞추었다. 제9장에서는 사회복지실천의 정의, 실천의 바탕을 이루는 이론적 관점 및 실천 윤리를 설명한다. 제10장에서는 사회복지실천 지식 체계의 핵심과 사회복지실천 시 활용하는 기술 및 실천 과정을 살펴본다. 제11장에서는 우리나라의 사회복지사 자격제도와 정신건강·의료·학교 사회복지사와 같은 전문사회복지사 제도를 소개하고, 일반사회복지사의 주된 실천 방법이라고 할 수 있는 사례관리에 대해 알아본다.

제12장과 제13장에서는 지역 규모의 사회복지실천에 중점을 두었다. 제12장에서는 지역복지의 개념과 원리, 지역사회복지실천의 이론적 배경 및 다양한 추진 체계를 소개한다. 마지막으로 제13장에서는 개인 변화와 사회 변화, 장애인 당사자주의, 시설보호와 탈시설화 등의 사회

적 이슈를 다룬다.

이처럼 다양한 주제를 다루는 만큼, 이 책에서는 각 장을 읽으며 생각해 볼 만한 질문을 부제목으로 제시하고, 각 장의 끝에 토론 주제를 담았다. 이를 통해 사회복지학에 첫발을 디딘 학생들이 학습한 내용을 주체적으로 정리하고 더 깊이 이해하게 되기를 바란다.

이 책은 대구대학교 사회복지학과 교수진이, 끊임없이 변화하는 사회복지실천현장에 대응하고자 하는 마음으로, 최신 학술 이론 동향 및 복지제도를 반영하여 집필하였다. 이 지면을 빌려 기존의 『사회복지개론』을 집필한 전재일 명예교수를 비롯한 모든 교수에게 감사한 마음을 전한다. 비록 아직은 완전한 교재라고 볼 수 없지만, 저자진은 이 책의 내용을 지속적으로 보완하여, 학생들이 사회복지학을 보다 체계적으로 이해하는 데 도움을 주기 위해 최선을 다할 것이다. 끝으로 이 책의 출판을 맡아 수고해 준 사회평론아카데미 임직원 일동에게도 고마움을 전한다.

2025년 2월
저자 일동

차례

03 사회복지와 인권

인권 관점의 사회복지실천이란 무엇일까? 67

제1장

사회복지의 개념

사회복지의 개념은 왜 다양하게 정의될까?

사회복지(社會福祉, social welfare)는 무엇일까? 어떤 것을 알기 쉽게 정의한다는 것은 참으로 어려운 일이다. 어떤 대상이나 현상이든 대개 다양한 측면을 가지고 있고, 이를 한두 마디로 짧게 정리해 말하기는 더 어렵다. 게다가 사회복지는 이미 우리에게 너무 익숙한 용어이므로 그 개념을 진지하게 탐구할 필요를 느끼지 못할 수도 있다. 그러나 사회복지를 학문으로 배우거나 전문적 실천 분야로 학습하는 대학생이라면 사회복지에 대해 제대로 설명할 수 있는 능력을 갖춰야 한다. 그러기 위해서는 사회복지의 개념을 체계적으로 학습할 필요가 있다.

또한 사회복지는 하나의 제도이며, 전문직이며, 사회과학 학문이라는 복합적 성격을 지니고 있기에 어떤 측면에 초점을 맞추는가에 따라 다르게 정의될 수도 있다. 바라보는 관점에 따라 사회복지는 넓게 정의되기도 하고, 좁게 정의되기도 한다.

사회복지가 무엇인지 정의하기 위해 본 장에서는 먼저 사회복지의 다양한 개념을 살펴보고자 한다. 그리고 사회복지와 관련 있는 몇 가지 개념을 살펴봄으로써 유사 개념과의 차이에 근거해 사회복지의 개념을 탐구해 볼 것이다. 다음으로 다양한 차원에서 사회복지가 갖는 구성 요소를 살펴봄으로써 사회복지의 개념을 이해할 수 있도록 도움을 주고자한다.

그런 다음 하나의 제도, 실천 전문직, 학문으로서 사회복지가 추구하는 본연의 목적과 기능이 무엇인지 검토하고자 한다. 아울러 학문으로서 사회복지학이 사회과학과 어떤 관계를 지니는지, 사회복지실천과는 어떤 관계를 지니는지 살펴보고자 한다.

이런 일련의 과정을 통해 본 장은 사회복지의 개념을 큰 틀에서 조망하고, 나아가 세부적인 차원에서 정의하는 데도 도움을 주고자 한다.

1 사회복지란 무엇인가?

1) 사회복지의 다양한 개념

(1) 사회복지의 의미

사회복지가 서구 유럽에서 발전한 개념이므로 이들 언어권에서 어떻게 정의되는지 살펴보자. 『케임브리지 학술사전(Cambridge Academic Content Dictionary)』에서는 사회복지를 "빈곤, 질병, 노령 등의 문제를 지닌 사람들을 지원하기 위해 정부 또는 민간 조직에 의해 제공되는 서비스"로 정의한다. 『콜린스 사전(Collins English Dictionary)』에서는 사회복지를 "시민들의 편익을 위해 국가가 제공하는 사회서비스"로 정의한다. 한편 국내 『표준국어대사전』에서는 사회복지를 "국민의 생활 향상과 사회 보장을 위한 사회정책과 시설을 통틀어 이르는 말"로 정의한다.

어의적으로 본다면 사회복지는 '사회(社會, social)', '복지(福祉, wel-fare)' 두 단어가 합쳐진 합성어이므로 두 단어의 의미를 각각 살펴봐야 한다. 『표준국어대사전』에 따르면 '복지'는 행복한 삶을 의미한다. 그렇다면 '사회'라는 수식어는 어떤 의미를 담고 있는 것일까? '사회복지'에서 '사회'라는 수식어에는 '사회 전체의, 사회가 주체로서 실천하는, 사회구성원 전체 혹은 공동체 전체를 위한'이라는 세 가지 의미가 함축되어 있다고 볼 수 있다.

첫째, 사회복지는 사회구성원 개개인의 복지를 모두 합한, '사회 전체의 복지(welfare of the society)'를 뜻한다. 미시적으로는 개개인의 심리적 행복감 등을 의미하며, 경제학적 개념으로는 개개인이 경제적 자산을 소유하고 소비함으로써 누리는 효용(가치, 편익)을 의미한다. 이러한 개개인의 복지 총량을 사회복지라 부를 수 있을 것이다(Greve, 2008).

둘째, 사회복지는 '사회가 주체로서 실천하는 복지(welfare by the society)'를 의미한다. 백인립(2013: 320)은 사회복지를 '자본주의 시장이 아닌 사회를 통한 복지의 재분배'로 정의하고 있다. 이는 자연적인 시장경제를 통해서는 달성할 수 없는 사회구성원의 기본적 복지를 국가나 지방자치단체 등이 주도적으로 사회복지 관련 법령을 제정하고, 정책을 수립하며, 필요한 재원과 전달체계를 만들어 보장한다는 의미를 포함한다. 물론 민간 기업, 종교 조직, 비영리 단체 등 다양한 사회의 주체들 또한 사회복지 재원에 기여하거나 실질적인 서비스 전달 과정에서 중심 역할을 담당한다(성민선 외, 2005: 78-81). 이처럼 공공과 민간을 아우르는 사회의 다양한 주체들이 참여하여 실천한다는 점에서 사회복지는 '사회가 주체가 되어 실천하는 복지'를 뜻하는 것으로 볼 수 있다.

셋째, 사회복지는 '공동체를 위한 복지(welfare for the society)'를 뜻한다. 국가나 지방자치단체가 중심이 되어 복지정책을 수립하고 다양한 실천을 하는 것은 사회공동체 전체 구성원의 삶의 질을 향상시키고, 그 구성원 전체가 행복한 삶을 누리도록 보장하는 데 목적이 있기 때문이다. 즉 사회복지는 보편적인 사회적 위험에 대비하고, 사회문제 해결에 기여함으로써 사회구성원 모두의 소득, 의료, 사회서비스 등을 보장하여 삶의 질과 만족을 향상시키고자 한다(김상균 외, 2011: 26).

(2) 좁은 개념과 넓은 개념

사회복지는 바라보는 관점에 따라 좁은 의미와 넓은 의미를 각각 지닌다. 사회복지를 좁게 정의하면 사회적 약자 혹은 불리한 사람들에게 재정적 지원이나 서비스를 지원하는 것을 의미한다(Romanyshyn, 1971: 3). 이처럼 좁은 의미로 사회복지라는 개념을 정의할 때 사회복지는 빈곤계층, 아동, 노인, 장애인 등 주로 사회적 약자를 대상으로 경제적 지원, 교육 지원, 훈련, 치료, 재활 등의 서비스를 제공하는 것을 뜻한다. 이러한 좁은 의미의 사회복지는 영국의 구빈법(Poor Law)이나 미국의 자선사업에 중심을 둔 사회복지의 초기 형태에 뿌리를 둔다(조홍식 외, 2008). 즉 좁은 의미의 사회복지는 빈곤, 노령, 장애, 질병, 기타 상황으로 인해 스스로 욕구를 충족할 수 없는 사람들을 위한 복지지원을 의미한다(김상균 외, 2011).

사회복지를 넓은 의미로 정의하면 사회복지는 변화하는 사회 현실에 맞추어 사회체계를 유지하고 적응시키는 기능을 담당하는 사회제도를 뜻한다. 이와 같이 넓은 개념으로 볼 때 사회복지는 개개인과 사회 전체의 복지(wellbeing)를 증진하는 데 일차적이고 직접적인 관심을 갖는 모든 형태의 사회적 개입을 의미한다. 그러므로 사회복지는 사회문제의 해결과 예방, 인적 자본의 개발, 삶의 질 향상 등과 관련된 급여와 과정을 비롯하여, 개인이나 가족을 위한 사회서비스와 함께 사회제도를 강화하거나 변형시키는 모든 노력을 포함한다(Romanyshyn, 1971: 3).

넓은 의미의 사회복지는 특수 계층뿐만 아니라 사회 전체 구성원의 삶을 향상시키려는 모든 정책이나 노력을 포함하며, 사회체계의 질서와 안정에 기여하는 고유한 사회제도 중 하나를 의미한다(김상균 외, 2011: 29). 이러한 넓은 의미의 사회복지는 특수한 취약 집단이 아닌 전체 사회구성원을 대상으로 하며, 사회복지 지원의 내용도 제한적인 경제적 지원이나 서비스 지원 외에 소득, 건강, 주택, 교육, 고용, 문화 등 생활의 다양한 측면에서 인간다운 삶의 질을 보장하려는 사회적 지원을 포괄한다. 따라서 넓은 의미의 사회복지는 사회복지전문직의 활동에만 국한되지 않으며 정부의 다양한 부처의 관할 정책 및 사업도 포함한다(조흥식 외, 2008: 38). 예컨대 고용 영역에서는 고용노동부의 구직자 취업 지원, 장애인 고용 촉진 및 직업 재활 관련 정책과 지원, 사회적 기업 육성에 관한 정책과 지원 등을 포함하며, 주거와 관련하여서는 국토교통부의 「주거기본법」에 근거한 다양한 주거 지원, 교육부의 특수교육 지원이나 상담·교육 프로그램 운영 등도 넓은 의미의 사회복지에 포함된다.

(3) 잔여적 개념과 제도적 개념

사회복지는 가족 및 시장의 기능과 맺는 관계에 따라 다른 개념을 지닌다. 먼저 사회복지는 전통적으로 인간의 기본적 욕구를 충족시키는 가족 및 시장이 제대로 기능하지 못하는 상황에서만 인간의 기본적 욕구를 충족시키기 위해 보완적, 보조적으로 등장하거나 기능하는 제도라는 관점이 있다. 이러한 관점에 근거한 사회복지의 개념을 '잔여적 개념(residual conception)'이라 부른다. 잔여적 개념은 인간의 기본적 욕구를 충족시키는 가족이나 시장경제가 제대로 기능하지 못하는 예외적 상황이 있다고 가정한다. 즉 질병이나 장애, 사망, 이혼 등과 같은 이유로 가족이 구성원을 제대로 부양할 수 없는 상황이 존재한다는 것이다. 또한 시장경제는 경기침체나 공황과 같이 개인이 어떻게 할 수 없는 상황으로 인해 기본적 욕구를 충족시키는 데 도움이 되지 못할 수도 있다. 이때 사회복지제도가 등장하여 개인과 가족의 기본적인 욕구를 충족시키는 기능을 한다는 것이다. 이러한 잔여적 관점의 사회복지는 위기 혹은 비상 상황에서만 필요한 제도이며, 가족과 시장경제가 제대로 작동하면 사회복지는 불필요하게 된다. 이러한 잔여적 관점으로 인해 사회복지에는 불가피하게 자선이라는 낙인이 따르게 된다.

한편 인간의 기본적인 욕구를 충족시키는 가족이나 시장경제가 제대로 기능하는가와 관계없이 사회복지를 인간의 기본적 욕구를 충족시키기 위해 항상 존재해야 하는 제도로 바라보는 관점이 있다. 이러한 관점에 근거한 사회복지의 개념을 '제도적 개념(institutional conception)'

이라 부른다. 이 경우 사회복지란 개인이나 집단이 만족스러운 수준의 삶이나 건강을 충족할 수 있도록 설계된 사회서비스 및 제도 전체를 의미한다. 제도적 개념의 사회복지는 사회공동체가 요구하는 바와 조화를 이룰 수 있을 정도로 구성원들의 역량과 복지를 최대 수준까지 향상시키는 것을 목표로 한다. 이러한 제도적 관점의 사회복지는 어떠한 낙인, 위기상황, 비정상적 상황 등을 가정하지 않으며, 현대 산업사회에서 개인이 자아실현을 최대한 달성하는 데 필요한 적절하고 합법적인 기능을 담당하는 제도로 이해된다(Wilensky and Lebeaux, 1965: 138-140). 이 같은 제도적 관점의 사회복지는 더 이상 자선이 아니라 모든 사회구성원의 기본적 권리로 자리 잡게 된다.

(4) 선별주의적 개념과 보편주의적 개념

사회복지를 통해 지원하려는 사람들이 누구인가와 관련하여 사회복지를 두 가지 관점에서 다르게 정의할 수 있다. 우선 사회복지는 사회구성원 중에서 특수한 계층, 범주, 집단, 특정한 조건을 충족시키는 사람들에 한정하여 사회적 지원을 제공하는 것으로 바라보는 관점이다. 이를 사회복지에 대한 '선별주의(選別主意, selectivism) 관점'이라 한다(Titmuss, 1967). 다른 하나는 사회복지는 한 사회의 모든 구성원을 대상으로 욕구에 적합한 지원 혹은 동등한 지원을 제공한다는 관점이다. 이를 사회복지에 대한 '보편주의(普遍主意, universalism) 관점'이라 한다. 이 두 가지 관점은 사회복지 정책이나 실천에서 누구에게 어떤 지원을 제공하여 어떤 효과를 거둘 것인가와 관련하여 많은 관심을 끌고 있다.

보편주의와 선별주의 중 어떤 관점으로 바라보는가에 따라 사회복지의 개념도 전체 국민이나 집단을 대상으로 소득지원이나 사회서비스를 차별 없이 지원하는 것을 의미하거나, 또는 빈곤계층, 장애인, 노인 등 특수한 집단에 한정해 욕구에 부합하는 지원을 제공하는 것으로 인식될 수 있다.

본래 보편주의와 선별주의는 티트머스(Titmuss, 1967)가 사회서비스의 성격을 논하면서 보편적인 서비스와 선별적인 서비스를 구분하여 제시한 것과, 길버트와 스펙트(Gilbert and Specht, 1974)가 사회복지정책을 유형화하여 수급자를 포괄할 것인가 선별할 것인가를 구분한 것을 계기로 사회복지의 주요 관점으로 등장하였다. 이러한 보편주의와 선별주의는 각각 중요시하는 사회 가치가 다르다. 보편주의는 사회 모든 구성원에게 사회복지 지원을 제공하여 어떤 효과를 추구하는 사회적 수준의 효과성을 강조한다. 이에 비해 선별주의는 제한된 재정의 한계 내에서의 특정한 취약 집단의 복지를 향상시키는 효율성(비용 효과성)의 가치를 추구한다. 하지만 현실에서 어떠한 사회복지정책을 보편주의와 선별주의로 선명하게 구분짓기는 어려우며, 보편주의와 선별주의라는 양극단 사이에 다양한 절충적인 방식으로 사회복지가 존재하는 것이 일반적이다(이상은, 2021).

2) 사회복지 관련 개념

(1) 사회보장

사회보장(social security)이란 용어는 사회복지의 역사를 거슬러 올라가 1929년 대공황이 시작된 미국에서 기원을 찾을 수 있다. 당시 경제적, 사회적 위기가 극심해지자 루스벨트 대통령은 경제보장위원회를 설치하여 국민들을 위해 포괄적인 소득보장계획안을 마련하도록 하였고, 그것이 법으로 제정되며 '사회보장법(Social Security Act)'으로 불리게된 데서 사회보장이란 용어가 등장했다고 볼 수 있다. 하지만 국제사회에서 사회보장이라는 개념이 널리 확산된 것은 국제노동기구(International Labor Organization: ILO)가 각 국가로 하여금 노동보호 및 사회보장에 관한 정책을 수립하도록 권고하기 위해 1952년 채택한 102호 조약(사회보장 최저기준 협약)에 근거한다. 이 조약에서 ILO는 사회보장을 의료급여, 상병급여, 실업급여, 노령급여, 업무상 재해급여, 가족급여, 모성급여, 장해급여, 유족급여 등의 보장으로 규정하고 있다. 즉 ILO는 질병, 장애, 노령, 실업, 사망 등으로 인해 소득의 중단 및 감소로 근로자 및 그의 부양 가족의 기본적 생활이 위협받을 때를 대비해 국가와 사회가 적절한 소득을 보장하도록 권고하였고, 이것이 국제기구에 의해 제시된 최초의 사회보장 개념이라 할 수 있다(조흥식 외, 2008; 고용노동부, 2010).

사회보장은 이처럼 다양한 원인에 의해 나타나는 소득의 단절이나 감소와 관련해 소득보장을 목적으로 지원되는 다양한 현금급여를 의미하는 경우가 많다. 이러한 소득 단절이나 감소와 관련한 사회보장은 국민의 최저생활 보장이라는 목표를 지향한다(성민선 외, 2005). 이와 같이 소득보장에 중점을 두는 경우 사회보장은 경제적 불안정을 가져오는 다양한 원인과 관련해 최소한의 소득을 보장해 주는 제도와 정책, 지원을 의미한다. 경제적 불안정을 발생시키는 원인으로는 소득의 상실, 부가적인 지출, 불충분한 소득, 소득의 불확실성 등을 들 수 있다. 소득의 상실이나 감소를 발생시키는 구체적 원인으로는 가구주의 갑작스러운 사망, 노령, 건강 상실, 실업, 기준 이하의 소득, 물가상승, 자연재해, 이혼, 약물중독, 도박 등 부정적 사건을 들 수 있다(이인재 외, 2002).

그런데 사회보장을 다양한 원인에 의해 발생하는 소득의 단절이나 감소에 대한 소득보장, 즉 경제적 지원으로만 한정하는 것은 현재 우리나라 사회보장제도를 고려할 때 협소한 개념이라 할 수 있다. 우리나라 「사회보장기본법」(법률 제18215호, 2021년 12월 9일 시행)에 따르면 사회보장이란 "출산, 양육, 실업, 노령, 장애, 질병, 빈곤 및 사망 등의 사회적 위험으로부터 모든 국민을 보호하고 국민 삶의 질을 향상시키는 데 필요한 소득·서비스를 보장하는 사회보험, 공공부조, 사회서비스"를 말한다. 사회보장은 소득보장뿐만 아니라 의료 보장과 다양한 사회서비스 보장 또한 포함한다.

한편 사회보장은 그 시대적 상황과 국가의 제도 발전 수준에 따라 개념이 다르게 정의될 수 있다. 대체로 사회복지가 발달한 복지국가에서 사회보장은 다양한 사회경제적 환경으로 인해 나타날 수 있는 소득의 단절이나 감소를 예상하여 국가가 사회보험, 공공부조 등을 통해 일정한 수준의 소득을 보장할 뿐만 아니라 사회(복지)서비스를 지원하여 개인과 가족의 삶의 질을 보장하는 제반 노력을 포함한다. 즉 사회보장제도가 매우 발달한 복지국가에서 넓은 의미의 사회복지는 사회보장제도에 의해 구현될 수 있다.

그러나 사회의 특수한 취약 집단의 소득 및 사회(복지)서비스를 지원하는 좁은 의미의 사회복지는 국민 전체를 대상으로 하는 보편적인 제도를 근간으로 하는 사회보장에 비해 그 개념이 좁고 한정적이다.

(2) 소셜워크

소셜워크는 미국에서 전문직 및 학문 분야로 발달한 'social work'의 한글 표기이다. 소셜워크는 사회복지전문직(사회복지사)과 사회복지전문직의 실천 및 학문 활동을 의미한다. 우선 소셜워크의 개념을 이해하기 위해 국제적인 개념 정의를 살펴볼 필요가 있다. 국제사회복지사연맹(International Federation of Social Workers)과 국제사회복지교육협의회(International Association of Schools of Social Work)는 2014년 소셜워크에 대한 국제적인 개념 정의를 내렸다. 두 단체가 승인한 정의에 의하면 소셜워크는 사회 변화와 사회발전, 사회통합, 시민들의 임파워먼트와 해방을 촉진시키는 실천 기반 전문직이며 학문 분야이다. 또한 소셜워크는 사회정의, 인권, 집합적 책임과 다양성의 존중을 핵심 가치로 하며, 소셜워크 지식, 사회과학 지식, 인문학, 토착적 지식을 활용하여 삶의 다양한 도전에 대응하고 웰빙(well-being)을 향상시킬 수 있도록 사람 및 사회구조를 동원하는 전문 활동이다.

한편 캐나다 사회복지사협회(Canadian Association of Social Workers)는 소셜워크를 빈곤 및 불평등을 해결하기 위한 사회운동에서 시작된 전문직과 학문 분야로 정의한다. 소셜워크는 개인, 가족, 집단, 지역사회가 개별적 혹은 집합적 수준의 웰빙을 향상시킬 수 있도록 원조하는 데 관심을 갖는다. 즉 소셜워크의 목적은 사람들이 자원을 활용하는 기술과 역량을 개발하고, 또 지역사회가 문제를 해결하는 기술과 역량을 개발하는 데 있다. 또한 소셜워크는 개별적이고 개인적인 문제는 물론 인종차별, 실업, 가정폭력 등 보다 보편적인 사회문제에도 관심을 갖는다.

국내에 사회복지의 제도적, 정책적 기반이 충분히 갖추어지지 않았을 때 social work를 번역한 '사회사업'이라는 용어가 널리 활용되었다. 1950년대 국내의 초기 사회복지교육을 위해 대학을 설립하거나 대학의 학과(전공)를 개설할 때 대부분 '사회사업대학' 혹은 '사회사업학과'라는 명칭을 사용하였다. 예컨대 사회복지학 교육의 역사에서 오랜 전통을 지닌 대구대학교의 역사를 거슬러 올라가면 '한국사회사업학교'(1957), '한국사회사업대학'(1961) 등 대학 명칭 또한 '사회사업'이라는 표현을 포함하고 있었다(대구대학교, 2017). 그런데 사회사업이라는 용어는 국내에서 자선사업으로 오해되는 경향이 있어 오늘날 국내에서 사회복지를 교육하는 대학의 학과(전공)는 1980년 이후 대부분 '사회사업학과'라는 명칭을 '사회복지학과'로 변경하였다(이혜경·남찬섭, 2005).

또한 사회복지학과의 전공과목 '사회복지개론' 교과서들은 사회사업을 자선사업으로 오해하는 경향으로 인해 social work를 한글 발음 '소셜워크' 혹은 '소셜웍'으로 표기하기도 한다(김상균 외, 2011; 성민선 외, 2005).

사회복지와 소셜워크를 비교할 때 사회복지를 사회 전체의 복지를 추구하는 이념적 측면과 이를 구현하기 위한 포괄적인 제도와 정책, 실천, 학문 등으로 규정하고, 소셜워크를 상대적으로 미국에서 발달한 선별적이고 개별적인 접근을 통해 취약하거나 불리한 상황에 처한 개인, 가족, 집단, 지역사회 등을 바람직한 방향으로 변화시키는 전문적 실천으로 규정하는 경향이 있다. 이런 관점에 의하면 사회복지는 거시적, 포괄적, 제도적 및 학문적 성격이 강하며, 소셜워크는 미시적, 한정적, 실천적 성격이 특징적이다(조흥식 외, 2008). 즉 사회복지가 다양한 제도와 정책, 학문적 연구, 전문적 실천을 포괄하며 전체 사회구성원을 대상으로 삶의 다양한 기본적 욕구를 충족시키며 삶의 질을 향상시키는 총체적 노력을 뜻한다면 소셜워크는 사회복지사업, 사회복지서비스 및 프로그램 등을 근간으로 하는 사회복지전문직의 실천 활동을 의미하는 것으로 볼 수 있다. 다만 소셜워크는 역동적으로 변화하는 하나의 전문직이자 학문 분야이기에 그 개념은 확장될 수 있음을 기억할 필요가 있다. 그렇다 하더라도 소셜워크는 구체적인 문제와 사회적응에 어려움을 경험하는 개인, 가족, 집단, 지역사회 등에 대한 사회복지전문직의 실천과 학문에 초점이 맞춰져 있다. 그에 비해 넓은 의미의 사회복지는 사회의 전체 구성원의 보편적인 욕구를 충족시키고, 삶의 질을 향상시키기 위한 다양한 제도와 정책, 실천 영역, 전문직의 참여를 통해 이루어지고 있다는 점에서 소셜워크의 범위를 넘어선다.

(3) 사회복지서비스

「사회복지사업법」(법률 제20098호, 2024년 4월 24일 시행) 제2조에 따르면 사회복지서비스란 "국가·지방자치단체 및 민간부문의 도움을 필요로 하는 모든 국민에게 「사회보장기본법」 제3조 제4호에 따른 사회서비스 중 사회복지사업을 통한 서비스를 제공하여 삶의 질이 향상되도록 제도적으로 지원하는 것"을 말한다. 그렇다면 사회복지서비스는 「사회복지사업법」 제2조에 규정한 「국민기초생활보장법」, 「아동복지법」, 「노인복지법」, 「장애인복지법」 등 총 27개 법령과 그 밖에 대통령령으로 정하는 법률에 따른 사회복지사업을 통해 제공되는 지원을 의미한다.

그런데 「사회복지사업법」 개정(2018년 4월 25일 시행) 전에 「사회복지사업법」 제2조는 사회복지서비스를 "국가·지방자치단체 및 민간부문의 도움을 필요로 하는 모든 국민에게 상담·재활·직업 소개 및 지도, 사회복지시설의 이용 등을 제공하여 정상적인 사회생활이 가능하도록 제도적으로 지원하는 것"으로 다소 협소하게 정의한 바 있다.

따라서 「사회복지사업법」 개정으로 사회복지서비스는 「사회보장기본법」에서 정의한 '사회서비스'의 하위개념으로 정의되었다고 할 수 있다.「사회보장기본법」제3조의 사회서비스의 정의에 따르면 사회서비스는 "복지, 보건의료, 교육, 고용, 주거, 문화, 환경 등의 분야에서 인간다운 생활을 보장하고 상담, 재활, 돌봄, 정보의 제공, 관련 시설의 이용, 역량 개발, 사회참여 지원 등을 통하여 국민의 삶의 질이 향상되도록 지원하는" 모든 서비스를 포함한다. 그렇다면 사회복지서비스는 사회서비스 중「사회복지사업법」제2조에서 규정한 27개 관련 법령 등에 따른 사회복지사업 내에서 제공되는 서비스로 국한되는 셈이다. 이러한 사회복지서비스의 개념은 넓은 의미의 사회복지를 실현하는 사회보장제도의 한 구성 요소인 사회서비스의 일부이다. 다만 빈곤계층, 아동, 노인, 장애인 등 사회적 약자 혹은 불리한 사람들에게 재정적 지원이나 서비스를 지원하는 좁은 의미의 사회복지 개념과 관련하여 사회복지서비스는 사회복지를 구현하는 핵심적 수단이라 할 수 있을 것이다.

(4) 사회서비스

사회서비스(social services)는 영국 연방 국가들에서 주로 사용되는 용어인데, 영국 연방 국가들에서 사회서비스는 사회부조, 사회보험, 아동복지, 교정, 정신건강, 공중보건, 교육, 여가, 고용, 주거 등을 포괄하는 지원을 의미한다. 그런데 의료서비스 및 소득보장 지원과 구분하여 인적 자원(human resources)의 보존, 보호, 개선을 목적으로 하는 조직적인 활동을 개별사회서비스(personal social services)로 부르기도 하는데, 통상 사회서비스는 개별사회서비스를 의미한다(김상균 외, 2011; 백인립, 2013). 그런데 최근 연구에 의하면 EU 회원국 사이에도 사회서비스에 국가별로 차이가 있다. 그럼에도 공통적으로 사회서비스 접근을 위한 정보제공, 개인의 자립을 위한 지원, 가족 서비스, 미성년자 보호, 주거보호, 사회통합지원, 법적 보호(후견), 최저소득 등에 대한 지원을 사회서비스에 포함하고 있다. 다만 사회보험, 교육, 보건, 고용지원 등이 별도의 전달체계를 통해 제공되는 경우 개별사회서비스에 포함하지 않는 국가도 있는 것으로 나타났다(OECD, 2022).

　사회서비스는 다양한 법령과 관련 있으며, 기존의 사회복지서비스에 비해 개념이 넓다. 사회서비스의 개념을 정의한 국내의 대표적 법령은 「사회보장기본법」(법률 제18215호, 2021년 12월 9일 시행)이다. 이 법률 제3조에 의하면 사회서비스는 "국가·지방자치단체 및 민간부문의 도움이 필요한 모든 국민에게 복지, 보건의료, 교육, 고용, 주거, 문화, 환경 등의 분야에서 인간다운 생활을 보장하고 상담, 재활, 돌봄, 정보의 제공, 관련 시설의 이용, 역량 개발, 사회참여 지원 등을 통하여 국민의 삶의 질이 향상되도록 지원하는 제도"를 의미한다. 그 외 관련 법령으로 「사회서비스 이용 및 이용권 관리에 관한 법률」(법률 제18216호, 2022년 1월 1일 시행)은 사회서비스를 사회복지서비스, 보건의료서비스, 기타 등으로 정의하고 있으며, 「사회적기업 육성법」(법률 제11275호, 2012년 8월 2일 시행)은 "교육, 보건, 사회복지, 환경 및 문화 분야의 서비스, 그밖에 이에 준하는 서비스"로 정의하고 있다. 이처럼 사회서비스는 사회복지서비스에 비해 그 개념이 더욱 넓고 다양한 영역에 걸쳐 있음을 알수 있다.

　사회서비스는 사회구성원들이 필요로 하지만 시장에 맡겨 두면 충분히 공급되지 않거나, 품질이 보장되지 않거나, 직접 비용을 지불하고 서비스를 구매해서 이용하는 데 어려움이 있는 서비스가 대부분이다(Titmuss, 1976). 그래서 정부와 지방자치단체가 재정을 지원하거나 공급자를 등록하는 등 전달체계를 마련하여 이러한 서비스를 제공한다는 점에서 '사회가 주도적으로 공급하는 공적 서비스'라는 의미를 담고 있다. 다만 사회서비스 제공에서 공공 조직의 역할은 감소하고, 사회복지서비스를 제공하던 비영리 민간 조직 외에 다양한 사회서비스 제공에 참여하게 된 영리 민간 조직이 사회서비스 시장을 형성하여 경쟁하며 사회서비스를 제공하고 있다(김은정, 2014). 국내에서 사회서비스 제공을 위해 민간 조직들이 시장을 형성한 대표적 사회서비스 영역은 보건의료서비스, 보육서비스, 노인장기요양서비스, 장애인활동지원서비스 등을 들 수 있다.

이러한 사회서비스는 영국 연방 국가들에서 사용되는 넓은 개념일 경우 사회부조, 사회보험, 인적 자본 향상을 위한 다양한 서비스들을 포괄하지만 우리나라 「사회보장기본법」에 따르면 사회서비스는 사회부조 및 사회보험을 제외한 전 국민을 대상으로 하는 개별적 서비스를 의미한다. 따라서 사회서비스는 사회보장을 구현하는 하나의 정책 수단으로 사회복지와 직접적 관련을 갖는 개념으로 볼 수 있다. 즉 사회복지가 사회문제의 해결과 예방, 인적 자본의 개발, 삶의 질 향상 등과 관련된 급여와 과정을 포함하며, 개인이나 가족을 위한 사회서비스와 사회제도를 강화하는 모든 노력을 의미한다면, 사회보장은 사회복지를 실현하는 제도라 할 수 있다. 또한 사회서비스는 사회보장제도의 한 구성 요소이므로 사회복지를 위한 제도 및 실천의 한 요소로 볼 수 있을 것이다.

3) 사회복지 개념의 구성 요소

사회복지의 개념을 이해하기 위해 사회복지를 정의하는 데 활용되는 사회복지의 목적, 실행의 주체, 영역과 대상, 실천 수준 등을 살펴볼 필요가 있다.

(1) 목적
사회복지의 목적은 다양한 사회문제 및 사회적 위험으로부터 사회구성원들을 보호하여 인간다운 생활을 보장하며, 그들의 건전한 발달과 성장을 지원하고 사회적응과 사회통합을 지원하는 것 등이다(김상균 외, 2011).

첫째, 먼저 다양한 사회문제 및 사회적 위험으로부터 사회구성원들을 보호하고, 인간다운 생활을 보장하는 사회복지의 목적에 대해 말해 보자. 일차적으로 인간의 생존과 안정적이고 만족스러운 삶을 보장하는 것은 가족의 돌봄과 부양, 또한 스스로 고용시장에 참여해 소득을 얻고,

소득을 활용하여 시장에서 필요한 재화와 서비스를 소비함으로써 가능하다. 하지만 전쟁, 공황, 감염병, 자연재해, 다양한 사회문제 등 개인이 대처할 수 없는 사회구조적 차원의 부정적 환경이나 문제에 노출되면 더 이상 스스로 자기 생활을 보장하거나 가족의 부양에 의존하기 어렵다. 그뿐 아니라 실직, 질병과 장애, 출산, 부양자의 사망, 은퇴, 노화 등의 문제는 누구나 피하기 어려운 문제이기에 사회적 차원에서 기본적인 소득과 의료의 보장, 다양한 사회서비스 지원이 필요하다. 이러한 필요를 충족시킴으로써 인간다운 삶을 보장하는 것이 사회복지의 일차적인 목적이다.

둘째, 사회복지는 각 생애주기에 따른 적합한 지원을 제공하여 사회구성원들이 신체적, 심리적, 사회적으로 건전하게 발달하고, 성장하는 것을 지원하는 데 목적이 있다(권중돈, 2014). 인간은 잉태되면서부터 태어나고, 성장하고, 사망에 이르기까지 생애주기를 거치며 다양한 영역의 발달과 성장이 필요한데, 인간의 건전한 신체적, 심리적, 사회적 발달을 저해하는 환경들이 존재한다. 예컨대 양육자로부터 적절한 돌봄과 양육을 받지 못하는 아동, 심리·정서·행동과 관련해 발달적 문제를 경험하는 아동 및 청소년, 성인기로 전환하는 과정에서 직업, 결혼, 대인관계에 어려움을 경험하는 청년, 노년기 전환 과정에서 적응의 어려움을 경험하는 노인 등 건전한 발달 및 성장과 관련한 어려움을 경험하는 사람들이 적지 않다. 이들에게 적합한 지원을 제공하여 건전한 발달을 돕는 것이 사회복지의 핵심적인 목적이며 기능이다.

셋째, 사회복지는 다양한 원인으로 인해 적절한 사회적 역할과 기능을 수행하지 못하거나 사회로부터 차별 및 배제를 경험하는 사회구성원의 적응을 돕고 사회통합을 이루는 데 목적이 있다. 사회구성원이 사회적 역할과 기능을 제대로 수행할 수 없게 되는 원인은 실업, 질병과 장애, 사회적 차별과 배제, 정신건강문제, 중독, 범죄와 비행, 타문화권 이주 등 다양하다. 이들의 적응과 사회통합을 위해 사회복지는 교육, 훈련, 요양과 돌봄, 심리적 지원, 사회적 편견이나 차별과 언어 및 문화장벽의

해소, 소득보장과 고용지원, 주거 지원, 교육·문화·체육·여가 지원 등을 지원한다.

(2) 주체

사회복지의 개념에는 '사회가 주체가 되어 실행한다'라는 의미가 포함되어 있다. 그렇다면 사회복지를 실행하는 주체로서 '사회'는 누구를 지칭하는가? 적어도 개인이 내재적 동기에 의해 사적으로 불우한 사회구성원을 돕는 행위를 우리는 사회복지라 부르지 않는다. 이러한 행위는 개인의 선행이나 자선에 불과하다. 사회복지는 집합적인 주체인 공공 또는 민간 조직이나 단체에 의해 실행된다.

사회복지의 주체로서 공공 부문(public sector)은 정부와 지방자치단체, 공공 조직이나 법인, 이들로부터 일부 사회복지 사무를 위탁(위임)받은 민간기관 등을 들 수 있다(김상균 외, 2011). 사회복지의 주체로서 공공 부문으로는 우선 보건과 복지 관련 사무를 담당하는 보건복지부, 고용지원을 담당하는 고용노동부, 여성·가족·아동청소년 관련 사무를 담당하는 여성가족부 등 중앙정부 부처를 들 수 있다. 이 외에도 장애인 특수교육을 담당하는 교육부, 주거 취약계층 주거 지원을 담당하는 국토교통부가 있다. 이들 중앙 부처의 산하에는 다양한 공공 조직이 있어 사회복지의 다양한 영역을 담당한다. 예컨대 보건복지부 산하에 국민연금공단, 국민건강보험공단 등이 있어 사회보험업무를 담당하며, 고용노동부 산하에 한국장애인고용공단이 있어 장애인에 대한 다양한 고용지원 업무를 담당한다. 한편 지역사회 최일선에서 지역주민의 건강, 소득보장, 고용지원, 사회서비스 지원 관련 업무를 담당하는 지방자치단체와 산하 공공 조직도 공공 부문 사회복지 주체에 해당한다. 이러한 공공 부문은 사회복지를 실천하기 위해 정부와 지방자치단체가 직접 법률과 정책을 만들고, 그에 필요한 재정을 스스로 조달한다는 점에서 사회복지에 대한 책임성과 신뢰성, 안정성을 보장하는 데 중심이 된다.

한편 사회복지의 주체로서 민간 부문(private sector)은 크게 비영

리 민간 조직(nonprofit non-government organization)과 영리 민간 조직
(for-profit non-government organization)으로 구분할 수 있다(김상균 외,
2011). 우리나라 사회복지 발달 초기에는 비영리 민간 조직이 스스로 재
원을 마련하여 사회의 다양한 취약계층을 지원하였으나 점차 정부의 법
률과 제도, 정책에 근거해 구체적 사회복지 급여 및 서비스 전달을 위임
받아 실행하는 주체로 발전하였다. 우리나라 사회복지 기관 및 시설이
대대적으로 확충된 1980년 이후 2000년대 초까지 우리 사회의 최일선
사회복지서비스 전달은 비영리 민간 조직이 담당하였다. 지역사회의 다
양한 사회복지기관들은 그 운영 주체가 사회복지법인 등 비영리법인인
경우가 대부분이다. 이러한 비영리 민간 조직은 다양한 사회복지사업
을 담당하며, 정부와 지방자치단체로부터 일정한 보조금을 지원받아 운
영된다. 사회복지사업을 담당하는 사회복지법인 등 비영리 민간 조직은
영리를 추구하지 않으며, 중앙정부 및 지방자치단체의 재정지원을 받아
운영되기에 사회복지 실천과 관련하여 더욱 신뢰받고 있다.

　　영리 민간 조직은 제공한 사회서비스에 대해 사전에 고시된 수가나
비용을 지원받는 방식으로 운영되는 보건, 보육, 노인장기요양, 장애인
활동지원 등의 영역에서 사회복지의 실천 주체로 중요한 역할을 담당
하고 있다. 이러한 영리 민간 조직들에는 복지, 의료, 재활, 보육, 유아
교육, 특수교육 등 다양한 전문직이 고용되어 사회서비스 전달에 참여
하고 있다.

(3) 영역과 대상

　　사회복지의 영역과 대상은 사회복지를 좁은 개념으로 정의하는가
혹은 넓은 개념으로 정의하는가에 따라 차이가 있다. 좁은 의미의 사회
복지는 사회적으로 취약하거나 불리한 집단에 선별적으로 개입한다. 그
에 비해 넓은 의미의 사회복지는 전체 사회구성원을 보편적인 사회문제
나 사회적 위험으로부터 보호하기 위해 소득, 의료, 사회서비스 등을 보
장함으로써 인간다운 삶을 가능하게 한다.

또한 사회복지는 인간의 발달 과정을 따라 살펴보면 산모의 태내에서 존재하는 태내기, 출생 후 영유아기, 아동기, 청소년기, 청년기, 중장년기, 노년기 등 한 인간의 전체 생애주기를 포괄한다(권중돈, 2014). 아동복지, 청소년복지, 노인복지 등은 특정 생애주기에 초점을 맞춘 사회복지영역이라 할 수 있다.

그뿐 아니라 사회복지의 영역 및 대상은 다양한 사회문제를 포괄하며, 사회문제에 따라 하위분야로 구분할 수 있다. 각 사회복지 분야는 고유한 실천 영역과 개입 대상을 갖는다. 대표적으로 사회복지는 빈곤, 노인, 장애, 아동, 청소년, 여성, 가족, 의료, 정신건강, 다문화, 범죄 및 비행 등 다양한 사회문제 영역에 걸쳐 영역별로 고유한 정책, 프로그램, 서비스 등을 통해 실현된다(Zastrow, 2010). 이러한 각 영역은 사회복지 전문직의 고유한 실천 분야로 정의될 수 있는데, 기초생활보장과 자활, 노인복지, 장애인복지, 아동복지, 청소년복지, 여성복지, 가족복지, 의료복지, 정신건강사회복지, 다문화복지, 교정복지 등을 예로 들 수 있다.

(4) 실천 수준

사회복지는 실천적 측면에서 다양한 개입 수준을 갖는다. 일반적으로 사회복지는 실천의 개입 대상 체계의 규모와 성격을 기준으로 거시적(macro), 중간적(mezzo), 미시적(micro) 수준의 실천으로 구분할 수 있다. 실천 수준마다 고유한 실천 접근, 이론, 기법, 사회복지전문 영역이 존재한다(김상균 외, 2011).

거시적 수준의 사회복지실천은 사회복지정책의 의제(agenda) 형성, 정책 대안 제시, 정책 결정, 정책 분석, 정책 실행 및 성과의 평가 등에 참여함으로써 사회구성원의 복지를 향상시키는 실천 과정을 뜻한다. 특히 사회복지전문직은 바람직한 복지정책 옹호를 위해 복지 향상이 필요한 당사자, 시민사회단체, 정당 등과 연대하여 사회복지운동을 전개하기도 한다(윤홍식 외, 2019; 현외성, 2004). 중간적 수준의 사회복지실천은 주로 사회복지 조직이나 지역사회 전반에 대한 실천과 관련 있다. 조직 수준의 사회복지실천에는 조직의 인사, 재정, 사업을 관리하는 사회복지행정이 전문 분야로 존재한다. 이에 비해 지역사회 전반에 대한 사회복지실천은 세 가지 접근 모형이 있다. 첫째, 지역사회주민이 주도하여 민주적 과정을 거쳐 사회문제를 해결하고 지역사회의 사회경제적 삶의 조건을 향상시키도록 원조하는 지역사회개발(Locality Development) 모형이다. 둘째, 사회복지전문직이 지역사회문제의 진단과 해결에 관한 전문성을 주도적으로 활용하여 문제 해결을 추구하는 사회계획(social planning) 모형이다. 셋째, 지역사회에서 차별, 박탈, 억압을 경험하는 특정 집단 또는 지역사회를 임파워먼트(empowerment)하거나 옹호하여 사회구조와 환경의 변화를 추구하는 사회행동(social action) 모형이다. 미시적 수준에서의 사회복지실천은 사회적응이나 기능수행에 어려움을 경험하는 개인, 가족, 소집단 등을 대상으로 하는 전문적 실천이다. 생태체계이론을 비롯한 다양한 사회환경 이론과 인간의 심리사회적 발달 및 성격에 관한 이론, 가족치료이론 등에 근거한 소셜워크가 주로 미시적 수준의 사회복지실천에 해당한다(Zastrow, 2010).

2 사회복지의 기능

1) 인간다운 생활의 보장

사회복지의 최우선 기능은 다양한 사회적 위험(social risk) 및 사회문제로부터 사회구성원을 보호하며, 인간다운 생활을 보장하는 데 있다. 이와 같은 사회복지의 핵심적 기능을 이해하기 위해 인간의 기본적 욕구가 무엇인지 이해할 필요가 있다. 기본적 욕구가 충족되지 않는 삶은 인간다운 삶이라 할 수 없기 때문이다. 또한 기본적 욕구 충족을 어렵게 하는 사회적 위험 및 사회문제가 무엇인지 이해하여야 한다. 사회복지란 사회적 위험 및 사회문제로 인해 기본적 욕구 충족이 어려운 상황을 염두에 두고 예방적으로 개입하거나 사후적으로 개입하는 제도적, 전문적 실천이기 때문이다.

이처럼 사회복지는 사회구성원의 인간다운 생활을 위해 반드시 충족되어야 할 기본적인 욕구 해결을 지원하려 하는데, 기본적인 욕구에 대해서는 절대적 기준이 존재하지 않는다. 그보다는 사회적 합의에 의해 구체적 욕구의 내용과 수준이 결정된다. 기본적 욕구는 첫째, 모든 인간에게 공통이며, 둘째, 인간성 유지에 필수이며, 셋째, 욕구 해결은 국가가 책임져야 하며, 넷째, 욕구 해결을 위해 일정한 수준의 사회서비스의 양과 질이 결정되어야 한다(김상균 외, 2011).

기본적 욕구는 소득, 의료, 주거, 고용, 교육, 문화 등 인간의 삶에 필수적인 다양한 영역에서 각각 정의될 수 있다. 예컨대 소득과 관련해 최저임금은 고용시장에 참여하여 근로자로 일하는 모든 사람에게 보장되어야 하는 최소한의 임금수준을 의미하며, 최저생계비는 가구 구성원이 인간다운 삶을 위해 필요한 최소한의 가구소득 수준을 의미한다. 우리나라는 매년 최저임금과 최저생계비를 심의하여 그 수준을 결정하는데, 이는 물가상승 등으로 인해 인간다운 생활을 위해 필요한 최소한의 임금과 최소한의 가구소득을 매년 조정할 필요가 있기 때문이다.

한편 한 사회의 구성원들은 공통된 사회적 위험 및 사회문제를 경험할 수 있고, 그로 인해 기본적 욕구 충족이 어려워 인간다운 생활을 하지 못하는 일이 빈번하다. 따라서 모든 사회구성원의 인간다운 생활 보장을 위해 사회적 위험 및 사회문제를 해결하거나 완화하는 거시적 정책을 펼치거나 기본적 욕구 충족을 보장할 수 있는 다양한 정책 수단을 활용하는 것이 무엇보다 중요하다. 그러므로 오늘날 다양한 사회적 위험을 고려하여 국민의 소득을 보장하고, 적절한 보건의료 및 사회서비스를 지원할 수 있는 사회보장 제도 및 정책을 운영하는 것은 국가의 기본적 책무라 할 수 있다.

산업화 이후 기본적 욕구 충족 및 인간다운 삶은 시장경제가 원활하게 기능한다고 가정하면 가구의 생계를 책임지는 부양자가 근로자로서 노동시장에 참여하여 임금소득을 통해 가족을 부양함으로써 해결될 수 있었다. 하지만 가족 단위의 기본적 욕구 충족을 어렵게 하는 공통된 사회적 위험이 존재해 왔다. 예컨대 부양자의 질병과 장애로 인한 노동능력 상실, 노령으로 인한 은퇴, 사망 등은 가족의 소득 중단을 가져와 인간다운 삶을 위협할 수밖에 없다. 따라서 이러한 사회적 위험에 대한 사회의 대응은 주로 소득보장과 의료보장 중심의 사회보장제도에 초점이 맞춰져 왔다.

그런데 산업화 이후의 현대사회(후기산업사회, post-industrial society)에서는 새로운 사회적 위험을 경험하고 있다. 제조업에서 서비스업으로의 전환, 경제시장의 세계화, 전문성이 낮은 저숙련 노동자들의 불안정한 고용, 낮은 임금, 실직 및 장기 실업(미취업)에 노출되기 쉽다. 그뿐 아니라 여성의 노동시장 참여와 인구고령화가 복합적으로 작용하는 상황에서 아동, 장애인, 노인 등에 대한 돌봄 수요가 폭발적으로 증가하지만 이에 대응하는 사회서비스는 불충분하다. 이러한 새로운 사회적 위험과 관련해 가족돌봄을 대신할 수 있는 아동보육, 장애인지원, 노인요양보호 등 다양한 사회서비스 확대가 사회복지 분야의 중요한 과제로 등장하였다(김연명, 2007).

이와 같이 사회복지가 대응해야 하는 전통적인 사회적 위험 및 새로운 사회적 위험은 국가별로 차이가 날 수 있지만 경제사회적 발전을 거치며 전 세계가 공통적으로 경험하는 보편적인 사회적 위험으로 볼 수 있다. 이러한 사회적 위험으로 인한 소득 단절, 질병과 장애로 인한 노동능력 상실, 돌봄 공백 등은 기본적 욕구 충족을 어렵게 함으로써 인간다운 삶을 위협한다. 따라서 사회복지는 이러한 사회적 위험을 고려한 소득보장, 의료보장, 사회서비스보장을 위한 제도와 정책, 전문적 실천에 많은 관심과 노력을 기울이게 된다.

2) 사회체계의 유지와 통합

사회체계가 유지되기 위해서는 사회구성원의 충원과 사회화가 필수적이다. 대개 사회구성원의 재생산은 가족제도가 담당하며, 사회구성원의 사회화는 가족제도 및 교육제도가 담당한다(김상균 외, 2011). 하지만 사회복지 또한 새로운 사회구성원의 출생, 건전한 발달과 성장을 지원하는 기능을 담당한다. 사회복지를 좁은 개념으로 정의할 때 그 의미는 빈곤계층, 아동, 노인, 장애인 등 사회적 취약집단을 위한 사후적, 문제 해결적 개입에 국한된다. 즉 적절한 소득이 없어 빈곤한 국민, 주양육자가 없어 돌봄이 필요한 아동, 노화 및 빈곤으로 인해 돌봄과 부양이 필요한 노인, 장애로 인해 소득보장 및 돌봄과 지원이 필요한 장애인 등에 대한 지원이 사회복지의 핵심 기능이다. 그런데 사회복지는 이와 같은 사후적, 문제 해결적인 지원과 개입에 그치는 것이 아니다. 인간의 각 생애주기에 따라 신체, 심리, 사회적 발달과 성장, 적응을 지원하는 것이 사회복지의 중요한 기능이다. 예컨대 건전한 신체적, 심리적, 사회적 발달이 필요한 영유아, 아동 및 청소년에 대한 영양과 돌봄, 교육의 보장도 사회복지의 기능이다. 그뿐 아니라 중장년층에게 노년기에 대한 사전적 이해와 준비를 제공하고, 심리·사회적 적응을 지원하는 것 또한 사회복지의 기능이다.

한편 다양한 이유로 사회적 역할과 기능수행에 어려움을 겪으며 사회로부터 배제되기 쉬운 사회구성원들을 위해 교육과 훈련, 지원 등을 제공하고, 사회인식 개선과 차별 해소 등을 통해 실질적, 사회심리적 통합을 지원하는 것은 사회복지제도의 고유기능이라 할 수 있다. 범죄와 비행, 장애, 다양한 정신질환과 중독문제, 타문화권 이주 등을 경험하는 사회구성원이라면 심리, 사회, 교육, 고용, 주거, 문화 등 다양한 영역에서 재교육, 재활, 재사회화, 사회적 배제의 해소 등 사회적응과 사회통합을 위한 지원이 요구된다. 이들의 사회적응과 사회통합을 지원하는 것이 사회복지의 중요한 기능이다. 교정복지, 장애인복지, 정신건강사회복지, 다문화복지 등은 사회적응과 사회통합을 지원하는 대표적인 사회복지영역이다.

이처럼 사회복지가 사회구성원의 건전한 성장과 발달을 지원하고, 사회적 역할과 기능을 수행하는 데 어려움이 있는 구성원의 재사회화, 재적응, 재통합을 지원하는 기능을 담당하기에 사회복지제도는 사회체계의 유지와 존속을 위해 필수적인 제도로 볼 수 있다.

3) 상부상조

전통적인 사회나 현대사회 모두 인간다운 삶을 위한 모든 욕구를 홀로 충족하기에는 분명 한계가 있다. 특히 산업화 이후 현대사회에서 변화하는 산업구조, 시장의 세계화, 대규모 경제침체 등으로 인해 고용안정을 기대하기가 점점 어려워지고 있으며, 근로자는 직업에 적합한 전문성과 숙련도를 갖추기가 쉽지 않다. 또한 여성의 경제활동 증가, 저출생, 인구고령화, 1인 가구의 증가 등으로 인해 더 이상 가족은 다양한 사회적 위험과 사회문제의 부담을 떠안으며 가족구성원의 돌봄과 부양을 책임지기 어렵다(김연명, 2007). 그뿐 아니라 예측하기 어려운 질병과 장애, 대규모 감염병의 확산, 기후위기에 의한 자연재해 등이 우리의 삶을 위협한다. 이처럼 개인이 통제하거나 대응할 수 없는 거시적이며, 전 사회적인 문제나 위험은 다양하고 복합적이어서 누구든 스스로의 노력만으로 인간다운 삶을 실현하기는 어렵다.

그러므로 다양한 사회적 위험에도 불구하고 사회구성원들이 기본적인 욕구를 충족하려면 상부상조(相扶相助)할 수 있는 사회제도를 만들어 내고 운영할 필요가 있다. 1차 산업기반의 전통사회에서 상부상조 기능은 가족과 친족, 지역사회의 비공식적 관계, 종교기관 등에 의한 자발적인 형태로 존재했다. 하지만 산업화 이후에는 국가적, 사회적 차원에서 상부상조를 제도화하였는데, 이것이 사회복지라 할 수 있다(김상균 외, 2011; 성민선 외, 2005). 사회복지제도는 근로자로부터 실직자로,

중산층 이상으로부터 빈곤층으로, 젊은 성인 근로자로부터 은퇴한 노인으로, 건강한 사람으로부터 질병이나 장애가 있는 사람으로 소득을 재분배하고 비용을 분담하는 상부상조제도라 할 수 있다. 예컨대 대표적인 사회복지제도라 할 수 있는 국민건강보험은 누구나 경험할 수 있는 질병으로 인한 위험의 비용을 집단적 수준에서 분담함으로써 건강을 잃은 구성원의 과도한 의료비용 부담을 완화하고 충분한 치료를 통해 건강 회복을 지원하는 상부상조제도다. 이처럼 사회체계 수준에서 인간다운 삶을 실현하기 위해 다양한 사회적 위험과 관련해 사회구성원들이 상부상조하도록 하는 것이 사회복지의 핵심적 기능이라 할 수 있다.

3 사회복지의 과학적 기반

사회복지는 모든 사회구성원의 인간다운 삶을 보장하기 위한 제도와 정책이며 동시에 하나의 전문직이다. 그뿐 아니라 사회복지는 사회복지학이라는 사회과학의 고유한 학문 분야이기도 하다. 사회복지학은 사회과학과 어떤 관계가 있을까? 사회과학적 조사연구를 통해 제도와 정책, 실천에 관한 이론을 개발하고, 전문적 실천을 위한 과학적 근거를 제공하는 사회복지학은 어떤 특성이 있을까? 사회복지학은 어떠한 연구 분야를 포함할까?

1) 사회과학 및 인접 학문과 사회복지학

사회복지학은 사회과학에 속하는 학문이다. 그러므로 사회복지학을 이해하기 위해 사회과학의 일반적 특성을 이해할 필요가 있다. 사회과학은 사회적, 문화적 맥락에서 인간의 행동을 연구하는 학문이다. 일반적으로 사회과학은 문화인류학, 사회학, 심리학, 정치학, 경제학 등을 포함한다(Encyclopedia Britannica, 2024). 하지만 사회과학이 점차 세분화, 전문화되면서 오늘날에는 사회복지학, 행정학, 언론정보학처럼 실용적인 응용학문 분야가 다양하게 형성되었다. 자연과학의 연구 대상이 자연현상이라면 사회과학의 연구대상은 사회현상이다. 사회과학이 연구 대상으로 삼는 사회현상은 사회구성원들의 집합적인 행동으로 구성되며, 관찰을 통해 수치화(통계화)할 수 있는 객관적 측면과 해석을 통해 어떠한 설명과 의미를 부여할 수 있는 구성적 측면이 함께 존재한다. 또한 사회현상은 시대와 지역을 초월하여 공통되는 보편성을 지니기도 하지만 동시에 시대와 지역에 따라 차이가 나타나는 상대성을 지니기도 한다(김홍숙, 1982; 김상균 외, 2011 재인용).

그렇다면 사회복지학이 연구하는 사회현상은 무엇인가? 김상균 외(2011: 60-61)는 사회복지학의 핵심 연구 주제는 지원(support) 또는 원조(assistance)이며, 특히 기존의 제도와 학문을 통해 해결할 수 없는 인간욕구(human needs)의 해결이라 주장한다. 즉 사회복지학은 빈곤, 질병과 장애, 불평등, 차별, 소외 등 다양한 사회적 위험과 사회문제 속에서 인간의 기본적 욕구 해결을 보장하기 위한 학문이라는 것이다. 이러한 설명은 사회복지학이 사회과학으로 분류되는 사회학, 정치학, 경제학, 심리학 등과 구별되는 고유한 연구 주제를 지니고 있다는 의미이다. 하지만 이러한 설명이 곧 사회복지학이 고유한 연구 대상과 방법을 독점적으로 가지고 있다는 의미는 아니다. 사회복지학이 연구하는 사회복지 제도 및 정책은 정치, 경제, 가족, 종교 등의 제도와 다양한 접점을 지니고 있으며, 사회학, 심리학, 경제학, 정치학, 법학, 문화인류학 등과 다학제적 연구가 필요하고, 이러한 학문 분야 또한 복지 제도나 정책을 연구하기도 한다(이혜경, 1996). 그뿐 아니라 인간의 발달과 사회적응에 관한 연구는 더욱 다양한 학문과 연구 주제 및 대상을 공유하는 것이 사회복지학의 특징이다. 예컨대 사회복지학은 아동과 양육자 사이의 친밀한 정서적 애착 형성이 청소년기 및 성인기 적응이나 행동에 미치는 영향에 관한 연구에 관심을 갖지만 심리학, 교육학, 정신의학 등의 학문도 이러한 주제를 활발하게 연구하고 있다. 다만 사회복지학 연구는 유년기 아동의 건전한 신체적, 심리적, 사회적 성장과 발달을 위해 주 양육자 또는 가족의 돌봄 및 양육을 지원하기 위한 정책의 개발이나 개선에 관한 시사점, 사회복지사의 전문적 실천에 관한 시사점을 찾는 데 목적이 있다.

한편 사회복지학은 응용학문 및 실용학문의 성격이 강해 사회학, 심리학, 정치학, 경제학 등 사회과학뿐만 아니라 정신의학 등 휴먼서비스 관련 학문의 기초이론들을 수용하고 검증하여 사회복지정책이나 행정, 가족, 소집단, 개인에 대한 효과적인 실천에 응용하고 있다. 따라서 사회복지학의 연구 대상 및 주제는 사회과학 및 휴먼서비스 관련 학문 분야와 공통된 부분도 적지 않다. 사회복지학이 학문적으로 점차 성숙함에 따라 이제 사회복지학은 고유의 이론과 지식을 생산해 내는 학문으로 인정받고 있다(Zastrow, 2010). 이처럼 하나의 학문으로서 사회복지학은 다른 사회과학 및 휴먼서비스 관련 학문 분야와 연구 주제 및 대상, 방법을 공유하거나 학제 간 협력 연구에 참여하기도 한다. 다만 사회복지학 연구의 목적은 언제나 기본적 욕구 충족의 문제를 정책적 수준이나 실천적 수준에서 어떻게 해결할 것인가와 관련이 있다.

2) 한국 사회복지학의 특성

오늘날 우리나라에서 사회복지학으로 분류되는 학문은 국제적으로 보면 미국에서 발달한 사회사업학(소셜워크에 관한 학문)과 영국을 비롯한 유럽에서 발달한 사회정책에 관한 학문이 결합된 것이다. 국가마다 사회복지제도 및 사회복지교육에 있어 차이가 있음은 분명하다. 영국의 경우 사회사업학과와 사회정책학과를 분리하여 운영하므로 사회사업 실천에 관한 학문과 사회정책에 대한 학문 사이의 원활한 상호 교류와 협력이나 사회복지전문직의 소셜워크와 정책에 관한 전문성의 균형 있는 향상은 어려울 것이다. 그에 비해 우리나라는 사회사업학과 사회정책학을 단일한 사회복지학 교육 내에 통합하여 운영하는 것이 특징이다

(김상균 외, 2011).

　수도권의 경우 1947년 이화여자대학교에 사회사업학과가, 비수도권의 경우 1964년 대구대학교에 사회학과가 개설되면서 처음으로 국내에 사회복지에 관한 학문이 도입되었다. 국립대 중에서는 서울대학교에서 1958년에 처음으로 사회사업학과가 개설되었다. 이때 우리나라에 도입된 학문은 미국에서 발달한 전문사회사업에 관한 학문, 즉 사회사업학이었을 뿐 사회정책이나 사회행정에 관한 학문은 아니었다. 사회복지 제도나 실천 현장이 충분히 발전하지 않은 상태에서 사회복지실천에 관한 학문이 먼저 도입되었다. 당시 사회복지학의 도입은 국립서울대학교와 기독교를 배경으로 하는 사립대학교에 사회사업학과를 설립하면서 이루어졌다. 하지만 1980년대 이후 한국 사회과학 분야에 자본주의를 비판적으로 연구하는 정치경제학 관점이 확산되고, 소득보장제도 및 사회복지서비스의 제도화 등으로 인해 한국사회복지정책에 대한 연구가 필요해지면서 실천 기술 중심의 미국 사회사업학을 넘어 사회복지 제도 및 정책에 관한 연구를 포괄하는 사회복지학으로 발전하였다. 당시 각 대학이 앞다투어 학과명을 사회사업학과에서 사회복지학과로 변경하였는데 이는 사회복지학이 전문사회복지실천에 관한 학문에 그치지 않고 한국 사회복지 제도와 정책을 포괄하는 학문으로의 발전을 지향했기 때문이다(이혜경, 1996).

　사회복지학을 구성하는 전문사회사업실천에 관한 사회사업학(소셜워크에 관한 학문)과 사회정책학은 각각 연구 대상이 다르다. 사회사업학은 미국에서 자선사업을 실천함에 있어 개인과 그의 환경을 체계적으로 조사하고 분석하고, 개인의 변화와 사회적응을 촉진하는 소셜워크의 실천 이론과 기술을 발전시키는 데 중점을 두었다. 미국의 소셜워크는 집단, 지역사회, 행정 등을 포괄하지만 상대적으로 개인을 벗어난 사회환경에 대한 개입에는 소홀하다는 비판을 받았다. 우리나라에 미국의 사회사업학이 도입되었을 때 주된 교육 내용은 주로 인간행동의 이해, 개별사회사업(case work), 집단사회사업(group work), 지역사회조직화

(community organization) 등에 집중되었고, 사회복지행정 및 사회보장 정책 등은 간과되었다(이혜경·남찬섭, 2005).

그에 비해 유럽에서 발전한 사회정책학은 사회서비스 혹은 보다 포괄적인 사회정책과 관련한 사회현상에 대한 연구를 특징으로 한다. 이러한 사회정책학의 연구 대상은 사회보장, 국가보건서비스, 사회서비스, 교육정책, 주택정책, 노동정책, 가족정책 등을 포괄한다(김상균 외, 2011; 백인립, 2013). 초기 우리나라 사회복지교육은 사회사업학에 중점을 두었으나 1980년대에 들어오면서 사회사업뿐 아니라 사회행정, 사회정책을 포괄하는 '사회복지학'으로 발전하게 되었다(이혜경·남찬섭, 2005). 이처럼 단일학과에서 사회사업학과 사회정책학을 통합적으로 교육하는 것은 우리나라 사회복지학의 독특한 장점으로 인식되고 있다. 오늘날 전문 사회사업실천은 사회적 억압과 배제를 경험하는 개인, 가족, 소집단, 지역사회의 변화만을 추구하는 데 그치지 않고 이러한 억압과 불평등, 사회적 배제를 해결할 수 있는 거시적인 사회 정책과 제도에 대한 분석, 평가, 옹호 등을 포함하기 때문이다.

3) 사회복지실천과 과학적 근거

오늘날 사회복지실천은 과학적 근거에 기반한 실천(evidence based practice)이 강조된다. 이는 사회복지전문직이 체계적으로 해당 분야의 과학적 연구 결과를 검토한 후 효과가 입증된 최선의 과학적 지식을 활용하여 가장 적합한 실천을 추구하는 것을 뜻한다(박정임, 2012; Roberts and Yeager, 2006). 이러한 과학적 근거 기반의 실천을 위해서는 사회과학의 각 학문과 휴먼서비스 관련 학문 분야의 연구 결과를 검토, 활용할 뿐만 아니라 사회복지학 고유의 조사연구 결과에 근거한 실천이 요구된다. 초창기 사회복지학은 사회과학의 하위 학문 분야로 사회학, 정치학, 경제학, 심리학, 정신의학, 교육학 등 다양한 기초학문의 이론을 응용하는 실용학문의 성격이 강했다. 하지만 대학의 학부 및 대학원 과정의 사회복지학 교육이 체계화되고, 다양한 사회복지학회가 창립되어 사회복지연구가 활성화됨에 따라 사회복지학 고유의 과학적 근거도 빠르게 축적되어 사회복지실천에 활용할 수 있게 되었다.

이제 사회복지학 내에서 다양한 사회문제, 사회복지정책과 법률, 프로그램과 서비스, 가족, 소집단, 개인의 심리사회적 적응 문제의 사정과 개입에 대한 다양한 연구가 활발하게 이루어지고 있으며 이로 인해 사회복지학 고유의 과학적 근거도 상당히 축적되었다. 국내의 사회복지 관련 학회는 1957년 한국사회복지학회 설립을 시작으로, 한국사회보장학회(1984), 한국아동복지학회(1991), 한국사회정책학회(1993), 한국정신건강사회복지학회(1993), 한국사회복지정책학회(1994), 한국지역사회복지학회(1995), 한국가족사회복지학회(1996), 한국노인복지학회(1998), 한국사회복지행정학회(1999), 비판과 대안을 위한 사회복지학회(2001), 한국임상사회사업학회(2004), 한국장애인복지학회(2004년) 등 다양한 학회가 활발하게 설립, 운영되면서 사회복지 관련 연구가 활성화되었다(이혜경·남찬섭, 2005). 그 후 한국사회복지질적연구학회 창립(2006)으로 질적연구방법론에 근거한 연구도 활성화되었고, 비교적 최근에도 한국사회복지법제학회(2016), 한국의료사회복지학회(2024) 등이 설립되는 등 사회복지학 연구의 전문화가 지속되고 있다.

이와 같은 다양한 사회복지 관련 학회의 설립은 우리나라 사회복지학의 범위가 광역화되고 있으며, 연구 분야가 다양화, 전문화되고 있음을 의미한다. 크게 사회복지학 연구 분야는 복지국가, 사회보장제도 및 법률, 사회복지행정, 전문실천분야, 사회복지연구방법 등으로 구분할 수 있을 것이다. 우리나라 사회복지 관련 학회를 연구 분야별로 분류해 보면 표 1-1과 같다.

이 장에서는 독자가 사회복지의 개념을 다면적으로 이해할 수 있도록 돕기 위해 하나의 제도이며, 실천 전문직이며, 학문이기도 한 사회복지의 다양한 개념을 먼저 검토하였다. 또한 사회복지 관련 개념들을 검토하고 비교함으로써 사회복지의 개념에 대한 이해를 도왔다. 그리고

표 1-1 우리나라 사회복지학의 연구분야와 관련 학회

연구 분야	관련 학회
복지국가, 사회보장, 법률	한국사회정책학회, 한국사회복지정책학회, 한국사회보장학회, 한국사회복지법제학회
사회복지행정	한국사회복지행정학회
사회복지실천 분야	한국지역사회복지학회, 한국정신건강사회복지학회, 한국아동복지학회, 한국노인복지학회, 한국장애인복지학회, 한국가족사회복지학회, 한국의료사회복지학회
연구 방법	한국사회복지질적연구학회
포괄적 연구 분야	한국사회복지학회, 비판과 대안을 위한 사회복지학회

사회복지를 정의하기 위해 고려할 필요가 있는 사회복지의 목적, 사회복지의 주체, 사회복지의 영역과 대상, 사회복지의 실천 수준, 사회복지의 기능 등을 살펴보았다. 끝으로 학문으로서 사회복지에 대한 이해를 돕기 위해 사회과학 및 인접 학문과 사회복지학의 관계, 한국 사회복지학의 특성, 사회복지실천과 과학적 근거를 확보하기 위해 사회복지 관련 학술단체와 사회복지학 연구 분야에 대해 소개하였다.

이 장의 내용을 충실히 학습하였다면 독자들은 이제 스스로 사회복지의 개념을 체계적으로 설명할 수 있을 것이다. 사회복지라는 어휘는 사회 전체의 복지, 사회가 주체로서 실천하는 복지, 공동체를 위한 복지라는 세 가지 의미를 포함하고 있다. 사회복지를 어떻게 바라보는가에 따라 사회복지는 사회의 취약 집단을 대상으로 하는 좁은 개념과 모든 구성원을 대상으로 하는 넓은 개념의 정의가 가능하다. 이와 유사하게 사회복지는 모든 구성원을 대상으로 인간다운 삶의 보장을 위해 개입한다는 보편주의 개념과 특수한 욕구나 조건을 충족하는 사람들을 위한 지원을 담당한다는 선별주의 개념이 있다. 또한 사회복지는 인간의 기본적 욕구를 충족시키는 시장과 가족이라는 제도가 제대로 기능하지 않을 때만 인간다운 삶을 보장하기 위해 작동하는 제도로 보는 잔여적 개념과 사회복지는 모든 구성원의 인간다운 삶을 보장하기 위해 항상 고

유한 기능을 수행한다는 제도적 개념이 존재한다.

　이 장의 내용을 종합하면, 사회복지는 모든 사회구성원의 인간다운 삶을 보장하기 위해 사회구성원들의 상부상조를 제도화한 것으로 다양한 사회적 위험과 사회문제로부터 사회구성원을 보호하는 제도 및 정책, 전문적 실천과 사회과학적 학문으로 정의할 수 있다. 이러한 사회복지는 다양한 사회적 위험과 사회문제로부터 모든 국민의 소득, 의료, 사회서비스 등을 보장하는 사회보장제도, 사회구성원 개개인으로부터 가족, 집단, 조직, 지역사회, 거시적인 국가 수준에 이르기까지 다양한 실천 수준을 갖는 소셜워크 전문직의 실천을 통해 실현된다.

　또한 사회복지는 인간다운 삶을 보장하기 위한 기본적 욕구 충족과 관련한 지원과 원조를 연구하는 사회과학의 분과학문이기도 하다. 사회복지학은 소셜워크 실천에 대한 학문(사회사업학)과 사회정책에 관한 학문으로 구성된다. 서구의 주요 국가들과 달리 우리나라 사회복지교육은 사회사업학과 사회정책학을 단일한 사회복지학 내에서 통합적으로 교육하고 있다. 그뿐 아니라 오늘날 우리나라 사회복지학은 다양한 사회복지 관련 학회의 설립과 활발한 연구 활동을 통해 사회복지실천을 위한 과학적 근거를 지속적으로 축적해 나가고 있다.

토론주제

1　사회복지는 좁은 개념과 넓은 개념이 있다. 사회복지가 발전하면 사회복지는 넓은 개념을 지향하게 될 것이다. 현재 우리나라 사회복지는 어디에 가깝다고 생각하는가?

2　사회복지는 사회체계의 유지와 통합에 기여하는 기능을 지닌다. 어떤 점에서 사회복지는 사회체계의 유지와 통합에 기여한다고 생각하는가?

3　사회복지는 하나의 제도이며, 실천 전문직이며, 사회과학 학문이기도 하다. 자신은 사회복지의 어떤 점에 특별한 관심과 흥미를 느끼는가?

제2장

사회복지의 동기와 가치

우리는 왜 사회복지를 원할까?

현대사회에서 사회복지의 동기와 가치는 그 시대의 가치와 이념을 반영한다. 그렇다면 시대의 가치에 기반한 동기는 무엇인가? 무엇이 선행된다고 할 수는 없지만, 가치를 어디에 두느냐에 따라 인간의 다양하고 자율적인 동기가 생겨날 것이다.

따라서 이 장에서는 다양한 관점에서 사회복지의 동기의 개념과 내용을 살펴보고, 사회복지의 가치는 무엇에 기반하는지 소개하고자 한다.

1 사회복지의 동기

일반적으로 동기란 사람이 특정한 행동을 유발하는 내재적 요인을 일컫는다. 사회복지의 동기는 다양한 의미를 지니며, 내재적 요인 외에도 다양한 관점으로 볼 수 있다. 구체적으로 종교, 인도주의, 공리주의, 전문직, 봉사, 그리고 정치·경제적 동기가 있다. 본 장에서는 이를 중심으로 그 개념과 내용을 살펴보고자 한다.

1) 종교적 동기

종교적 동기는 사회복지영역에서 매우 큰 영향을 지닌 동기라고 볼 수 있다. 자선적 동기에 의한 행위로 이웃사랑, 불우이웃돕기 등이 강조 되며, 이러한 자선사업은 종교적 신념에 의해서 이뤄지는 특성이 있다.

종교적 신념에 의한 동기는 사회복지 태동기에 큰 영향을 미쳤다. 구체적으로 중세 유럽에서는 기독교 신앙을 가진 중산층 여성들의 지역 사회활동을 중심으로 한 종교적인 모임이 자선활동으로 연결되었고, 우 리나라에서도 기독교 단체에 의해 종교적 활동의 일환으로 이루어진 구 제 활동이 사회복지실천 활동으로 나타났다(전재일 외, 2019; 이봉주 외, 2023). 전 세계적으로 종교적 이념에 의한 국제 구호 활동이 이뤄지고 있고, 국내에서는 아동복지시설, 복지관, 대학 등이 종교적 동기에 기반 하여 사회복지를 실천하고 조직을 만들어 그 사상을 전파하는 등 영향 력을 행사한다(전재일 외, 2019).

사회복지의 종교적 동기는 자선(charity)과 박애(philanthropy)에 근 거한다. 근대화 시기에 사회복지는 자선과 박애를 가장 중요한 시대적 사명감으로 보았다. 어려운 사람에 대한 자선과 박애에 기반한 동기는 대부분 종교적 신념에 기반을 두었거나 종교적인 책임과 의무로 여겨졌 기에 이를 종교적 동기로 보고 있다(전재일 외, 2019).

현대사회에서도 민간 사회복지의 많은 영역이 종교적 동기와 연결 되어 있다는 점에서 종교적 동기는 중요한 의미를 지닌다. 또한 자선과 박애는 기독교, 불교, 이슬람교, 유교 등 동서양 주요 종교의 교리에서 찾아볼 수 있다. 세계 어느 종교든 이타적 선행, 즉 자선을 강조하지 않 는 것을 찾아보기 힘들다. 자선, 박애, 인도주의, 그리고 이타주의적 동 기를 포함하는 종교적 개념은 기독교의 사랑, 불교의 자비, 유교의 인 (仁) 등이 있다.

2) 인도주의적 동기

인도주의(humanitarianism)란 인간의 존엄성을 가장 중요하게 여기는 가치관으로, 인종, 성별, 민족, 국가, 종교 등의 차이를 초월하여 인류의 행복과 복지를 지향하는 사상이나 태도를 말한다. 인도주의에 기반한 동기는 휴머니즘(인본주의)에 사상적 기초를 둔다. 휴머니즘이란 인간은 존재 그 자체로서 존엄하며 모든 인간의 생명과 삶은 동등하게 중시되어야 한다는 것이다. 인도주의는 이러한 휴머니즘을 통해 왜 우리가 다른 사람들의 복지와 행복을 위해 노력해야 하는지 그 의미를 찾게 해 준다(전재일 외, 2019).

인도주의는 인간이 계급의 차이 없이 평등하게 행동하고, 서로 사랑하고 친절을 베풀고 도움을 주는 것이 의무이자 책임이라고 강조한다. 타인을 돕는 것은 우월한 자가 열등한 자를 원조하는 개념이 아니라 평등에 기반한다는 것이다.

서양에서는 'humanitas'라는 개념이 있는데, 유사 개념으로 인본주의, 인문주의, 인간주의, 인도주의, 인류주의 등으로 해석된다. 중세 역사에서는 기독교 문화 밑에서 나타난 자연적인 인간성 회복 운동을 르네상스 휴머니즘(인문주의, 人文主義)이라고 한다. 이는 종교와는 약간 다른 개념이며 대칭되는 관계는 아니다.

동양에서는 도교와 유교에서 인간을 위한 도(道)와 인류를 강조해 왔다. 도교에서는 인도(人道)와 천도(天道)를 대칭적으로 이해한다. 따라서 동서양을 막론하고 인도주의는 모든 인간이 동등한 자격을 갖추어 인류의 공존을 꾀하고 사회복지를 실현하기 위한 중요한 동기이다.

3) 공리주의적 동기

공리주의(utilitarianism)는 19세기경 영국을 중심으로 발달한 윤리적 사상이다.

공리주의는 인간 행동의 윤리적 기초를 개인의 이익과 쾌락 추구에 두는 사상으로, 이익과 쾌락의 크기에 따라 개인의 행복이 결정된다고 본다. 공리주의자들은 '도덕은 최대 다수의 최대 행복을 목적으로 한다'라고 주장한다. 이를 일컫는 말이 최대 행복의 원리(greatest happiness principle)이다(전재일 외, 2019).

공리주의적 동기가 가진 철학적 배경은 근대사회 시민의 사회적 윤리 기준이 되었을 뿐만 아니라, 유럽과 영국의 경제·사회적 사상의 기초가 되고 유럽 자본주의의 토대가 되었다. 대표적인 학자로 자유경제주의자인 제러미 벤담과 그의 제자인 스튜어트 밀 등이 있다.

'최대 다수의 최대 행복'이라는 표어가 공리주의를 대표한다. 양적 공리주의자 벤담은 개인의 쾌락을 수량화해서 측정할 수 있는 것으로 본다. 하지만 개별적 욕구에 따른 쾌락을 수량화하는 데는 어려움이 있다. 사람마다 쾌락의 기준이 다르기 때문이다. 벤담의 공리주의는 행복과 쾌락의 총량에 관심을 두었지, 전체적으로 행복과 쾌락을 합리적으로 분배하거나 평등하게 보려는 관점은 아니었다. 벤담은 모든 사람의 행복 보장, 즉 평등을 추구하는 사회주의와는 다소 거리가 있는 자유방임적 보수주의자였다. 따라서 최대 다수인 대중이 아니라 최대 수량을 중요시하는 통합적 총량의 성장을 계획하였다.

공리주의는 사회 전체의 정의로 서로 다른 사람들이 각각의 이익과 손해를 총합해서 최대 행복을 만들어 간다고 생각한다. 이에 존 롤스는 각기 다른 사람들의 행복을 더하는 것은 불가능할 뿐만 아니라, 사회 전체를 하나의 묶음으로 보려는 것 또한 불합리하다고 비판했다. 각 사람은 개별 주체성을 가지기 때문에 사람들의 행복이든, 그 어떤 것이든 '총합'으로는 개인의 행복을 판단할 수 없기 때문이다.

4) 전문직업적 동기

전문직업적 동기를 말하기 전에 우선 전문직이 무엇인지 그리고 전문직의 관련 요소를 이해할 필요가 있다. 전문직이란 특정 분야에서 전문성을 지닌 직업으로, 그 분야의 전문화된 교육과정을 거쳐 고도의 지식과 기술 작업을 성취해 내는 직업을 말한다(전재일 외, 2019). 현대사회에 와서는 의미가 다양해졌으나, 일반적으로 전문직 종사자들은 경제적으로 고소득이거나 사회적으로 높은 명예를 가지고 있는 경우가 많다.

하지만 전문직은 사회적으로 말하는 전문적인 요건에 의해 구성되며 국가나 협회 등의 전국 단체에서 주관하는 전문 선발 과정을 거쳐 취득할 수 있는 직위이다. 이러한 과정과 요건을 고려한다면, 사회복지 분야의 사회복지 종사자 또한 사회복지전문직으로 인정된다.

밀러슨(Millerson, 1964)은 전문직에게는 이론적 지식에 기초한 기능이 필요하고, 기능은 훈련과 교육을 필요로 한다고 했다. 그리고 전문직 종사자는 시험에 합격하는 것과 같이 자신의 능력을 입증해야 하고, 행동 규범을 준수함으로써 청렴성을 보여야 한다고 보았다. 또한 전문직은 공공의 이익에 도움이 되는 봉사와 헌신을 해야 하는데, 전문직이라고 주장하는 직업 대다수가 다른 항목들은 대개 충족하지만 봉사 항목은 충족하지 못하는 경우가 많다고 하였다. 이러한 점에서 전문직은 봉사뿐만 아니라 그 분야의 조직화를 해야 한다고 정의된다.

우리나라에서는 사회통념상 전문직은 고소득의 의사, 변호사 등을 지칭한다. 그러나 전문직의 사전적 개념은 '전문적인 지식이나 기술 등이 필요한 직업'이다. 즉, 사회통념적 개념인 전자는 미시적인 전문직, 사전적 개념인 후자는 거시적인 전문직이라고 볼 수 있다. 물론 전문직을 정의하는 법령은 없기 때문에 시대와 지역에 따라 전문직에 대한 생각이 다를 수 있다. 전문직에 대해서는 다양한 기준이 제시될 수 있으며, 이는 다음과 같다. 첫째, 사전적 정의에 의한 전문가, 둘째, 직업분류상 전문가, 셋째, 자격·면허를 규율하는 단행법률의 존재 여부에 따른 전문가, 넷째, 사회적 통념에 의거한 「부가가치세법」상 배제 업종과 예외 업종의 해당 여부에 따른 전문가이다.

따라서 사회복지는 사회봉사가 아닌 전문적인 서비스를 제공하고

자 하는 동기를 지닌 전문직업이며, 이러한 전문직업적 동기에 대한 가치와 명예를 지니고 있어야 한다.

사회복지의 전문 직업에 관한 역사와 근거를 살펴보면, 보건복지부 산하의 사회복지사는 1983년 5월 21일 「사회복지사업법」의 1차 개정부터 사회복지사의 전문직과 자격증을 명시하였다. 그리고 1983년 5월에 사회복지사 자격 급수를 1급 제도에서 3급 제도로 변경하였고, 2003년에 1급 국가자격시험을 시행하였다. 2020년에는 정신건강, 의료, 학교 영역에서 활동하는 사회복지사에 대한 전문성을 공식화하기 위해 의료사회복지사, 학교사회복지사 자격증이 신설되었다. 이러한 시도는 사회복지의 전문직업성을 인정하는 것이며, 이러한 자격제도를 통해 전문성을 높이는 일련의 활동도 전문직업적 동기에 기초한다고 할 수 있다(한국사회복지사협회 홈페이지).

5) 내재적 동기

내재적 동기는 사회복지 직무 자체에서 느끼는 성취감이 본질적인 보상으로 작용하는 동기를 말한다. 사회복지 직무를 수행하면서 느끼게 되는 즐거움이나 성취감 등이 있다. 내재적 동기가 부여된 개인은 외적인 보상이나 기타 강제적 요인에 의해서가 아니라, 사회복지 직무 자체로 인해 느끼게 되는 긍정적인 내적 감정을 추구한다. 일반적으로 내재적 동기는 외적인 보상으로 인해 발생하는 외재적 동기보다 상대적으로 강도가 강하며 능동적이다. 사회복지에서는 외적인 보상에 의한 동기보다는 내재적 동기가 중요하며, 실제로 다른 직업군에 비해 내재적 동기가 외재적 동기보다 더 강한 측면을 볼 수 있다.

내재적 동기 이론은 자기결정이론에 근거한다. 자기결정이론(Ryan and Deci, 2000)은 인간의 성격과 동기를 설명한다. 이 이론은 인간의 성격 발달과 자기 규제 행태에 있어 모든 결정은 각 개인의 진화된 내적 자원에 달려 있음을 강조한다. 내적 자원이란 사람들의 내재화된 성장

지향성과 이타적인 심리 욕구를 의미하며(김소희 외, 2020; 김화중, 1995), 이러한 요소들은 각 개인이 가지고 있는 긍정적인 면을 성장시키는 조건이 될 뿐만 아니라 스스로 동기부여하고 인격을 완성하고 이타적 성향에 기반하는 요인이 된다(김소희 외, 2020).

흔히 내재적 동기는 이타성에 기반한 동기로 언급된다. 이타성은 자신에게 이익이 되지 않아도 타인에게 도움을 주려고 하는 인간의 심리적 특성이다. 사회적인 칭찬이나 물질적인 보상에 대한 바람 혹은 처벌에 대한 회피와 같은 외부적인 요인들에 의해서 동기화되는 것이 아니라, 타인에 대한 배려 혹은 자신의 내적 가치와 목표에 의해서 내재적으로 동기화된 친사회적 행동으로 나타나기 때문에 내재적 동기의 요인으로 볼 수 있다.

6) 정치 · 경제적 동기

사회복지의 정치적 동기란 사회복지를 정치적으로 활용하고자 하는 것을 말한다. 정치적 현실에 대처하기 위해 권력을 가진 지도자나 집단, 국가가 사회복지를 수단으로 필요로 할 때 정치적 동기는 발생한다. 권력을 가진 정치집단이나 정부가 사회복지를 제공하는 것은 정치적으로 권력의 획득, 사회적 불안 해소, 사회문제 해결, 또는 정치 · 사회적 과정에서 나타나는 다양한 측면을 고려하기 위해서이다. 사회복지를 정치적으로 활용하고 접근하는 것을 사회복지의 접근 동기로 볼 수 있는 것이다(이봉주 외, 2023).

정치적 동기에는 정치적 권력을 유지하기 위한 것도 포함한다. 사회불안을 줄이는 사회복지제도는 정치 권력을 유지하기 위한 방법으로 동원되기도 하며, 결국에는 이러한 행위로 인해 사회복지제도가 정치적 부산물로 나타나기도 하는데, 이러한 제도가 의도치 않게 다양한 형태로 사회복지를 실행시키기도 한다(이봉주 외, 2023).

경제적 동기는 경제제도의 모순을 해결해 가는 구조주의적 관점의 경제적 동기와 사회복지서비스 제공 과정에서 나타나는 기능적 측면의 경제적 동기로 구분된다. 사회복지는 한 나라의 경제, 문화, 제도 및 사회 구조와 밀접한 관계가 있으며, 그 나라의 경제적인 모순과 실패 때문에 발생하는 다양한 사회문제를 사회복지정책으로 해결하고자 하기도 한다. 우리나라의 IMF 구제 금융 시기에 대량실업 사태가 발생하는 등 사회문제가 나타났을 때 그 문제를 해결하기 위해 실업급여 지급 등의 지원 정책이 나온 것은 사회복지의 경제적 동기와 연결하여 이해할 수 있다.

전체적으로 경제적 동기는 정치적 동기와 맞물려 있다. 경제적 동기는 사회적으로 가장 많이 논의될 수 있는 부분이며, 국가나 정부는 경제적인 상황을 고려하여 복지제도를 확대하거나 축소하기도 한다. 그리고 중장기적으로는 사회복지제도를 통해 사회문제로 인해 발생하는 비용을 감소시킬 수 있다. 사회문제가 사회 및 경제에 큰 영향을 미치는 경우, 국가가 보장하는 사회보장제도 등이 이러한 문제를 해결하기 위한 비용을 감소시킬 수 있다. 이는 생산적 측면에서는 부정적으로 보일지라도 투자적 개념에서는 사회복지가 지속 가능한 역할을 한다는 의미이다.

2 사회복지의 가치

가치는 일반적으로 값어치, 좋은 것, 유용한 값을 뜻하며 인간의 욕구나 관심을 충족시키는 성질, 혹은 충족시킨다고 생각되는 것을 말한다. 인간의 욕구나 관심이 경제적인 것에 있는지, 혹은 사회적, 이론적, 도덕적, 종교적인 것에 있는지에 따라 각각 대상의 가치를 다르게 논하게 된다. 작은 물건이라 할지라도 생활에서 일정한 값어치를 지니고 있으며, 이론적 가치, 도덕적 가치, 미적 가치 등 그 가치는 다양할 수 있다. 일상생활에 도움이 되지 않는 건조물도 역사적·사회적으로 가치를 지니는 일이 있다는 점을 볼 때 인간사회에서 많은 부분을 차지하는 사회복지의 철학을 이해하고 그 가치를 말하는 것은 매우 의미 있는 일이다. 한편, 가치는 국가, 문화, 소속된 집단에 따라 다양하게 변화하고 시대와 장소에 따라 변화 가능성을 가진다(전재일 외, 2019).

사회복지의 가치에는 삶의 문제를 겪고 있는 사람들이 인간답게 살수 있도록 돕고 지원한다는 중요한 의미가 있다. 사회복지실천은 이러한 가치를 기반으로 동기화된다. 즉, 사회복지에서는 인간을 대하는 적절한 방법이 전문성과 신념으로 연결된다.

지금까지 사회복지 가치의 중요성은 당위적으로 받아들였을 뿐이고, 사회복지사의 가치 지향은 경험적 연구의 주제가 아니었다(김용석·고은정, 2014). 하지만 사회복지 가치는 사회복지의 근간이자 사회복지사의 실천을 인도하는 역할을 담당하며, 그렇기에 사회복지사의 가치지향은 일선 현장에서 다양한 형태의 사회복지 활동으로 나타나는 중요한 주제로 볼 수 있다.

사회복지의 가치란 사회복지실천을 통해 달성하려는 '바람직한 상태'에 있으며, 이 상태야말로 인간이 궁극적으로 지향하는 가치일 것이다. 그렇다면 사회복지의 최종 목적지인 가치는 구체적으로 무엇을 말하고, 의미하는지 그리고 어떤 가치가 사회복지의 기능과 역할을 수행하는지 살펴봐야 한다.

본 절에서는 사회복지의 가치를 크게 인간의 존엄성, 자기결정권, 균등한 기회, 사회적 책임으로 내용을 구성하여 살펴보고자 한다.

1) 인간의 존엄성

인간의 존엄성을 바라보는 시각은 다양하다. 조지 오웰(George Orwell)은 소설 『1984』에서 비인간적인 세계에 대한 묘사를 통해 강력한 통제나 세뇌에 의해서 결코 변화되어서는 안 될 인간 존엄성에 대해 말한다. 또한 평범한 인간 모두가 존엄성을 지닌다고 보고, 어떤 상황 속에서도 자유와 정의 그리고 개인, 가족, 젠더와 관련한 인간의 감정을 통제해서는 안 되며, 존엄성이란 무엇과도 바꿀 수 없는 최후의 것으로 본다.

종교에서도 인간의 존엄성에 대한 많은 논의가 있으며, 헌법상에서도 배아와 인간의 존엄성과 생명권을 논의하고, 철학에서도 도덕적 자유와 인간의 존엄성을 말하고 있다. 인간의 존엄성은 사회복지의 이념과 철학이며, 가장 중요한 기본 가치다. 따라서 사회복지란 근본적으로 누구에게나 존엄성을 바탕으로 인간으로서 대우받을 수 있는 권리를 보장하는 것을 목적으로 한다.

세계인권선언(Universal Declaration of Human Rights)에서도 인간의 존엄성에 대한 근거를 찾아볼 수 있다. 세계인권선언은 국가들이 함께 애써야 하는 목표를 제시하여 인류애와 평화의 이념을 공동 실현하고자 하는 노력으로서, 문서 이상의 가치를 가지고 있으며, 차별과 억압, 인종 등에 관한 사회적 이슈를 세계적으로 합의하여 살펴보고자 하였다(국가인권위원회, 2018).

우리나라에서도 어떤 이유로든 그 누구도 인간의 존엄성을 훼손당하거나 위협받는 경우가 존재해서는 안 되며, 「대한민국헌법(이하 「헌법」)」 제10조에서도 "모든 국민은 인간으로서의 존엄과 가치를 가지며 행복을 추구할 권리를 가진다"고 하였다. 즉, 모든 국민은 인간다운 생활을 할 권리를 가진다는 인간의 존엄성을 헌법에서 명시하고 있다(전재일 외, 2019).

사회복지전문직은 인간의 존엄성과 인권을 중시하는 인권 전문직으로서의 역할을 담당한다. 사회복지전문직은 생명, 자유, 평등, 정의, 연대, 사회적 책임 의식, 평화와 비폭력, 인류와 자연과의 관계를 고려하여 인권을 보호해야 한다. 또한 사회복지사들의 인권도 함께 고려해야 한다. 「사회복지사 등의 처우 및 지위 향상을 위한 법률」 제3조에서 사회복지사 등의 처우개선과 신분보장을 위해 국가와 지방자치단체는 적극적으로 노력해야 한다고 명시하고 있다.

2) 자기결정권

자기결정권이란 우리나라 헌법상의 권리로 국가권력으로부터 간섭 없이 일정한 사적 사항에 관하여 스스로 결정할 수 있는 자의적 권리를 의미한다. 이 권리를 근거로 「헌법」 제10조가 보장하는 개인의 인격권과 행복추구권이 기본이 된 권리가 개인의 자기운명결정권이다. 자기운명결정권에는 자기의 생명을 스스로 판단할 권리, 성적인 자기결정권리 등이 포함되어 있다.

실제로 자기결정권은 매우 광범위한 의미로 사용된다. 예를 들면, 자유(liberty), 주권(sovereignty), 의지의 자유(freedom of the will), 존엄성(dignity), 책임(responsibility), 의무로부터의 자유, 외적 인과관계의 결여 등 다양한 의미와 연관되어 있다(김근수, 2011). 자기결정권은 개인의 자유, 프라이버시, 존엄성 같은 개념과 비슷하게 사용된다.

쉽게 말하면, 자기결정권이란 각자의 자기 능력과 판단에 따라 자신의 태도와 행동을 결정할 권리를 갖는다는 것이다. 또한 자기결정권은 기본적 인권을 존중하는 것으로 사회복지 철학에서 심리적 자유라는 개념으로도 한 영역을 차지하고 있다(전재일 외, 2019).

자기결정권은 사회복지의 이론과 실제에 있어서 매우 중요한 원리이다. 현대 사회복지는 빈곤, 질병, 장애, 실업, 돌봄 등의 사회문제와 욕구를 지닌 사회복지 이용자의 문제를 해결하고 완화함과 동시에, 이용자를 스스로 문제를 극복하고 욕구를 충족시킬 수 있는 적극적이고 심리적인 자유의지를 지닌 존재로 바라본다. 이는 각자 능력과 판단에 따라 자기의 태도와 행동을 결정할 권리를 갖는다는 개인의 인권을 존중하는 관점으로 사회복지 가치에서 중요한 요소이다. 일방적인 명령이나 금지 혹은 위협 같은 행위로 자기결정권을 저해해서는 안 되며, 스스로 결정하게 함으로써 자유의지와 결정의 원리를 지원하는 개념으로 볼 수 있다.

구체적으로, 자기결정권은 '독립성을 갖춘 개인이 추상적 행사 능력에 근거하여 모든 사적인 사항을 결정할 수 있는 권리'라고 할 수 있다(김근수, 2011). 이 정의에 의하면 자기결정권은 기본적으로 '개인'을 그 주체로 한 권리이며, 구체적 행사 가능성이 아닌 '추상적 행사 능력'에 근거하고, 개인은 개별적 사안이 요구하는 적정한 수준의 '독립성'을 갖추어야만 자기결정권을 행사할 수 있다(김근수, 2011). 즉, 자기결정의 대상은 모두가 사적인 것으로 개인의 결정이 가능하거나 요구되는 내용이어야 하고, 자기결정권에서 결정은 한 가지 결정을 의미한다기보다 다양한 의미를 갖는 '복합성'을 지닌다.

자기결정권의 철학적 배경을 살펴보면, 이성과 자기결정권을 동일시했던 칸트는 자기결정권을 모든 인간의 보편적 능력으로 보았다. 칸트의 이성은 매우 엄격한 것이었고 자기결정권 개념도 비슷한 특징을 보인다. 인간의 이성을 본능이나 성격을 나타내는 도구적 역할을 하는 것으로 보는 흄은 칸트의 엄격함과는 달리 자기결정권에서 이성의 위치를 낮은 개념으로 보았다. 흄의 경우 칸트와는 달리 이성적 판단이나 개념이 아니라 본능이나 성향에 따라 행위하는 것이 자기결정적이라고 보았다.

자기결정권이라는 가치의 헌법적 근거와 관련해서, 일본은 「일본국헌법」 제13조(행복추구권), 독일은 「기본법」 제2조 제1항(인격의 자유로운 발현권)에 근거하고 있다. 우리나라의 경우 「헌법」 제10조(행복추구권)와 제37조 제1항(열거되지 않은 기본권)에 법적 근거가 있다. 자기결정권은 독립성 여부에 따라 개인적 혹은 집단적 자기결정권으로 구분 가능하다. 구체적으로, 실질적 혹은 절차적 자기결정권, 결정의 주체가 본인인지 타인인지에 따라 직접적 혹은 간접적 자기결정권, 주체가 개인인지 다수인지에 따라 개인적 혹은 집단적 자기결정권으로 구분할 수 있다.

법률적으로 자기결정권은 포괄적, 보충적, 자유권적, 청구권적 성격을 갖는다. 자기결정권은 여러 구체적 사례에서 다양한 모습으로, 다양한 이름으로 나타난다. 그 예로서 환자의 치료 방식에 대한 자기결정권, 죽음에 대한 자기결정권, 개인정보 자기결정권, 성적 자기결정권, 재생산의 자기결정권, 민법의 사적자치의 원리, 일반적 행동 자유권 등을 들수 있다. 이처럼 자기결정권도 하나의 법적 권리이므로 당연히 제한될수 있다. 우선 제한하는 원리는 다음과 같다. 타인에게 해를 끼치는 경우 그 행위는 제한될 수 있다는 '해악의 원리', 어떤 행위가 타인에게 해를 끼치지 않더라도 본인에게 해를 끼친다면 그것을 제한할 수 있다는 '법적 후견주의' 그리고 도덕적 가치의 실현을 위하여 법을 이용해 제한할 수 있다는 '법적 도덕주의'를 들 수 있다. 이러한 자기결정권의 근거가 바로「헌법」제37조 제2항이다.

사회복지실천 현장에서 자기결정권을 지향하기 위해서는 우선 철학적 가치인 인간의 '자율성'과 '자기결정성'을 살펴본 후에 사회복지의 요구와 특수성을 파악하고 자기결정권의 현대적 의미를 제시하는 것이 필요하다. 즉, 자율성이라는 철학적 이념을 바탕으로 사회복지실천현장에서 사회복지학적 관점으로 자기결정권을 이해하는 과정이 필요할 것이다.

3) 균등한 기회

우리 사회에서는 재산, 교육, 지위, 종교, 인종, 직업, 거주지 등에 의해 많은 사람들이 여러 계층으로 분류되는데, 모든 계층에 아무런 차별없이 균등한 기회가 주어져야 한다는 도덕적 원칙의 기본이 되는 가치가 바로 기회균등(equal opportunity)이라고 할 수 있다(전재일 외, 2019).

사회복지실천 과정에서 개인의 기본적인 인간의 존엄성과 자기결정권을 방해하지 않는 것은 당연하고 어떠한 차별도 있어서는 안 된다. 사회주의와 자본주의 사회에서 기회균등의 의미는 차이가 있을 수 있지만, 우리나라의 헌법 전문에서는「헌법」제11조에서 법 앞의 평등,「헌법」제31조에서는 교육의 기회균등,「헌법」제36조에서는 양성평등을 규정하고 있다. 또한「교육기본법」에서 기회의 균등,「고용정책기본법」에서 취업 기회의 균등한 보장처럼 균등한 기회를 제공하는데 대한 법적 의무가 명시되어 있다.

　구체적인 내용을 살펴보면 「헌법」 제11조에서는 "모든 국민은 법 앞에 평등하다"라고 한다. 평등이란 '모든 사람이 동등한 권리와 기회를 누리는 상태'를 말한다. 「헌법」 제31조는 대한민국 모든 국민에게 '능력에 따라 균등하게 교육을 받을 권리'를 부여한다. 그리고 「교육기본법」에서는 이를 보다 구체화하여 교육과 관련하여 "모든 국민은 능력과 적성에 따라 교육받을 권리"를 가지고 있다고 본다. 그러나 '능력에 따라' 교육을 받을 권리를 가진다는 말은 개인의 능력을 중시하여 능력이 뛰어난 경우에는 수준 높은 교육을 제공하고 능력이 평범한 경우에는 무난한 교육을 제공한다는 능력주의의 의미로 잘못 해석될 수도 있다.

　이러한 '개인의 능력'과 관련하여 헌법재판소는 특성화 학교에서는 개인의 성향·능력 및 정신적·신체적 발달 상황 등에 따라 학생을 선발하고 선발된 학생들에게 적합한 교육 과정을 선택할 수 있도록 하는 한편, 지능이나 수학 능력이 뛰어나더라도 만 6세가 되기 전에 앞당겨서 입학하는 것을 허용하지 않는다고 해서 능력에 따라 교육을 받을 권리를 본질적으로 침해한 것으로 볼 수 없다고 판단한다. 지능이나 수학 능력 등에 차이가 있다고 해서 다른 사람과 차별된 내용과 종류, 기간의 교육을 받을 권리가 제한 없이 보장되지는 않는다고 판시하여 균등한 교육의 가치를 나타내고 있다. 따라서 기회균등을 달리기에 비유한다면 동일한 '출발선'을 설정하기 위한 노력이라 할 수 있다. 이러한 기회균등의 개념에서 탄생한 것이 교육을 골자로 하는 평등의 가치이다.

　교육 이외에도, 분야를 막론하고 기회균등의 가치는 중요하다. 사회복지 조직에서 승진대상자를 평가할 때 업무 성과와 무관한 성별, 지역, 나이, 인종 등을 고려하면 안 된다. 사회는 구성원들에게 균등한 기회를 제공해야 하겠지만 이는 결과의 평등을 추구하는 것이 아니다. 균등한 기회가 사회에서 제공된 이상 개인의 '선택, 의지, 노력'의 결과로 인한 불평등은 정당한 것으로 용인되기 때문이다. 이러한 기회균등의 가치는 정의로운 분배를 주장한 롤스의 평등주의적 자유주의와 비슷한데, 이는 능력주의와도 연관이 있다. 만일 어떤 사람이 같은 기회를 가진다면 능력이나 생산에 대한 기여가 다를 때 분배도 달라지는 것이 정의롭다(이봉주 외, 2023).

이는 능력이나 기여, 그 모든 것이 자신의 참된 노력에 달렸다는 생각에 기초한다. 그러나 생산에 대한 기여가 모두 참된 노력을 통해서 생산되는 것은 아니다. 예를 들어 '대학수학능력시험'이라는 기회는 모든 수험생에게 제공되지만, 부모나 제삼자의 경제적 도움을 받아 고액 과외를 받은 학생과 학교 교육 이외에는 다른 수업을 받지 않은 학생이 공정한 결과를 받는다고 볼 수는 없다. 따라서, 기여에 따라 산출되는 혜택 모두를 그대로 분배하는 것은 정의롭지 않다는 비판을 받기도 한다.

기회균등이나 평등에 대한 다른 해석의 가능성에도 불구하고, 사회복지의 영역에서 기회균등이라는 가치 기반이 없다면 윤리적 문제와 더불어 사회적 불평등의 문제를 야기할 수 있기 때문에 균등한 기회는 기본 가치로서 반드시 보장되어야 하는 것이다.

4) 사회적 책임성

사회복지의 가치에서 사회적 책임성(social responsibility)은 사회연대와 연관된 의미로 사용하기도 하며, 학자에 따라 사회통합, 상부상조의 공동체 의식 등 다양하게 이해하고 있으나 관점은 유사하다고 볼 수 있다. 이 항에서는 사회적 연대라는 의미보다는 책임성을 중심으로 살펴보고자 한다. 먼저, 책임성은 크게 개인적 책임성과 사회적 책임성으로 나누어 볼 수 있다. 개인적 책임성은 개인이 맡은 바를 완수하는 것이며, 사회적 책임성은 개인적 이익이나 개인의 목표가 아닌 이타적인 의식을 기반으로 사회의 공공선을 추구하고자 하는 개인의 특성을 나타낸다(조기순, 2017). 긍정심리학에서는 개인의 이타적인 성향이 긍정적인 자아존중감의 개념을 확립시킬 뿐만 아니라 사회문제에 대한 예방적 혹은 치료적 기능까지 할 수 있다고 본다.

따라서 사회적 책임성은 보호가 필요한 대상자나 사회적으로 어려움에 처해 문제 해결을 요구하는 사람을 지원해 주는 미시적 개념과 인류의 복지를 위한 사회적 관심 및 복지 지향성으로 보는 거시적 개념으로 정의할 수 있다. 이는 개인, 집단, 지역사회, 국가적 단계로 확장되는 책임성의 지속적인 발전을 위한 의미 있는 주제이다.

개인의 경우 자신의 자아 인지 능력을 확대하고 자립 성향을 강화하며 자기결정성을 보장하려 하지만 사회적 책임성은 개인의 책임을 넘어서 공공적 책임성과 연결된다. 사회적 책임성은 우리 사회의 문제에서 사회적 신뢰성, 책임을 지는 능력, 사회적 의무, 연대감 형성을 중요한 가치로 두고 설명한다(전재일 외, 2019).

유사한 개념으로, 사회적 연대감과 관련하여 우리 사회는 인간의 고통과 괴로움에 대해 개인만을 탓할 수 없으며, 사회적인 책임, 사회연대, 상부상조, 공동체의 과제라는 개념으로 접근해야 한다. 연대성이란 개념은 '두 사람 이상이 함께 무슨 일을 하거나 함께 책임지는 일'로 정의된다. 사회적 책임이란 국가나 기업이 지켜야 할 모든 조직 구성체의 사회적인 책임을 뜻한다. 그 구성 요인으로 설명 책임성, 투명성, 윤리적 행동, 이해관계자의 이해, 법의 지배, 국제행동규범, 인권을 포함하기도 하지만 사회적 연대는 상호책임성과 공동의 책무를 의미한다.

2010년에 국제 표준화 기구(International Organization for Standardization: ISO)의 국제규범(ISO 26000)은 세계적인 표준 규범으로, 사회를 구성하는 모든 조직체, 즉 정부, 기업, 공공기관, 학교, 병원, 종교 단체, 노조, 비영리단체 등은 각자의 이해관계자들인 조직구성원이 영향권 내의 공동체 구성원 등에 대해 책임성, 투명성, 윤리적 행동, 이해관계자의 이익 존중, 법규준수, 국제행동규범 존중, 인권 존중이라는 7대 원칙을 중심으로 조직 거버넌스, 인권, 노동 관행, 환경, 공정 운영 관행, 소비자 이슈, 지역사회 참여와 발전의 주제와 관련하여 사회적 책임을 부담해야 한다고 본다.

이러한 국제규범에서도 사회적 책임을 언급하듯이 사회복지제도에서도 사회적 책임성은 공동체 구성원의 상호의존성을 제도적 장치로 복원함으로써 사회통합을 지향하게 하는 중요한 가치이다. 또한 사회적 책임성은 산업사회를 지나 자본주의사회에서 지나친 경쟁으로 인해 나타나는 사회적 불평등과 인간소외 현상을 해결하는 기반이 되며, 사회 구성원 간의 신뢰와 협동 정신의 강조를 통해 사회적 위험으로부터 공동연대하여 대처할 수 있도록 하는 사회복지의 가치이다.

사회적 책임성은 공동체 사회 속에서 개인과 집단 간에, 개인과 지역 간에 상호 관계를 통해 이루어질 때 그 의미와 역할이 실현될 수 있다. 사회적 책임성의 가치 실현은 상대에 대한 배려와 책임의 윤리로부터 발현된다. 사회복지 분야에서는 사회적 책임성을 실현할 태도와 능력이 필요하고, 정부, 사회복지 조직, 관련 전문가, 이용자 모두가 사회적 책임을 주체적으로 수행해야 한다.

토론주제

1   사회복지의 동기 중에 중요하다고 생각하는 동기 세 가지를 골라 설명하고, 개인적인 사회복지의 동기와 어떻게 연결되는지를 이야기해 보시오.

2   사회복지의 가치 중에 가장 중요하다고 생각하는 가치와 그 이유는 무엇인가?

3   사회복지현장에서 사회복지의 가치는 어떻게 작용하는가? 우리가 그 가치를 위해 왜 노력해야 하는가에 대한 근원적인 고민을 타인과 나누어 보시오.

제 3 장

사회복지와 인권

인권 관점의 사회복지실천이란 무엇일까?

사회복지의 가치와 철학이 인권에 기초하고 있다는 점에서 인권과 사회복지실천은 매우 밀접히 연관된다. 인권은 '사람이면 누구나 누릴 수 있는 권리, 사람답게 살아가기 위해서라면 반드시 누구에게나 보장되어야 하는 권리'이다. 사회복지실천은 인간 존엄성을 기반으로 빈곤, 고독, 차별, 학대, 사회적 고립 등 다양한 사회적 위험을 개선하여 삶의 질을 향상하고 인간다운 삶을 영위하도록 이끄는 전문적 활동을 일컫는다. 즉 사회복지는 인권 강화를 목표로 하고, 인권은 사회복지실천을 통해 보장될 수 있다. 또 사회복지실천은 인권을 침해하지 않는 방식으로 수행되어야 한다.

이에 따라 최근 사회복지 윤리강령 및 실천 원칙은 인권 관점을 강조하고 있다. 사회복지가 인권을 보장하기 위한 제도적 노력으로 여겨지면서, 인권 기반 접근(rights-based approach)으로 사회복지실천 패러다임이 이동하고 있다. 하지만 개념의 혼란, 실천 방법의 모호성 등으로 인해 현실에서는 많은 어려움을 겪고 있다. 이 장에서는 인권의 개념, 인권 관점 사회복지실천의 개념, 실천 방법 등에 대해서 살펴보고자 한다.

1 인권의 이해

1) 인권의 개념

인권(人權)이란 인간으로서 마땅히 누려야 할 기본적인 권리를 뜻한다. 1948년 유엔총회에서 채택된 세계인권선언 제1조에서는 "모든 인간은 태어날 때부터 자유로우며 그 존엄과 권리에 있어 동등하다. 인간은 천부적으로 이성과 양심을 부여받았으며 서로 형제애의 정신으로 행동하여야 한다."라고 규정하고 있다. 이는 인간은 태어남과 동시에 인간으로서 존엄성을 인정받고, 이에 따라 자유롭고 평등하게 대우받을 권리가 있음을 의미한다. 「대한민국 헌법」 제10조에서도 "모든 국민은 인간으로서의 존엄과 가치를 가지며, 행복을 추구할 권리를 가진다. 국가는 개인이 가지는 불가침의 기본적 인권을 확인하고 이를 보장할 의무를 진다."라고 규정하여, 모든 국민은 인간으로서의 존엄을 갖고, 국가는 이를 보장하기 위한 의무를 갖고 있음을 확인해 주고 있다. 또 우리나라 「국가인권위원회법」 제2조 제1호에서는 "인권이란 「대한민국헌법」 및 법률에서 보장하거나 대한민국이 가입·비준한 국제인권조약 및 국제관습법에서 인정하는 인간으로서의 존엄과 가치 및 자유와 권리를 말한다."라고 정의하고 있다. 이처럼 인권이란 '인간으로서 마땅히 누려야 할 기본적인 권리'이며, '사람이면 누구나 누릴 수 있는 권리, 사람답게 살아가기 위해서라면 반드시 누구에게나 보장되어야 하는 권리'를 의미한다(조효제, 2007; 오혜경, 2008; Ife, 2000).

인권과 비슷한 말로 기본권이 있다. 인권과 기본권(基本權)은 일반적으로는 같은 의미로 쓰이지만, 실제 사용 측면에서는 상당한 차이를 갖고 있다. 일반적으로 인권은 모든 사람이 사람답게 살기 위해 필요한 권리이며, 자연 상태의 인간에게 주어지는 자연법적이고 생래적(生來的)인 권리이다. 반면 기본권은 사람이 누리는 어떤 권리가 헌법을 통해 보장되는 기본적 권리임을 의미한다. 기본권은 국가로부터 승인받은 권리로 인권보다는 대체로 그 폭이 제한되어 있다. 즉 인권은 국가 이전의 권리이고, 기본권은 국가작용의 영향을 받는 권리이다(국가인권위원회, 2018).

기본권은 국가의 의무에 대응하는 시민의 권리라는 측면에서 민권(civil rights) 또는 시민권으로 불리기도 한다. 자연 상태의 개인들끼리 계약을 맺어 사회나 국가를 창출한다고 보는 사회계약론에 따르면, 국가는 국민을 보호할 의무가 있고 국민은 국가의 보호를 받을 권리가 있다. 계약을 맺어 만들어진 국가에 의해 보호받아야 하는 국민의 기본권이 시민권이 되는 것이다. 따라서 시민권은 국민의 권리이자 국가의 의무로 이해되어야 한다. 즉 국민이 어떤 권리가 있다면 국가는 그 권리를 보장할 의무가 있는 것이다.

2) 인권의 역사적 발달 과정

현재 인권은 자유권, 사회권, 연대권 등 다양한 인권의 목록을 포함하고 있다. 하지만 현재의 인권 목록과 인권 개념이 태동한 18세기의 인권 목록은 차이가 있다. 즉 인권의 목록은 시대를 거치면서 변화 발전되어 왔다(조효제, 2007). 18세기에는 시민적, 정치적 권리에 대한 관심이 인권 개념의 형성에 중요한 계기가 되었다. 이후 이러한 관심은 점차 경제적·사회적·문화적 권리로 확대되었으며, 현대사회에서는 인류 전체를 위한 집합적 권리, 즉 평화와 발전에 대한 권리, 그리고 파괴로부터 보호받는 깨끗한 환경에 대한 권리로 변화하고 있다(국가인권위원회, 2008).

(1) 1세대 인권: 자유권

역사적으로 인권은 개인주의 사상이 확립되고서야 구체적인 실현 방식을 확보하게 되었다. 근대 이후 새로이 싹을 틔운 인간의 권리가 발전하기 위해서는 자유롭게 사고하고 행동하는 자유인이 전제되기 때문이다. 1세대 인권의 발달은 18세기 자유주의적 정치철학의 발달과 계몽

주의에 그 기원을 두고 있다. 역사적으로도 중세 봉건제 질서를 붕괴시킨 1789년 프랑스 대혁명을 기점으로 자유 시민의 천부적 권리인 자유권이 발전하게 되었다.

1세대 인권은 투표권, 언론의 자유, 집회의 자유, 공정한 재판과 법 앞의 평등, 공민권, 사생활의 보장, 자기표현의 권리, 종교의 자유, 공무담임의 권리, 시민 생활과 사회활동에의 자유로운 참여 등을 포함하고 있다. 이와 아울러 존엄하게 대우받을 권리, 공공안전의 권리, 차별받지 않을 권리, 합법적 사업을 보호받을 권리, 협박·희롱·고문·강요 등을 받지 않을 권리가 포함된다. 이러한 권리는 개인의 가치를 중시하는 자유주의적 관점에 기초하여, 국가가 개인에게 간섭하지 말 것을 요구하며 반드시 보호되어야 할 권리로 규정된다(Ife, 2000).

(2) 2세대 인권: 사회권

2세대 인권은 19세기와 20세기의 사회민주주의 또는 사회주의 그리고 여타의 집단주의 운동에 그 지적인 기반을 두고 있다. 근대 시민혁명을 통해 얻은 자유가 진정한 자유가 되려면 인간답게 살 수 있는 여건이 충족되어야 한다. 1세대 인권은 인간에게 자유를 가져다주었지만, 사회·경제적 불평등을 적극적으로 바꾸려 하지는 않았으며, 그 결과로 여성에 대한 차별과 아동의 저임금·장시간 노동과 같은 열악한 인권 상황이 지속되었다. 즉, 자유는 확보되었으나 이를 누릴 수 있는 사회적, 물질적 토대가 보장되지 않으면서, 사회·경제적 약자의 권리보호와 노동조건 개선 등 실질적인 평등을 담보할 인권 개념과 실천 노력이 필요하게 되었다(조효제, 2007; 국가인권위원회, 2008).

인간이 스스로 존엄을 유지하면서 살기 위해서는 정신과 육체의 주체적 자유를 보장하는 자유권과 더불어, 건강권, 교육권, 주거권, 노동권, 그리고 생존권 등 사회적 권리가 필요하고, 따라서 인간의 권리는 자유권과 더불어 사회권이 보장될 때 완성된다는 인식이 공감을 얻게 되었다. 2세대 인권은 국가가 훨씬 능동적이고 적극적인 역할을 할 것을 요구하기 때문에 적극적 권리로 불린다. 국가는 1세대 인권처럼 단지 권리를 보호하기보다는 다양한 사회적 급여를 통하여 사회정의를 실천하고, 결핍으로부터의 해방을 도모하며, 사회·경제·문화생활에의 참여를 실질적으로 보장하는 사회권 보장을 위해 노력하여야 한다(Ife, 2000).

인간의 권리는 자유권(1세대 인권)과 더불어 사회권(2세대 인권)이 보장될 때 완성된다는 새로운 인식이 싹트게 되었다. 이러한 자유권과 사회권은 국가와 개인의 관계를 규정하는 핵심 개념이다. 자유권은 사유재산권, 계약의 자유, 언론·출판·집회·결사의 자유 등으로, 국가의 부당한 간섭에서 개인의 자유를 보호하는 역할을 한다. 반면 인간다운 삶을 누릴 권리로 표현되는 사회권은 인간의 존엄성을 보장하기 위해 국가의 적극적인 개입을 요구한다(문진영, 2013).

(3) 3세대 인권: 집단권 또는 연대권

3세대 인권은 20세기 들어서야 인권으로 인식된 것으로, 1·2세대 인권이 개인적 수준의 권리라고 한다면 3세대 인권은 집단 수준의 권리라고 말할 수 있다(Ife, 2000). 인권의 성립과 발전 과정에서 서구 사회가 자신들의 관점에서 인권을 개념화하였으므로, 오늘날 인권 개념에는 서구적 인권 관점과 가치가 짙게 배어 있는 것이 사실이다. 이러한 인권 개념화와 인권 보장의 과정에서 서구 사회는 제삼세계의 식민지화를 통한 희생을 대가로 자신들의 인권을 신장해 왔다고 해도 과언이 아니다. 그 결과 제삼세계의 대다수 국민은 억압과 착취를 경험했고, 오늘날까지도 심각한 빈곤과 정치적 혼란을 겪고 있다. 이로 인해 오늘날 제삼세계 국민들은 인간다운 삶을 보장받기 위해 권력, 자원, 부(富) 등 중요한 가치의 세계적 재분배를 요구하게 되었고, 인권 개념에서도 서구적 관점에 대한 반발로 '아시아적 가치'에 기반한 인권을 옹호하는 관점이 등장했다(Ife, 2000).

3세대 인권은 개별 국가의 노력만으로는 오늘날 인류가 직면한 많은 인권 문제에 대처할 수 없다는 사실을 보여주고 있다. 예를 들어 '평화롭게 살 권리, 깨끗한 환경에서 살 권리, 인도주의에 입각하여 재난으로부터 구제받을 권리' 등을 누리려면 국경을 초월한 전 세계 국가들의 단결과 연대가 필요하다.

3세대 인권은 아직 형성 단계에 있는 개념으로 그 개념을 명확하게 제시할 수는 없다. 하지만 세계인권선언에 포함된 3세대 인권에는 자결권(자신의 정치적 지위를 자유롭게 결정하고 경제·사회·문화의 발전을 자유롭게 추구할 권리), 천연자원과 재화를 자신들을 위해 자유롭게 활용할 권리, 우주 자원, 과학·기술·정보의 발전, 문화적 전통·유적·기념물 등 인류공동유산에 함께 참여하고 그 혜택을 누릴 권리 등이 포함된다(김미옥 외, 2006).

이와 같은 3세대 인권은 집단 수준에서 정의될 때만 의미가 통하는 권리들로서, 3세대 인권의 실현으로 인해 개개인이 혜택을 받을 수 있지만, 지역사회, 전체 국민, 국가, 사회에 더 잘 적용될 수 있는 인권 영역이다. 3세대 인권은 한 국가 차원에서만 적용되는 것은 아니며, 경제개발에 관한 권리, 세계무역과 경제성장으로부터 혜택을 받을 권리, 조화로운 사회에서 살 권리, 오염되지 않은 공기와 깨끗한 물을 마실 권리와 같은 환경권까지를 포함하는 것으로 전 세계 국가들에도 적용되는 인권이다.

3) 인권의 특성

세계인권선언 이후 70년 가까운 세월을 통해 인권은 계속 발전하고 있다. 또 그 과정을 통해 여러 가지 특성과 원칙이 만들어졌다. 가장 대표적인 인권의 특성으로는 보편성의 원칙, 불가분성의 원리, 상호의존성의 원리가 제시되고 있다(국가인권위원회, 2018).

(1) 보편성의 원칙

인권은 기본적으로 '사람의 권리'라고 정의할 수 있지만, 많은 경우 사람임에도 사람의 범주에서 배제되는 경우가 많다. 예를 들어 어른이 중심이 되는 사회에서 아동은 온전한 사람으로 인정받지 못한다. 이성이 인간의 기본적 요건으로 인정되는 사회에서 발달장애인이나 정신질환자들은 온전한 사람으로 인정받지 못한다. 따라서 인권을 그저 '사람의 권리'라고만 하면 자신의 의지와는 무관하게 사람의 범주에서 배제되는 사람들의 문제, 곧 인권의 보호가 오히려 더 절실한 사람들의 문제를 해결할 수 없게 된다. 그래서 인권은 '모든 사람의 권리'가 되어야 한다.

인권은 모든 사람의 것일 때 인권으로서의 의미를 지니게 된다. 어떤 사람들에게만 권리가 보장된다면 그것은 인권이 아니라 특권(privilege) 또는 반(反)인권이 되는 것이다. 즉 인권은 성, 인종, 연령, 국적, 종교, 장애 여부, 사회적 신분 등에 상관없이 모든 사람에게 보장되어야 하는 것이다. 이와 같은 특성을 보편성(universality)의 원칙이라고 한다.

이때 보편성이란 모든 사람이 똑같은 방식으로 권리를 실현해야 한다는 의미가 아니라, 개인과 집단 사이에 존재하는 모든 다양성과 차이를 인정하고 자신의 존재에 합당한 권리를 누릴 수 있어야 한다는 것이다. 즉 인권의 보편성을 인정하면서, 동시에 각국과 지역의 특수성, 그리고 다양한 역사적, 문화적, 종교적 배경의 중요성까지 함께 고려해야 한다.

(2) 불가분성의 원리

국제인권규약에서는 인권을 '시민적·정치적 권리', '경제적·사회적·문화적 권리', '평화권', '연대권', '집단권' 등으로 나누어 설명하기도 하며, 일부 학자들은 이를 자유권과 사회권, 그리고 제3의 권리로 나누기도 한다. 하지만 이러한 분류는 편의상 또는 특정 부분을 강조하기 위해 이루어진 것이며, 인권은 본질적으로 '나눌 수 없는' 성격, 즉 불가분성(indivisibility)을 가지고 있다.

자유롭게 이동한다는 것은 보통 자유권으로 분류된다. 하지만 자유롭게 이동하여 학교에 간다면 이 권리는 교육받을 권리의 일부가 되는 것이고, 공장에 간다면 일할 권리의 일부가 되는 것이다. 교육받을 권리, 일할 권리는 모두 사회권으로 분류된다. 이처럼 자유권과 사회권의 권리들이 따로 떨어져 있는 것은 아니고, 밀접한 연관성을 맺고 있다. 자유권이 전제가 되지 않으면 사회권의 보장이 불가능한 경우가 많고, 사회권이 보장되지 않는다면 자유권의 행사는 어려울 것이다.

또 하나의 권리, 또는 몇 개의 권리만 보장된다고 해서 인권이 실현되는 것은 아니다. 선별적으로 어떤 인권을 부인하거나, 인권 영역의 중요성에 서열을 매겨 특정 영역의 인권을 더 중요하게 또는 소홀하게 취급해서는 안 된다. 인권의 여러 목록은 모두 사람에게 필요한 것이고, 이중 단 하나의 결핍만 있어도 사람은 사람답게 살지 못하게 된다. 예를 들어 장애인들이 밥만 먹고 살 수 있다(생존권)고 해서 인권이 보장되는 것이 아니라, 자유롭게 움직이고(이동권), 공부도 하고(교육권), 직장도 다닐 수 있어야 하며(노동권), 또 다른 모든 사람에게 필요한 모든 인권이 장애인들에게도 갖춰져야 인권이 보장되는 것이다.

(3) 상호의존성의 원리

인권의 주체는 사람이다. 인권은 모든 걸 자기가 하고 싶은 대로 하는 권리를 의미하지는 않는다. 사람은 추상적인 개인으로서 존재하는 것이 아니라, 일정한 사회적 관계와 타자와의 관계 속에서 존재하는 구체적인 개인이다. 나의 권리와 다른 사람의 권리, 나의 권리와 공동체의 권리, 공동체 간의 권리가 서로 긴밀하게 연결되어 상호 의존하는 관계이다. 따라서 나의 권리가 사회제도적으로 보장되어야 하는 것처럼, 다른 사람의 권리도 사회제도적으로 보장해 주어야 한다. 그러므로 개인은 자신의 권리를 알고 누려야 하는 책임과 타인의 권리를 존중하면서 지켜주어야 하는 책임을 갖게 된다.

이와 같은 인권의 상호의존성(interdependence) 때문에 다른 사람의 권리를 침해하는 경우 부득이하게 인권이 제한될 수 있다. 우리 헌법도 본질적 인권을 제외하고는 공공의 안전이나 복리를 위해 인권을 제한할 수 있도록 하고 있다.[1] 물론 법률에 의해서만 제한이 가능하고, 제한이 가능하다고 해도 자유와 권리의 본질적인 내용은 침해할 수 없다. 필요한 만큼 최소한의 범위 내에서 합리적으로 제한하여야 하고, 제한당하는 사람이 당하는 피해가 공동체가 얻을 이익보다 너무 커서는 안 된다.

4) 보편적 인권의 역설

인권은 자유권, 사회권, 연대권 등 다양한 권리를 포함하는 방향으로 꾸준히 발전해 왔다. 오늘날 인권은 모든 사람에게 적용되는 보편적 권리로 불리기도 하지만, 여전히 우리 사회에는 인권이 보장되지 않는 많은 사람들이 존재한다. 이는 보편적 인권이 주장되지만 실제로는 특정 계층에게만 적용되는 경우가 많기 때문이다.

인권은 인간의 권리이기 때문에 모든 인간의 권리로 치부되지만, 실제 인권 보장의 대상은 시대에 따라 변화 발전해 왔다. 인권 발달 초기에는 재산을 가질 수 있는 백인 부르주아 남성만 인권의 대상이었다. 이후 여성의 정치 참여가 가능하게 되었고, 20세기 중반에 들어서야 흑인, 아동, 장애인 등의 자유권과 사회권이 확대되기 시작하였다. 이처럼 인권의 역사는 그 사회의 다수를 위한 인권 확장의 역사였다. 이러한 과정에서 소수집단은 인권의 영역에서 사회적 배제를 경험할 수밖에 없었으며, 이와 같은 소수의 배제는 사회적 갈등을 일으켰다. 20세기 후반 진행된 여성운동, 인종운동, 장애운동 등은 이러한 갈등의 양상을 잘 보여주는 것이다.

모두의 인권을 말하는 현재에도 인권의 대상이 되지 못하는 집단이 존재한다. 우리나라에서도 외국인 근로자, 이성애가 아닌 다른 성적 지향을 갖는 사람, 정신질환으로 인해 타인 또는 자신에게 위해를 가할 수

....

1   「대한민국헌법」 제37조 ②항 "국민의 모든 자유와 권리는 국가안전보장·질서유지 또는 공공복리를 위하여 필요한 경우에 한하여 법률로써 제한할 수 있으며, 제한하는 경우에도 자유와 권리의 본질적인 내용을 침해할 수 없다."

있는 사람 등의 경우 인권이 완전히 보호되어야 하는 존재가 아니라, 경우에 따라 일부 인권이 제한될 수 있다고 여겨지고 있다. 예를 들어 외국인 근로자의 경우 최저임금을 적용하지 않는 것이 타당하다는 의견, 성적 지향을 근거로 한 차별을 금지할 경우 성병이 확산될지 모르니 차별금지법을 만들어서는 안 된다는 의견, 정신질환자들은 '묻지마 범죄' 가능성이 높으니 행정력을 동원한 강제 입원도 필요하다는 의견 등이 이에 해당한다.

결국 인권의 보편성을 말하지만, 실제 현실에서 보편적으로 모든 사람에게 인권이 보장되는 것은 아니다. 스스로 자신의 인권을 주장하기 어려운 경우 인권이 보장되지 못하고 있다. 주로 노인, 장애인, 아동, 외국인 근로자, 다문화 가족, 성적 소수자 등이 이에 해당한다. 즉 인권의 보호가 더 절실한 사람들이 오히려 인권에서 배제되는 것이다. 그런데 이 집단은 사회복지 이용자 집단과 대부분 중첩된다. 바로 이 지점이 사회복지실천이 이용자 집단의 인권 보장을 위한 실천이 되어야 하는 이유이기도 하다.

2 인권과 사회복지실천

1) 인권과 사회복지실천의 관계

인권과 복지는 밀접한 관계가 있음에도 불구하고 오랫동안 분리해서 다루어져 왔다. 국가가 사람이 살아가는 데 필요한 최소한의 조건을 제공할 기본적인 책임이 있다는 점에 동의하는 많은 사람들도 복지를 인간의 기본적인 권리로 여기지 않았다. 과거에는 많은 사람들이 시민적·정치적 권리만을 인권의 영역으로 간주하는 경향이 있었기 때문이다. 그러나 시대적 발전에 따라 사회권이 중요하게 됨에 따라 복지 분야에서도 인권에 관한 관심이 상당히 높아졌다. 특히 인권침해에 빈번하게 노출되는 사회약자들은 동시에 복지 대상이 되는 취약계층인 경우가 많기 때문에, 복지와 인권은 따로 떼어놓을 수 없는 관계가 되었다(국가인권위원회, 2018).

인권의 목록 중 '경제적·사회적·문화적 권리' 즉 사회권은 사회복지와 밀접하게 연결되어 있다. 사회권은 사람이 사람답게 살며, 개인의 역량을 실현하는 데 필요한 사회적 요건을 규정한 것으로써 구체적이고 적극적인 국가의 역할을 강조한다. 사회권 실현을 위해서는 주거와 교육, 의료 등의 시설을 확충하고 사회보장제도와 복지서비스를 제공해야 하므로, 국가 차원에서의 투자가 요구된다는 점에서도 사회복지와 맞닿아 있다.

'사회권 규약'의 조항들은 사회복지가 추구해 온 내용을 명시하고 있다. 사회복지의 핵심 영역인 노동의 권리와 노동조합에 가입할 권리, 사회보장을 받을 권리, 가정과 아동이 보호받을 권리, 적절한 생활 수준을 영위할 권리, 건강을 유지할 권리, 교육받을 권리, 문화생활을 영위할 권리 등을 규정하고 있다. 이런 권리들은 개인의 노력에 의해서만 보장을 받을 수 있는 것은 아니다. 특히 지금처럼 사회·경제적으로 불평등이 심각한 시기에는 개인의 노력만으로는 한계가 있다. 국가가 개입하고 가능한 자원과 제도를 마련해야만 국민들이 이러한 권리들을 보장받을 수 있다. 즉 국가의 적극적인 복지를 통해 국민의 인권을 보장하여야 한다.

사회복지실천은 인간 존엄성을 기반으로 빈곤, 고독, 무위, 질병, 차별, 학대, 사회적 고립 등 다양한 사회적 위험을 개선하여 삶의 질을 향상하고 인간다운 삶을 영위하도록 이끄는 전문적인 노력을 일컫는다(권중돈, 2016). 즉 사회복지는 인권의 강화를 목표로 하고, 인권은 사회복지실천을 통해 보장될 수 있다. 또 사회복지실천은 인권을 침해하지 않는 방식으로 수행되어야 한다(최혜지 외, 2020).

이에 따라 사회복지는 인권 전문직이 되어야 함이 강조된다(Ife, 2000). 사회복지사는 사회복지실천가인 동시에 인권 실천가의 역할을 해야 한다(손병돈, 2008). 실제로 국제사회복지사협회(International Federation of Social Workers: IFSW)는 1988년에 사회복지사가 인권 전문직으로서 인권 존중과 증진의 사명을 가진다고 천명했으며, 2002년에는 인권이 사회복지의 핵심이라고 강조하며 이를 실현하기 위해 사회복지 전문가와 사회복지대학에서 활용할 수 있는 인권 훈련 매뉴얼(Human Rights Training Manual)을 제작했다. 사회복지는 인도주의와 민주적 이상에서 태생한 것으로 사회복지실천은 그 시작에서부터 인간의 욕구 충족과 잠재력 및 자원의 개발에 초점을 두어야 하며, 모든 시민의 삶의 질 향상을 위하여 집단과 지역사회의 서비스에 적극적으로 개입하여야 하며, 정치, 사회, 경제, 문화 및 정신적 문제를 문화적 민감성을 갖고 해결해 나갈 것을 이 매뉴얼에서는 권고하고 있다(국가인권위원회, 2008). 사회복지실천에서 인권 실현을 위한 서비스를 제공하면서 지켜야 할 원칙은 다음과 같다(IFSW, 2002).

| 자료 |

사회복지실천에서 준수해야 할 인권 원칙

- 모든 사람은 고유의 가치를 가지고 있으며 그것은 그 사람을 위한 도덕적 배려로 정당화된다.
- 모든 개인은 자립(self-fulfillment)의 권리를 가지고 있으며, 다른 사람의 동등한 권리를 침해하지 않는 범위에서 최대화되어야 한다. 또한 모든 개인은 사회의 안녕에 기여할 의무를 지닌다.
- 어떠한 형태의 사회이든지 모든 사회는 그 구성원에게 최대의 이익을 제공하기 위한 기능을 해야 한다.
- 사회복지사는 사회정의의 원칙에 대한 소신이 있어야 한다.
- 사회복지사는 개인과 집단, 지역사회와 사회의 발전을 도모하고 개인-사회적 갈등을 해결하기 위한 객관적이고 훈련된 지식과 기술에 헌신할 책임을 지닌다.
- 사회복지사는 성, 연령, 장애, 인종, 사회계층, 종교, 언어, 정치적 신념, 성적 취향에 기초한 어떠한 차별 없이 가장 최선의 가능한 지원을 제공하여야 한다.

또 미국사회복지사협회(National Association of Social Workers: NASW)도 2000년 정책 선언을 통해 사회복지전문직이 인권에 근거하고 있으며 인권을 지향하고 있다는 것을 분명히 밝히고 있다(김미옥·김경희, 2011). 그 세부 내용은 다음과 같다.

| 자료 |

미국사회복지사협회의 인권 관련 정책 선언

- 사회복지사는 세계인권선언뿐 아니라 국제연합의 경제·사회·문화적 권리 협약, 여성에 대한 모든 형태의 차별 제거 협약, 아동권리협약 등에 대해 정부의 비준을 촉진하도록 하여야 한다.
- 사회복지사는 아동의 권리 및 아동노동, 아동 매춘과 같은 아동 착취와 관련한 인권침해에 대해 특별한 주의를 기울여야만 하며, 이러한 문제들과 관련하여 공공과 전문직의 인식을 개선하는 데 주도적 역할을 해야 한다.
- 사회복지사는 사회적 약자 및 취약계층의 권리를 대변하고 옹호해야 하며, 한 사람의 권리를 죽음의 위험으로 몰고 갈 수 있는 정책과 실천, 편견적 태도, 증오, 인내심 없는 행동들에 대해 비판해야 한다.
- 자격 기준이 없거나 적절하지 못하게 이행되고 있을 때, 사회복지사는 정부 및 비영리 조직들, 기타 지역사회의 여러 집단과 함께 협력하여 세계에서 가장 취약한 사람들을 포함한 모든 사람의 건강과 복지를 강화하도록 주도해야 한다.
- 사회복지사는 경제적 권리와 경제적 격차를 줄이기 위한 노력을 포함한 인간개발과 인권의 발전을 위해 국제연합과 파트너가 되어야 한다.
- 개인이나 가족, 집단, 지역사회, 국내 기관 또는 정부 등 사회복지실천의 모든 영역에서 사회복지사는 인권에 기반으로 실천해야 한다.
- 인권을 옹호하는 사회복지사가 보복의 대상이 될 수 있음을 인식하여, NASW는 위협을 받는 사회복지사에게 전문적 지원을 충분히 제공하고 이를 사회복지사 자신이 확실히 알 수 있도록 해야 한다.

이처럼 인권과 사회복지는 밀접한 관계가 있고, 이에 따라 사회복지전문직의 가치도 인권을 중시하는 방향으로 변하고 있다. 전문직의 권위적 관계보다는 이용자와의 동반 협력관계(partnership)가 강조되고 있다(김기덕, 2022).

2) 인권 관점 사회복지실천의 이해

인권 관점 사회복지실천은 사회복지가 이용자의 욕구(needs)가 무엇인지 찾아내고 이를 충족하기 위해 전문적 노력을 해왔던 욕구 기반 실천에서 이용자가 인간으로 갖는 권리를 보장하기 위한 권리 기반 접근 방법을 실천해 적용함을 뜻한다(이민홍, 2021). 즉 인권 관점 사회복지실천은 인권의 속성과 가치를 토대로 하여 사회복지실천 과정이 진행되는 것을 의미한다(최혜지 외, 2020).

하지만 그동안 사회복지실천 현장에서는 인권 관점보다 욕구 기반 접근 방법(needs based approach)을 활용하였다. 사회복지사 전문가주의가 지배적이다 보니 이용자의 의식주와 같은 인간의 기본적 욕구(basic needs)를 충족하기 위해 욕구 패러다임에 기초하여 발달하였기 때문이다(이민홍·최지선, 2020; Ife, 2000). 이때 인간의 기본적 욕구를 충족시키는 것은 인권으로 여겨질 수 있다. 그런데 기본적 욕구를 해결하기 위한 서비스를 제공하기 위해서는 이용자의 욕구가 무엇인지를 규정하고 그 수준을 결정하는 작업이 필요하고, 이 역할은 사회복지사가 주도적으로 하게 된다. 이에 따라 일차적으로 이용자의 자기결정권을 침해할 수 있다(Ife, 2006). 또 사회복지사가 이용자의 욕구를 어떻게 규정하는가에 따라 개입 방안이 달라지는 결과를 가져올 수 있고, 이에 따라 이용자의 삶이 자신의 의지가 아닌 지원 방식에 의존하게 되는 현상이 나타나게 된다. 즉 욕구 자체를 해결하는 것은 인권으로 볼 수 있으나, 욕구를 해결하기 위한 개입 과정에서 이용자의 인권, 특히 자기결정권을 침해할 수 있는 문제가 나타난 것이다.

이에 따라 사회복지실천이 욕구 패러다임에서 권리 패러다임으로 전환되었다. 인권 관점 사회복지실천은 기존 자선 기반 접근과 욕구 기반 접근과의 비교를 통해서 쉽게 이해될 수 있다. 예를 들어 빈곤 문제에 대응할 경우, 자선 기반 접근은 부유층의 자선 행위와 도덕적 책임, 빈곤층의 사회적 위치와 그들이 경험하는 현상에 초점을 두고 자선 확대를 통하여 문제를 해결하려고 한다. 욕구 기반 접근은 빈곤층의 기본적인 욕구 충족과 그에 대한 사회적 책임 문제의 직접적 원인에 초점을 둔다. 반면 인권 관점 접근은 빈곤층의 권리 실현, 국가 등의 책무, 문제의 구조적 원인에 초점을 둔다(이민홍·최지선, 2020).

인권 관점 사회복지실천은 '권리 존중', '인권 관점의 강조', '권리의 집단적 성격'을 구성 요소로 한다(최혜지 외, 2020). '권리 존중'은 서비스 제공 근거가 욕구의 사정(needs assessment)이 아니라 이용자의 권리에 있어야 함을 의미한다. 권리 인정 여부도 사회복지사의 주관적 판단보다는 인권 협약, 법, 제도를 기반으로 해야 한다. '인권 관점의 강조'는 사회복지사가 이용자의 문제점을 사정하는 것이 아니라 이용자의 권리가 적절하게 보장받지 못하는 체계에 초점을 두어야 한다는 것을 의미한다. '권리의 집단적 성격'은 인권 관점 접근 과정에서 개인, 가족, 집단, 사회 등 구성원 간 충돌 가능성이 있음을 지적한 것이다. 예를 들어 독립적으로 생활하기 어려운 장애 노인의 권리와 가족구성원의 권리가 충돌할 수 있다. 장애 노인은 참여권, 가족 유지권과 소통권을 가진다. 하지만 가족구성원도 노동권을 지닌 존재이며 근로할 권리가 있다. 따라서 서비스 계획 및 제공 과정에서 개인적 비난이나 이기주의를 배제하고 노인과 가족 모두의 권리를 적정화하면서 협력적 관계로 나아가야 한다.

즉 사회복지서비스는 욕구의 사정에 의해서가 아니라 이용자의 권리이기 때문에 제공되어야 하는 것이다. 또 이러한 권리는 인권 협약, 법, 전통, 제도 등으로부터 나오게 된다. 이 관점에서 문제의 원인은 개인이 아니라 개인의 권리를 보장하지 못하는 시스템에 있다. 따라서 사회복지실천에서도 적극적인 옹호나 권리 실현을 위해 제도 개선 촉구, 연대 등의 활동이 강조된다. 이는 인권 실천에서 사회복지사가 이용자의 '참여'를 높일 수 있는 '협력적 관계'를 통해 그들이 '수동적 시민권'에서 '적극적 시민권'의 위치로 이동하도록 돕는 가교역할을 하는 것이다(김미옥·김경희, 2011).

3) 인권 관점 사회복지실천의 현실

사회복지가 인권의 강화라는 대명제에서 출발하였고 인권도 사회복지가 매우 중요한 수단이 되는 등 사회복지실천과 인권은 밀접한 관계가 있지만, 아직까지 현장에서는 서로의 분야에 대해서 당위론적 가치를 인정하는 수준을 넘어서는 구체적인 실천 방식을 만들어 내지 못하고 있다(문진영, 2013).

인권과 사회복지가 조화롭지 못한 관계인 이유 중 하나는 인권에 대한 강조가 탈전문화의 경향과 밀접히 관련되어 있기 때문이다(김영종, 2006). 즉 사회복지가 이용자의 인권을 강조하고 인권 관점에서의 실천을 강조하게 되면 사회복지사들의 역할은 이용자를 대상으로 한 치료·보호·교육(계몽)의 기능보다는 이용자의 권리를 옹호하는 기능이 더 강조되는데, 이 지점에서 사회복지직의 전문성이 떨어질 수 있다는 우려가 있기 때문이다. 이와 더불어 사회복지가 전문가주의를 강조하면서 이용자와의 관계가 수직 관계로 발전하였는데, 이용자와의 관계를 수평적인 평등한 관계로 전환해야 함에 따른 어려움과 거부감도 인권과 사회복지가 결합하지 못하는 원인이 되었다.

하지만 인권 관점 사회복지실천으로 전환되어도 임파워먼트, 옹호, 협력관계 등과 같은 전문적 실천은 계속 필요하다. 이용자의 인권을 보장한다는 목표는 변함이 없고, 실천 방식이 전문직의 우월성을 바탕으로 한 권위적, 수직적 관계에서 벗어나 이용자의 자기결정권과 선택권을 보장하고 이용자와 함께 문제를 해결해 나가고 이용자를 옹호하는 방향으로 전환하는 것이다. 이에 따라 이용자와 파트너 관계를 이루는 전문성이 있어야 하고, 이용자와 함께 정치적 투쟁을 하는 방법에 대한 전문성이 있어야 한다. 즉 전문성이 약화되는 것이 아니라 새로운 기술과 전문성이 필요하게 되는 것이다.

3 인권 관점 사회복지실천 방법과 실천 가이드

1) 인권 관점 사회복지실천 방법

기본적으로 인권 관점 사회복지실천의 구체적인 기술이나 방법은 제시되어 있지 않다(배화옥 외, 2015). 이용자 개인에게 맞춘 접근법이 필요하다 보니 미리 실천 기술이나 방법을 구체적으로 규정하는 것이 적절하지 않기 때문이다. 다만 중요한 원칙은 사회복지사와 이용자가 수평적 파트너 관계로 참여해야 한다는 것이다. 사회복지사가 전문가주의를 강조하게 되면 이용자와 수직 관계로 나아가는 경향이 있다. 따라서 사회복지사는 이용자와의 관계를 수평적인 평등한 관계로 전환해야 한다. 사회복지사는 지식과 기술을 갖춘 인권 전문가이고, 이용자는 자기 삶에 대한 전문가이므로 사회복지실천의 모든 과정에 사회복지사와 이용자가 수평적 파트너 관계로 참여해야 한다(McPherson, 2015).

사회복지실천에서 사용되는 실천 기술, 기법, 방법은 광범위하므로, 인권 관점에서 사용하는 모든 실천 기법과 방법을 설명하는 것은 불가능하지만, 기존에 인권 관점 사회복지실천 방법으로 소개된 내용을 살펴보면 다음 표 3-1과 같다.

2) 인권 관점 사회복지실천을 위한 용어의 재정의

인권 관점에 기반한 사회복지실천 과정이 되기 위해서는 먼저 기존 사회복지실천 현장의 용어를 재정의할 필요가 있다. 어떤 용어를 사용하느냐에 따라 사회복지사는 무의식적으로 인권에 부합하지 않는 세계관을 형성할 수 있기 때문이다(최혜지 외, 2020).

한 예로 사회복지현장에서 광범위하게 사용되는 '클라이언트'라는 용어는 인권 관점에서 적합하지 않을 수 있다. '클라이언트'라는 용어는

표 3-1 인권 관점 사회복지실천의 방법

실천 방법	인권 관점 사회복지실천
면접	• 인권 기반 접근법에서 면접의 주인공은 사회복지 이용자이므로 사회복지의 이익에 초점을 맞추어야 하며, '면접'이라는 용어보다는 '대화한다'라고 표현해 이용자 중심의 대화가 되도록 함
집단	• 사회복지사는 사회복지 이용자 혹은 지역사회 구성원으로 이루어지는 팀 회합, 행동 집단, 사례 회의 등 여러 종류의 집단에서 촉진자 역할을 수행함 • 사회복지사는 한 집단 전체를 통제하는 것이 아니라 팀원 개개인이 집단을 통제하며 자유에 대한 권리와 자기결정권 등을 확대하도록 노력함 • 사회복지사는 타인에 대한 존중, 모든 구성원에게 말할 기회를 부여하는 등의 실천 원칙을 이행함
지역사회	• 사람들이 자신의 인권을 행사함과 동시에 타인의 권리를 존중할 수 있도록 적절한 기회 제공함 • 지역사회 지도자는 한 사람이 모든 결정을 내리고 일방적으로 지시하는 것이 아니라 모든 결정과 지시가 충분한 자문과 합의, 민주적 과정을 통해 이뤄지도록 보장함
계획	• 인권 관점에서 현실은 예측 불가능하므로 계획을 비합리적이라고 간주함 • 계획이 있어도 계획의 '과정'에서 사회복지 이용자 혹은 지역사회 주민들과 함께 프로그램에 대해 생각하고 이 과정에서 그들의 자기결정을 존중함
기관 운영	• 인권 관점에서 인권을 존중하고 강화하는 방식으로 기관이 운영되어야 하며, 경영 관리직에 있는 사람들이 이용자 인권을 향상시킬 방법을 검토하도록 강조함
슈퍼비전	• 경영 과정에 참여적이고 대화하는 방식으로 슈퍼비전이 이루어질 수 있도록 방법 모색 • 일대일 방식에 의한 슈퍼비전에서 집단상담 방식으로 전환 요구

출처: 배화옥 외(2015)를 재구성한 최혜지 외(2020)

미국 사회복지에서 시작되어 전 세계로 전파되면서 무비판적으로 수용되어 왔다(이봉주, 2013). 사회복지가 전문적 권위를 갖기 위해서는 '일반인들의 무지(ignorance)와 대비되는 전문적인 지식'에 기반한 전문적 관계가 필요하였다. 일반 시장에서 고객은 스스로 어떤 서비스나 상품이 필요한지 결정한다. 하지만 사회복지서비스가 필요한 사람들은 전문적인 지식이 없기 때문에 그 자신에게 필요한 것이 무엇인지 진단할 수 없고 그 필요를 충족하기 위해서 무엇을 해야 하는지를 가려낼 수 없다. 이에 따라 전문가가 클라이언트에게 무엇이 좋고 나쁜지를 지시하는 것이 필요해진다. 이와 같은 전문적 관계를 위해 서비스 이용자를 일반 고객과는 구분되는 클라이언트로 칭하게 되었다(Greenwood, 1957; 이봉주, 2013 재인용).

결국 클라이언트라는 호칭은 서비스 제공자와 서비스를 받는 사람 간의 특수한 권력관계를 상정하게 된다. 즉 사회복지사와 클라이언트가 동등한 권력관계가 되지 못하고, 클라이언트는 지혜와 전문 지식을 수동적으로 받아들이는 의존적인 위치에 있는 사람이 되어 사회복지사가 지시하고 클라이언트는 따라야 하는 수직적 관계가 형성된다. 결국 인권 관점에 부합하지 않게 된다.

또 클라이언트라는 용어를 사용하는 다른 영역, 예를 들어 법률서비스에서 클라이언트는 전문가 서비스를 받기 위해 자발적으로 계약한 사람으로, 서비스의 종류나 정도도 통제할 수 있다. 하지만 사회복지실천 과정에서 클라이언트는 사회복지사를 선택하거나 서비스와 급여, 평가를 선택할 수 없으므로 이 용어 사용이 모순적일 수 있다. 이러한 맥락에서 클라이언트보다는 '이용자', '참여자', '고객', '시민' 등으로 바꿔 부르는 것이 바람직하다(최혜지 외, 2020).

3) 인권 관점 통합사회복지실천 프레임

인권 관점 사회복지실천 모델에는 임파워먼트 모델, 사회정의 모델, 이용자 참여 모델 등 다양한 모델이 존재한다. 그런데 이와 같은 모델을 종합하여 사회복지실천 현장에서 활용될 수 있는 통합 실천 모형인 '인권 관점 통합사회복지실천 프레임'이 개발되었다(최혜지 외, 2020). 이 통합 프레임은 인권 렌즈(human rights lens), 인권 목적(human rights goals), 인권 방법(human rights methods)이라는 세 가지 축으로 구성된다. 사회복지사는 인권 렌즈를 통해서 보고, 인권 목적 달성을 지향하며, 인권 방법을 활용하는 것이다(McPherson, 2015).

(1) 인권 렌즈

인권 렌즈는 이용자를 권리 보유자로, 욕구는 권리 보장이 결여된 것으로, 사회문제는 권리침해로 간주하는 것을 의미한다(최혜지 외, 2020; McPherson, 2015). 인권 렌즈에는 이하의 세 가지 요소가 있다.

첫째, 이용자를 권리 보유자로 보는 것이다. 사회복지 이용자는 일반 시민과 동일한 권리를 보장받으며, 헌법 및 사회복지 관련 법률에 의해 사회서비스를 받을 권리가 있다. 만약 사회복지사가 이용자에게 필요한 도움을 제공했다면, 그 도움은 인간의 기본적 권리를 보장하기 위해서이다.

둘째, 이용자의 욕구가 인권침해에 의해 발생한 것임을 사회복지사가 인식하는 것이다. 예를 들어, 빈곤은 삶의 수준에 대한 권리를 침해받는 것이다. 마찬가지로 열악한 교육이나 의료에 대한 불만 및 이에 따른 욕구는 교육 및 의료서비스에 대한 권리침해로 이해해야 한다.

셋째, 만성적인 사회문제 내에 존재하는 인권침해를 사회복지사가 인식하는 것이다. 노숙인 문제는 시민의 주거권 침해로, 굶주림과 영양결핍은 음식에 대한 기본권을 침해받은 결과로 이해해야 한다. 이러한 방식으로 주거, 음식, 안전을 이용자의 욕구(needs)가 아니라 법적으로 당연히 인정받아야 하는 권리로 인식해야 한다. 특히 이와 같은 국민의 권리를 보장하기 위한 의무 책임은 국가에 있기 때문에, 인권 렌즈는 사회문제에 대한 책임을 개인에서 사회나 정부로 이동시키게 된다.

인권 렌즈의 세 가지 요소는 사회복지전문가가 인권 시각으로 이용자와 주변 환경을 볼 수 있도록 해주는 장치이다. 이 렌즈를 통해서 사회복지사는 이용자의 욕구보다는 권리에 집중하고, 이용자를 자선 수혜자가 아닌 권리 보유자로 인식하게 된다. 결국 인권 렌즈는 이용자에게 나타난 많은 문제가 개인적 병리에서 비롯된 것이 아니라, 이용자가 인권을 침해받아 발생한 것임을 볼 수 있게 해준다.

(2) 인권 목적

인권 관점 사회복지실천에서 사회복지사와 사회복지기관은 인권과 관련된 용어로 목적을 설정하여야 한다. 인권 목적의 두 가지 활동은 '인권에 기반한 사정'과 '인권 목적 설정'이다(최혜지 외, 2020; McPherson, 2015).

첫째, 인권 관점에 기반한 사회복지사는 이용자의 어려움을 찾는 초기 사정 과정에서 이용자가 현재 누리지 못하고 있는 권리를 찾아 사정하여야 한다. 안전, 교육, 주거, 영양 등 이용자의 기본적 권리가 훼손되는 상황을 사정하여야 한다. 또 인권 관점 사회복지사는 이용자의 삶에 관한 사정 시 미시 수준과 거시 수준을 동시에 살펴보아야 한다. 예를 들어 노숙인의 경우 주거에 대한 권리 훼손 현실뿐만 아니라 주거 문제가 발생한 구조적인 문제에 대해서도 사정할 수 있어야 한다.

둘째, 사회복지실천은 이용자의 권리 보장이 불평등한 상황을 개선하는 것이기 때문에, 사회복지기관은 인권과 관련된 목적을 설정해야 한다. 예를 들어, 음식, 안전한 주거, 교육 및 범죄에서의 반차별 또는 평등이 인권과 관련된 목적에 해당한다. 이에 따라 사회복지사는 이용자의 의료적·정신의학적 특성과 더불어 현재 이용자가 처해 있는 정치적·사회적 진단을 할 수 있는 역량을 갖추어야 한다. 또 사회복지사는 이용자와 파트너 관계를 이루어 이용자의 문제를 해결하기 위해 공동으로 노력하여야 하며, 이용자와 함께 정치적으로 투쟁해야 한다. 이러한 지점에서 인권 관점 사회복지실천 프레임은 기존의 사회복지 전통 모형인 임상적이고 진단적인 모델과는 차별성을 갖는다.

(3) 인권 방법

인권 방법은 인권 원칙이 사회복지실천에서 활용될 수 있도록 안내하는 접근 방법으로, 참여, 비차별, 강점 관점, 미시·거시 통합, 역량 강화(capacity building), 지역사회 및 다학제간 협력, 행동주의, 책임성 등을 포함한다(최혜지 외, 2020; McPherson, 2015).

① 참여: 사회복지기관 내에서 이루어지는 사정, 개입, 평가 등을 포함한 모든 의사결정 과정에 사회복지사와 이용자는 평등한 파트너로서 참여해야 한다.

② 비차별: 사회복지에서 비차별을 실행하기 위해서는 개인의 삶에 영향을 주는 구조적 불평등인 학대, 빈곤, 질병, 폭력, 억압 등을 겪고 있는 이용자가 사회복지기관의 서비스 대상이 되어야 하고, 사회복지기관은 개인의 삶이나 지역사회 내에서 차별이나 구조적 폭력을 제거하고자 노력하여야 한다.

③ 강점 관점: 이용자를 문제적 존재로 보는 것이 아니라 강점이 있는 긍정적 존재로 보고, 현재 환경 등에 의해 가려져 있는 강점도 찾아내야 한다.

④ 미시·거시 통합: 사회복지사는 이용자가 개인적 문제가 있다는 병리적 진단 프레임에 따라 개입하는 등 미시적 관점에서만 접근하지 말고, 개인이나 가족에 대한 개입뿐만 아니라 지역사회 조직, 이용자 옹호, 정책, 정치적 행동을 동시에 취해야 한다.

⑤ 역량 강화: 역량 강화란 이용자가 지역사회의 불공정한 개인적·사회적 상황을 변화시키는 데 참여할 수 있도록 기술을 개발하는 것을 의미한다. 인권 관점 사회복지사는 반드시 이용자의 개인 영역과 사회정치적 영역 모두에서 역량을 높여야 한다. 교육은 역량 강화에서 가장 중요한 요소이다.

⑥ 지역사회 및 다학제적 협력: 구성원, 다양한 전문가, 옹호 집단, 정부 관계자 등과의 협력을 통해 이용자를 적절한 기관에 의뢰할 수 있고, 사회적·정치적 변화를 가져올 수 있다.

⑦ 행동주의: 행동주의란 사회복지사가 이용자의 삶에 영향을 미치는 이슈 투쟁에 이용자, 지역사회와 함께 참여하는 것을 의미한다. 이용자가 자원, 기회, 서비스 등에 평등하게 접근할 수 없다면 사회복지사는 사회적·정치적 이슈에 적극적으로 목소리를 내야 한다. 인권 관점 사회복지사는 필요한 경우 정치적 중립성을 포기하고 행

동의 가치를 실현해야 한다.

⑧ 책임성: 인권 관점 사회복지조직은 이용자 집단에 제공한 서비스의 목적과 관련하여 효과성을 평가해야 한다. 또 사회복지사는 이용자에게 서비스를 제공하는 과정을 깊이 성찰해야 하며, 자신의 실천이 불평등이나 인권침해의 소지가 없도록 주의해야 한다.

4) 인권 관점 사회복지실천 척도

위와 같은 원칙에 따른 실천을 제대로 하고 있는지 점검할 수 있도록 맥퍼슨(McPherson, 2015)은 인권 관점 사회복지실천 척도(Human Rights Methods in Social Work: HRMSW)를 개발하였다. 이 척도는 단순히 사회복지사가 서비스 이용자를 인권적으로 대하는 것, 서비스 이용 과정 중 발생하는 인권침해를 예방하는 것에 한정하지 않고, 인권 관점 사회복지실천에 대한 보다 거시적이고 폭넓은 이해를 제공한다. 또 측정 문항이 사회복지실천 과정에 근거하고 있어 사회복지사가 어렵지 않게 자신의 실천을 성찰하고 평가해 볼 수 있다(이민홍·최지선, 2020).

이에 이민홍·최지선(2020)은 이 척도가 한국의 사회복지 현장에서도 유용하게 활용될 수 있을 것이라는 기대를 갖고, 맥퍼슨(McPherson, 2015)의 인권 관점 사회복지실천 척도를 한국어로 번역 후 신뢰도 및 타당도 분석을 거쳐 한국어판 인권 관점 사회복지실천 척도를 개발하였다. 이 척도는 인권 관점에 입각한 사회복지실천의 구체적인 개념과 측정에 활용할 수 있는 도구로 활용될 필요가 있다. 이에 한국어판 인권 관점 사회복지실천 척도를 소개하면 다음 표 3-2와 같다.

표 3-2 한국어판 인권 관점 사회복지실천 측정 문항

하위 차원	사회복지사로서 나는…
참여	1. 서비스 계획 및 제공 과정에서 나와 이용자가 동등하게 참여하도록 한다. 2. 이용자의 목표 달성을 위해 이용자와 공동으로 일하는 파트너가 된다. 3. 이용자와 함께 하는 과업에서 이용자가 주도하도록 한다. 4. 이용자가 과업을 수행하는 과정에서 새로운 방법을 제안하도록 권유한다. 5. 이용자가 기관 정책 및 실천에 대해 자신의 의견을 내도록 옹호한다.
비차별	1. 인종, 성별, 나이, 장애, 경제적 지위, 성적 취향, 고향, 민족, 출신 국가 등 개인적 특성이 이용자에게 어려움을 초래하는지 파악한다. 2. 이용자의 성별이나 민족(인종)이 최상의 서비스를 받는 데 방해가 되지 않도록 한다. 3. 성적 취향이나 인종(출신국)과 같은 개인적 특성이 이용자가 이용하는 서비스 질에 부정적인 영향을 미칠 경우 이용자가 그 문제를 해결하도록 돕는다. 4. 이용자보다 내가 높은 지위에 있다고 생각하는 말이나 행동을 하지 않는다. 5. 이용자의 서비스 접근을 어렵게 하는 요인을 줄이는 방안을 모색한다.
강점 관점	1. 문제 상황을 개인의 잠재적 성장 원천으로 인식할 수 있게 이용자를 격려한다. 2. 이용자가 이미 잘하고 있는 것이 무엇인지 인지하도록 돕는다. 3. 과거 이용자의 문제를 극복한 방식에 초점을 두어 현재 상황에 대처하는 전략으로 활용하도록 돕는다. 4. 지역사회의 강점과 자원을 파악하여 이용자가 자신의 삶을 변화시키는 자산으로 활용할 수 있도록 돕는다. 5. 이용자가 자신을 도울 수 있는 지역사회 자원을 끌어낼 방법을 제안한다.
미시·거시 통합	1. 사정 단계에서 이용자 개인과 지역사회 수준의 문제를 파악한다. 2. 이용자 개인의 문제 해결을 도울 뿐 아니라 지역사회 차원의 더 큰 문제 해결을 위해 개입한다. 3. 이용자에게 이용자의 친구와 이웃이 같은 문제를 겪고 있는지 묻고 지역사회 차원에서 지원 가능한 방안들을 계획한다. 4. (예를 들면) 지역사회 조직(모임)을 통해 이용자의 경험을 넘어선 더 큰 사회문제를 다룬다. 5. 개인, 가족, 지역사회 수준에서 이용자의 문제에 개입한다. 6. 이용자의 시급한 문제(어려움)를 지속해서 다루면서 거시적인 변화를 추구한다.
역량강화	1. 이용자가 지역사회의 변화를 일으키도록 옹호하는 기술개발을 돕는다. 2. 이용자가 자신의 권리를 주장하는 데 필요한 지식을 습득하도록 돕는다. 3. 이용자가 부적절하다고 여기는 개인적, 사회적 조건을 변화시키는 데 필요한 기술을 습득하도록 돕는다. 4. 이용자가 정치 및 경제체제를 이해하여 자신이 바람직하지 않다고 인식하는 상황을 변화시키는 데 참여할 수 있도록 돕는다. 5. 정치적 관심이 증진되도록 이용자 및 지역사회와 함께 노력한다.

지역사회·
다학제
협력
	1. 이용자의 이슈(욕구, 문제)를 다루기 위해서 나의 영역(실천, 지역사회,
	   정책) 밖의 전문성을 지닌 사회복지사를 참여시킨다.
	2. 지역사회 차원의 변화를 가져오기 위해서 사회복지 외(예: 의료, 법률, 옹호)
	   다른 전문직과 함께 일한다.
	3. 이용자를 돕고 변화를 가져오기 위해 지방정부 공무원과 협력한다.
	4. 내가 일하는 지역사회의 욕구를 해결하기 위해 다학제간 협력에 참여한다.
	5. 변화를 만들기 위해 지역사회 조직들과 협력한다.

행동주의	1. 이용자에게 이익이 되도록 사회적, 정치적 변화를 옹호한다. 2. 이용자와 함께 정치적 행동에 참여하는 데 거부감이 없다. 3. 지역사회 지도자들에게 이용자의 사회적, 경제적 욕구 충족을 위해 노력하도록 요구한다. 4. 사회 변화를 위한 각종 캠페인에 참여한다. 5. 사회정의 증진을 위해 정치적 변화를 옹호한다.

책임성	1. 우리 업무에서 이용자가 원하는 정보를 공유한다.
	2. 이용자가 지역사회 기관에서 제공하는 서비스 품질에 대해 피드백하도록
	   격려한다.
	3. 이용자와의 업무에서 이용자가 자신의 권리와 존엄성이 존중된다고
	   느끼는지 피드백을 받는다.
	4. 우리 업무를 평가하는 데 이용자의 의견이 중요한 부분임을 이용자에게
	   알려준다.
	5. 나의 사회복지실천이 인간의 존엄성을 향상시켰는지 스스로 평가한다.
	6. 나의 소속기관이 인간의 존엄성을 높이는 데 효과적으로 일하는지
	   평가하도록 이용자를 독려한다.

응답 범주: 1=전혀 동의하지 않는다, 2=대체로 동의하지 않는다, 3=약간 동의하지 않는다, 4=보통이다,
5=약간 동의한다, 6=대체로 동의한다, 7=매우 동의한다.
출처: 이민홍·최지선(2020). 다만 클라이언트라는 용어를 이용자로 수정함.

토론주제

1 사회복지실천을 인권 관점에서 해야 하는 이유는 무엇인가? 사회복지실천과 인
   권은 어떤 연관성이 있는가?

2 우리는 보편적 인권을 추구하지만, 현실에서는 잘 이뤄지고 있지 않다. 현재 우
   리 사회에서 인권 보장이 제대로 되지 않는 사람들은 누가 있는가?

3 인권 관점 사회복지실천을 위해 사회복지사가 할 수 있는 실천 방법과 관련하여
   우리 사회에서 인권 관점이 가장 부족하다고 생각되는 영역과 연관 지어 이야기
   해 보시오.

제 4 장

사회복지의 구성 요소

자원 개발까지 사회복지의 역할일까?

사회복지는 시민의 복지를 보장하고 사회질서를 유지하고자 하는 사회적 욕구를 충족시키기 위한 법률, 프로그램, 급여 및 서비스로 이루어진 체계이다(Friedlander and Apte, 1980). 따라서 사회복지는 사회적 문제를 해결하고, 사람들의 삶의 질을 향상시키는 것을 목표로, 사회의 욕구를 정확히 파악하고, 그 욕구를 충족시켜야 하는 적절한 대상을 찾아내며, 이들에게 필요한 자원을 효과적으로 배분하는 방식으로 운영된다. 이런 맥락에서 사회복지의 주요 구성 요소에 대해 학자마다 의견이 다를 수 있으나, 대부분은 공통적으로 욕구, 대상, 자원을 사회복지의 주요 구성 요소로 꼽는다. 사회복지 혜택은 주요 구성 요소인 욕구, 대상, 자원의 상호작용을 바탕으로 결정되기 때문에, 이들 요소가 어떻게 구성되는가에 따라 사회복지 혜택의 질, 총량, 범위가 달라질 수 있다. 따라서 사회복지전문가는 이 세 가지 요소가 최대한 균형 있게 구성될 수 있도록 노력해야 한다. 이에 본 장에서는 사회복지의 핵심 구성 요소인 욕구, 대상, 자원에 대해 자세히 살펴보고자 한다.

1 사회복지 욕구

    사회복지는 자유시장 경제나 가족의 기능을 통해 개인이 삶을 영위하기 위한 최소한의 욕구를 충족하지 못할 때 이러한 욕구를 충족시켜 주는 기능을 담당한다. 이때 사회복지는 전통적인 사회문제인 빈곤, 실업, 질병, 장애뿐 아니라 문화적·예술적 결핍 등 사회에서 외부의 도움이 필요하다고 간주되는 모든 상황에 대해 안전망을 제공한다. 이를 통해 모든 사람은 헌법적 가치인 최소한의 인간다운 삶을 영위할 권리를 보장받을 수 있다. 이처럼 사회복지는 한 사회에 속한 사람들에게 사회적, 재정적, 의료적, 문화적 욕구 등 광범위한 욕구를 충족시켜 주는 것을 목표로 하기 때문에 우리는 본 절에서 과연 사회복지에서 정의하는 욕구가 무엇인지 정확히 파악할 필요가 있다.

1) 욕구의 개념

    욕구(need)란 개인 혹은 집단에서 무엇인가가 결핍된 상태와 필요로 하는 상태 간의 격차를 의미한다(Plant et al., 1980). 따라서 결핍이나 필요가 없어도 심리적으로 더 바라는 마음 상태인 욕망(desire)과 구별된다(McGregor et al., 2009).

    욕구는 개인의 특성에 따라 다르게 나타나는 개인적 욕구와 다수가 처한 상황이 사회가 정한 일정 기준에 미치지 못해 나타나는 사회적 욕구로 분류할 수 있다. 다만, 개인적 욕구라도 개인적 차원에서 해결하지 못하고 다음처럼 사회문제로 인식되는 경우 사회적 욕구가 될 수도 있다(Rubington and Weinberg, 1981). 예컨대 개인이 처한 상황이 사회 가치에 비춰볼 때 바람직하지 못한 경우나, 다수가 고통이나 손해를 볼 수 있는 경우가 이에 해당한다. 또 사회제도나 구조의 결함으로 개인이 이러한 불편함을 겪는 경우, 사회구성원 다수 또는 사회의 영향력 있는 사람들이 사회문제로 인식하는 경우, 사회의 집단적 노력으로 개선하길 원하고 집단의 노력으로만 해결할 수 있는 경우도 사회적 욕구로 간주된다.

사회복지는 개인의 욕구보다는 이러한 사회적 욕구를 충족시키는 데 더 초점을 맞춘다. 특히 사회복지는 사회구성원들이 공통적으로 생각하는 생존과 자립에 필요한 최소한의 기본적 욕구 충족에 관심이 있다. 이런 맥락에서 협의의 사회복지 욕구는 한 사회에서 모든 개인이나 집단이 건강하고 안정적인 생활을 유지하기 위해 필요한 최소한의 자원, 서비스, 지지의 필요성을 의미하기도 한다. 다만, 이 경우도 사회복지는 여전히 신체적, 정신적, 사회적 복지를 폭넓게 포함하며, 단순한 생존을 넘어 자기 발전을 위한 기본적 권리와 직결된 영역이라는 데는 변함이 없다.

앞서 언급한 것처럼 사회적 욕구는 사회적 기준과 밀접한 관련을 갖는다(Hendel, 2017). 여기서 사회적 기준이란 특정 사회나 문화에서 일반적으로 받아들여지는 가치관, 규범을 의미한다. 예를 들어, 밥이나 물은 우리가 신체적으로 생존하기 위한 필수 요소이지만, 사회적 욕구로 보기는 어렵다. 밥이나 물의 경우 특정 사회적 기준과 별개로 생물학적 생존과 직결된, 개인에게 절대적으로 필요한 요소이기 때문이다.

물론 사회가 굶주린 빈자들에게 음식을 제공하는 것도 사회적 욕구를 해결해 주는 사회복지의 역할이 될 수 있다. 그러나 이때는 단순히 그들의 생존을 보장하기 위한 것이 아니라, 인간다운 삶을 영위할 수 있도록 돕기 위한 중요한 사회적 책임을 이행하는 행위로 봐야 한다. 이때 음식을 제공하는 행위는 단순히 인간의 생존 욕구를 넘어 기본적 존엄성이라는 더 큰 가치를 실현하기 위한 조치이다. 또 사회가 굶주린 빈자들에게 음식을 제공하는 행위는 사회적 약자를 보호하고, 이들이 최소한의 삶의 질을 유지할 수 있도록 도와 사회적 연대감과 공공선을 실현하는 행위이며, 사회 안정을 통한 미래 발전의 토대를 마련하는 투자로 볼 수 있다.

그런데 이러한 사회적 기준은 사회마다 다르고, 시대에 따라 달라진다. 또 사회적 기준이 달라짐에 따라 사회적 욕구도 변한다(Hendel, 2017). 예컨대, 핸드폰이 처음 등장했을 당시, 이는 사치품으로 분류되어 주로 경제적 여유가 있는 사람들만 사용하였다. 이때는 핸드폰을 소유하지 않는 것을 사회적 욕구의 결핍으로 간주하지 않았을 것이다. 그러나 시간이 지나 기술 발전과 가격 하락으로 핸드폰 보급률이 급격히 증가하고, 스마트폰 시대로 넘어오면서 이제는 통화뿐 아니라, 인터넷 접속, 메시징, 소셜 미디어 활용, 금융 거래 등 일상생활의 거의 모든 부분이 핸드폰을 통해 이루어진다. 그 결과 지금은 핸드폰을 소유하지 않는 사람은 의사소통이나 정보 접근에 제한을 받고 사회적 참여에서 배제되는 등 사회적 소외를 겪게 된다. 이 경우 핸드폰 소유 여부는 이전과 달리 사회적 욕구의 결핍으로 간주될 수 있다. 반면 핸드폰이 우리나라처럼 필수적인 생활 도구로 자리 잡지 않은 일부 저개발 국가에서는 핸드폰을 소유하지 않더라도 일상생활에서 큰 불편함을 느끼지 않고, 사회적 연결이나 정보 교류를 위해 대면 소통이나 마을공동체 조직 등을 활용할 수 있다. 이 경우 핸드폰 소유 여부는 사회적 욕구의 결핍으로 간주되지 않는다. 이처럼 사회적 욕구는 경제 발전 수준에 따라 다르게 나타날 수 있다. 결국 욕구란 개인의 상황, 환경, 그리고 사회적 조건에 따라 다양하게 나타나기 때문에 하나로 명확하게 개념화하기 어렵다.

2) 욕구의 분류

욕구는 사회복지의 핵심 구성 요소로, 그동안 여러 학자들이 이를 체계적으로 분류하고 설명하는 이론을 개발해 왔다. 이하에서는 욕구의 분류와 관련된 주요 이론들을 살펴보고자 한다. 이러한 이론들은 인간의 다양한 욕구를 보다 깊이 이해하는 데 도움을 주며, 나아가 사회복지 실천과 정책 수립에 있어 중요한 요소로 작용한다.

(1) 매슬로의 욕구단계이론

매슬로(Maslow, 1954)는 욕구단계이론(hierarchy of needs)에서 인간에게 동기를 부여하려면 단계별로 나타나는 인간의 욕구에 대해 체계적인 이해가 선행되어야 한다고 주장한다. 매슬로는 인간의 욕구를 하위 욕구인 생리적 욕구부터 가장 상위 욕구인 자아실현의 욕구까지 다음과 같이 5단계로 나누고, 하위 욕구가 충족되어야 더 높은 욕구를 추구하게 된다고 보았다.

우선 생리적 욕구(physiological needs)는 가장 기본적이고 본능적인 욕구로, 음식, 물, 공기, 수면, 생리작용 등 인간이 생존하기 위해 필수적인 요소가 포함된다. 이 욕구가 충족되지 않으면 사람들은 정상적인 기능을 유지할 수 없으므로 다른 욕구가 인간의 동기부여에 영향을 미칠 수 없다. 예컨대 굶주린 사람에게는 안전이나 자아실현보다는 당장 끼니를 때울 음식을 구하는 것이 급선무일 것이다.

생리적 욕구가 충족되고 나면 사람들은 안전과 안정을 추구하게 된다. 이 안전의 욕구(safety needs)에는 신체적 안전뿐만 아니라 경제적 안정, 주거의 안정, 건강, 그리고 미래에 대한 불안감 해소 등이 포함된다. 예를 들어, 직장이나 재산의 보호, 질병 예방, 법적 안전 등이 안전의 욕구에 해당한다. 사람들이 외부의 위험으로부터 자신을 지키고, 건강하고 안정된 생활을 유지하기 위해 주거를 마련하고 건강보험에 가입하는 행위는 안전의 욕구로 설명된다.

안전의 욕구가 어느 정도 충족되면, 사람들은 사회적 관계를 원하게 된다. 사회적 욕구(social needs)는 애정, 소속감, 우정, 사랑 등과 관련된 욕구이며, 이 욕구가 결핍될 경우 사람들은 외로움이나 고립감을 느끼게 된다. 따라서 이 욕구를 충족하기 위해서는 가족, 친구, 그리고 공동체와의 관계를 공고히 하는 것이 중요하다.

사회적 욕구가 충족되고 나면, 사람들은 자신에 대한 존중과 타인으로부터의 존경을 원하게 되는데, 매슬로는 이 욕구를 존중의 욕구(esteem needs)라고 명명하였다. 이 욕구는 자존감, 성취감, 인정받고자 하는 욕구로 나뉘는데, 여기에는 자신감, 능력에 대한 인정, 사회적 지위 등이 포함된다. 이 욕구가 결핍되면 사람들은 열등감에 사로잡히거나 자기 자신이 무가치하다고 느끼기도 한다.

마지막으로 자아실현의 욕구(self-actualization needs)는 가장 높은 단계의 욕구로, 자신의 잠재력을 최대한 발휘하고자 하는 욕구를 의미한다. 이 욕구는 개인의 성장, 자기 계발, 창의성, 도덕성, 문제 해결 능력 등을 포함한다. 다만, 자아실현의 욕구는 매우 개인적 특성을 가지고 있으며, 따라서 사람마다 내용이 다를 수 있다. 매슬로는 사람들이 이 단계에 도달하면, 자신의 능력과 재능을 최대한 활용하여 완전한 만족감을 느끼게 된다고 보았다. 이 단계에서는 외부로부터 안정을 구하기보다는 자신만의 기준에 따라 삶을 영위하고자 하는 성향이 나타난다.

(2) 알더퍼의 ERG이론

알더퍼(Alderfer, 1969)의 ERG이론(ERG theory)은 매슬로의 욕구 이론을 수정하고 확장한 것으로, 인간의 욕구를 세 가지 범주로 나누어 설명한 이론이다. ERG는 각각 생존 욕구(existence needs), 관계 욕구(relatedness needs), 성장 욕구(growth needs)를 의미한다. 이 이론에서 알더퍼는 매슬로의 다섯 가지 욕구를 세 가지 욕구로 압축하고, 욕구가 위계적이지 않고 동시적으로 작용할 수 있음을 주장하였다.

우선 생존 욕구는 매슬로의 생리적 욕구와 안전의 욕구에 해당한다. 이는 인간이 물리적으로 생존하기 위해 필요한 기본적인 욕구로, 음식, 물, 공기와 같은 필수 자원뿐만 아니라 안전한 환경과 재정적 안정성도 포함한다. 알더퍼는 이 욕구가 충족되지 않으면 인간은 다른 욕구를 추구할 동기를 가지기 어렵다고 보았다. 예를 들어, 직장에서의 월급, 건강보험, 주거 안정성 등이 생존 욕구에 해당하며, 이는 인간이 가장 먼저 충족하고자 하는 기본적인 욕구에 해당한다.

둘째로 관계 욕구는 매슬로의 사회적 욕구와 존중의 욕구의 일부로 구성되어 있다. 이 욕구는 타인과의 관계에서 소속감, 애정, 인정 등을 추구하는 것으로, 가족, 친구, 동료와의 인간관계에서 의미를 찾고자 하는 욕구이다. 알더퍼는 인간이 타인과의 상호작용을 통해 자신의 정체성을 확인하고, 이를 통해 자신을 가치 있는 존재로 인식한다고 보았다. 예컨대 직장에서 동료 간의 유대감, 상사의 인정, 팀 내의 협력 등이 이러한 관계 욕구를 충족시킬 수 있다.

마지막으로 성장 욕구는 매슬로의 존중의 욕구 중 자아 존중과 자아실현의 욕구를 포함하며, 개인이 자신의 잠재력을 최대한 발휘하고자 하는 욕구를 말한다. 따라서 사람들은 성장 욕구를 통해 자신의 능력을 발전시키고, 창의성을 발휘하며, 개인적 목표를 달성하고자 한다. 알더퍼는 인간이 성장 욕구를 충족함으로써 삶에서 만족을 느끼며, 이는 자아실현을 추구하는 과정에서 매우 중요하다고 보았다. 대표적 예로 사람들이 직장에서의 성과 달성, 자기 계발, 전문성 향상 등을 추구하는 것은 이 성장 욕구를 충족하기 위한 행위들이다.

알더퍼의 ERG이론은 앞서 설명하였듯이 매슬로의 이론과 달리 욕구의 충족이 반드시 단계적으로 이루어지지는 않으며, 여러 욕구가 동시에 나타날 수 있음을 강조한다. 특히 좌절-퇴행 가설(frustration-regression hypothesis)이라는 개념을 도입하여, 상위 욕구가 충족되지 않으면 하위 욕구로 되돌아가 그 욕구를 더욱 강하게 추구할 수 있다고 설명한다. 예컨대 직장에서 성장이 어려운 경우, 사람들은 더 많은 재정적 보상(생존 욕구)을 원하게 되거나, 동료 간의 관계(관계 욕구)를 통해 만족을 찾으려 할 수 있다. 이러한 욕구 작동에 관한 유연성으로 인해 ERG이론이 실제 상황을 더 현실적으로 반영했다는 평가를 받는다. 이런 맥락에서 알더퍼의 ERG이론은 매슬로의 욕구단계이론보다 동기부여와 관련된 다양한 전략을 제시하는 데 유용하다고 본다.

(3) 브래드쇼의 사회적 욕구 구분
위에서 설명한 매슬로와 알더퍼의 욕구이론은 개인이 처한 환경이나 특성에 따라 다르게 나타날 수 있는 개인적 욕구에 더 초점을 맞추고 있는 이론이다. 그런데 사회복지는 사회 내 다양한 욕구를 파악하고 이를 충족시키기 위해 설계된 시스템으로, 사회적 욕구에 대한 고려가 필수적이다. 브래드쇼(Bradshaw, 1972)는 사회복지서비스의 역사가 이러한 사회적 욕구를 인식하고 이를 충족시키기 위해 사회가 조직되는 과정을 잘 보여준다고 설명한다. 하지만 이처럼 중요한 사회적 욕구는 그 정의가 종종 모호하며, 상황이나 맥락에 따라 다르게 나타난다. 따라서 사회복지영역에서 특정 사회, 특정 상황에서 무엇이 사회적 욕구를 구성하는지 명확히 정의하는 것은 여전히 쉽지 않은 과제이다.

일반적으로 경제학자들은 사회가 재정적 자원을 통해 욕구를 충족시킬 수 있는 경우인 '실효성 있는 요구(effective demand)'로 사회적 욕구를 한정한다. 그런데 사회복지는 구성원의 인간다운 삶을 보장하기 위해 결핍이 나타났을 때 이를 충족시켜 주고자 최대한 노력해야 하는 영역이므로 사회적 욕구를 보다 넓게 정의할 필요가 있다. 이에 브래드쇼(1972)는 사회복지서비스에서 재정적 자원 유무와 무관하게 나타날 수 있는 사회적 욕구를 이해하고 분류하기 위해 포괄적인 틀을 제시하였다. 브래드쇼는 사회적 욕구를 규범적 욕구(normative need), 체감된 욕구(felt need), 표출된 욕구(expressed need), 비교된 욕구(comparative need) 네 가지로 구분하였다.

우선 규범적 욕구는 전문가나 행정가가 사회적 특성을 반영해 '바람직한' 기준을 설정해 놓고, 개인이나 집단이 이 기준에 미치지 못할 경우 욕구 상태에 있다고 간주한다. 예컨대 보건복지부에서 발표하는 영양소 섭취기준은 한 끼 식사가 적절한지를 평가하는 기준으로 활용한다. 규범적 욕구 개념에 따르면 누구든 이 기준에 미치지 못하는 식사를 하는 이들은 사회적 욕구가 충족되지 않은 상태이다. 규범적 욕구는 전문가의 경험과 지식에 기초해 결정되므로 신뢰도가 높지만, 여전히 사회적 맥락에 따라, 또 이를 정의하는 사람들의 가치와 판단에 따라 달라질 수 있다는 단점이 있다.

두 번째로 체감된 욕구는 개인이 스스로 인식하고 표현하는 욕구를 의미한다. 이는 사람들이 자신의 상황을 스스로 파악해 자신에게 필요한 것이라고 여기는 믿음을 반영한다. 예컨대 직장인들이 과중한 업무 스트레스로 좀 더 긴 휴가가 필요하다고 느낀다면 이는 체감된 욕구이다. 우리나라 헌법에서는 인간다운 삶을 영위할 권리를 규정하고 있으므로, 실제 개인이 체감한 욕구가 사회정책에 중요한 요소로 작용할 수 있다. 체감된 욕구는 개인의 실제 감정 상태를 잘 반영한다는 장점이 있으나, 개인마다 달라 객관적 기준을 마련하기 어려워 '실제 욕구'를 온전히 측정하기가 어렵다.

세 번째로 표출된 욕구는 체감된 욕구가 행동으로 나타난 것으로, 사람들이 실제로 서비스를 요구하는 경우를 말한다. 사회복지서비스 이용자가 상담 중에 특정 프로그램이 필요하다고 직접적으로 말한다면 이는 표출된 욕구이다. 이때 표출된 총 욕구는 서비스를 요구하는 사람의 수로 나타낼 수 있다. 예컨대 보건복지 분야에서 아직 진료를 받지 못한 대기자 수를 충족되지 않은 표출된 욕구의 척도로 활용하는 것이 대표적 예이다. 하지만 개인의 모든 욕구가 항상 표출되는 것은 아니기 때문에 통상적으로 표출된 욕구는 실제 개인의 욕구 수준보다 낮게 나타나는 경향이 있다.

마지막으로 비교된 욕구는 특정 서비스를 받는 사람들과 유사한 특성을 가진 사람들이 그 서비스를 받지 못했을 때 나타나는 욕구를 의미한다. 따라서 비교된 욕구는 개인뿐만 아니라 지역 수준에서의 욕구를 평가하는 데 유용하게 활용된다. 예를 들어, 유사한 특성을 가진 두 지역이 있다고 가정해 보자. 한 지역의 사람들은 서비스를 받고, 다른 지역에서 유사한 특성을 가진 사람들은 서비스를 받지 못한다면, 후자에는 비교된 욕구가 존재한다고 볼 수 있다.

브래드쇼는 이 네 가지 유형의 욕구(규범적·체감된·표출된·비교된 욕구)가 종종 중첩되기도 하고 서로 상호작용을 일으키기도 한다고 보았다. 예컨대 전문가가 정서적으로 문제가 있어 규범적 욕구가 있다고 판단한 개인이 자발적으로 정신 상담을 요청한다면, 이는 규범적 욕구와 표출된 욕구가 모두 나타난 것으로 볼 수 있다. 반면 전문가들에 의해 규범적 욕구가 있는 것으로 확인되었으나, 이 욕구를 느끼지 못하거나 표출하지 않으면, 그 욕구는 충족되지 않을 수 있다. 이러한 사회적 욕구의 상호작용은 정책 입안자와 서비스 제공자에게 어떤 욕구를 우선순위에 두어야 하는가와 같은 중요한 과제를 안긴다. 또 사회 내에서 발생하는 다양한 욕구를 포괄적으로 분석하고, 보다 효과적인 해결 전략을 제시할 수 있도록 해 준다. 예컨대 노인의 주거 욕구를 평가할 때, 규범적 기준을 충족하는 사람들뿐만 아니라, 현재 주거에 불만족스러운 사람들(체감된 욕구), 다른 지역으로의 이사를 요청한 사람들(표출된 욕구), 그리고 인근 지역에서 유사한 특성을 가진 사람들이 자신의 지역에서는 받을 수 없는 혜택을 받았을 때(비교된 욕구)를 모두 고려해 볼 수 있다. 이처럼 다양한 욕구를 동시에 고려함으로써 가장 시급하고 광범위한 욕구를 우선적으로 해결하는 데 초점을 맞출 수 있게 된다.

2 사회복지 대상

사회복지의 주된 목적은 사회적 안전망을 구축하여 다양한 사회적 위험에 직면할 수 있는 개인과 집단을 보호하는 것이다. 이러한 사회적 위험으로 인해 발생하는 문제는 개인의 삶의 질을 저하하고, 사회 전체의 안정을 위협한다. 따라서 사회복지의 목적을 달성하기 위해서는 사회복지 대상을 적절하게 선정하는 것이 매우 중요하다. 즉, 사회복지 대상은 사회적 지원과 서비스를 받는 주체로, 이들을 어떻게 정의하고 선정하느냐에 따라 사회복지의 성공 여부가 크게 좌우된다. 올바른 대상 선정은 제한된 자원을 효율적으로 배분하고, 필요한 사람들에게 적시에 사회복지서비스가 도달하게 하며, 사회적 불평등을 완화하는 데 도움을 준다. 반대로 대상 선정이 부적절할 경우, 자원의 낭비는 물론, 사회적 지원이 필요한 사람들이 배제되거나, 지원의 공정성이 훼손될 수 있다. 따라서 본 절에서는 사회복지 대상의 개념, 그리고 대상 선정의 기준과 이들이 사회복지에서 가지는 중요성에 대해 논의하고자 한다.

1) 사회복지 대상의 개념

사회복지 대상은 각 사회의 역사적, 문화적 맥락에 따라 달라질 수 있으며, 특정 사회적 집단이 어떤 이유로 지원이 필요한지는 사회적 합의에 따라 결정하게 된다. 어떤 국가의 경우 경제적 빈곤에 초점을 맞추어 일정 소득수준 이하의 개인 혹은 가구를 사회복지 대상으로 선정하는 반면, 다른 국가에서는 장애인, 노인, 아동과 같은 특정 사회적 약자 집단을 기준으로 사회복지 대상을 선정하기도 한다. 이러한 사회복지 대상은 한 사회에서 정한 정책적 목표와 이를 위해 제정된 법적 기준에 따라 구체화되며, 사회적 합의에 의해 지속적으로 수정되고 보완된다.

전통적으로 사회복지 대상은 주로 빈곤, 질병, 장애 등 명확하고 직접적인 사회적 위험에 노출된 사람들이었다. 그러나 현대 산업사회의 발전과 함께 새로운 유형의 사회적 위험이 등장하면서, 사회복지 대상의 범위는 더욱 확장되고 다양해졌다. 테일러구비(Taylor-Gooby, 2004)는 현대 복지국가가 직면한 새로운 사회적 위험을 구사회 위험(old social risks)과 신사회 위험(new social risks)으로 비교하면서, 현대사회가 신사회 위험에 직면하면서 나타난 사회복지 대상의 변화를 설명한다. 구사회 위험은 전통적인 산업사회에서 주로 다루어지는 실업, 노령화, 질병, 장애, 빈곤 등의 문제를 말하고, 신사회 위험은 후기 산업사회에서 나타난 비정규직, 고용 불안정, 가족 구조 변화, 젠더 불평등, 교육 및 기술 격차 등의 새로운 문제를 의미한다. 특히 신사회 위험은 후기 산업사회에서 변화된 경제 및 사회 구조와 관련이 큰데, 구사회 위험에서 신사회 위험으로 확대된 사회적 위험이 복지국가의 정책 방향과 사회복지 대상의 범위 확대에 중요한 영향을 미쳤다.

구사회 위험에 노출될 가능성이 높아 전통적으로 사회복지 대상으로 간주되어 온 계층은 빈곤층, 노인, 장애인, 아동이다. 특히 전통적으로 사회복지에서는 경제적 어려움을 겪는 빈곤층을 주요 대상으로 설정한다. 여기서 빈곤층이란 노동시장 참여 여부와 무관하게 경제적 자원이 부족하여 기본적인 생활을 유지하기 어려운 사람들로, 이들에 대한 사회복지 지원은 주로 생활비 보조, 주거비 지원과 같은 경제적 지원과 기본적인 생계유지에 필요한 서비스를 제공하는 형태로 이루어진다. 또한 노인도 전통적인 사회복지의 주요 대상으로, 특히 노동 능력을 상실하고 경제적·신체적 어려움을 겪는 노인들에게 국가는 연금, 의료 지원, 요양 서비스 등을 제공해 왔다. 아울러 신체적 또는 정신적 장애로 인해 일상생활에서 자립이 어려운 사람도 전통적으로 사회복지의 중요한 대상이다. 국가는 신체적, 정신적 장애가 있는 사람들에게 재활 서비스, 보조 기기 지원, 교육 및 직업 훈련 등을 제공한다. 아동 역시 전통적으로 사회복지의 주요 대상이었으며, 특히 보호자가 없거나 학대, 방임 등의 위험에 처한 아동이 사회복지의 주요 보호 대상에 포함된다.

한편 산업화, 도시화, 정보화로 인해 후기 산업사회에 등장한 신사회 문제는 전통적인 사회복지 대상 외에도 다양한 새로운 집단을 사회복지 대상으로 포함하도록 만들었다. 신사회 문제는 기존의 복지제도로는 충분히 대응할 수 없는 복잡한 사회적 도전을 의미하며, 따라서 사회복지 대상의 범위가 크게 확장되는 결과를 낳았다. 신사회 문제로 인해 사회복지 대상에 들어가게 된 대표적인 사례가 일시적 실업자 및 비정규직 노동자들이다. 정보·통신 기술의 발달로 현대사회는 경제 구조의 급격한 변화를 겪게 된다. 설상가상으로 노동시장 유연화로 인해, 안정적인 직업을 갖지 못하고 일시적 또는 불안정한 고용 상태에 처한 사람이 증가하였다. 이들은 경제적 불안정과 함께 사회적 안전망에서 소외될 위험이 크기 때문에, 현대 사회복지의 새로운 대상으로 포함된다. 아울러 후기 산업사회에서는 수많은 여성이 높은 교육 수준을 바탕으로 노동시장에 진출하게 되었다. 그러면서 여성에 대한 사회적 차별과 불평등, 특히 노동시장에서의 성별 임금 격차, 경력 단절 등의 문제가 부각되었다. 이에 여성 역시 후기 산업사회에서는 대표적 사회복지 대상으로 포함되었다.

최근에는 젠더 문제와 관련된 다양한 사회적 불평등과 폭력에 대응하기 위한 정책들이 쏟아져 나온다. 또한 세계화와 함께 다문화 가정과 이주민 가정이 증가하였는데, 이들이 정착한 국가에서 언어적, 문화적 차이와 사회적, 경제적 차별로 인한 어려움을 겪게 되면서 이들을 위한 교육, 주거, 법적 보호 등의 복지서비스가 필요하게 되었다. 또 기후변화와 같은 환경적 위험으로 인해 새로운 취약계층이 등장하기도 한다. 특히 자연재해, 환경오염 등에 취약한 지역사회의 주민들은 현대 사회복지의 새로운 대상이 되고 있다. 홍수, 폭염, 산불, 태풍 등 기후 재난으로 집과 생계를 잃은 사람들이나 기후변화로 인해 수확량과 어획량이 감소하면서 생계가 불안정해진 농·어업 종사자들, 환경오염 등으로 인한 생존 환경 악화로 고향을 떠나야 하는 이주민 등이 대표적 예이다.

우리나라의 경우 1995년에 「사회보장기본법」이 처음 제정되었을 당시만 해도 제3조 제1호에 명시된 사회보장의 대상은 주로 질병, 장애, 노령, 실업, 사망 등 테일러구비가 말한 구사회 위험을 겪는 사람들이었다. 이처럼 우리나라에서도 산업화가 막 시작되고 있던 시기에는 빈곤층, 노인, 장애인, 아동과 같이 직접적이고 명확하게 사회적 위험에 노출될 수 있는 전통적인 취약 집단을 사회보장의 주 대상으로 삼았다. 그러다가 2013년에 「사회보장기본법」을 개정하면서 제3조 제1호를 "출산, 양육, 실업, 노령, 장애, 질병, 빈곤 및 사망 등"으로 변경하여 신사회 위험에 대한 대응을 고려하기 시작하였다. 이와 같이 우리나라에서도 사회가 급속히 발전하면서 함께 등장한 신사회 위험으로 사회복지 대상의 범위가 크게 확장되는 것을 확인할 수 있다. 앞으로도 더욱 복잡하고 다양한 사회적 위험이 지속적으로 등장할 것으로 보이므로 새로운 대상이 사회복지의 주요 대상으로 포함될 가능성이 높고, 사회복지는 이러한 신사회 위험에 신속하게 대응할 수 있는 체계를 갖추어야 할 필요성이 제기된다.

2) 보편주의와 선별주의

사회복지 대상을 정의할 때 가장 논쟁적인 주제 중 하나가 누가 사회복지 혜택을 받을 것인가와 이 혜택을 받을 자격을 어떻게 정할 것인가이다. 앞서 누가 사회복지 혜택을 받는 대상인지 알아봤으니, 이제는 그 혜택을 받을 자격을 어떻게 정할 것인지 논의해 보고자 한다. 사회복지 대상을 선정하기 위해 활용되는 기준은 소득이나 연령처럼 모든 사람에게 동일하게 적용되는 단순한 기준부터, 장애 정도, 건강 상태, 주거 환경처럼 개인이 처한 상황과 심각성에 따라 다양한 요소를 고려해야 하는 복잡한 기준까지 폭넓게 존재한다. 길버트와 테렐(Gilbert and Terrell, 2013)은 이러한 사회복지 대상을 선정하는 기준을 '사회적 배분의 기초(bases of social allocations)'라고 부르면서, 사회복지 대상의 자격 기준을 정하기 위해 크게 보편주의(universalism)와 선별주의(selectivism)라는 두 가지 접근법을 제시하였다. 여기에서는 1장에서 간략히 다룬 보편주의와 선별주의에 대해 보다 깊이 살펴보고자 한다.

(1) 보편주의

보편주의는 특정 인구 집단이 아닌 모든 인구에게 혜택을 제공하는 것을 기본 원칙으로 한다. 대표적인 예로는 공교육, 무상급식, 아동수당, 코로나19 팬데믹 때 지급했던 1차 긴급재난지원금 등을 들 수 있다. 보편주의자들은 사회복지는 단지 빈곤층이나 장애인, 혹은 특정 어려움을 겪는 사람들만을 대상으로 하는 것이 아니라, 사회구성원 모두가 공통적으로 직면하는 삶의 문제들에 사회가 적절하게 대응하는 수단으로 활용되어야 한다고 주장한다. 이들은 모든 사람이 언제든 위험에 처할 수 있고, 누구든 인생의 어느 시점에서든 다양한 사회적 위험에 직면할 수 있다고 본다. 이에 보편주의자들은 국가가 소득이나 성별, 기타 인구사회학적 요건과 무관하게, 모든 사람을 대상으로 권리로서의 보편적 복지 프로그램을 시행해야 한다고 주장한다.

　보편주의자들은 모든 사람에게 혜택을 주는 것이 일부만 주는 것보다 사회적 효과성이 높다고 강조한다. 특히 모든 사람을 대상으로 하는 프로그램이 특정 집단에게만 혜택을 주는 프로그램보다 더 큰 평등을 창출할 수 있다고 믿는다. 예컨대 자산 조사와 같은 경제적 조건을 기준으로 하는 선별적 프로그램은 사회구성원을 분열시키며 사회 내 차별을 조장한다. 또 종종 도덕적 의미와 결합된 차별을 초래해서 혜택을 받는 사람들은 자신의 권리에도 불구하고 혜택을 받는 것을 실패로 느끼고, 낙인효과를 경험하기도 한다. 예를 들어, 특정 학생에게만 급식 지원을 제공하거나, 장애가 있어 교육적으로 어려운 학생들을 위해 특별반을 구성하는 경우 이들에게 창피하고 낙인찍히는 경험을 주게 된다. 보편주의자들은 특정 계층에게 불쾌함을 주는 이러한 지원은 사회 통합과 사회적 질서 형성을 위한 사회적 효과성 측면에서 바람직하지 않다고 보았다.

　아울러 보편주의자들은 보편적 사회복지 프로그램이 장기적으로 비용 절감을 가져올 수 있으며, 선별적 프로그램에 비해 행정 비용이 적게 든다는 점을 강조한다. 보편적 예방 프로그램이 개별적 자격 기준을 통해 제공되는 선별적 프로그램보다 광범위한 시민들을 대상으로 하다 보니 미래에 문제가 커지는 것을 미연에 방지해 그에 따른 추가 비용을 절약할 수 있다고 주장한다. 코로나19 팬데믹 당시 모든 시민에게 무료 백신을 접종한 것은 바로 이러한 장기적 비용 절감을 위한 노력으로 볼 수 있다.

　보편주의자들은 또한 포괄적 프로그램의 정치적 이점을 강조한다. 보편주의자들은 전 세계적으로 보편적 복지 프로그램이 선택적 복지 프로그램보다 더 인기가 많고, 정치적으로 더 강력한 지지를 받는다고 보았다. 왜냐하면 이러한 보편적 프로그램들은 비용이 더 들긴 하지만, 모든 국민을 대상으로 장기적으로 더 안정적인 지원을 제공하므로 더 많은 유권자로부터 환영받기 때문이다. 국가가 하는 사회보장 연금과 같은 보편적 프로그램이 정권이 바뀌더라도 쉽게 변경되거나 철회되지 않는 것은 바로 이러한 이유에서이다.

(2) 선별주의

반면 선별주의는 신중하게 선택한 일부 수혜자들에게만 사회복지 혜택을 제공하는 것이 바람직하다고 본다. 선별주의자들은 사회복지정책이 제한적이어야 하며, 자원을 가장 필요로 하는 사람들, 즉 스스로 생계를 유지할 수 없으며 일정한 심사를 통과한 개인이나 집단에 우선적으로 혜택을 제공해야 한다고 주장한다.

선별주의자들은 복지 자원이 한정된 상황에서, 자격 기준을 통해 혜택이 필요한 사람들만을 돕는 것이 예산 지출을 효과적으로 줄이고, 자원의 낭비를 막는 방법이라고 본다. 그들은 또한 중산층과 같이 정치적으로 강력한 집단이 복지 혜택의 상당 부분을 가져가는 위험을 막기 위해, 혜택이 꼭 필요한 빈곤층이나 장애인 등 사회 취약계층으로 대상을 제한하는 것이 필요하다고도 보았다.

선별주의자들은 빈곤층만을 대상으로 한 선별적 프로그램이 사회적 불평등을 줄이고 사회 통합을 유도하는 데 더 효과적이라고 믿는다. 특히, 빈곤층이 교육, 건강 관리, 주택 지원 등의 여러 분야에서 혜택을 받게 되면 이들이 사회에 적대감을 품고 사회구성원 간 긴장과 갈등을 유발할 가능성을 줄일 수 있다고 간주한다. 따라서 사회적 효과성 측면에서도 선별적 프로그램 운영이 더 바람직하다고 주장한다.

3) 사회복지 대상의 선정 기준

사회복지 대상을 정할 때, 앞서 설명한 보편주의와 선별주의 두 가지 개념을 바탕으로 어떤 특성을 가진 개인 혹은 집단에게, 그리고 어느 범위까지 서비스를 제공할 것인지 파악한다. 그런데 이 보편주의와 선별주의 접근법은 사회복지 대상 선정 시 큰 틀에서 추상적 기준을 제공하긴 하나, 재화 및 서비스가 어떤 특정 기준에 근거해 구체적으로 어떤 사람들에게 제공될 것인지 결정하는 데 실질적인 준거 장치로 활용되지는 못한다. 이에 길버트와 테렐(2013)은 보편주의와 선별주의라는 추상적인 기준을 넘어, 보다 정교하게 사회복지 대상 선정 기준을 결정할 수 있도록 귀속적 욕구(attributed need), 보상(compensation), 진단적 구분(diagnostic differentiation), 소득·자산 조사(means-tested need)라는 사회복지 대상을 선정할 때 활용 가능한 네 가지 기준을 제시하였다.

(1) 귀속적 욕구

귀속적 욕구에 따른 사회복지 대상 자격은 특정 개인이나 집단이 공통적으로 가지는 욕구에 기반해 결정된다. 귀속적 욕구는 사회의 가치와 규칙이 반영된 욕구이기 때문에, 구성원들의 욕구가 개인별로 다르지 않을 것이라고 가정하는 것이다. 이 욕구는 통상 전문가나 행정가가 정한 규범적 기준에 따라 결정되며, 해당 개인이나 집단이 사회적·경제적 체제 내에서 이러한 규범적 욕구를 충족하지 못하고 있을 때 사회복지 대상자에 포함한다. 예컨대 자본주의 경제체제하에서는 노동을 통해 생계를 유지하는 게 사회가 정한 규범이다. 그런데 65세 이상 노인이나 임신 중인 여성의 경우 경제활동이 가능하지 않아 생계를 유지하기 어려운 상황에 맞닥뜨릴 수 있다. 이때 이들에게 노령수당을 지급하거나 고용보험을 통해 육아휴직급여를 제공하는 것은 귀속적 욕구에 기초한 사회복지정책으로 볼 수 있다.

(2) 보상

보상 원칙에 기초한 사회복지 혜택 자격은 특정 그룹이 사회적으로나 경제적으로 특별한 기여를 하거나, 인종차별이나 성차별 등 사회적 불평등으로 인해 부당한 피해를 입은 경우에 주어진다. 특히 후자의 경우 주로 과거의 불공정한 대우에 대한 보상의 의미이며, 공정성의 원칙에 따라 사회복지 대상 자격이 결정된다. 대표적인 예로는 퇴직군인, 독립유공자, 의사상자 등 국가에 크게 기여를 한 이들에게 제공하는 군인연금, 각종 보훈정책, 취업 시 가산점 부여, 고용할당제 등을 꼽을 수 있다. 또 미국의 어퍼머티브 액션(Affirmative Action, 적극적 우대 조치)은 역사적으로 인종차별이나 성차별로 인해 사회적 기회를 박탈당한 소수 집단에게 교육, 고용, 공공 계약 등의 기회를 제공하여 과거의 불공정한 대우를 보상하려는 목적으로 시행된 보상 원칙을 근거로 한 혜택이다.

(3) 진단적 구분

진단적 구분에 기초한 사회복지 대상 자격은 신체적 또는 정신적 장애가 있는 사람에게 특수한 재화나 서비스가 필요할 때, 개별 사례별로 전문가의 진단에 의해 결정된다. 이때 진단은 전문적 기술을 보유한 전문가만이 할 수 있다. 예컨대 미국의 경우 공립학교에서 제공하는 특수교육 서비스는 정신적 또는 신체적 장애를 가진 학생들에게 제공되며, 해당 자격은 인증된 전문가의 판단에 의해 결정된다. 특히 지적장애, 자폐스펙트럼장애, 시각 및 청각장애 등 연방정부에서 전문가들에 의해 결정된 13개의 장애 유형에만 특수 교육을 제공한다. 우리나라의 경우 장애인 연금, 장애(아동)수당을 받기 위해서는 장애 정도 판정과 장애 진단을 받아야 하는데, 이때 전문의사로 구성된 의학 자문회를 거쳐 장애 여부와 정도를 심사한다. 또 65세 이상 노인들에게 제공하는 장기요양보험 혜택도 등급판정위원회 전문가들이 진단한 등급을 바탕으로 노인의 특수한 욕구에 대한 혜택을 제공하는 진단적 구분을 기초로 한 혜택이다.

(4) 소득·자산 조사

소득·자산 조사에 기반한 사회복지 혜택은 개인의 경제적 상황에 따라 결정된다. 이는 주로 개인 혹은 가구의 경제력, 재화 및 서비스 구매력을 파악할 수 있는 소득·자산 조사를 기초로 기본적 욕구 충족 여부를 판단해 이들에게 최소한의 안전망을 제공하는 데 중점을 둔다. 미국의 여성, 유아 및 아동을 위한 특별 영양 보충 프로그램(The Special Supplemental Nutrition Program for Women, Infants, and Children: WIC)이나 메디케이드(Medicaid)와 같은 프로그램은 소득조사에 기반한 원칙에 따라 운영되며, 빈곤선 이하의 가정에 혜택을 제공함으로써 경제적 불평등을 완화하는 목적을 가진다. 우리나라의 경우도 대표적인 공공부조제도인 국민기초생활보장법상 생계·의료·주거·교육 급여가 바로 소득·자산조사를 통해 제공되는 사회복지 혜택이다. 물론 대표적으로 빈곤층을 주요 대상으로 하는 공공부조 프로그램이 주로 소득·자산조사를 바탕으로 한 프로그램이긴 하지만, 소득·자산 조사를 기초로 대상을 선정하는 프로그램이 모두 빈곤층을 대상으로 하진 않는다(Gilbert and Terrell, 2013). 예컨대 공공임대주택 사업은 주 타겟층이 빈곤층이긴 하긴 하나, 그 범위를 오롯이 빈곤층에 한정하지 않고 도시근로자 월 평균소득의 가구까지 자격 기준을 확대·적용하기도 한다. 또 미국의 WIC도 빈곤선의 130% 이하 소득 가정의 아이들에게는 무료 급식을, 130%에서 180% 사이의 소득 가정의 아이들에게는 할인된 급식을 제공하는 등 그 대상 범위를 반드시 빈곤층으로 한정하지 않는다.

3 사회복지 자원

사회복지 자원은 사회복지서비스를 제공하기 위한 필수요소로, 기관이 사회복지서비스 이용자의 다양한 욕구를 충족시키고 목표를 달성하기 위해서는 충분한 자원 확보가 반드시 필요하다. 이 자원들은 인적·물적·정보 자원 등 다양한 형태로 존재하며, 각 자원은 사회복지시설의 생존과 유지, 성장, 그리고 궁극적 목적 달성에 중요한 역할을 한다. 인적 자원은 사회복지사와 같은 전문 인력을 의미하며, 물적 자원은 시설과 장비, 재정적 지원 등을 포함하고, 정보 자원은 서비스 제공에 필요한 지식과 데이터로 구성된다. 기관이 적절하게 사회복지 자원을 확보하고 이를 효과적으로 활용하는 것은 사회복지 서비스의 품질을 결정짓는 중요한 요소이며, 더 나아가 이용자의 삶의 질을 향상시키는 요인이 된다. 따라서 자원의 관리와 개발은 사회복지 기관을 운영하는 데 중대한 과제이다.

이에 따라 본 절에서는 사회복지의 핵심 구성 요소인 사회복지 자원의 개념과 중요성에 대해 보다 깊이 탐구하고, 자원의 다양한 형태와 공급 주체를 살펴보며, 사회복지 자원 개발의 필요성과 방법에 대해 종합적으로 논의하고자 한다. 이를 통해 독자들은 사회복지 자원이 사회복지서비스 제공에 어떻게 기여하는지 이해하고, 효과적인 자원 활용 방안을 모색할 수 있을 것이다.

1) 사회복지 자원의 개념

사회복지 자원은 이용자의 생활 유지, 성장, 발달을 지속하는 데 필요한 사회복지 핵심 요소이다. 김종일(2012)은 사회복지 자원을 사회복지 실천의 목적을 달성하고, 이용자의 다양한 욕구를 충족시키는 데 도움이 되는 모든 것이라고 정의하면서, 사회복지 자원의 포괄적인 역할을 강조하였다. 이때 사회복지 자원은 단순히 물적 자원뿐만 아니라, 인적 자원, 정보, 서비스 등 이용자의 복지를 증진시키는 모든 형태의 자원을 의미한다.

아울러 엄미선 외(2009)는 사회복지 자원을 사회적 욕구를 충족하기 위해 동원되는 인력, 시설, 설비, 자금이나 물자, 그리고 개인이나 집단이 가진 지식이나 기능을 총칭하는 것으로 보았다. 따라서 이용자의 목표 성취, 문제 해결, 생활 과업 달성, 그리고 개인의 포부와 가치를 실현하기 위해 활용되는 모든 것이 사회복지 자원으로 활용될 수 있다. 특히 이들은 사회복지 자원은 이용자의 삶의 질을 향상시키는 데 중요한 역할을 한다는 점을 강조하고 있다.

또 핀커스와 미나한(Pincus and Minahan, 1973)은 사회복지 자원을 인간의 삶을 개선하고 발전시키기 위한 중요한 요소로 보았으며, 따라서 사회복지 자원이 이용자의 복지 증진에 미치는 영향력이 매우 크다고 보았다. 이들도 사회복지 자원을 재정적 결핍이 있는 사람들에게 제공되는 단순한 물질적인 지원으로 한정하지 않고, 사회구성원의 삶의 질을 향상시키는 데 활용되는 모든 것을 포함할 수 있다고 강조한다.

이처럼 여러 이론적 논의를 기초로 볼 때 사회복지 자원은 이용자의 삶의 질을 향상시키기 위해 다양한 형태로 존재할 수 있으며, 이 자원들의 효과적인 활용이 사회복지의 성공 여부를 결정짓는 중요한 요인임을 알 수 있다.

2) 자원 형태에 따른 구분

(1) 인적 자원

인적 자원은 이용자에게 사회복지서비스를 제공하는 데 필수 요소이다. 광의의 개념으로 인적 자원은 사회복지사와 같이 직접 서비스를 제공하는 전문가뿐만 아니라 사회복지 기관 운영 인력, 그리고 사회복지와 관련된 정책을 수립하고, 지식 및 기술 등을 전달하는 다양한 인력을 포함한다. 다만 인적 자원 중 가장 큰 부분을 차지하는 것은 여전히 사회복지실천의 최전선에서 이용자와 직접적으로 상호작용하며, 그들의 욕구를 파악하고 문제를 해결하는 사회복지사일 것이다.

한편 협의의 개념으로 보면, 인적 자원에는 사회복지 기관에서 일하는 직원, 자원봉사자, 후원자, 봉사자, 그리고 지역사회 내 이웃 등이 포함된다(김종일, 2012). 이들은 특히 사회복지 현장에서 각각의 역할을 통해 사회복지 실천의 목표를 달성하는 데 기여한다. 예컨대 사회복지사와 같은 전문 인력은 이용자와의 상담과 문제 해결을 주도하며, 자원봉사자들은 다양한 프로그램과 서비스에 참여하여 사회복지사를 지원하는 역할을 담당한다. 또 후원자나 이웃들은 재정적, 물적 지원을 통해 서비스의 지속 가능성을 높이는 데 기여하기도 한다.

인적 자원의 관리와 활용은 사회복지서비스의 질을 결정짓는 중요한 요소로, 인적 자원의 역량과 전문성이 높을수록 이용자에게 제공되는 서비스의 수준도 높아지게 된다(Pincus and Minahan, 1973). 이때 효율적인 인적 자원 관리는 이들의 동기부여, 역량 개발, 그리고 능력과 특성에 맞는 업무의 적절한 배치를 포함하며, 이를 통해 사회복지 기관은 제한된 자원 내에서 최상의 서비스를 제공할 수 있게 된다. 또한, 인적 자원은 다른 자원들과 상호작용하면서 사회복지실천의 다양한 측면을 통합하고 조정하는 역할을 하며, 이는 이용자의 복지 증진에 직접적인 영향을 미친다.

(2) 물적 자원

물적 자원은 사회복지실천에서 매우 중요한 역할을 하는 가시적 자원으로, 이용자에게 직접적인 혜택을 제공하는 현금 또는 현물 형태의 자원을 포함한다. 엄미선 외(2016)는 이러한 물적 자원이 사회복지 대상자의 생활 안정과 복지 향상에 기여하며, 사회복지시설의 운영과 서비스 제공에 필수적인 요소라고 설명하였다. 사회복지시설에서 충분한 물적 자원을 확보하지 못하면, 이용자에게 제공되는 서비스의 범위가 제한되거나 질이 저하될 수 있다. 물적 자원의 충분한 확보는 이용자에게 제공되는 서비스의 질과 양을 직접적으로 결정짓는 중요한 요소로 간주된다.

물적 자원의 대표적인 예로는 정부 보조금, 기업 협찬금, 시민 기부금 그리고 이용자가 지불하는 서비스 이용료 등의 현금성 자원을 들 수 있다. 정부 보조금은 공공복지서비스 제공에 필요한 재정을 지원하며, 기업 협찬금은 특정 사회복지 프로그램이나 프로젝트의 재정적 기반을 강화하는 데 기여한다. 또 시민 기부금은 사회복지시설의 다양한 필요를 충족하는 데 중요한 역할을 하며, 서비스 이용료는 이용자가 이용하는 특정 서비스의 유지와 발전에 사용된다.

또 물적 자원은 현물 자원도 포함하는데, 이때 현물 자원은 주로 후원자들이 사회복지시설에 제공하는 물품으로, 이용자의 일상생활에 필요한 물품이나 서비스를 지원하는 데 활용된다. 현물 자원은 의류, 식료품, 가전제품, 학용품, 의료용품 등 다양한 형태로 제공될 수 있으며, 이용자의 기본적인 생활을 유지하고 향상시키는 데 도움을 준다. 현물 자원은 특히 전쟁, 화재, 자연재해 등과 같이 긴급 상황이 발생했을 때 즉각적인 도움을 제공할 수 있는 자원으로, 어려운 시기에 생활환경을 개선하고 안정적인 생활을 유지하는 데 필수적이다.

이처럼, 물적 자원은 사회복지 현장에서 중요한 요소이므로, 물적 자원을 적절히 관리하고 공정하게 배분하는 것은 사회복지 기관의 운영 성과를 평가하는 데 핵심 사안이 된다.

(3) 정보 자원

정보 자원은 효율적으로 사회복지기관을 운영하기 위해 필요한 자원이다. 정보 자원이란 사회복지 운영자와 대상자 모두의 의사결정과 행동에 중요한 영향을 미칠 수 있는 다양한 지식, 데이터, 서비스 관련 정보, 그리고 이용자의 욕구와 상황에 관한 정보를 포괄하는 개념이다. 이는 단순히 데이터나 기록으로서의 정보를 넘어, 사회복지실천의 모든 단계에서 필수적인 도구로 활용된다.

특히 정보 자원은 사회복지실천 과정에서 의사결정을 지원하며, 이용자의 문제를 이해하고 그들에게 맞춤형 서비스를 제공하는 데 유용하게 활용된다(2000; 엄미선 외, 2009 재인용). 만약 이용자의 사회적·경제적 배경, 건강 상태, 심리적 상태 등에 대한 정확한 정보를 확인한다면, 사회복지사는 이용자에게 최적의 서비스를 설계하고 제공할 수 있게 된다.

또한, 정보 자원은 이용자와의 상호작용에서 신뢰를 구축하는 중요한 수단이 되며, 이를 통해 사회복지서비스 제공의 효과성을 높일 수 있다. 예를 들어, 정확한 최신 정보를 바탕으로 사회복지사가 상담과 서비스를 제공한다면 사회복지사는 이 과정에서 이용자에게 더 큰 신뢰감을 주게 된다. 그 결과 사회복지사는 이용자가 더욱 믿고 따라오도록 유도해 궁극적으로 이용자의 삶에 질적 향상을 가져다준다.

정보 자원은 사회복지시설의 운영에도 중대한 영향을 미친다. 시설의 운영계획 수립, 프로그램 개발, 서비스 제공, 재정 관리 등 다양한 측면에서 정보 자원은 전략적 의사결정을 돕고, 운영의 투명성과 효율성을 높이도록 도움을 준다. 특히 사회복지기관이 지역사회의 변화하는 욕구를 정확하게 파악하고 그에 맞춘 서비스를 제공하기 위해서는, 관련된 최신의 통계 자료, 연구 결과, 정책 동향, 최근 지역사회 환경의 변화 등 유용한 정보 자원을 획득하는 게 필수이다. 따라서 사회복지전문가들은 단순히 일회성 자료의 축적에 그칠 것이 아니라, 지속적인 정보의 수집, 분석, 활용을 통해 사회복지서비스의 질을 높이고, 이용자의 다양한 욕구에 더 효과적으로 대응할 수 있도록 노력해야 한다.

(4) 사회적 자원

사회적 자원은 사람들 사이의 관계망에 내재된 자원들의 총합으로 정의되며, 따라서 사회적 자원은 사회적 관계를 통해 생성되고 유지된다. 이러한 사회적 자원은 단순한 물적·경제적 자원과 달리 사회적 관계 속에서 형성되는 비물질적인 자원으로, 개인과 공동체의 상호작용을 통해 지속적으로 구축되고 강화된다(Coleman, 1988).

콜먼(Coleman, 1988)과 퍼트넘(Putnam, 1995)은 사회적 자원을 신뢰, 상호호혜성, 네트워크와 같은 문화적 요소들이 결합되고 활용되어 생성된 자원 형태로 설명한다. 구체적으로 콜먼은 사회적 자원을 개인이 목표를 달성하는 데 도움을 주는 사회구조 내의 자원으로 보며, 이를 통해 개인의 사회적·경제적 성과를 향상시킬 수 있다고 보았다. 한편 퍼트넘은 사회적 자원을 공동체 내의 협력적 행동을 촉진하는 신뢰와 네트워크의 집합으로 정의하며, 이러한 사회적 자원이 공동체의 효율성과 통합성을 증대시킨다고 보았다. 즉, 사회적 자원이 개인적 차원을 넘어, 지역사회와 사회 전체의 발전에 중대한 영향을 미친다는 점에서 지역사회의 중요한 자원으로 의미를 지닌다는 것이다.

이러한 사회적 자원은 사회복지영역에서 중요한 기능을 수행한다. 예컨대 지역사회 내에서 신뢰와 협력의 네트워크가 형성되면, 사회복지 기관과 지역사회 구성원들 간의 상호작용이 원활해지고, 이를 통해 보다 효율적이고 빠르게 사회복지서비스가 대상자에게 전달될 수 있다. 이처럼 사회적 자원은 사람들이 서로 신뢰하고 협력하는 과정을 거치면서 사회복지 자원의 활용도를 높이며, 자원 배분의 효율성을 극대화하는 역할을 한다. 따라서 사회적 자원은 사회복지 현장에서 이용자의 욕구를 보다 정확하게 파악하고, 그에 알맞는 서비스를 제공하는 데 큰 도움을 줄 수 있다.

또한, 사회적 자원은 지역사회의 협력과 연대를 촉진하는 데 중요한 역할을 한다. 지역사회 내에 강한 사회적 자원이 존재할 경우, 주민들은 공동의 문제를 해결하기 위해 더 자주 협력하게 되며, 이로 인해 사회적 문제에 대한 대응 능력이 향상된다. 이를 통해 사회복지의 핵심 목표 중 사회적 통합과 공동체 발전을 유도할 수도 있다.

3) 제공 주체에 따른 구분

핀커스와 미나한(Pincus and Minahan, 1973)은 사회복지실천에서 자원 시스템의 중요성을 강조하면서, 이용자가 당면한 문제를 효율적으로 해결하고 삶의 질을 향상시키기 위해 사회복지사가 지역사회의 다양한 자원과 이용자를 연결하는 역할을 수행해야 한다고 주장하였다. 이들은 사회복지 자원을 제공 주체에 따라 크게 비공식적 자원(informal resources), 공식적 자원(formal resources), 사회적 자원(societal resources)의 세 가지로 분류하였다. 이 세 가지 자원은 상호배타적으로 작동하지 않고, 보완적인 관계를 갖는다. 따라서 사회복지사는 이용자의 다양한 욕구를 충족시키는 데 필요한 자원들을 적시 적소에 효율적으로 연계해 주는 역량을 길러야 한다.

(1) 비공식적 자원

비공식적 자원은 가족, 친구, 이웃, 동료 등 개인의 일상생활에서 쉽게 접근 가능한 자원을 의미한다. 이 자원들은 주로 비공식적이고 자연스러운 형태로 제공되며, 개인에게 물리적 지원과 더불어 정서적 안정을 함께 제공한다. 비공식적 자원은 이용자가 겪는 일상적인 문제를 해결하기 위해 접근할 수 있는 일차적 지원체계로, 사회복지실천에서 매우 중요한 역할을 한다. 예컨대 이용자가 사업 실패, 우울증 등으로 인한 경제적·정서적 어려움을 겪을 때는 우선 가족이나 친구와 같은 가까운 사람들부터 찾게 된다. 이들은 이용자에게 직접적으로 정서적 지지를 줄 수 있고, 이를 통해 개인이 어려움을 극복하도록 도울 수 있다. 또이웃이나 친구가 필요한 물품을 주거나 간단한 집안일을 도와주는 등 일상생활에 필요한 실질적인 도움을 제공하기도 한다. 특히 독거노인이나 1인 청년 가구 등은 어려움이 발생했을 때 일차적으로 가족이나 친구 네트워크를 통해 물리적·정서적 지원을 받는 경우가 많다. 따라서 사회복지사는 이용자가 이러한 비공식적 자원을 최대한 활용할 수 있도록 도와주어야 한다. 독거노인이 떨어져 사는 가족이나 노인 시설에서 만난 친구 집단으로부터 더 많은 지원을 받을 수 있도록 돕는 것, 이러한 사회적 네트워크가 형성되지 않아 고립된 채 사는 노인이 새로운 사회관계를 구축할 수 있도록 지원하는 것도 사회복지사의 업무 중 하나이다.

(2) 공식적 자원

핀커스와 미나한(Pincus and Minahan, 1973)은 사회복지 현장에서 공식적 자원을 구조화된 조직이나 단체로 정의하고, 자조집단(self-help group), 회원 단체, 전문 협회, 노동조합 등이 이에 포함된다고 보았다.

이러한 공식적 자원은 특정 문제를 해결하거나 특정 목표를 달성하기 위해 구조화된 조직을 통해 체계적인 지원 서비스를 제공하는데, 여기에는 다양한 물질적 또는 비물질적 지원이 포함된다. 예컨대 회원 단체나 노동조합에서 회원들에게 안경, 휠체어 등 물질적인 지원을 제공하거나, 일자리 기회를 제공하는 것은 공식적 자원체계를 통한 지원으로 볼 수 있다. 특히 공식적 자원은 회원의 이익을 증진하는 데 초점을 맞춰 다양한 프로그램과 서비스를 운영한다. 예를 들어, 자조집단은 비슷한 문제나 경험을 가진 사람들이 자발적으로 모인 조직으로 회원들끼리 상호지원과 정보교환을 통해 공동의 문제를 해결하고 개인 삶의 질을 향상시킬 기회를 제공한다. 사회복지사는 이용자가 비공식적 자원체계를 통해 문제를 해결하기 어려울 때 이러한 공식적 자원을 통해 보다 구조화된 지원을 받을 수 있도록 도와줘야 한다. 예컨대 알코올중독이나 약물중독으로 어려움을 겪는 사람들이 자조집단을 통해 정서적 지지와 실질적인 지원을 받도록 돕거나, 또는 한부모가정이나 성소수자가 전문 협회에 가입하여 자신의 권익을 보호하도록 연계해 주는 노력이 필요하다.

(3) 사회적 자원

사회적 자원은 중앙정부나 지방자치단체 차원에서 제공하는 포괄적이고 구조화된 자원으로, 건강, 교육, 사회복지, 법적 서비스 등 다양한 영역의 공공서비스를 포함한다. 이 자원은 사회 전체의 복지를 증진하기 위해 주로 정부나 공공기관에 의해 제공된다. 특히 사회적 자원은 대규모 인구를 대상으로 운영되며, 모든 시민이 공평하게 접근할 수 있는 서비스를 제공한다. 이는 사회적 자원이 기본적으로 사회적 정의와 평등을 촉진하기 위해 설계되었기 때문이다. 따라서 사회적 자원을 통해 모든 개인이 기본적인 권리를 보장받게 된다. 예컨대 우리나라의 경우 고등학교는 의무교육이 아님에도 불구하고 국가에서 무상 공공 교육 서비스를 제공해 모든 학생에게 교육 기회를 제공하며, 국민건강보험제도에서는 모든 국민에게 격년으로 무상 건강검진을 제공해 개인의 기본적인 신체적·정신적 건강관리를 돕는다. 이러한 사회적 자원은 법적 기반을 바탕으로 운영되며, 따라서 자원의 지속성과 신뢰성을 제도적으로 보장받는다. 예를 들어, 사회보장 프로그램은 법률에 의해 규정된 바에 따라 운영된다.

한편, 우리나라에서도 유명이(2000; 최옥채, 2003 재인용)가 핀커스와 미나한의 분류와 유사하게 사회복지 자원을 크게 공식적 자원, 비공식적 자원으로 분류하였다. 다만, 유명이의 자원 분류는 핀커스와 미나한의 자원 분류와 다소 차이가 있는데, 공식적 자원을 ① 공적 자원과 ② 사적 자원으로 나누고, 비공식적 자원을 ③ 자연적 도움 제공자(가족, 친척, 이웃, 동호회 등)와 ④ 자원봉사자로 나누었다.

공적 자원은 정부나 공공기관이 제공하는 자원으로, 행정복지센터, 정신건강센터, 국민건강보험공단 등에서 제공하는 사회복지 급여 및 서비스 등이 포함된다. 공적 자원은 주로 국가나 지자체의 예산으로 운영되며, 법적 권리에 기반해 어려움에 빠진 모든 시민이 접근 가능하다. 한편 사적 자원은 비영리단체, 종교기관, 기업 재단 등에서 제공하는 자원을 의미한다. 사적 자원은 민간 영역에서 주도적으로 제공하며, 주로 특정 집단이나 지역사회에 특화된 지원을 제공한다. 예컨대 사회복지관에서 지역의 인구·사회학적 특성에 맞는 사회복지 프로그램을 운영한다든지, 교회나 기업 재단에서 복지사업에 필요한 자금을 조성해 특정 집단을 지원하는 것이 대표적 예이다. 이처럼 사적 자원은 공적 자원이 미치지 못하는 부분을 보완하는 역할을 담당한다.

반면 비공식적 자원은 개인의 사회적 관계망에 기반한 자원으로, 공식적인 조직이나 기관에 의해 제공되지 않는 자원을 의미한다. 유명이는 비공식적 자원을 자연적 도움 제공자와 자원봉사자로 구분하는데, 우선 자연적 도움 제공자는 가족, 친척, 이웃, 동호회 등 개인의 일상적 사회관계망에 속한 사람들을 의미한다. 이들은 공식적인 자격을 얻거나 훈련을 받지 않은 사람들로 주로 정서적, 물질적 지원을 제공한다. 자연

적 도움 제공자는 개인의 위기 상황에서 가장 먼저 의지할 수 있는 자원
으로, 비공식적 자원의 핵심적인 역할을 한다. 자원봉사자는 자발적으
로 참여하여 타인을 돕는 행위를 하는 사람들을 의미한다. 이들은 특정
조직이나 기관에 소속되거나 의존하지 않고, 자신의 시간과 노력을 기
부하여 사회적 도움이 필요한 사람들에게 다양한 지원을 제공한다.

4) 사회복지 자원 개발 전략

(1) 자원 개발 전략

사회복지실천의 목표를 달성하기 위해 필요한 자원을 개발할 때 지
역사회의 특성, 지리적 위치, 사회적·경제적 특성 등을 고려하여 적절
한 자원 개발 전략을 수립해야 한다. 자원 개발 전략은 크게 인적 자원
개발 전략과 물적 자원 개발 전략으로 나눌 수 있다.

내들러(Nadler, 1970)는 인적 자원 개발을 조직 내 인력의 능력과 적
성에 따라 평가하고 보상하며, 교육과 훈련을 통해 능력 수준과 조직 성
과를 개선하는 계획적 활동이라고 설명한다. 따라서 인적 자원 개발에
서는 교육 훈련과 슈퍼비전을 통해 사회복지기관 내부 종사자의 능력향
상에 초점을 맞춘다. 이처럼 꾸준히 교육 훈련을 제공하는 경우 궁극적
으로 사회복지 종사자에게 새로운 지식과 기술을 가르침으로써 직무 수
행 능력을 향상시키고, 직원 간의 상호작용을 통해 조직 효과성을 높일
수 있다(최성재, 남기민, 2016). 또 슈퍼비전을 통해 행정적, 교육적, 지지
적 기능을 제공하고, 사회복지사의 효율적인 업무 수행과 전문성 향상
을 지원할 수 있다(Kadushin, 1976).

사회복지 현장에서는 외부 인력 자원의 개발도 중요한데, 이는 대표
적인 외부 인력 자원인 자원봉사자들 덕분에 사회복지기관의 제한된 자
원에도 불구하고 더 많은 사람에게 서비스를 제공할 수 있기 때문이다.
자원봉사자를 효과적으로 개발하기 위해서는 자원봉사자의 필요량을
파악하고, 이를 확보하기 위한 마케팅 전략을 활용해야 한다. 또 지역사

회의 다양한 단체와 네트워크를 활용하여 자원봉사자를 모집하고, 교육과 훈련을 통해 그들의 능력과 전문성을 배양하는 것도 중요하다.

한편 물적 자원은 중앙 및 지방정부 보조금과 기업의 사회공헌 재원이 주를 이룬다. 정부 보조금을 효과적으로 확보하기 위해서는 사회복지기관은 체계적이고 전략적인 접근이 필요하다. 우선 중앙 및 지방정부의 중장기 발전 계획을 확인하고, 지역 네트워크 사업에 참여하며, 담당 행정공무원과의 유대 관계를 유지하는 것이 중요하다. 또 기관의 핵심 사업을 알리고, 프로그램의 필요성을 증명하기 위해 관련 통계자료, 연구 결과, 현장 조사 데이터를 활용하여 프로그램의 효과성과 타당성을 강조하는 노력도 필요하다. 아울러 지역사회 내 다양한 이해관계자들의 지지와 참여를 통해 프로그램의 사회적 영향력을 강조하는 방안도 고려할 필요가 있다. 많은 기업이 사회적 책임을 달성하고 기업 이미지를 강화하기 위해 사회공헌 활동을 통한 기부와 협력 활동을 지속해 오고 있다. 따라서 기업의 사회공헌 이유를 이해하고, 치밀한 계획을 통해 자원 개발을 위한 제안서를 작성하거나, 기업의 기부를 통해 자원을 확보할 방안을 구상하는 등 노력이 필요하다.

(2) 자원 개발의 중요성

사회복지에서 자원 개발은 향후 사회복지서비스의 지속적이고 효과적인 제공을 위해 필수적인 자원을 확보하고 활용하는 과정이다. 이는 인적 자원(사회복지사, 자원봉사자), 물적 자원(시설, 장비, 자금), 그리고 정보 자원(지식, 데이터) 등을 포함한다. 그러면 왜 사회복지영역에서 꾸준한 자원 개발이 중요할까?

우선 자원 개발을 통해 사회복지서비스의 질적 향상에 기여할 수 있다. 사회복지기관이 충분한 자원을 확보하면 더 많은 이용자를 지원할 수 있으며, 더욱더 다양한 프로그램과 서비스를 제공할 수 있다. 엄미선 외(2009)는 자원 부족은 서비스의 질을 저하시킬 수 있으며, 이는 이용자의 만족도를 낮추고 사회복지서비스의 신뢰도를 떨어뜨리게 된다고 보았다. 이런 맥락에서 적절한 자원 개발을 통해 사회복지기관의 서비스 품질과 효과성을 향상시키는 것은 매우 중요하다. 또한 꾸준한 자원 개발을 통해 사회복지서비스의 지속 가능성도 보장받을 수 있다. 사회복지 자원이 부족하면, 서비스의 연속성이 위협받을 수 있으며, 이는 이용자에게 필요한 도움을 제때 제공하지 못하는 상황을 초래한다. 아울러 자원 개발 과정에서 지역사회의 참여와 협력을 증진하고, 기부, 자원봉사 등의 활동을 통해 지역주민 간 연대와 협력을 강화할 수 있다. 따라서, 사회복지 자원 개발은 사회복지실천의 핵심 요소로, 지속적인 관심과 노력이 필요한 과정이다.

토론주제

1   사회복지에서 '사회적 욕구'란 무엇인지 개인적 욕구와 비교하여 설명하시오. 또한 현대사회에서 발생할 수 있는 사회적 욕구의 예를 두 가지 제시하고, 그 욕구가 사회복지정책에 어떻게 반영될 수 있는지 설명하시오.

2   매슬로의 욕구단계이론에 대해 설명하고, 이 이론이 사회복지실천에서 어떻게 활용될 수 있는지 사례를 들어 논하시오. 또한 욕구단계이론의 한계점에 대해 비판적인 시각에서 서술하시오.

3   구사회 위험과 신사회 위험의 차이점을 설명하고, 현대 사회복지에서 신사회 위험이 포함된 예시를 제시하시오.

4   보편주의와 선별주의의 차이점을 설명하고, 각 접근법이 사회복지 대상 선정에 미치는 영향을 논하시오. 또한 자신이 사회복지정책을 설계할 때 취할 접근법을 선택하고 그 이유를 설명하시오.

제 5 장

사회복지 공급 주체

공급 주체가 다르면 사회복지가 달라질까?

사회복지는 누가 만들어 내는 것일까? 현대사회에서 공급되는 사회복지의 상당 부분은 정부의 공적 재원과 법률에 의해 이루어지기 때문에 정부가 사회복지 공급의 주체라고 생각하기 쉽다. 그러나 공공부조나 연금 등 수급자에게 직접 현금으로 전달하는 사회복지 급여가 아니라 보건의료, 교육, 주거, 고용, 돌봄 등 다양한 서비스를 사회복지로 떠올린다면 일선에서 사회복지를 공급하는 주체가 정부에 한정되지 않는다는 것을 쉽게 알 수 있다. 나아가 정부가 제도화하지 않은 영역에서 시민들에 의해 자발적으로 이루어지는 사회복지도 존재한다. 지역사회의 특정 문제를 해결하거나 누군가를 돕기 위한 민간의 모금과 지원 활동은 사회복지의 역사에 늘 존재했다. 수급자를 중심에 놓고 생각해 보면 동행정복지센터 공무원이 있는가 하면 비영리 사회복지법인이 운영하는 사회복지관의 사회복지사는 물론 지역사회 주민 조직을 통해 만나게 되는 이웃도 사회복지를 전달하는 중요한 주체이다. 뿐만 아니라 정부에 의해 수급 자격을 인정받고 재원을 지원받아 이용하는 사회복지제도 안에서 사회복지법인과 같은 비영리 조직이 설립하거나 운영하는 사회복지시설은 물론 영리법인이 운영하는 노인장기요양기관, 개인사업자가 설립한 방문요양기관, 사회적협동조합이 운영하는 기관 등도 찾아볼 수 있다. 이들 다양한 공급 주체들은 정부가 공적 재원으로 운영하는 주요 제도 안에서 공존하면서 사회복지를 공급하고 있다.

사회복지를 공급하는 주체는 구분 기준에 따라 다양하게 나뉜다. 먼저, 공급 주체의 성격에 따라 크게 공공(public)과 민간(private)으로 구분한다. 공공에 의해 공급되는 사회복지도 재원과 규제, 권한 등이 어디 속하느냐에 따라 중앙정부와 지방자치단체로 구분할 수 있다. 민간 부문은 조직 목적에 따라 민간 비영리(non-profit)와 민간 영리(for-profit)로 구분할 수 있다. 민간 비영리 부문은 전통적인 비영리법인 외에도 다양한 시민사회단체, 주민 조직, 협동조합 등을 아울러 시민사회부문 혹은 제3섹터라고 부르기도 한다.

공급 주체가 다르면 사회복지가 달라지는가? 본 장에서는 사회복지의 공급 주체가 갖는 이론적 특징을 살펴보고 현대사회에서 다양한 공급 주체들이 사회복지 수급 당사자는 물론 전체 사회복지에 갖는 의미에 대해 알아보고자 한다.

1 공공 부문

공공 부문(public sector)은 법률에 의해 대상과 급여가 정해지는 사회복지를 조세나 사회보험료로 조성한 공적 재원에 기초하여 직접 전달하는 주체들로 구성된다. 이들 공적 조직은 관료제적 원칙에 입각하여 급여와 프로그램을 실행하는데 여기에는 중앙정부, 지방자치단체 그리고 국민건강보험공단, 국민연금공단과 같은 공단이나 지방자치단체가 세운 복지재단 등의 공익법인, 공사 등의 조직도 포함된다.

정부가 재화와 서비스를 직접 공급하는 데 널리 쓰이는 이론적 근거는 경제학에서 설명하는 공공재 이론이다. 경제학에서는 일반적으로 모든 재화와 서비스는 시장에서의 자유로운 경쟁과 선택을 통해 생산되는 것이 효율적이라고 설명한다. 그러나 비경합성(nonrivalry)과 비배제성(nonexcludability)을 가지고 있어 시장에서 공급되기 어려운 재화는 공적으로 공급하는 것이 더 효율적인데 이러한 재화를 공공재(public goods)라고 한다(이준구, 2019: 613). 비경합성은 특정인의 소비가 다른 사람의 소비를 제한하지 않는 특성이며 비배제성은 대가를 치르지 않는 사람을 소비에서 배제하기 어려운 특성이다. 예를 들어 가로등이나 등대, 공기정화, 국방, 도로 등은 이용자만 선별하기도 어렵고 누가 이용한다고 재화가 줄어드는 것도 아니기에 시장에서 가격을 매겨 거래하기 어려우며, 정부가 공적 재원으로 직접 생산, 공급하게 된다. 이렇게 사회에 필요한 재화가 시장을 통해 공급되지 못하는 것을 시장 실패(market failure)라고 한다. 공공재 생산은 시장 실패에 대한 정부의 직접적인 개입이다. 시장경제를 기초로 움직이는 자본주의 사회에서 공공 부문이 사회복지를 공급하는 것은 시장 실패에 대한 대응으로 정당화된다.

그러나 정부가 시장에서 공급하는 것이 불가능한 재화와 서비스만을 직접 공급하는 것은 아니다. 시장을 통한 자유로운 선택과 경쟁이 재화 생산의 지속가능성을 어렵게 하거나 이용자는 물론 공급자의 도덕적 해이가 나타날 수 있는 경우도 정부가 강제성을 가진 제도를 통해 사회적 위험에 대비한다. 설사 재화의 성격이 시장 공급의 효율성에 부합하는 사유재나 요금재인 식료품, 교육, 대중교통 등이라 할지라도 이들 재화나 서비스가 사회적으로 아주 가치가 높아 소비자의 지불 능력과 상관없이 이들의 소비가 권장되어야 한다는 사회적 결정이 이루어질 수 있다(Savas, 1988/1994). 이러한 가치재는 정부가 보조금을 지불하거나 직접 생산하여 재화의 소비가 필요한 사람에게 공급한다.

정부의 직접적인 공적 개입을 보여주는 대표적인 사회복지제도로 사회보험을 들 수 있다. 민간기업이 건강보험을 제공할 경우 질병 위험이 높은 개인들이 주로 가입을 선택하고 기업은 이에 보험료 인상으로 대처하게 되는데, 이러한 과정이 반복되면 민간의 보험 제공은 지속되기 어렵다. 사회보험은 정부가 모든 대상자의 건강보험 가입을 의무화하는 방식으로 보험 가입에서의 부정적 선택을 방지한다. 같은 원리로 노년기의 소득보장을 위한 공적 연금, 실업 위험에 대비하는 실업보험, 노인장기요양보험 등이 사회보험방식으로 운영된다.

1) 공공재와 시장 실패

공공 부문의 조직은 법률에 의해 설립되고 정부 예산으로 운영되므로 시장 법칙에 생존이 좌우되지 않는 특징을 가진다. 이들 조직은 사회의 가치와 공익 그리고 관련 집단의 정치적 요구를 토대로 정당화될 수 있는 서비스를 제공하게 된다(Rainey, 2003:62). 시장에서 민간이 설립한 조직의 주된 관심은 투입 대비 최대 산출을 얻는 효율성이지만 공적 조직은 형평성과 자원의 공평한 배분 등을 중시한다. 공적 조직은 공정하고 투명하게 공익을 위해 활동하는 것을 원칙으로 삼는다. 대표적인 공적 조직은 중앙정부, 지방자치단체이고 안정적으로 고용된 공무원이 공적인 업무를 수행한다.

이러한 공적 조직의 활동은 시장에 맡겨 두었을 경우 충분하게 재화가 공급되지 않거나 효율적으로 분배되지 않는 시장 실패에 대한 해법으로서 정당성을 갖는다. 시장 실패는 다음과 같은 경우에 발생한다(Young, 1995/2008). 먼저 시장이 잘 기능하기 위해서는 계약을 하거나 서비스를 사고파는 비용이 저렴해야 하는데, 재화나 서비스가 복잡한 성격일 때는 거래비용(transaction cost)이 상승하여 시장 기능이 효율적으로 이루어지기 어려워진다. 둘째, 시장이 가능하기 위해서는 소비자가 재화나 서비스의 편익을 사유할 수 있어야 하고 공급자는 지불능력이 없는 예비 소비자를 배제할 수 있어야 한다. 예를 들어 가로등이나 도로 같은 재화는 특성상 소비자가 이용한다고 음식처럼 없어지거나 줄어드는 것도 아니며, 다른 사람의 사용을 제한하기도 쉽지 않다. 이렇게 비경합성과 비배제성을 특성으로 가진 재화를 공공재라고 하는데 이러한 재화를 시장에서 생산하고 공급하는 것은 효율적이지 않다. 셋째, 외부효과(externality)란 시장가격으로 직접적으로 설명되지 않는 편익이나 비용을 말하는데 자유로운 시장에서 특정 행위의 비용 또는 편익이 개인의 의사결정에 충분히 고려되지 않을 때 발생한다. 대표적인 외부효과로 환경오염을 들 수 있다. 네 번째는 정보 비대칭(information asymmetry)으로 정보가 부족하거나 정보 취득에 많은 비용이 소요될 경우다. 소비자가 구매하려는 재화나 서비스에 대해 충분한 정보를 알 수 없을 때 이러한 재화나 서비스를 시장에 맡긴다면 해당 재화와 서비스는 효율적으로 공급되기 어렵다. 예를 들어 교육서비스나 어린이집, 노인요양서비스의 경우 소비자가 체험해 보지 않으면 해당 서비스가 좋고 나쁜지를 파악하기 어려운데, 해당 서비스를 이용하기 전에 체험해 보기는 더 어렵다. 즉, 소비자는 실제 구매하려는 재화를 알 수 없는 상태에서 선택해야 하는 상황에 놓이게 되고, 불완전한 정보는 시장의 실패를 일으키는 원인으로 작용한다(이준구, 2019: 618).

이렇게 시장 실패가 발생하면 공공 조직이 직접 재화나 서비스를 공급하여 시장 실패를 해결한다. 공공 조직은 안정적인 재정을 토대로 하지만 경쟁자가 없기에 소비자의 선호에 민감하게 반응하거나 수요 변화를 빠르게 파악하기 어렵다는 단점이 있다. 또한 조직 내부적으로 재정 절감과 성과 향상을 도모하는 것도 쉽지 않다. 그러나 공공의 감시하에 운영되므로 투명성이 높다. 또 많은 법적 제약을 받으면서 누구에게나 공정성을 보장한다. 사회복지 공급에서는 높은 공공성과 안정성, 공정성, 지속성이 보장되는 것이 공공 부문 조직의 특징이다.

2) 관료제와 그에 대한 비판

공공 부문은 법률에 의해 재원을 조성하고 규칙을 만들어 시행을 강제할 수 있는 권한을 가지기에 사회복지를 안정적이고 지속적으로 공급하는 데 유리하다. 또한 법과 규정은 모든 사람에게 예외 없이 적용되고 공공 부문의 작동 원리가 법과 규정에 기초하기에 공정성, 형평성을 보장한다고 할 수 있다. 이와 같은 공적 조직의 운영 원리를 관료제라고 한다.

막스 베버(Max Weber)는 관료제를 서구 근대사회에 합리성이 자리 잡게 한 효율적이고 합리적인 조직 원리라고 설명한다. 산업혁명 전까지는 관례와 관습을 따르는 전통적 조직이나 카리스마적 인물의 권위에 따르는 조직이 일반적이었으나 근대사회는 사람들에 의해 합리적으로 개발된 규칙들에 토대를 둔 합법적-합리적 권위 체계를 가진 조직을 요구한다는 것이다. 관료제는 첫째 성문화된 업무처리 규칙의 존재, 둘째 권한과 관할 범위의 명확한 구분, 셋째 상명하복의 위계 구조, 넷째 전문성에 근거한 분업 구조, 다섯째 직무수행은 문서에 의하고, 여섯째 직무수행에 필요한 전문적 훈련을 받은 사람들을 구성원으로 채용하여 일생 직업으로 종사하게 한다는 특징을 가진다(박천오, 2009).

공공 부문의 정부 기관이나 행정 조직이 관료제를 가장 잘 구현하고 있지만 근대사회에서 공식적 조직 상당수가 관료제의 특성이 있다고 할 수 있다. 관료적 질서는 업무를 처리하는 사람이 바뀌어도 일상적인 업무가 지속적이고 일관적으로 처리되도록 만드는 합리적 조직 운영을 가능하게 하였지만 그 자체로 또 다른 문제점을 낳기도 했다.

관료제는 확실성을 보장하지만 느리게 작동하고, 표준화된 일 처리를 가능하게 하지만 그 대가로 혁신을 희생시킨다. 규칙과 규정이 점점 까다롭게 늘어나고 이를 맹목적으로 준수하면서 일을 하기 위한 수단이 목적이 되는 목적전치(目的轉置)가 일어나는 것이다. 관료제의 계층적 구조는 민주적인 토론을 통한 혁신 그리고 효율적인 업무수행을 방해하는 비민주적인 기제로 기능하기도 하며 형식주의와 비능률을 초래하기도 한다.

3) 정부 실패와 민영화

정부가 직접 사회복지 재화와 서비스를 생산하고 공급하는 데 대해서는 몇 가지 비판이 따른다. 첫째는 공공 부문은 독점적 지위로 인해 경쟁과 이윤의 동기가 없기 때문에 비용이 증가하여 비효율적이라는 것이다. 정부가 공무원을 증원하고 정부 예산을 늘리면 국민은 세금을 많이 내야 하므로 불만을 가지게 된다. 정부가 직접 제공하는 사회복지 서비스가 많은 국민들을 만족시킨다면 그렇지 않을 수도 있겠지만 관료적 질서로 융통성 없이 일하는 탓에 국민들의 선호에 반응하기도 어렵고 다양한 필요를 탄력적으로 충족시키기도 쉽지 않다. 생산성도 낮고 자원배분의 효율성이나 형평성을 달성하지 못하여 정부 실패(government failure)가 발생한다.

서구 복지국가는 제2차 세계대전 후 국가 주도의 사회복지를 확대해 왔으나 1970년대 오일쇼크로 지속적인 재정을 동원하는 데 어려움을 겪고 1980년대 큰정부의 비효율을 비판하는 신자유주의가 정치적으로 부상하면서 사회복지 민영화(privatization)를 도입하기 시작했다. 유럽에서 가장 급진적으로 민영화를 도입한 영국은 지방자치단체가 직접 제공하던 여러 사회복지서비스를 민간기관에 위탁하여 생산하게 하거나 이용자에게 바우처(voucher) 등을 제공하고 시장에서 필요한 서비스를 구매하도록 조치했다. 이를 통해 다양한 민간 조직이 정부가 제공하던 여러 공공서비스를 생산하여 정부에게 판매하거나 이용자에게 직접 판매하는 유사시장(quasi-market)이 형성되었다.

2 민간 부문

민간 부문이 공공 부문과 다른 특성은 법제적인 강제성이 아니라 자발성과 독립성을 속성으로 가진다는 것이다. 민간 부문은 다양한 성격의 조직을 포괄한다. 수익을 내기 위해 사업을 시작한 민간 영리 조직, 고유한 사명을 바탕으로 경제적 이익이 아닌 종교적, 사회적 목적을 달성하기 위해 활동하는 민간 비영리법인, 종교기관, 협동조합, 시민단체, 주민 조직, 동창회, 친목회 등이 모두 민간 부문을 형성하는 조직들이다. 이들 모두가 스스로 자발적으로 조직을 만들고 활동을 계획하여 독립적으로 운영한다는 공통점을 가진다.

사회복지영역에서는 특히 민간 비영리 조직에 주목할 필요가 있다. 국가복지가 발달하기 이전에 교회와 자선단체 등 민간 비영리 조직은 빈민 등 사회적 약자들에게 자선과 시혜를 베풀어 왔으며 주거, 고용 등 영역에서도 비시장적인 지원 프로그램을 만들어 왔다. 뿐만 아니라 다양한 시민사회 조직들은 아동, 여성, 장애인, 노인 등 사회적 약자의 권리를 옹호하고 증진하기 위해 노력해 왔다.

그러나 국가 중심으로 사회복지가 제도화하고 발달하면서 이들 민간 조직은 정부 제도 안에서 직간접적으로 정부 재정에 의존하고 규제를 받으며 사회복지를 공급하고 있다.

1) 민간 비영리 조직

민간 비영리 조직은 말 그대로 수익 극대화를 목표로 삼지 않는 조직이라는 의미다. 경제적 이해를 추구하는 대신 다른 것을 조직의 사명이자 목표로 삼는다. 가장 대표적으로 종교 조직, 자선단체, 공익재단, 사회복지법인 등을 들 수 있다. 비영리 조직은 제도적 구조와 운영의 규칙성을 갖춘 공식성, 국가로부터 분리된 독립성, 이윤 분배 제한, 조직의 대표 등을 스스로 선출하고 해임하는 자치성, 스스로 참여하는 자발성을 조직의 특성으로 가진다(Salamon and Anheir, 1998).

비영리 조직은 후원금이나 회비, 이용료를 통해 재정을 충당하고 자원봉사 등 자발성에 기초하여 활동하며 자신들의 이익이 아니라 사회적 가치와 공익적 목표를 추구하기에 대중적인 신뢰를 받는다. 관료제 수준이 낮아서 혁신적인 활동이 가능하고 서비스 질을 규제하기 어려운 휴먼서비스 분야에서 취약한 이용자에게 양질의 서비스 공급이 가능하다.

그러나 단점도 적지 않다. 살라몬(Salamon, 1987)은 비영리 조직의 한계로 안정적으로 자원을 공급하기 어려운 불충분성, 대상집단을 특정하면서 발생하는 배타주의, 기부자의 의사에 의한 온정주의, 자발성과 연관되는 아마추어리즘으로 제시하며 이를 비영리 실패(voluntary failure)라 불렀다.

전통적으로 비영리 조직은 사회복지의 발전과 밀접한 영향을 가지고 성장해 왔다. 그러나 역사적으로 종교와 국가의 역할이 상이하게 형성된 개별 국가 안에서 비영리 조직과 국가의 관계는 다양한 양상을 보인다. 사회복지서비스의 재정과 생산에서 정부가 중심 역할을 하는 정부지배모형이 있는가 하면 비영리 조직이 중심 역할을 하는 비영리지배모형이 있다. 그리고 정부서비스를 비영리 부문이 보충(supplement)하거나 보완(complement)하면서 재정과 전달을 모두 담당하는 이중모형, 정부는 재정, 비영리는 전달로 역할을 분리하고 있는 협조모형이 있다(Gidron et al., 1992). 협조모형에서도 비영리 조직이 재량권이나 협상 능력을 갖지 못하고 정부 재원으로 정부 프로그램을 대행하는 것을 협조적 대행자(collaborative vender)라 하고, 비영리가 상당한 재량권을 갖고 프로그램 관리나 개발을 하는 것을 협조적 동반자(collaborative partner)라 한다.

우리나라는 1970년 「사회복지사업법」을 제정하여 전쟁 이후 외국원조에 기반하여 사회사업을 수행하던 민간 주체를 사회복지법인으로 제도화하였다. 우리나라 비영리조직인 사회복지법인의 재정은 외국 원조에서 시작하여 정부 보조금으로 변해갔다. 이러한 특성에 주목하여 한국의 사회복지 안에서 민간 비영리부문은 독자적인 재정 기반을 갖거나 재량권을 갖지 못하고 정부 사업을 대행한다고 하여 '종속적 대행자'라 부르기도 한다(이혜경, 1998; 김영종, 2010).

영국은 1980~90년대 공공서비스를 민영화하면서 정부가 제공하던 복지를 대신할 중요한 대안으로 비영리 조직을 고려했다(Powell, 2007). 지방정부는 직접 제공하던 사회복지서비스를 축소하고 직접 서비스를 공급하기보다 민간 비영리 조직에 위탁하여 공급하도록 하는 민영화를 추진하였다. 정부의 역할이 민간으로 이전되는 '민영화'를 통해 민간 비영리 조직은 정부로부터 보조금을 받거나 서비스 구매 계약을 맺고 공공서비스의 전달자로 활동하게 되었다. 그러나 20세기 말 정부 지원을 받고 사회복지 전달자 역할을 하던 비영리 조직에 새로운 변화가 발생하게 된다. 사회복지 제공에 시장 메커니즘과 소비자 선택이 도입되면서 정부 사업에 민간 비영리만이 아니라 민간 영리사업자까지도 참여할 수 있게 되었기 때문이다. 이에 비영리 조직은 정부와의 관계만을 고려하면서 사회복지 공급자로 활동하는 것만이 아니라 사회복지시장에서 다양한 다른 공급 주체들과 경쟁하면서 상품화된 서비스를 판매하는 상업화(commercialization)의 영향을 받게 된다. 미국의 경우, 1960년대 '빈곤과의 전쟁(the war on poverty)'을 통해 연방정부의 사회복지 프로그램들이 확대되는데 이때 연방정부는 지역에 존재하는 다양한 민간 기관들과 계약을 맺고 서비스를 전달하기 시작했다. 기존의 많은 휴먼서비스 기관은 민간 비영리 조직의 사명이 훼손될 것을 우려하여 처음에는 정부가 주는 재원을 꺼렸으나 결국에는 대부분 수용하였다(Smith, 2010). 정부의 재정지원을 받고 서비스 전달 계약을 하게 된 이유를 스미스(2010)는 다음과 같이 설명한다. 우선 대부분 연방 프로그램은 매칭 방식으로 연방 재원 75%를 민간기관 재원 25%로 획득할 수 있었다. 초기 서비스 요구는 기존에 수행하던 서비스를 늘리는 것이었으며 요구사항도 재정지원이 모두 서비스 비용에 쓰였다는 것을 증빙하는 수준으로 크게 까다롭지 않았다. 연방 보조금은 민간기관이 기부를 통해 얻을 수 있는 금액보다 상당히 컸고 민간기관은 기부나 이용료에 대한 의존을 줄이고, 취약계층을 비롯하여 서비스가 필요한 이용자들에 대한 서비스 공급을 늘릴 수 있었다.

이처럼 초기에 정부가 민간을 통해 사회복지를 공급하고자 할 때는 기존에 지역에서 자발적으로 이를 공급하던 비영리 조직들이 정부 사업에 참여하게 된다. 사회복지에서 정부와 비영리 조직의 협력관계는 국가별로 다양한 양상으로 수십 년 동안 전개되어 왔다. 혹자는 이를 복지국가의 쇠퇴라고 명명하면서, 비영리 조직이 본질적이고 고유한 사명을 잃고 정부 사업의 대리인이 되거나 보조금에 의존하는 유사공공 (quasi-public) 부문이 되는 것이 아니냐는 우려를 표하고 있다(Kramer, 1994). 그러나 고령화, 가구 규모 축소 등 사회 변화가 일어나면서 더 많은 사회적 서비스가 필요해졌고 정부는 사회복지에 더 많은 재정을 투입하게 된다. 서비스 이용 대상도 보편적으로 확대되면서 사회적으로 더 많은 공급자가 요구되고 비영리 조직만이 아니라 영리기업도 공공서비스의 공급자로 참여하면서 공급자 간 경쟁이 발생하는 사회서비스 시장이 만들어지게 된다.

2) 민간 영리 조직과 시장화

전통적 의미의 사회복지는 영리사업 부문 공급자를 사회복지서비스 체계의 일부로 포함하지 않았다(이봉주 외, 2023). 민간 영리 조직은 본질적으로 수익을 극대화하는 것을 목표로 갖는 조직인데 사회복지는 본질적으로 공급자가 자신의 경제적 이익을 추구하는 것에 앞서 수혜자의 인권과 복지를 천착하여 수행하는 활동이라고 보기 때문이다. 그러나 다수의 제공 기관이 경쟁적으로 서비스를 제공하는 시장 방식을 사회복지 공급에 도입하는 것이 수요자에게 더 많은 선택지를 제공하고 재정을 효율화하는 데 기여할 것이라는 믿음이 확산되었고, 이러한 민영화, 시장화에 대한 믿음으로 영미권뿐만 아니라 스웨덴을 비롯한 수많은 복지국가에서 시장 방식을 도입하게 되었다. 민영화는 정부의 역할과 기능을 민간에게 옮기는 것을 의미하지만, 실제 중요한 요소는 정부냐 민간이냐는 공급 주체의 문제라기보다 사회복지 공급을 정부의 독점에서 경쟁으로 바꾼 것이다(Savas, 1994).

사회복지 공급체계 안에서는 공공 조직만이 아니라 비영리 민간 조직과 민간 영리기업이 공존하며 이용자에게 서비스를 판매하기 위한 시장경쟁을 펼치게 되었다. 특히 보육을 비롯한 아동 관련 사회서비스, 노인장기요양서비스와 건강 관련 서비스, 장애인 활동 지원과 이동 지원, 다양한 재활 관련 서비스 등에는 민간 영리기업이 참여하고 있다. 이렇게 조성된 사회복지 공급체계에서 압도적으로 많은 재원은 공적으로 투입되지만 이용자들이 서비스 비용의 일부를 본인 부담금으로 납부하거나 정부에서 제공하는 서비스 이상을 자비로 구매하면서 시장 규모를 키우고 있다.

사회복지, 특히 사회서비스 부문에 시장기제가 도입되면서 서비스 공급에서 이용자의 선호에 부응하려는 유인이 작동하게 된 것은 이용자에게 긍정적인 면이다. 하지만, 공공서비스 공급과 책임에서 경계가 모호해지고 정부 역할이 재정 지원과 최소한의 규제로 축소되는 것은 우려할 만하다. 또한 서비스 공급과 제공 인력 고용의 책임이 민간사업자에게 이전되고 개별 기관이 수익을 높이기 위한 경영전략을 구사하면서 나타난 제공 인력의 고용안정성과 임금, 처우 악화는 사회복지 시장기제 도입의 부정적 결과로 꼽힌다.

3) 사회적 경제

사회적 경제(social economy)는 국가와 시장 사이에 존재하는 조직을 가리키며 시민사회, 제3섹터와 호환하여 쓰이기도 한다. 국가와 시대에 따라 사회적 경제에 대한 정의는 다양하지만 공통적으로는 구성원의 참여를 바탕으로 국가와 시장의 경계에서 사회적 가치를 추구하는 민간의 경제활동을 의미한다(한국사회적기업진흥원, 2024). 유럽연합(EU)에서는 참여적 경영시스템을 갖춘 협동조합, 상호공제조합, 사단법인, 재단법인 등이 사회적 목적을 추구하기 위해 경제적 활동을 벌이는 것을

표 5-1 사회적 경제 조직의 유형

조직 유형	근거 법령	소관 부서	정의
사회적 기업	사회적 기업육성법 (2007)	고용노동부	취약계층에게 사회서비스 또는 일자리를 제공하거나 지역사회에 공헌하여 지역주민의 삶의 질을 높이는 등 사회적 목적을 추구하면서 재화 및 서비스의 생산, 판매와 같은 영업활동을 하는 기업으로서 「사회적기업육성법」 제7조에 따라 고용노동부 장관이 인증한 기업
협동조합	협동조합 기본법 (2012)	기획재정부	조합원의 필요에 의해 자발적으로 결성되어 공동으로 소유되고 민주적으로 운영되는 사업체. 그중 사회적협동조합은 조합의 목적 자체가 지역주민들의 권익·복리 증진과 관련된 사업을 수행하거나 취약계층에게 사회서비스 또는 일자리를 제공하기 위한 것으로, 영리활동을 목적으로 하지 않는 것이 특징
마을기업	마을기업육성 사업시행지침 (2011)	행정안전부	지역주민이 각종 지역자원을 활용한 수익사업을 통해 공동의 지역문제를 해결하고, 소득 및 일자리를 창출하여 지역공동체 이익을 효과적으로 실현하기 위해 설립·운영하는 마을단위의 기업
자활기업	국민기초생활 보장법 (2012)	보건복지부	지역자활센터의 자활근로사업을 통해 습득된 기술을 바탕으로 1인 혹은 2인 이상의 수급자 또는 저소득층 주민들이 생산자협동조합이나 공동사업자 형태로 운영하는 기업

가리키기도 한다.

우리나라에서는 사회적 경제에 속하는 대표적인 네 가지 유형의 조직이 법률로 제도화되어 있다. 사회적 기업과 협동조합, 마을기업, 자활기업이다. 이들 사회적 경제 조직은 각기 다른 법률과 지침에 근거를 두고 있으며 소관 행정부처도 모두 상이하다(표 5-1 참조).

사회적 경제 조직이 민간 영리 조직인 일반 기업 등과 구별되는 이유는 경제적 수익을 창출하는 목적 외에 사회적 목표와 사회적 가치를 실현하기 위한 활동을 조직 운영과 조직 활동으로 수행하기 때문이다. 사회적 기업에서 이윤의 2/3 이상을 사회적 목적에 사용한다거나 사회적 협동조합에서 공익적 사업을 40% 이상 운영하는 등의 규칙이 그러하다. 자활기업에서 국민기초생활 생계급여 수급자 등 취약계층에게 일자리를 제공하거나 마을기업에서 지역주민들의 참여를 통해 공동의 문제를 해결하려는 것도 일반적인 기업의 운영과는 사뭇 다르다는 것을 알 수 있다.

따라서 사회적 경제 조직은 민간기업과 같이 시장경제에 참여하는 생산 조직이지만 원칙적으로 경제적 이익을 좇기보다 사회적 가치를 추구한다는 점에서 시장 방식으로 확대되어 있는 사회서비스 공급체계에서 의미 있는 역할을 할 것으로 주목받는다. 전통적인 비영리 조직과 영리 조직의 특징을 공유함으로써 시장질서에 순응하면서 고용과 서비스 제공 양 측면에서 사회적 가치를 실현하는 데 적합할 것으로 기대받는 것이다.

3 한국 사회복지 공급체계의 이해

현재 우리나라를 비롯한 대부분의 복지국가에서 사회복지 공급은 공공과 민간 부문의 주체들이 밀접하게 연결되어 이루어지고 있다(이봉주 외, 2023). 사회복지를 정부의 사회지출로만 볼 것이 아니라 민간 영역에서의 복지 생산과 지출을 포괄해서 보아야 한다는 문제의식은 복지혼합(welfare mix) 또는 복지국가(welfare state)와 대별되는 복지사회(welfare society)라는 개념으로 발전하기도 한다. 그러나 한국의 사회복지 공급에서 대다수의 영리·비영리 민간 주체들은 정부의 사회복지사업 안에서 공적 재원을 토대로 사회복지를 생산하고 있다. 기부나 후원 등 독자적인 재정에 기초하여 사회복지사업을 수행하는 민간기관도 있지만 전체 사회복지 공급에서 차지하는 비중은 크지 않으며 고유한 비영리활동은 정부 사업과 섞여서 이루어지기도 한다.

1) 한국 사회복지시설 통계

2023년 기준 보건복지부 통계에 의하면 전체 사회복지시설은 62,542개소이다. 보건복지부가 발표하는 사회복지시설은 우리나라 사회복지 관련 법에 따라 설치되고 관련 법정 사업과 서비스를 제공하는 조직을 말한다. 이 가운데 어린이집이 30,923개소, 노인복지시설이 20,226개소로 다수를 차지한다(표 5-2, 그림 5-1 참조). 어린이집을 제외한 아동 시설, 예를 들면 지역아동센터나 다함께돌봄센터 등이 그 다음으로 비중이 크고 장애인복지관과 직업재활기관, 주간보호기관 등 장애인시설이 뒤를 잇는다.

6만여 개소가 넘는 사회복지시설을 누가 설립하고 누가 운영하는 것일까? 전체 사회복지시설 가운데 공공 부문인 지자체가 설치한 비중은 15%이고 민간 부문의 주체들이 나머지 85%를 설립한 것을 알 수 있다. 우리나라 사회복지시설과 기관을 설립한 주체는 거의 민간이라고 해도 과언이 아닐 정도로 두 주체의 설립 비중이 크게 차이 난다. 15%에

표 5-2 운영주체별 사회복지시설 통계

구분	지자체 직영	지자체 위탁	사회복지 법인	기타 법인	단체	개인
어린이집	115	5,686	1,254	2,033	9,726	12,109
사회복지관	26	351	89	10	–	–
지역자활센터	6	154	36	44	10	–
결핵 및 한센	–	–	3	3	–	–
노숙인	–	33	49	36	4	18
정신보건	–	–	174	79	28	127
장애인	17	675	1,675	1,036	152	425
아동	72	979	651	1,686	196	2,549
노인	68	887	2,355	1,749	98	15,069
계	304	8,765	6,286	6,676	10,214	30,297

출처: 보건복지부(2023)

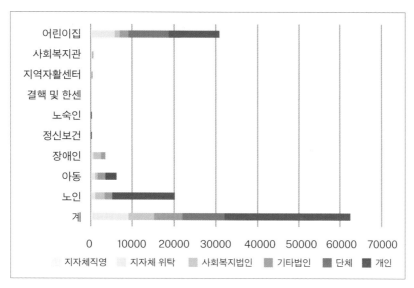

그림 5-1 운영주체별 사회복지시설 통계
출처: 보건복지부(2023)

해당하는 사회복지시설을 설립한 지자체는 이 중의 3%만을 직접 운영하고 97%는 민간에 위탁하여 운영하고 있다. 설립은 공공 부문이 했지만 실제 운영은 민간에 의해 이루어지는 것이다. 그리고 전체의 85%를 차지하는 민간 사회복지기관들을 운영 주체별로 살펴보면 사회복지영역에서 전통적 비영리 조직인 사회복지법인은 이 중 12%의 사회복지시설을 설치했고 절반이 넘는 57%의 사회복지시설이 개인 영리사업자에의해 설립된 것으로 알 수 있다. 이를 통해 우리나라 사회복지시설과 기관 인프라 구축은 거의 민간 의존적으로 이루어졌음을 확인할 수 있다.

사회복지의 역사는 취약계층만이 아니라 전체 사회구성원의 사회적 위험을 예방하고 인간다운 삶을 보장하기 위한 법과 제도를 발전시켜 온 과정이라고 할 수 있다. 그러나 구체적으로 사회복지서비스를 공급하는 주체는 국가별로 또 시기별로 다양한 차이를 보인다. 대부분의 사회복지서비스를 지방정부가 직접 제공하던 영국이나 스웨덴도 1980~90년대 민영화를 거쳐 많은 서비스 공급을 민간에 맡기게 되었다. 우리나라도 1990년대까지 사회복지서비스 공급은 거의 비영리 민

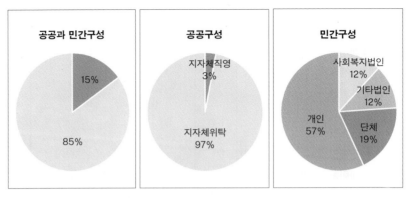

그림 5-2 우리나라 사회복지공급 주체별 구성

간기관에 맡겨 왔고 정부는 이들 비영리 조직에 보조금을 지급하는 역할을 해왔다. 그러나 2000년대 중반 이후 아동과 노인에 대한 돌봄서비스가 보육 정책, 노인장기요양보험제도를 통해 보편적으로 대상을 확대하면서 사회서비스 시장이 형성되고 개인영리사업자, 영리법인이 설립한 사회복지시설이 크게 확대되었다.

2) 한국 사회복지서비스 공급의 특성

서구 복지국가에서 정부가 직접 공공기관을 세우고 서비스를 제공하면서 사회복지를 확대한 것과 달리 우리나라는 사회복지 확대 과정에서 공공의 직접적인 서비스 제공이 거의 이루어지지 않았다. 정부는 민간기관에 보조금을 주거나 바우처 등으로 이용자의 비용을 지원하면서 재정과 규제 역할을 담당해 왔다는 점에서 큰 차이를 가진다.

이와 같은 현실은 우리나라 사회복지 공급에서 어떤 서비스냐에 따라 재정방식과 공급 특성, 정부 역할은 물론 서비스 제공기관의 특성도 다르다는 것을 말해 준다. 사회복지관, 장애인복지관, 노인복지관 등 전통적인 지역사회복지기관은 설립 주체가 지자체이건 민간 비영리법인이건 모두 정부의 보조금을 받고 대부분 민간 비영리기관에 의해 운영된다. 정부 보조금을 받는 조직이기에 기관에서 일하는 사회복지사의 임금도 정부가 정한 임금가이드라인을 따른다. 지방자치단체가 보조금을 지급하고 정부의 법정 사회복지사업을 수행하는데 운영법인에 따라 자율적으로 지역 자원을 동원하여 다양한 프로그램을 운영하기도 한다. 따라서 이들 사회복지관은 재정 주체인 지방자치단체와 밀접하게 연관되어 일하며 상대적으로 높은 공공성을 가진다고 할 수 있다.

그러나 보육이나 노인장기요양 분야의 경우 정부가 기관에 보조금을 주는 것이 아니라 기관이 이용자에게 서비스를 판매하고 정부로부터 비용을 환급받는다. 이용자에게는 기관 선택권이 보장되고, 기관은 보조금 없이 판매하는 서비스로 경쟁하고 정부는 이용자에게 제공된 서비스에 비용을 지원한다. 이러한 방식으로 이루어지는 것을 사회서비스 시장이라고 하며, 이는 직접적인 돌봄서비스를 중심으로 최근 크게 확대되고 있다. 직접 서비스 제공 인력은 보육교사, 요양보호사, 활동지원사 등 별도의 자격증으로 육성되고 사회복지사는 주로 기관 운영과 이용자 상담, 서비스 제공 계획 수립, 제공 인력 관리 등의 업무를 담당하게 된다. 사회복지 제공 인력 역시 사회서비스 시장에서 다양한 기관에 직접 고용되는데 일자리의 조건이나 보수 역시 기관마다 상이하다. 이들 기관이 제공하는 서비스도 법률로 정하는 서비스이고, 여러 규제를 받고 있기는 하지만 이용자 선택과 제공자 경쟁이라는 시장 논리에 의해 공급체계가 운영된다는 특징을 보인다.

앞서 설명한 두 가지 차원으로 이원화된 사회복지 공급체계를 그림으로 정리하면 다음과 같다(그림 5-3 참조). 정부의 보조금 방식에 의해 운영되는 비영리 조직이 공급하는 사회복지서비스와 이용자가 정부에 의해 수급 자격을 받게 되면 시장에서 제공기관을 스스로 선택하여 계약을 맺고 서비스를 구매하는 사회서비스 방식으로 나누어지는 것이다. 사회복지서비스를 필요로 하는 주민의 입장에서 살펴보면, 자신이 원하는 서비스가 무엇인가에 따라 사회복지관 등 민간기관으로 가야 할지, 읍면동 행정복지센터를 찾아 수급 자격을 신청해야 할지, 건강보험공단 지사를 찾아야 할지 모두 달라진다.

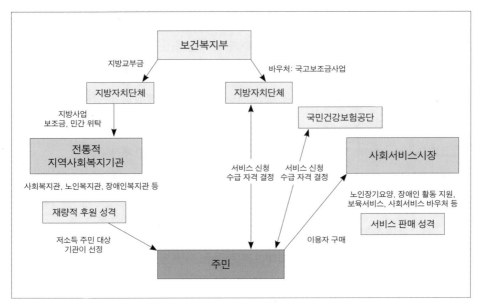

그림 5-3 사회복지서비스 공급의 이원화 구조

일찍이 사회복지서비스를 담당하는 일관된 전달체계가 구축되지 않은 탓에 현재 사회복지공급 방식과 체계는 분절적이고 파편화되어 있으며 이 점은 우리나라 사회복지서비스 공급에서 사각지대는 물론 비효율적 정책 집행을 초래하는 문제로 지적된다. 따라서 이용자 중심의 사회복지, 이용자의 다양한 욕구에 맞춘 사회복지를 보장하기 위해서 분절적인 서비스 이용 체계가 정비되고 서비스 간 연계가 이루어질 수 있는 공급 구조 개편이 향후 과제라고 하겠다.

토론주제

1 사회복지의 공급 주체가 다르면 수혜자에게 어떤 차이가 발생하는가?

2 서구 복지국가에서 사회복지 공급 주체로 민간의 등장과 우리나라 사회복지 공급에서 민간 등장의 공통점과 차이점은 무엇인가?

3 비영리 조직과 영리 조직이 사회복지 공급에서 어떤 장점과 단점을 가지는지 토론해 보시오.

제 6 장

사회복지의 역사

사회복지는 어떻게 변화해 왔는가?

사회복지제도가 어떤 역사적 사건과 사상을 배경으로 생겨났는지를 살펴보면 오늘날의 사회복지제도를 이해할 수 있다. 사회복지 역사를 공부하는 방법은 시대에 따라 구분하여 접근하는 것이 일반적이다. 하지만 동일한 시대라 하더라도 국가와 사회가 처한 상황이 달라 필요에 따라서는 특정 사회나 국가, 사회복지제도를 중심으로 사회복지의 역사를 설명하기도 한다.

이 장에서는 서양의 사회복지 역사와 우리나라의 사회복지 역사를 시대를 중심으로 살펴보고자 한다.

1 서양 사회복지의 역사

서양 사회복지 역사는 기독교 사상을 중심으로 한 자선활동에서 시작해 발달하였다. 봉건사회에서 빈민과 걸인을 관리하기 위해 제정된

「빈민법」, 산업화 이후 빈곤에 대한 새로운 인식이 등장한 시기에 전개된 자선조직협회 활동과 인보관 운동, 그리고 국가의 개입이 본격화되는 사회보험제도를 거치면서 발전하였다.

1) 기독교의 자선 사상

사회복지 기원이라고 할 수 있는 자선 사상은 사유재산제도가 확립된 고대 그리스에서 기원한 것이다(이준상 외, 2021). 이러한 자선적 구제 행위는 B.C. 8세기 이후부터 문헌에 등장한다. 이 시기 "고아에게 죄를 범하거나 노인에게 불친절한 자는 천벌을 받는다", "이웃에 대한 곡물의 대차(貸借)도 가혹하지 않도록 주의하여 상부상조하여야 한다"라는 기록이 남아 있다(지윤, 1964: 17).

하지만 자선 사상이 중세 유럽사회 전반에 널리 퍼진 것은 기독교의 전파에서 비롯되었다고 할 수 있다. 기독교의 사회복지 정신은 위로는 하느님을 사랑하고 아래로는 이웃을 사랑하라는 모세 율법에 기초하고 있다. 기독교에서 자선이란 신을 대신하여 고통 받는 사람을 구제하는 것이다.

가톨릭에서는 "모든 사람은 하느님의 모습으로 만들어졌으니 서로 사랑하라", 즉 너 자신과 이웃이 모두 하느님의 모습을 닮은 사람이기 때문에 서로 사랑할 것을 강조한다. 또한 모든 인간은 하느님 앞에서는 평등하며, 존엄한 인격을 가졌고, 따라서 정신적·신체적·물질적으로 인간답게 살 권리를 가졌다고 봄으로써 "너의 이웃을 너 자신과 같이 사랑하라"라고 전한다. 기독교의 자선 사상은 인류에 대한 사랑과 약자에 대한 베풂의 정신이다.

2) 빈민법의 등장과 발전

빈민법은 중세 봉건제에서 등장하여 중상주의 시대를 거쳐 자유주의 시대까지 발전한다. 이 시기 빈민과 관련한 주요 입법과 내용을 살펴보자.

(1) 봉건사회와 빈민법의 등장

이 시기 빈민법이 제정된 주요 이유는 십자군 전쟁(1095~1291)과 흑사병(1347), 그리고 백년전쟁(1337~1453) 등으로 인한 노동력 부족을 해결하기 위해서였다.

① 1351년 「노동자규제법」

이 법은 노동자의 임금을 흑사병 이전의 수준으로 억제하려는 것으로 치안판사가 교구(가톨릭교회에서 지역을 구분하는 단위) 내의 최고 임금을 정하고, 이를 어기는 노동자나 사용자를 모두 처벌하도록 하였다(나종일·송규범, 2005: 182). 또 농민은 자신의 장원(봉건사회에서 경제 구역 단위)을 떠나서는 안 되며 구걸 행위도 금지되었고, 빈민은 구제 가치가 있는 빈민(노인, 장애인, 과부, 부양 아동)과 구제 가치가 없는 빈민(근로 능력이 있는 빈민)으로 구별되었다(원석조, 2016: 31). 이 법은 60세 이하의 모든 남녀(허가 받은 상인과 수공업자 제외)의 노동을 강제하였고, 건장한 걸인이 구걸하는 것을 금지하였다.

② 1531년 「걸인·부랑인 처벌법」

헨리 8세(Henry Ⅷ)가 로마 교황청과 관계를 단절하고 교회를 관리하는 모든 권한이 국왕에게 있다고 선포한 수장령으로 인해 수도원이 해체되었다. 그러자 수 세기 동안 빈민 구제를 담당해 오던 교회 중심의 구제 기관이 사라지게 되었고 부랑인은 급증하였다. 국가는 늘어나는 빈민을 통제하기 위해 1531년 「걸인·부랑인 처벌법」을 제정하였다(이준상, 2021: 84).

이 법을 시행하고 5년간 경험을 바탕으로 1536년에 「부랑자·걸인 처벌법」이 새롭게 보완되어 제정되었다. 「부랑자·걸인 처벌법」에서는 일할 수 없는 빈민을 위해 교구에서 자선 금품을 모금하여 그들을 구호할 수 있도록 하였고, 일할 능력이 있는 자에게는 일자리가 끊어지지 않도록 하여 스스로 생계를 책임지도록 하였으며, 구걸하는 5세 이상 14세 미만 아동들은 도제로 보내도록 하였다(Schweinitz, 1943/2001: 56). 이 법은 처벌이 목적이었지만 구빈에 대한 공적 책임을 인식하는 계기가 되었다.

③ 1601년 「엘리자베스 빈민법」

1601년의 「엘리자베스 빈민법」은 1349년부터 1601년에 이르는 200년이 넘는 기간의 빈민 구제에 대한 경험을 집대성한 법이다. 이후 1834년 「신빈민법」이 제정되기까지 200년이 넘는 기간 영국 빈민 정책의 근간이 되었다. 이 법은 사회복지의 역사에서 국가가 복지에 대한 개입을 확대한 법이라는 중요한 의의가 있다(이준상, 2021: 87).

이 법은 첫째, 구빈의 책임을 교회가 아닌 정부에 두고 있다. 둘째, 재산세 명목으로 구빈세를 징수하였다. 셋째, 치안판사의 감독하에 구빈 감독관이 구빈 업무와 구빈세 징수 업무를 관장하게 하였다. 넷째, 가족 책임의 범위를 조부모까지 확대 적용하였다.

엘리자베스(Elizabeth) 여왕은 부랑자의 문제가 억압과 교구의 구빈만으로 해결되지 않는다는 것을 인정하고 보다 합리적인 조치를 마련하기 위하여 노동 능력을 기준으로 빈민을 분류하고자 하였고, 이에 따라 「엘리자베스 빈민법」은 노동 능력으로 구제 대상자, 즉 빈민을 구분한다.

우선, 일할 수 있는 빈민이나 걸인이 있다. 이들은 교정원이나 강제노역장에 수용되었으며, 교정원에서 노역을 거부하는 자는 감옥에 투옥하였다. 다음으로 일을 할 수 없는 빈민이 있다. 즉 병자, 노인, 신체장애인, 정신장애인, 아동을 양육해야 하는 어머니 등이 이 유형에 속하는데, 이들은 법정 자격의 범위 내에서 원조를 받을 수 있는 구빈원에 수용되었다. 이 외에 부모를 잃은 아동, 버려진 아동, 빈곤아동은 요보호 아동으로 분류하여 보호하기를 원하는 시민에게 위탁되었다. 어느 정도 노동을 할 수 있는 8세 이상의 아동은 도시민에게 맡겨 도제 생활을 하도록 하였다.

이 법이 빈민을 노동력을 기준으로 분류한 숨은 이유는 빈민의 생활을 향상하려는 순수한 인도주의적 동기보다는 빈민을 분류하여 쉽게 관리하고, 이를 통해 노동력을 조직화하고 사회의 생산력을 높이기 위해서였다.

「엘리자베스 빈민법」이 근대 사회복지에 끼친 영향은 다음과 같다.

첫째, 「빈민법」의 조직과 관리, 빈민의 처우 방법, 구제 원조 기술의 발달에 기여하였다.

둘째, 구빈 문제에 대한 국가적 책임과 연대성의 발달을 촉진시켰다.

셋째, 「빈민법」은 오래된 역사적 경험에도 불구하고, 구빈 목적을 달성하기 위해서는 사후 대책만으로는 무익하다는 것을 깨닫게 했다. 즉, 모든 구빈 활동에는 빈곤의 원인 파악 및 그것에 관한 예방적 수단과 정책에 해당되는 고용량의 증대나 공중위생의 향상, 의무교육의 보급 등과 같은 보편적 시책이 필요하다는 것을 인식하게 되었다.

넷째, 건장한 빈민에게 무료로 구제가 행해진다면 누구도 일하지 않으려 한다는 당시의 믿음은 이후 전개된 자본주의적 산업화를 촉진하는 데 어느 정도 영향을 끼쳤다고 할 수 있다.

(2) 중상주의와 빈민법의 발달

15세기부터 18세기에 걸쳐 발달한 유럽의 절대군주 국가는 중앙집권적인 국가제도의 확립과 유지를 위해 많은 예산이 필요하였다. 중상주의는 이 시기에 국가의 근대적 산업체제를 확립하기 위해 발달한 사조이다.

중상주의는 '빈민은 게으르다'라는 시각으로 빈민을 바라본다. 따라서 국가의 부를 위해서는 나태를 없애야 하며, 빈민들에 대해 강력하게 조치해야 한다는 입장이다. 중상주의 시기의 노동 빈민은 근대적인 의미의 노동자가 아니라 착취의 대상이었다(이준상, 2021: 103). 현대인들의 눈으로 보면 중상주의적 노동정책은 구빈법적 강제 노동정책이었다.

① 1662년 「정주법」

빈민의 소속 교구를 명확히 하고 도시로 유입되는 빈민을 막기 위해 찰스 2세(Charles II)는 1662년 정주법(定住法, Settlement Act)을 제정하였다. 이 법에서 정하는 거주지는 출생, 혼인, 도제, 상속에 따라 결정되었다. 결과적으로 「정주법」은 빈민들을 원래 속해 있던 지역에 묶어두는 것이었고, 일자리를 잃은 빈민들에게 주어질 수 있는 취업의 기회를 크게 제한한 것이었다(Schweinitz, 1943/2001: 86-87).

그러나 이 법도 산업화의 불가피한 현상인 대도시로의 노동력 유입을 막을 수는 없었다. 「정주법」은 농촌 노동력의 이동을 막기 위한 극단적인 지방주의의 표현이자 봉건제도의 산물로, 1795년까지 130여 년간 지속되었다.

② 1696년, 1722년 「작업장법」

이 법은 각 교구 또는 몇 개의 교구가 연합하여 작업장을 설치하고 노동할 수 있는 빈민을 고용하여 국가적 부의 증대에 기여하려는 목적에서 제정되었다. 동시에 빈민에게 노동을 강제함으로써 구빈 재정 지출을 줄여보자는 의도도 있었다. 1696년 영국의 브리스틀시에서 여러 교구가 모여 연합체를 형성, 공동작업장을 마련하여 빈민들에게 일을 시키고 노임을 지급했다. 이것이 효과적이라고 보아 「작업장법」에서는 작업장 수용을 거부하는 빈민은 구제등록부에서 이름을 삭제하여 구제받을 자격을 박탈하였다(박석돈, 2023: 79). 빈민의 학대와 노동력의 착취 등 부작용도 많아서 '강제노역장법'으로도 알려져 있다. 결과적으로 이 법은 구빈 비용 절감의 목적도 달성하지 못하였고 빈민들의 구호와 교정이라는 목적에도 실패하였다(이준상, 2021: 110). 하지만 불명예만 있는 것은 아니다. 이것은 오늘날 직업보도(職業輔導), 즉 취직을 하려는 사람에게 직업에 필요한 지식이나 기능을 가르치는 성격을 띤 최초의 법으로서 그 의의가 있다.

③ 1782년 「토머스 길버트법」

지방의 치안판사면서 하원의원이었던 토머스 길버트(T. Gillbert)가 작업장에서 빈민들의 비참한 생활과 착취를 개선할 목적으로 제정한 법이다(이봉주 외, 2023: 134). 1782년 의회를 통과한 이 법은 주창자의 이름을 따서 「토머스 길버트법」이라 부른다. 「토머스 길버트법」은 「작업장법」(1722)의 민간사업자와의 계약제도를 폐지하는 조항을 명시하였고, 몇 개의 교구연합이 공동으로 구빈원을 설립하여 운영할 수 있도록 허용하였다. 그리고 일할 능력과 의사가 있는 빈민들에게 일자리가 주어질 때까지 그들의 생계를 보호하도록 하였다(Schweinitz, 1943/2001: 86-87).

또한 이 법은 노동은 가능하나 자활 능력이 없는 빈민을 강제 노역장에 보내는 대신에 자기 가정 내에 또는 인근의 적당한 직장에서 취업할 수 있도록 한다. 이는 시설 외 구조 혹은 원외 구호(outdoor relief)를 처음으로 인정한 의미 있는 법이다(이봉주 외, 2023: 134).

「토머스 길버트법」은 빈민들의 상황을 어렵게 했던 민간사업자와의 계약을 폐지하였다는 점, 빈민 문제를 해결하는 데 구빈 행정 단위를 보다 확대하여 운영의 효율을 높이고자 한 점, 원외 구호를 허용하였다는 점이 주요한 의의라고 볼 수 있다(이준상, 2021: 111).

④ 1795년 「스핀햄랜드법」

1795년 5월 6일 버크셔(Berkshire)의 주(州) 장관과 치안판사들이 스핀햄랜드(Speenhamland)의 펠리컨 인(Pelican Inn)에서 최저임금을 정하는 문제를 논의하기 위해 회의를 개최하였다(허구생, 2002: 254). 이 회의에서 버크셔의 치안판사들은 빈민에 대한 처우 개선책인 임금보조제도(relief allowance system)를 주 내용으로 하는 「스핀햄랜드법」을 제정하였다.

이 법의 제정에 따라 생계비와 가구원 수에 연동시킨 수당을 저임금 노동자들에게 지급하여 소득을 보충해 주었으며, 일할 능력이 없는 빈민에 대한 원외 구호도 확대하는 계기가 되었다. 이후 이 제도는 영국 전역으로 확산하였고, 일부 교구에서 행해 왔던 비공식적인 관행이 이 법의 시행으로 공식화되었다.

이 제도는 몇 가지 사회복지적인 의미가 있다. 첫째, 경제적 파급효과도 있었지만, 최저생계 수준 이하의 빈민들에게 관심을 기울였다는 점에서 인도주의적이었고 자비적이었다. 둘째, 빈민 구제에 따른 낙인이 존재하지 않았다는 점이다(원석조, 2016: 43). 셋째, 이 법의 빈곤관이 빈곤을 도덕적 타락으로 보기보다는 사회현상에 따른 불가피한 상황으로 보는 견해가 저변에 자리하고 있었다는 것이다(이준상, 2021: 112).

(3) 자유주의와 1834년 「신빈민법」

「신빈민법」은 경쟁과 자조의 원칙이 확고히 자리를 잡고 있던 시기에 등장하였다. 18세기 말부터 본격화된 자본주의와 함께 등장한 자유주의는 「빈민법」의 기반이 되었던 봉건적 보호주의(保護主義, protectionism) 또는 온정주의적 책임(溫情主義的 責任, paternal responsibility)에서 벗어나 빈민법 체계를 전면 수정하게 되는 근거를 제공하게 되었다(이준상, 2021: 125).

「신빈민법」은 늘어나는 구빈 비용을 절감하기 위해 「왕립빈민법위원회보고서」를 토대로 제정되었다. 이 법의 주요 원칙은 다음과 같다.

첫째, 열등처우의 원칙(principle of eligibility)이다.

열등처우의 원칙은 구제 대상 빈민의 생활 수준은 최하층의 독립 근로자의 생활 수준과 같아서는 안 되며, 그 이하일 때만 구제가 제공되어야 한다는 것이다. 이것은 빈민들이 스스로 생계를 책임지는 자조적인 삶을 살도록 하는 동시에 독립 노동자들의 도덕적 해이를 막고자 하는 의도가 고스란히 담겨져 있다(Riminger, 1971/1997: 79-80).

둘째, 작업장 수용의 원칙(principle of workhouse system)이다.

원외 구호를 중단하고 작업장 내 구제만 주어지도록 한 이 원칙은 ① 극빈층만이 빈민법의 대상이 되고, ② 구빈 대상자가 구제에 대한 대가로 노동하도록 하며, ③ 빈민에 대한 원조를 억제하려고 하였다.

작업장에서는 빈민을 ① 노인과 장애인 등 노동 능력이 없는 빈민, ② 어린이, ③ 노동 능력이 있는 여성 빈민, ④ 노동 능력이 있는 남성 빈민 등으로 분류하여 수용하였으며, 비록 가족이라도 분리 수용하는 것을 원칙으로 하였다(허구생, 2002: 272).

셋째, 행정의 중앙집권화와 통일을 도모하고자 하는 전국적 통일의 원칙(principle of national uniformity)이다.

이는 중앙집권적인 빈민 행정의 원칙을 규정한 것이다. 「왕립빈민법위원회보고서」는 전국적인 통일성을 가지고 행정이 운영될 수 있도록 구제 방식, 예산, 수용자들의 노동 행위에 관한 결정 등의 업무를 맡을 수 있는 중앙행정기구의 필요성을 주장하였으며, 런던에 중앙감독청(The Central Board of Control)을 설치하였다(원석조, 2016: 69). 이것은 과거 지역 교구 중심의 행정에서 중앙집권적인 행정 방식으로 전환된 것이었다.

「신빈민법」은 빈민 구제의 비용을 줄이려는 목적은 달성되었지만, 시행과 동시에 잔혹성 때문에 많은 비판을 받았다. 이 법이 본격적으로 시행되면서 작업장에 수용된 사람들의 처우는 비인간적일 정도로 매우 열악해졌다. 열등처우의 원칙은 일자리가 어느 정도 확보되어 있고 임금이 최저생계비 수준이 될 때 의미가 있는 것이지, 임금이 기아 수준으로 하락할 때 열등처우의 원칙을 강요하는 것은 상당한 문제가 있었다.

3) 자선조직협회와 인보관 운동

빈민들에게 나은 서비스를 제공하고 빈곤으로 인해 나타나는 여러 가지 문제를 해결하기 위해 19세기 후반에 등장한 자선조직협회와 인보관 운동에 대해 살펴보자.

(1) 자선조직협회

19세기로 접어들면서 도시화로 인해 나타나는 빈민들의 욕구에 대응하기 위하여 사회복지기관들이 나타나기 시작하였다. 1861년 당시 런던에는 640개의 자선단체가 있었는데, 자선단체들의 활동은 서로 협력하지 않은 상태에서 무계획적으로 이뤄졌다. 자선단체에서 활동하는 사람들은 주로 상류층으로 구성되어 있었으며, 자선사업에 참여하는 것을 자신의 사회적 지위를 상승시키는 방편이자, 일종의 유행으로 여겼다. 이러한 상황에 대한 일부 지도층의 분노가 자선조직협회(Charity Organization Society)를 태동케 한 직접적인 배경의 하나였다.

이외에도 자선조직협회가 등장하게 된 배경은 여러 가지다. ① 구빈법을 시행하는 당국과 민간 자선사업단체 간의 협력관계가 거의 형성되지 않았고, ② 다양한 자선기관들 역시 종파적 성격의 차이로 인해 서로 협력하지 않았다. ③ 개인이 자선활동에 관한 정보를 얻는 것은 늘 어려웠고, ④ 구제의 중복과 낭비가 곤궁한 자를 자립시킬 수 있는 귀중한 재원이 효과적으로 사용되는 것을 방해했을 뿐만 아니라, ④ 효과적인 자선에 관한 동기가 약해져서 불충분하고 무책임한 자선활동이 성행하였다.

자선조직협회는 무질서한 자선활동을 조직화하였다. 자선조직협회는 무차별적이고 중복적인 자선을 해결하기 위하여 훈련받은 전문가와 과학적 조사를 도입하는 등 자선의 과학화를 시도하였다(김덕호, 1994: 193). 자선조직협회의 핵심적인 목표는 ① 중복 구빈을 없애기 위한 자선활동의 조정, ② 환경 조사에 의한 적절한 원조 제공, ③ 구걸 방지를 통한 빈민의 생활 조건 개선이다(김태진, 2012: 115).

자선조직협회의 활동 원칙은 다음과 같다.

첫째, 자선조직협회는 자선단체의 합병이나 통일을 목적으로 삼지 않고, 협력과 조직화를 원칙으로 하였다. 각종 단체가 협력함으로써 낭비를 방지함과 동시에 서비스의 질을 향상시키는 것을 목표로 삼았다.

둘째, 원조의 대상을 빈민에 한정하였다. 빈민이 아닌 개인은 자신의 생활에 대한 책임을 져야 하므로 독립심을 해치는 원조를 해서는 안된다고 보았다.

셋째, 모든 사례에 대해서는 한정적 범위와 원칙이 적용되었다. 자선조직협회의 활동 목적은 빈민들의 생계유지에 있었다기보다 피구제자들의 빈민화를 방지하는 데 가까웠다.

넷째, 금액과 시기의 적절성을 따져 원조를 제공하였다. 이 원칙을 준수하기 위해 모든 사례는 엄격히 선별되었고, 또 자조의 의사가 없다고 인정된 자의 신청은 거부되거나 구빈법의 구빈 행정 영역으로 이관하였다.

자선조직협회의 큰 관심사는 '자선을 받을 만한 빈민'과 '받을 자격이 없는 빈민'을 구별하는 것이었다. 그것의 기준은 인격(personality)이었다. 개인의 인격을 향상시키지 않고 빈곤 상태를 벗어난다는 것은 불가능한 것으로 보았다.

빈곤이 개인의 도덕적 책임이라고 하는 태도는 역사와 무관할 뿐만 아니라 현실적이지도 않다. 자선조직협회 지도자들은 자조의 정신이 워낙 강하였기 때문에 1880년대 이후의 새로운 성격의 빈곤, 즉 사회구조에서 기인하는 빈곤을 제대로 이해하지 못하였다. 이 점이 빈곤이 발생하는 사회적 기반을 가볍게 생각한 자선조직협회의 한계점이라고 할 수 있다. 그러나 무차별 시혜에 의한 구제의 중복을 방지하고 자선과 구빈제도 간의 역할 분담을 명확히 하여 걸식을 방지하는 등 근대 사회복지사업의 성립에 상당한 영향을 미쳤다.

(2) 인보관 운동

1880년대 후반에 인보관(settlement houses)이 설립되었다. 1884년 런던에서 세워진 토인비 홀(Toynbee Hall)은 최초의 인보관으로서 미국의 여러 도시에서 인보관을 설립하는 데 큰 영향을 끼쳤다.

인보관 운동이란 빈민 지역이 가지고 있는 사회문제를 해결하기 위하여 지식인이 현지에 들어가 직접 생활하면서 빈곤 문제를 비롯하여 환경위생 문제와 지역주민의 의식을 개선하고자 하는 운동이다.

인보관 운동에 참여한 활동가들은 다음과 같은 일을 담당하였다. ① 사회조사를 통해 여러 가지 통계자료를 수집하고, ② 지역 주민에 대한 아동 위생·보건 교육, 청소년들에 대한 기술 교육, 문맹 퇴치를 위한 성인 교육 등 교육적 사업을 진행하고, ③ 체육관을 건립하여 여가 선용과 건강 증진을 도모하고, ④ 인보관을 설립하여 주택, 도서관, 시민회관 등으로 활용하게 하였다.

인보관 운동은 '환경개선'을 강조하는 동시에 빈민들에게 절제, 절약, 직업에 대한 가치를 지속적으로 가르쳤다. 이들은 빈곤의 원인을 실직으로 보았으며, 실직의 원인을 개인의 무지나 게으름과 같은 도덕적인 문제가 아니라 산업화의 착취 결과로 보았다. 따라서 3R 운동, 즉 정주(residence)·조사(research)·사회환경 개혁(reform) 운동을 하였다.

인보관 운동이 사회복지에 끼친 영향은 다음과 같다.

첫째, 지역사회에 기반을 두고 사회복지사업을 하기 시작하였다.

둘째, 지역사회복지의 거점을 인보관을 통하여 확보하고 이를 중심으로 지역사회의 문제를 해결하고자 하였다.

셋째, 주는 자의 입장이 아니라 받는 자의 입장을 중시하였다.

인보관 운동은 지금의 지역사회복지관의 발달에 큰 영향을 주었다.

4) 사회보험제도의 도입

사회보험은 자본제적 생산양식[1]에서 발생하는 여러 가지 사회적 위

....

1 카를 마르크스는 『자본론』에서 자본주의는 인류가 역사적으로 경험해 온 여러 가지 생산 방식 중 하나로서, 역사 속에서 새로이 탄생하고 사라지는 경제체제라는 것을 강조하기 위하여 '자본주의'라는 용어보다는 '자본제적 생산양식'이라는 용어를 사용하고 있다.

험에 대처하기 위한 국가의 노력이자 복지국가로의 전환을 의미한다. 사회보험의 대표적인 사례는 독일 비스마르크의 사회보험, 영국의 국민 보험, 미국의 사회보장법을 들 수 있다.

(1) 비스마르크의 사회보험

사회보험은 19세기 말 당시 가장 선진적인 자본주의 국가인 영국에 서 출현한 것이 아니라 후발 공업국인 독일제국에서 세계 최초로 탄생 하였다.

당시 독일의 재상 오토 폰 비스마르크(Otto von Bismarck)는 노동자 계급을 사회주의 세력으로부터 분리시켜 사회주의의 확산을 막고, 빈곤 문제를 해결하기 위하여 국가가 재정을 부담하는 노동재해보험(산업재 해보상보험)을 제안하였지만 의회의 반대로 입법에 실패하였다.

독일에서 최초의 사회보험으로 입안되었던 「노동재해보험법」의 의 회 통과가 지연됨에 따라, 이보다 늦게 입안된 「질병보험법(건강보험)」 이 1883년에 의회에서 통과되었고, 그 결과 「질병보험법(건강보험)」이 세계 최초의 사회보험 입법으로 기록되었다.

그 이후 1884년에 「노동재해보험법」이 의회에서 통과되었고, 1889 년에 현재의 연금보험과 유사한 「노령·폐질·유족연금보험법」이 제정 되었다.

(2) 영국의 국민보험

1906년 선거에서 자유당은 노동당과 연합하여 지주계급을 대변하 는 보수당을 누르고 집권에 성공하였다. 자유당은 이전의 억압적인 빈 민법과는 질적으로 다른 일련의 개혁적 사회복지정책들을 도입하였으 며, 영국 복지국가의 초석을 놓았다.

이러한 입법 중 가장 대표적인 것이 로이드 조지(D.L. George)와 윈 스턴 처칠(W. Churchill)의 합작품인 1911년의 「국민보험법」이다. 「국민 보험법」은 실업보험(unemployment insurance)과 건강보험(health insurance)으로 구성되었다.

처칠은 사회보험은 부자와 빈민 사이의 양극화를 막아 주어 사회를 공고히 하는 피라미드의 역할을 할 것이라고 그 필요성을 주장하였다. 사회보험은 피보험자의 보험료로 운영되기에 급여 자격을 획득하기 위해서는 기여를 해야 하므로 노동자의 자존심을 손상하지도 않아 자유주의자가 선호하는 자조의 미덕에도 합치되었다. 또한 산업화로 인해 노동자에 대한 탄압과 억압이 심해지는 등 자본주의의 모순에 반대한 사회주의 물결도 영국이 사회보험을 시작하게 된 원인으로 작용하였다(권중돈 외, 2022: 80).

(3) 미국의 「사회보장법」

프랭클린 D. 루스벨트(Franklin D. Roosevelt) 대통령의 뉴딜정책에서 가장 중요한 것은 「사회보장법」이었다. 그 후 「사회보장법」은 복지국가의 근간이 되었다. 미국의 「사회보장법」은 역사적으로 소련에서 1918년 사회보장이라는 용어를 사용한 것을 제외하고, 영어권의 국가에서 사회보장이라는 용어가 최초로 사용된 법률로서 의의가 있다. 이 법은 강제적인 사회보험과 공공부조로 구성되어 있다. 내용을 살펴보면 ① 연방정부가 관장하는 노령연금, ② 주 정부가 운영하고 연방정부가 재정을 보조하는 실업보험, ③ 주 정부가 운영하고 연방정부가 재정을 보조하는 공공부조(노인 부조, 시각장애인 부조, 빈곤아동 부조), ④ 주 정부가 운영하고 연방정부가 재정을 보조하는 사회복지서비스로 구성되어 있다.

이 「사회보장법」은 기존의 사회보험만을 대책으로 하는 단편적인 정책에서 공공부조와 사회복지서비스를 포함하고 있는 종합적인 정책을 포함하는 것으로 그 의의가 있다. 그러나 건강보험을 포함하고 있지 않았으며, 사회보장급여의 최저수준이 정해지지 않았다는 것이 「사회보장법」의 한계로 지적되고 있다. 그럼에도 불구하고 「사회보장법」은 빈곤의 가장 근본적인 원인이 되어 온 실업, 노령 및 생계유지에 힘든

자들에게 현금 급여를 제공함으로써 궁핍과 의존을 예방할 수 있었으며, 자유방임(고전적 자유주의)에서 자유주의적 사회주의2에 입각한 개인의 사회적 권리를 확고히 다지는 길로 사회가 나아갈 수 있게 하였다.

「사회보장법」은 국민의 생활 보장에 대한 연방정부의 책임을 명백히 하였다. 또한 많은 다른 국가의 사회보장 발전에도 영향을 미치게 되었다(박광준, 2014: 180). 이와 같은 미국의 「사회보장법」의 도입으로 빈곤이 이론상으로 더 이상 개인의 결함으로 간주되지 않게 되었으며, 전체 사회가 사회보장제도와 같은 공적 제도의 확립을 통하여 해결해야 할 문제로 인식하게 되었다.

5) 베버리지 보고서와 사회보장제도

영국 정부는 1941년 6월에 전후 사회개혁을 위한 청사진을 위하여 '사회보험 및 관련 사업에 관한 정부 부처 간 조사위원회'를 설치하여 위원장으로 윌리엄 베버리지(W. Beveridge)를 임명하였다. 이 위원회는 1942년 11월 보고서 「사회보험 및 관련 서비스(Social Insurance and Allied Services)」를 정부에 제출하였다. 이 보고서는 베버리지 보고서의 정식 명칭이다.

이 보고서는 사회보장계획에 대해 세 가지 기본적인 원칙을 제시하였다. 첫째, 미래를 위한 어떠한 제안도 이해관계자 집단에 의하여 제약받아서는 안 된다. 둘째, 사회보험은 5대 악인 결핍(want), 질병(disease), 무지(ignorance), 불결(squalor), 태만(idleness)까지 해결할 수 있어야 한다. 그러므로 사회보장계획은 사회 진보를 위해 의료, 교육, 주택, 고용이 포괄적으로 제공되어야 한다. 셋째, 사회보장은 정부와 민간의 협력으로 이루어져야 한다. 즉, 사회보장은 권리이므로 국가가 제공

....

2 자유주의적 사회주의는 개인의 신앙·사상·표현·선택의 자유와 재산이 존중되고 보호되면서 개인
   이 조직된 사회 속에서 공통의 목표를 향하여 행동할 수 있는 체제를 말한다.

하고 그 이상의 삶은 개인이 자유롭게 선택할 수 있도록 민간이 협력해야 한다는 것이다.

이 보고서는 모든 사회 구성원이 어떤 경우에도 빈곤에서 벗어날 수 있도록 사회보장의 6개 원칙과 6개 대상자층 그리고 8가지 욕구 급여 원인으로 내용을 구성하였다.

먼저 사회보장의 6개 기본 원칙을 살펴보면 다음과 같다(이준상, 2021: 189-190).

① 적당한 급여(adequacy of benefits): 급여 수준은 일상생활을 유지하는데 충분하여야 한다.

② 동일 급여(flat rate of benefit): 소득과 관계없이 보험금이 동일해야 한다.

③ 동일 갹출(flat rate of contribution): 소득에 상관없이 보험료도 동일해야 한다.

④ 행정 책임의 통합(unification of administrative responsibility): 중복된 행정 낭비를 줄이기 위해 사회보험제도의 관리와 운영을 중앙정부가 통합적으로 책임져야 한다.

⑤ 적용 범위의 포괄성(comprehensiveness): 기본적이고 예측할 수 있는 모든 욕구를 해결해야 한다.

⑥ 대상의 분류화(classification): 국민을 6개의 대상자 즉, 피고용자, 자영업자, 전업주부, 기타 노동 인구, 취업 전 청소년, 노동 불능 고령자로 분류한다. 또한 이들 대상자의 욕구는 당연히 대상자별로 서로 다르다. 이에 베버리지는 시봄 라운트리(S. Rowntree)의 연구 결과를 바탕으로 하여 8가지의 욕구 원인[3]을 들고 있다.

....

3   8가지 욕구 원인은 ① 실업-실업 급여, ② 장애-장애 급여, ③ 생계수단 상실-직업훈련 급여, ④ 퇴직-연금, ⑤ 기혼여성-결혼, 출산, 미망인 수당 등, ⑥ 장례-장제비, ⑦ 유아-아동수당, ⑧ 질병과 장애-치료와 재활이다(원석조, 2014: 184).

「베버리지 보고서」의 가장 큰 의의는 모든 시민에게 갹출제 사회보험제도를 통하여 삶에 필요한 기본적 욕구를 충족시켜 주었다는 것이다. 갹출제 사회보험제도에서는 낙인이 찍히는 느낌을 받지 않고 자산조사도 받지 않으며 그저 권리로서의 급여를 받을 수 있었다. 사회보험 급여는 자선이나 시혜의 성격이 아닌 자신의 갹출에 대한 반사이익이었다.

영국은 제2차 세계대전 후 베버리지 보고서를 통하여 완전고용 정책을 중심으로 산업국유화 정책과 사회보장제도를 정비하고 입법화하여 소위 '요람에서 무덤까지'라는 복지국가의 기본 틀을 갖추게 되었다.

2 한국 사회복지의 역사

우리나라 사회복지 역사는 크게 대한민국 정부 수립 이전과 이후로 구분한다. 이 글에서도 구휼제도를 중심으로 발달한 조선시대 이전을 국가별로 살펴보고, 근대적인 의미에서 사회복지체계를 갖추기 시작한 대한민국 정부 수립 이후까지 살펴보고자 한다.

1) 고대사회

우리나라 사회복지의 기원은 고대사회까지 거슬러 올라간다.

고대사회는 모든 것을 왕이 책임지는 책인지심책기(責人之心責己, 남을 꾸짖는 마음으로 자신을 꾸짖음) 사회였으며, 한국사에 기록된 첫 번째 국가인 고조선은 홍익인간(弘益人間)의 이념을 바탕으로 인간세계를 이롭게 한다는 뜻으로 모든 사람은 평등하며 개인의 이익보다는 공동체의 이익을 존중하는 사회였다.

기록에 의하면 기자조선 문혜왕 원년(B.C. 843)에는 윤환법(輪環法)을 세워 빈민을 구제하도록 하였으며, 성덕왕(또는 위덕왕) 원년(B.C.

793)에는 가뭄으로 백성이 고통받자 왕이 친히 기우제를 드리기도 하였다. 또한 정경왕 13년(B.C. 710)에는 큰 흉년이 들자 관리들의 봉급을 반으로 줄이고 제(齊)나라와 노(魯)나라로부터 양곡을 구입해 백성을 구제하였다. 효종왕 원년(B.C. 675)에는 제양원(濟養院)을 두어 환과고독(鰥寡孤獨, 홀아비, 과부, 고아, 늙고 자식이 없는 사람 등)에 처한 백성들을 거두었다(조성린, 2014: 82-83).

고조선의 이념과 구제 활동 등에서 살펴보았듯이 원시적이지만 공동체 의식을 바탕으로 한 구휼 활동은 고대사회에서도 이루어져 왔음을 알 수 있다.

2) 삼국시대

삼국시대에는 자연재해로 인한 피해가 심하였다. 농사를 중심으로 한 사회였기 때문에 천재지변은 백성들의 삶에 직접적인 영향을 미칠 수밖에 없었다. 이러한 백성들을 구휼하기 위한 내용들은 주로 곡식을 나누어 주는 것이었다. 이러한 구휼 활동 외에도 자연재해로 인해 고통받는 백성들을 위해 조세를 감면해 주거나 부채나 이자를 감면해 주는 등 다양한 방법이 있었다(이준상, 2021: 223).

삼국시대 대표적인 구휼제도는 고구려의 진대법이라고 할 수 있다. 진대법은 고국천왕 16년(194) 재상 을파소가 만든 구휼제도이다. 빈민 구휼제도인 진대법은 춘궁기에 빈민을 구제하고, 곡물의 낭비와 썩히는 것(사장, 死藏)을 막고, 곡물의 가격을 안정시키고, 농사 실패(실농, 失農)를 방지하고자 하였다(이준상, 2021: 261).

삼국시대의 구휼정책들은 사후 대책으로서의 수준이며, 한시적으로 지원해 주는 것에 그치고 있어 제도적으로 정착하지는 못하였다. 하지만 자연재해로 인한 기근과 환과고독에 대해 국가적 차원에서 구휼사업을 진행하였다는 점, 그리고 진대법과 같이 법규를 제정하여 빈민을 구제하였다는 점에서는 의의가 있다고 볼 수 있다.

3) 고려시대

삼국시대를 지나 고려시대에 들어 구제 정책은 발전하게 된다. 고려시대의 구제제도는 크게 창제와 구황(救荒)제도, 그리고 의료 구제로 구분하여 볼 수 있다.

(1) 창제

창제는 우리나라 사회복지 발달의 근원으로 볼 수 있다. 춘궁기(春窮期)에 빈민을 구휼하기 위해 나라의 창고를 열어 곡식을 빌려주고 추수기에 되갚는 제도로써 흑창과 의창으로 구분된다.

① 흑창

고려를 건국한 태조(877~943)는 흑창(黑倉)을 설치하여 빈민들을 구제하고자 하였다. 흑창은 춘궁기에 빈민들에게 곡식을 빌려주고 추수기에 갚도록 하는 구황 제도로 만들었으나 제대로 시행되지 못하였다.

② 의창

고려 제6대 왕 성종(961~997)은 흑창이 제대로 기능을 하지 못하자 성종 5년에 흑창제도를 의창(義倉)제도로 개혁하였다. 의창은 빈민을 구휼하는 목적이 강하였으며, 이에 빌려준 곡식의 상환을 엄격하게 하지 않았다.

③ 상평창

성종 12년에 설치한 상평창(常平倉)은 곡물의 값이 낮을 때에는 높은 값으로 사들이고 값이 비쌀 때에는 낮은 값으로 되팔아서 물가를 조절하였다. 상평창은 물가조절 기능과 빈민들의 생활을 안정시키는 기능을 하여 가난하고 약한 백성들을 구제하는 기능을 하였다.

(2) 구황제도

창제가 춘궁기의 빈민을 위한 제도라면 구황제도는 자연재해를 예방하고 극복하기 위한 제도다. 구황제도에는 은면지제(恩免之制), 재면지제(災免之制), 수한역려진대지제(水旱疫癘賑貸之制), 납속보관지제(納粟補官之制) 등이 있다.

① 은면지제

은면지제는 개국(開國, 나라를 세움), 즉위(卽位, 임금의 자리에 오름), 제제(濟祭, 제례행사), 순행(巡幸, 임금이 나라 안을 두루 살피며 돌아다님), 불사(佛事, 불교에서 행하는 제사 및 법회), 경사(慶事, 나라의 기쁜 일), 난후(亂後, 전쟁이나 난이 끝난 후) 등의 시기에 백성들에게 왕이 은혜로써 세금이나 죄를 면제해 주는 것이다.

② 재면지제

재면지제는 재해로 피해를 입은 백성들에게 조세와 부역을 감면해 주고 환곡 반납도 면제해 주는 제도이다. 자연재해로 인한 질병 등으로 농사를 못 짓게 된 경우도 재면사업의 대상이었다.

③ 수한역려진대지제

수한역려진대지제는 가뭄, 홍수, 전염병 등으로 어려움에 처한 백성에게 쌀, 잡곡, 소금, 간장, 의류, 의료, 주택 등을 제공하여 구제하는 제도를 말한다. 고려시대 진대 사업 중에서 사례와 대상이 가장 많았으며, 국가재정 역시 가장 많이 소비된 사업이었다(김승훈, 2010: 333).

④ 납속보관지제

납속보관지제는 국가의 재정이 고갈되었을 때 군량을 보충하고 기민들을 구휼하기 위한 재원 마련을 위하여 은(銀)을 바친 사람에게 관직을 주는 것이다.

(3) 의료 구제

고려시대에 의료 구제 사업이 중시되면서 고려 초에는 의학 교육기관인 태의감을 설치하고, 동서대비원과 혜민국을 설치하여 급약, 시료 등의 구호 활동을 하였다.

① 혜민국

혜민국은 자연재해나 전염병 등으로 질병이 창궐하면 백성들에게 시료(施療, 무료로 치료해 줌), 급약(給藥, 약을 줌) 등의 의료 행위를 하고, 옷이나 음식 등을 제공하는 사업을 시행한 기관이다.

② 동서대비원

동서대비원은 환자를 치료하고 빈민을 구제하는 기관으로 도성의 병자, 빈민, 고아, 노인, 걸인 들을 치료하고 수용보호 사업을 행한 대중적인 의료 구제기관이다.

③ 제위보

제위보는 빈민 구제와 질병을 치료하던 기관으로 빈민이나 행려자의 의료 구제를 담당한 기관이다. 보 제도의 기원은 신라시대에서 찾을 수 있는데, 보는 공익에 목적을 둔 재단을 설립하여 운용 기금을 빌려줌으로써 생기는 이익을 통해 사업을 운용하는 것이 원래의 기본 취지였다. 즉, 빈민 구제를 위한 일종의 금융사업으로 볼 수 있다(김태진, 2008: 221-222).

4) 조선시대

고려시대의 구제 사업이 불교의 기본사상인 자비 사상을 근간에 두고 행한 것이라면 조선시대는 유교를 기본 이념으로 왕도 정치가 바탕이 되었기 때문에 왕으로서 백성들을 다스리는 왕의 책임이 강조되었다. 조선시대 구제 방식인 무상 구제와 유상 구제, 의료 구제 그리고 민간의 상조 제도를 구분하여 살펴보자.

(1) 무상 구제

무상 구제는 진급(賑給)이나 백급(白給)처럼 무상으로 곡식을 내어 주거나 죽을 쑤어 굶주린 백성을 구휼하는 시식(施食)이나 시죽(施粥)을 하는 제도이다.

① 진급과 백급

진급은 공진(公賑), 사진(私賑), 구급(救急)으로 구분하여 볼 수 있다. 공진은 공곡(公穀, 국가나 관청이 가지고 있는 곡식)을 이용해 굶주린 백성을 구휼하는 것을 말한다. 사진은 공진의 상대되는 말로 각 지역의 관리가 스스로 마련한 곡식으로 구휼하는 것이다. 구급은 긴급한 상황에 놓인 빈민의 생명을 구하기 위한 것이다.

백급은 흉년이 발생했을 때 죽을 지급하는 것이 아니라 마른 곡식을 지급하는 것이다.

② 시식과 시죽

시식과 시죽은 흉황으로 굶는 자를 구제하기 위해 적당한 장소에 진제장(賑濟場)을 설치하여 직접 식사를 마련하거나 죽을 끓여 나누어 주는 제도이다.

(2) 유상 구제

유상 구제는 곡식을 빌려주어 그에 대한 이자를 받는 환곡(還穀)이나 저가로 곡식을 판매하는 발매(發賣) 등으로 나눌 수 있다.

① 환곡

환곡은 곡식이 떨어진 농가에 대한 긴급 구제 사업으로 춘궁기에 백성들에게 곡식을 빌려주고 다음 추수기에 환납하도록 하는 제도다.

② 발매

발매는 물가안정을 위해 국가가 양곡의 가격이 오르면 제값보다 싸게 곡식을 파는 방식을 말한다. 물가안정은 백성들의 생활 안정을 위한 것이며, 기민을 구휼하기 위한 제도이다.

(3) 의료 구제

조선시대의 의료 구제 사업은 고려시대의 것을 계승하여 조선 사회에 맞게 재정비하였다. 조선시대 의료 구제 사업의 특징은 의료기관과 의료원을 창설하고, 의약품을 개발하고 이를 제도화하며 의술의 개발 및 의학서의 저술 활동 등을 장려하는 것이었다.

① 동서활인서

고려의 동서대비원을 모방한 동서활인서는 도성의 병자들을 치료해 주고, 그 밖에 무의탁 병자를 수용하며, 전염병 발생 때 병막(病幕)을 가설하여 환자에게 음식과 약·의복 등을 지급하였다. 숙종 때 혜민서로 이속되었으며, 영조 때 완전히 폐쇄되었다.

② 혜민서

고려시대 혜민국을 이름을 고쳐 백성의 치료(治療)와 의녀(醫女)의 교습(敎習)을 담당했던 관청으로 의약과 서민의 질병을 구료(救療)하는 일을 하였다.

(4) 민간의 상조제도

조선시대에는 공적 차원에서 법과 제도적 구제제도 외에도 민간 차원에서 계, 두레, 향약, 오가작통과 같은 상조(相助) 제도들이 시행되었다.

① 계

계(契)는 공적 보호를 통해 해결할 수 없는 문제로부터 스스로 보호하기 위한 민간의 자생적 조직이다. 계는 삼국시대에서부터 민간 단위의 자구책으로써 주민 간의 경제적 상호부조의 형태로 오랫동안 지속되어 왔다. 계는 원시적·협동적 관습으로써 동지결합(同志結合), 동업상집(同業相集), 동리단결(同里團結) 또는 동문동족(同文同族)의 상호부조와 인보상조(隣保相助)에 그 목적을 두고 있다.

② 두레

두레는 촌락 단위로 조직된 농경을 위한 공동 노동 조직을 의미하며, 공동 방위, 공동 제사 및 상호부조 등의 기능을 수행한 마을의 자치 조직이다. 두레는 마을 전체의 농사를 짓는 데 모든 마을 사람이 함께 상부상조하고, 농악이나 춤을 추며 함께 즐기고 협동하는 농촌사회의 상호협동체로서 발달하였다.

③ 향약

향약(鄕約)은 향촌의 규약을 의미하는 것으로 유교의 기본사상과 이념을 확산시키고, 자연재해 등의 피해를 입었을 때 상부상조하여 구휼하는 것에 목적을 두었다. 향약은 원래 유교적 예절과 풍속을 향촌 사회에 보급하여 도덕적 질서를 확립하고 미풍양속을 진작시키며 각종 재난(災難)을 당하였을 때 상부상조하기 위한 규약이다. 이 규약은 덕업상권(德業相勸), 과실상규(過失相規), 예속상교(禮俗相交), 환난상휼(患難相恤)의 네 가지 덕목에 기초한다. 당시의 지배계층과 피지배계층 간의 관계에서 봤을 때, 향약은 사회질서를 유지하는 측면도 있다.

④ 오가작통

오가작통(五家作統)은 지방의 말단 행정구역을 일정 호수를 기준으로 소지구로 세분하여 구성한 일종의 행정 조직이다. 구성원들 간에는 상부상조(相扶相助)·혼상상조(婚喪相助)·환난상휼(患難相恤)·경전상조(耕田相助) 등의 부조 활동을 하였다.

5) 일제강점기 및 미군정시대

조선이 건국된 이래로 왕 중심으로 펼쳐 온 구휼정책들은 1910년 일본의 강제 점령(경술국치)으로 대한제국이 몰락하면서 그 기능을 상실하게 된다. 이때부터 우리나라의 전통적 사회복지정책들은 일본에 의해 개편되고 그 틀이 미군정기까지 이어지면서 큰 혼란을 겪게 되었다.

(1) 일제강점기

일본은 빈곤을 개인의 책임으로만 국한하지 않고 사회구조적 문제로 파악하고자 한 서양의 영향을 받아 1929년 「구호법」을 제정하여 근대적 사회복지제도를 시행하였으나 우리나라에서는 이를 1944년에 「조선구호령」이라는 이름으로 시행하였다. 「조선구호령」의 내용은 근대적 사회복지제도의 틀을 갖추고 국가가 국민의 사회적 위험에 대해 책임진다는 내용을 갖추고 있지만 이는 어디까지나 우리 국민을 종속시키려는 정치적인 목적에 기초하였다(이준상, 2021: 286).

「조선구호령」의 주된 내용은 65세 이상의 노약자, 13세 이하의 유아, 임산부, 불구·폐질·질병·상이, 기타 정신 또는 신체장애로 노동할 수 없는 자가 대상이고 급여의 종류는 생활·의료·조산·생업 부조 등이 포함되어 있다.

(2) 미군정시대

1945년부터 3년간의 미군정 기간에는 경무국의 위생과를 위생국으로 승격시켰고, 같은 해 10월에 보건후생국으로 개편하여 사회복지사업을 지도·감독하였다(이준상, 2014).

미군정기의 구호 정책은 일제강점기와 큰 차이가 없었다. 사회복지 대상은 근로 능력이 없는 빈곤자이며, 최저생활보장에 대한 개념조차도 규정되지 않았다. 빈민에 대한 구제는 자선과 시혜의 맥락을 통해 이루어지고 있었고 결국 '욕구'와 국가의 '책임'에 대해 무관심하여 제도화하지 못하였다. 단지 미군정기의 구호 정책과 「조선구호령」의 차이는 ① 구호 대상자에 '6세 이하의 부양할 소아를 가진 모자가정'을 포함하였고, ② 근로 능력 상실자 이외에 '이재민과 피난민' 그리고 '궁민과 실업자'를 포함한 것이다.

6) 사회복지제도의 도입 및 확대

(1) 한국전쟁과 사회복지(1948~1961)

1945년 광복 이후부터 1961년 5·16군사정변까지 우리나라는 절대 빈곤의 사회였다. 일본의 강제 점령과 한국전쟁으로 전통적인 상호부조 체계인 두레, 향약, 계 등의 자생적 근린 조직들이 붕괴되었으며, 사회경제적 혼란으로 정부가 주도하는 공식적인 사회연대 조직의 발달은 기대하기 어려운 상황이었다(이준상, 2014: 17).

이 시기의 구호 사업은 전적으로 외국의 원조에 의존하고 있었으며, 구호 행정도 외원기관(外援機關)들의 활동에 초점을 두고 전개할 수밖에 없었다. 결국 국가가 주도하는 공공복지 정책보다는 외국 원조에 의한 민간 구호에 의존하였다.

1951년 2월 UN의 38개국은 한국에 대한 원조로 2억 2천만 달러를 제공하기로 협의하였고, 민간 단체의 원조는 1952년에 임시수도인 부산에서 7개의 외원기관이 모여 '주한외국인민간원조단체연합회'(Korea Association of Voluntary Agencies: KAVA)[4]를 설립하였다.

....

4   KAVA는 외원기관들이 정보를 교환하고, 사업 내용을 조정하며 협동 조사 등을 통해 단체교섭과 대정부 건의 활동을 하였다. 1950~1960년대에 KAVA의 사업비는 보건사회부의 예산보다 많았으며, 대표적인 단체로는 세계기독봉사회(Korea Church World Service), 기독교아동복리회(Christian Children's Fund), 월드비전(world vision), 양친회(Foster Parent's Plan) 등 70여 개 단체가 활동하다가 1995년에 해체되었다. 이러한 기관들은 1947년에 설립된 이화여자대학교 기독교사회

정부는 외국 원조단체와 협력하여 중앙구호협의위원회를 두고 지방에는 구호위원회를 조직하여 긴급구호를 실시하였다. 또한 빈곤구제를 위해 난민 정착 사업, 주택 복구 및 건설사업, 천재지변에 대한 긴급구호 등을 실시하였다(김동규, 2004).

이승만 정부가 3·15부정선거와 4·19혁명으로 실각하고 장면 정부가 들어서게 된다. 장면 정부가 새로운 사회보장제도를 형성하기에는 정치적 환경이나 재정적 측면에서 많은 어려움이 있었다.

(2) 권위주의와 사회복지(1961~1988)

박정희 정부와 전두환 정부의 복지정책은 성장을 통한 고용과 시장경제체제 속에서 자연스러운 분배정책을 추구하였다. 이에 따라 이 시기는 근로 능력이 없는 사람들을 중심으로 최소한의 생계유지에 필요한 소극적인 복지정책의 시기라고 할 수 있다.

박정희 정부는 일제강점기와 미군정 시기, 그리고 한국전쟁으로 인해 발생한 요보호자들의 생존권을 보장하기 위해 「생활보호법」(1961), 「아동복리법」(1961), 「갱생보호법」(1961), 「군사원호보상법」(1961), 「재해구호법」(1962), 「국가유공자특별원호법」(1962), 「의료보험법」(1963), 「군인연금법」(1963) 등을 제정하였으며, 산업화를 달성하기 위해 「산업재해보상보험법」(1963)을 제정하였다.

1970년대에 접어들면서 경제성장의 영향으로 외원단체들의 지원이 급격히 줄어들었지만 절대적 빈곤은 상당히 해결되었다. 1970년대 사회복지 관련 입법으로 「사회복지사업법」(1970), 「사립학교교원연금법」(1973), 「국민복지연금법」(1973), 「모자보건법」(1973), 「입양특례법」(1976), 「의료보험법」의 전문개정(1976), 「의료보호법」(1977), 「공무원 및 사립학교교직원 의료보험법」(1977), 「특수교육진흥법」(1977) 등이

....

사업학과와 이후 설립된 중앙신학교(현 강남대학교), 서울대학교, 한국사회사업대학교(현 대구대학교) 사회사업학과 출신들의 좋은 취업처로서 전문인력양성에도 크게 기여하였다.

제정되었다.

1979년 10·26 사건과 12·12사태로 정권을 잡은 전두환 정부는 박정희 정부의 국가경영 전략과 유사하게 국가를 운영하였다. 박정희 정부가 마련해 놓은 경제발전 중심의 기본 원칙 안에서 노인과 장애인 등 다양한 계층의 복지 수요를 충족시키는 조치를 하였다. 먼저 노인, 장애인, 아동 등에 대한 지원 근거 법률을 마련하기 위하여 사회복지 관련 입법을 제정하거나 개정하였다.

1980년「사회복지사업기금법」을 시작으로「노인복지법」과「심신 장애자복지법」의 제정(1981),「아동복지법」의 전면개정(1981),「사회복지사업법」및「생활보호법」개정(1983),「모자보건법」과「국민연금법」(1986)을 개정하였다. 하지만 이 시기에 제정된「노인복지법」과「심신 장애자복지법」은 거의 선언적인 수준이었기 때문에 장애인을 비롯한 주요 서비스 대상자에게 주어지는 실질적인 서비스는 이전 정부와 크게 다르지 않았다.

(3) 민주화와 사회복지(1988~1998)

노태우 정부는 1987년 민주화 이후 최초로 대통령 직선제를 통해 수립되었지만 정치적 지지기반은 과거와 동일한 보수적인 정권이었다. 이 시기에 장애인등록제(1988년)를 시행하였으며,「장애인고용촉진등에관한법률」(1990),「영유아보육법」과「고령자고용촉진법」(1991)이 각각 제정되었다.

1990년대에 들어오면서 출범한 문민정부(1993~1998)는 생산적 국민복지를 천명하였고 사회복지정책을 제도적으로 확립하기 시작하였다. 지역사회정신보건의 제도적 기반을 마련한「정신보건법」(1995), 민간자원의 활성화를 위한「사회복지공동모금회법」(1997) 등 사회복지를 위한 실천적 서비스에 관한 법 제정이 이루어졌다. 1997년 외환위기로 인한 사회경제적인 혼란은 사회의 양극화현상과 다양한 복지 대상자를 양산하였다. 국제통화기금(IMF)에서 구제 금융을 겪으면서 국민 의식과 생활의 변화, 그리고 구조조정으로 대변되는 신자유주의 경제정책에 입각한 산업과 금융 구조의 재편, 이로 인한 대량실업과 노숙자의 발생, 빈익빈 부익부 현상의 심화 등은 사회적·정치적·경제적 구조의 변화를 가져왔다. 이러한 상황은 사회복지에도 영향을 미쳤다(이준상, 2014).

(4) 외환위기 이후의 사회복지(1998~)

1997년 말 외환위기를 겪으면서 심각한 경제 상황과 함께 출범한 김대중 정부는 경제위기 속에서 출발하였기 때문에 위기 극복과 구조조정을 통해 발생한 실직자 등 취약계층을 보호하기 위한 복지정책을 확대하였다(최병호, 2014). 김대중 정부의 사회복지정책에서 가장 큰 변화는「국민기초생활보장법」(1999)과「국민건강보험법」(1999)의 제정이다.

김대중 정부에 이어 등장한 노무현 정부는 제2차 사회보장 장기발전계획(2004~2008)을 통해 정책의 목표를 참여복지 공동체 구축에 두었다. 참여복지의 핵심은 빈부격차 해소와 중산층 확대를 통한 더불어 잘사는 국가를 지향하였다. 주요 입법으로는「기초노령연금법」(2007),「노인장기요양보험법」(2007),「긴급복지지원법」(2005),「건강가정기본법」(2005)의 제정이다.

이명박 정부(2008~2012년)의 복지정책의 모토는 능동적 복지였다. 능동적 복지는 국가의 책임을 강화하고 자립의 기회를 확대하려는 데 초점을 두었다. 주요 입법으로는「다문화가족지원법」(2008),「성폭력방지 및 피해자보호 등에 관한 법률」(2010),「장애아동복지지원법」(2011),「장애인활동지원에 관한 법률」(2011),「사회복지사 등의 처우 및 지위 향상을 위한 법률」(2011),「노숙인 등의 복지 및 자립지원에 관한 법률」(2011)등이 제정되었다.

경제민주화와 복지를 슬로건으로 내걸고 당선되었던 박근혜 정부는 '맞춤형 고용·복지'를 국정 목표로 삼고 출발하였다. 주요 입법으로는「기초연금법」(2014),「양육비 이행확보 및 지원에 관한 법률」(2014),

「발달장애인 권리보장 및 지원에 관한 법률」(2014) 등이 제정되었다.

문재인 정부의 '포용적 복지'는 과거 선 성장, 후 복지 패러다임에서 벗어나 복지와 성장이 조화를 이루는 복지정책으로 복지영역에서 국가의 책임이 확대되고 그에 따른 전달체계의 변화와 복지공급 주체의 다양화에 초점을 두었다.

외환위기 이후의 사회복지 발달의 특징은 사회복지 관련법들의 입법화가 상당히 많이 이루어졌으며, 각 정부의 복지입법을 통해서 사회복지정책의 방향성을 유추해 볼 수 있다는 점이다. 이 시기에 두드러지는 것은 사회복지의 적용 대상이 선별주의 접근에서 보편주의 접근으로 확대되는 경향이 뚜렷이 나타나고 있다는 점이다.

토론주제

1   빈민법이 현대사회복지에 끼친 영향은 무엇인가가?

2   독일, 영국, 미국의 사회보험이 발달한 배경의 공통점과 차이점은 무엇인가?

3   우리나라의 시대별 구휼제도의 특징은 무엇인가?

제 7 장

사회복지와 복지국가

국가가 책임져야 할 복지란 무엇일까?

오늘날 한국 사회에서 '복지국가'라는 용어를 모르는 사람이 있을
까? 구체적으로 설명하지는 못해도 전 국민이 상식 수준에서 복지국가가
무엇인지 짐작하고 있을 것이다. 그런데 불과 30년 전만 하더라도 이 용
어는 주변에서 들어 보기 힘들었다. 자신에게 닥친 문제는 스스로, 혹은
주변인의 도움을 통해서 해결하는 것을 당연하게 여겨 왔기 때문이다.

1997년 외환위기는 이러한 우리 사회의 인식을 크게 변화시킨 계기
였다. 그저 열심히만 살면 자신의 앞가림은 할 수 있다는 생각으로 하루
하루를 살아왔던 이들에게 감당하기 어려운 시련이 닥쳤다. 지금도 트
라우마(trauma)처럼 끔찍한 기억으로 남아 있는 환율폭등, 기업 줄도산,
성장률 급락, 대규모 구조조정, 실업자와 노숙자 급증, 가족해체와 신변
비관 자살 등. 이러한 시련 중 어떤 것도 자신의 잘못과 관련된 것은 없
었다. 주변의 지인도 모두 같은 처지였기에 손 벌릴 곳도 여의치 않았
던, 그래서 더 무기력할 수밖에 없었던 시절이었다.

그렇다면, 누가 이 문제에 책임이 있고, 또한 상황을 타개해 나가야
할까? 복지국가는 이를 정부의 책임이자 역할로 두는 국가체계를 말한

다. 시민의 삶 전반에서 발생할 수 있는 각종 위험에 대해 국가가 책임감을 갖고 보호 및 안전장치를 제도적으로 마련해야 한다는 것이다. 그리고 이것이 보편적인 상식으로 인정되는 사회를 우리는 복지국가라 부른다. 다만, 책임의 정도나 성격에 대해서는 사회마다 그 판단을 달리한다. 그래서 현실에서 관찰되는 복지국가는 일률적이지 않다.

이제 우리 사회에서도 복지국가라는 말은 널리 통용되고 있다. 그러나 여전히 그 의미와 성격, 중요성을 깊이 이해하는 사람은 많지 않은 듯하다. 이 장에서는 이러한 문제의식을 따라 복지국가를 보다 깊이 이해하기 위한 기초지식을 제공할 것이다. 복지국가란 무엇이며, 어떻게 복지국가가 형성되고 발전했는지, 그리고 발전의 과정과 조건은 무엇이며, 어떤 유형의 복지국가들이 현존하는지 확인할 것이다. 나아가 복지국가가 직면한 도전과 미래의 전망도 살펴보도록 하자.

1 복지국가의 개념과 기원

1) 복지국가의 개념

복지국가는 기본적으로 복지(welfare)와 국가(state)의 합성어이다. 그래서 복지국가가 '국가에 의한 복지', 혹은 '복지를 책임지는 국가'를 뜻한다는 것을 쉽게 짐작할 수 있다. 가장 오래된 영어 백과사전이라는 『브리태니커 백과사전』은 복지국가를 '시민의 경제 및 사회적 안녕을 보호하고 증진하는 데 국가가 핵심 역할을 하는 정부 개념'으로 정의한다. 따라서 상식적이고 일반적인 수준에서 이해한 복지국가란 시민들의 복지를 책임지는 '하나의 국가형태'이며, 이러한 정의에 이견이 있는 학자는 많지 않다. 그럼에도 많은 학자가 복지국가를 각자 다른 방식으로 정의한다. 수많은 교과서에서 일관되고 통일된 정의를 찾아보기 어려운 이유이다. 왜 그럴까? 문제의 핵심은 국가가 보장해야 할 복지가 무엇이며, 어떻게 그리고 얼마나 보장할 것인지, 즉 복지국가가 지향하는 바에 대한 입장 차이다. 물론 정의된 내용들 사이에는 부분적으로 일치하는 점들도 있다. 그래서 우리는 그 공통점과 차이점에 대해 생각해 볼 필요가 있다.

그러면 먼저 국가가 책임져야 할 복지란 무엇일까? 어느 사회나 마찬가지이겠지만, 그것은 인간의 가장 기본적인 욕구와 관련되어 있다. 특히 먹고사는 문제, 즉 생계를 유지하는 것이다. 자본주의 사회에서 이는 돈, 곧 소득의 문제로 귀속된다. 자본주의 사회에서는 생계에 필요한 거의 대부분의 물건을 시장에서 구매해야 하기 때문이다. 그런 점에서 복지국가가 시민의 복지를 책임진다고 할 때, 최우선으로 고려해야 하는 것은 바로 사회성원들의 생계를 보장하는 것 혹은 그에 준하는 소득 및 서비스를 보장하는 것이라 할 수 있다.

한편 자본주의 사회에서 소득은 기본적으로 노동을 통해 확보할 수 있다. 자본주의를 정의하는 것은 복지국가를 정의하는 것 이상으로 어려운 일이지만, 적어도 이 사회를 사는 일반적인 사람들이 소득을 확보할 수 있는 유일한 방법은 노동이라 해도 과언이 아니다. 물론, 자산이 많은 이는 노동하지 않고도 자본소득으로 살아갈 수 있다. 하지만 복지국가는 이들보다 노동시장에서 자신의 노동을 팔아서(노동의 상품화), 즉 일자리를 구해서 살아가는 사람들에게 관심이 있다. 여기에는 물론 자영업자들도 포함한다. 이들 역시 자신의 노동을 투여하지 않고서 생계를 유지하기 어려운 것은 매한가지다.

노동시장에서, 혹은 자영업을 통해 적절한 소득을 확보할 수 있다면 국가의 개입은 불필요할지 모른다. 하지만 현실은 그렇지 못하다. 일자리를 구하기 어렵거나, 혹은 구할 수 없는 상황이 있기 때문이다. 병이나 장애가 있어서(질병), 나이가 많이 들어서(노령) 노동시장 진입이 어려울 수 있다. 젊고 건강해도 여러 이유, 예컨대 학력이 낮거나, 통근 거리가 멀어서, 혹은 일자리 자체가 없어서 일자리를 얻지 못하는 경우도 있다(실업). 또한 어렵게 구한 일자리가 사라질 수도 있으며, 적절한 수준의 임금이나 소득을 받지 못할 수도 있다. 통칭 소득 손실의 위험이 자본주의 사회에서는 상존하는 것이다.[1] 복지국가의 핵심 기능이 사회 구성원의 생계보장이라는 사실에 비추어 보면, 이러한 위험들로부터 구성원을 보호하는 것 또한 마땅한 일이다. 그래서 대부분의 복지국가는 이를 위한 보호장치로서 각종 고용정책과 사회보장제도를 도입하여 운영하고 있다. 우리가 잘 아는 최저임금, 공적 연금, 의료보장, 실업보상, 산재보상제도 등이 바로 그 예다.

그러나 생계를 위협하는 위험은 여기에서 그치지 않는다. 사회가 변함에 따라 또 다른 형태의 위험이 계속 등장하기 때문이다. 특히, 산업의 구조적 변화는 과거와 다른 사회적 위험, 대표적으로 돌봄, 저임금, 고용불안 등의 문제를 양산하였다. 후발 산업국가들이 낮은 노동비용을 통해 저가의 물건을 생산할 수 있게 되면서, 선진 산업국가들은 기존에 누리던 경쟁력을 잃게 되었다. 이에 선진 산업국가에서는 주요 산업을 다른 산업, 대표적으로 서비스업으로 전환해 나갔다. 자본의 이동은 이러한 문제를 가속화했다. 문제는 서비스업의 경우 일부 전문직을 제외하면 전반적으로 생산성이 낮고 고용안정성이 크게 떨어진다는 것이다. 대체인력을 쉽게 구할 수 있기 때문이다. 그 결과 각 가계는 그동안 상승한 소비수준에 부합하는 소득을 마련하기 어렵게 되었다.

이 문제에 대한 가장 쉬운 대안은 여성의 노동시장 참여를 독려하는 것이다. 여성이 노동시장에 추가로 진입하게 되면 한편으로 노동비용을 낮추고, 다른 한편으로 줄어든 가구소득을 보완할 수 있기 때문이다.[2] 실제로 이 시기에 많은 국가에서 여성의 노동시장 참여가 점차 일

....

1   이러한 위험은 개인의 문제가 아니라 사회의 변화에 의해, 혹은 사회적 및 제도적 환경의 한계로 발생하는 위험이라 하여 '사회적 위험(social risk)'이라고 부른다.

2   이 외에도 여성의 자발적인 참여도 있었다. 여성들은 산업사회에서 다소 억압된 생활을 했다. 제도적으로나 문화적으로 여성이 남성의 노동시장 지위에 의존하도록 되어 있었기 때문이다. 그래서 여성들은 자발적으로 교육을 받고 노동시장으로 진입하였다. 이러한 움직임은 노동력 확보를 위한 국가의 경제적 필요와 추가적인 가구소득을 확보하기 위한 비자발적 움직임과 함께 일어났다.

반화되었으며, 그리고 출생률 하락도 본격화되었다. 선진 산업국가들이 점차 저출생 고령화 사회로 진입하게 된 것이다. 이러한 상황에서 국가가 적절한 돌봄(서비스)을 제공하지 않으면 한 가구의 생계유지는 물론, 사회 전체적으로 생산활동이 어려워질 수밖에 없다.

현대 복지국가 대부분은 이러한 문제, 혹은 위험에 적극적으로 개입한다. 각종 사회보장제도를 비롯하여 고용안정을 위해 노동시장을 관리하는 정책들이 바로 이러한 목적으로 만들어진 프로그램들이다. 이를 통해 복지국가의 기능 및 역할과 관련하여 기본적이자 공통적인 점이 무엇인지 알 수 있다. 다만, 현실적인 부분에서는 국가마다 차이가 있기 마련이다. 같은 기능을 하는 제도들이라 하더라도 국가마다 보장의 내용 및 수준은 제각각이다. 그뿐만 아니라 일부 국가에서는 이보다 더 많은 위험을 보장하는 반면, 어떤 국가는 이를 국가의 역할로 보지 않은 경우도 있다. 예컨대, 스웨덴은 주거문제나 노동문제를 국가의 책임으로 인정하지만, 미국에서는 돌봄이 여전히 개인의 책임으로 여겨진다. 이 외에도 차이는 일일이 나열하기 어려울 만큼 크다. 그러나 현실적 차원이 아닌 개념적 차원에서 제기되는 차이만은 짚고 넘어갈 필요가 있다. 특히, 아래에서 언급할 두 가지 차이는 복지국가의 기능 및 역할과 관련하여 제기되는 다소 근본적인 차이라 할 수 있다.

첫 번째 차이는 복지국가의 궁극적 목표와 관련해서 제기되는 차이이다. 구체적으로 재분배를 통한 소득불평등 해소가 목표인지, 아니면 빈곤 완화가 목표인지 차이가 있을 수 있다. 복지정책은 그 자체가 소득 및 자원을 이전(transfer)하는 제도이다. 특히, 자원이 많은 곳(고소득자, 노동이 가능한 자 등)에서 부족한 곳(저소득자, 노동이 불가능한 자 등)으로의 이전을 통해 사회구성원을 보호한다. 이에 따라 복지정책은 필연적으로 재분배 기능을 지니며, 따라서 평등화 효과를 발휘한다(Wilensky, 1975). 이와 관련하여 재분배 자체를 목적으로 삼을지, 아니면 보호를 위한 불가피한 수단으로만 여길지에 대해 입장의 차이가 있다. 어떤 학자들은 복지국가가 전자의 역할을 해야 한다고 강조하는 반면, 다른 학자들은 후자에 머무는 경우가 종종 있다. 현실적으로도 스웨덴을 비롯한 북유럽 복지국가들은 전자에, 미국 등 자유주의 국가들은 후자에 초점을 두는 것으로 평가된다. 이에 따라 복지제도에 큰 차이가 발생하기도 하는데, 대표적으로 보편적 제도와 선별적 제도의 문제이다. 재분배 기능을 강조하는 복지국가들에서는 보편적인 제도가 더 많이 관찰되지만, 빈곤 완화를 강조하는 경우 선별적 제도가 강조되는 경향이 있다. 결국 복지국가의 목표가 어떻게 설정되어 있느냐에 따라 그 사회의 제도적 환경이 달라질 수 있는 것이다.

두 번째 차이는 복지국가와 자본주의의 관계에 대한 입장의 차이다. 복지국가는 자본주의체제에서 생긴 하나의 독특한 국가형태로, 자본주의적 산업화가 초래하는 사회문제들을 해소하는 과정에서 만들어졌다 (Wilensky, 1975). 이에 대해서는 많은 학자들 사이에 공감대가 형성된다. 다만, 복지국가가 자본주의를 얼마나 변혁할 수 있는지, 혹은 변혁해야 하는지를 두고 입장이 나뉜다. 일부 학자들은 복지국가를 자본주의가 초래하는 문제를 해결하는 체제로, 좀 더 나아가면 시장경제를 관리하여 수정자본주의를 구현하는 체제로 이해한다. 그래서 자본주의의 경계를 넘어서는 변혁이 가능하지 않다고 본다(Wilensky, 1975; Hecksher, 1984; Mishra, 1990; 김태성·성경륭, 2006). 이와 달리 복지국가를 자본주의의 경계를 넘어서기 위한 징검다리로 이해하는 이들도 있다(Korpi, 1983; Esping-Andersen, 1985). 이들은 복지국가가 노동계급 전체의 삶을 안정시키고 연대성을 증진하여 노동계급의 계급형성, 즉 노동자들이 경제적 계층을 넘어 하나의 정치적, 사회적 계급으로 발전하는 것을 돕는다고 본다. 그 결과 복지국가는 경제민주주의를 실현함으로써 자본주의 변혁, 혹은 사회주의 실현을 위한 수단이 될 수 있다는 것이다(김태성·성경륭, 2006). 이처럼 비록 복지국가의 기원과 일반적인 기능에 대해서 공감하더라도 복지국가와 자본주의의 관계를 보는 시각은 다를 수 있다. 그리고 이것이 복지국가에 대한 일관되고 통일된 정의가 어려운 주요 요인이기도 하다.

2) 복지국가의 기원과 발전

복지국가의 기원은 19세기 후반으로 거슬러 올라간다. 산업혁명 이후 유럽사회에 경제적, 정치적, 사회적으로 거대한 변혁이 있었던 시기이다. 유럽 전역에 걸쳐 산업화가 급속도로 진행되고, 현대적 의미의 자본주의가 자리 잡기 시작했기 때문이다(Polanyi, 2002/2009). 또한 이 시기에는 인구가 급격히 증가하며 빠르게 도시화가 진행되었다. 이 과정에서 대규모 빈곤층이 생겨나는 등 많은 사회문제가 발생했다. 새로운 사회질서로의 전환이 전통적인 보호체계, 대표적으로 가족, 교회 등의 자선기구, 봉건적 유대, 길드, 지방자치단체의 복지제공 기능을 약화시켰기 때문이다(Castles et al., 2010). 최초의 대규모 빈곤 조사, 예를 들어 부스(Charles Booth)나 라운트리(S. Rowntree)가 빈곤을 조사한 보고서에서는 저임금이나 고용불안, 대가족, 고령 등이 빈곤의 원인으로 지목되었다. 이에 따라 그동안 빈곤을 개인의 도덕적 책임으로, 기껏해야 교회나 지자체의 책무로만 여겼던 사회적 인식도 변화했다. 한편, 산업화로 생산성이 증가하면서 사회 전체의 부가 증가했으며, 사회문제 대응에 필요한 자원을 충분히 확보할 수 있었다. 정치적으로는 국민국가(nation states)의 형성으로 지배양식이 바뀌었고, 마침내 시민권 및 대중민주주의가 확산되었다. 끊임없이 증가하는 사회적 요구를 정치적으로 표현할 수 있는 제도적 기반이 마련된 것이다(Rimlinger, 1971/1991; Alber, 1982; Castles et al., 2010).

현대 복지국가의 도약은 이러한 변화에 뒤따른 '자유주의 단절(the liberal break)'과 관련 있다(Rimlinger, 1971/1991). 단절 이전에는 자유나 자조(self-help, 自助), 평등에 대한 자유주의적 이념이 사회정책을 지배했던 탓에 빈곤한 사람들, 특히 '구제할 가치가 있는 빈민(deserving poor)'에 대해서만 제한적인 지원이 이루어졌다. 하지만 급격한 사회 변화와 민주화 요구, 노동계급의 정치적 동원 증가 등으로 이러한 기조는 붕괴되기 시작했다. 모든 시민에게 권리에 기반하여 급여의 자격을 부여하는 새로운 정책 기조가 등장한 것이다. 가장 대표적인 예는 사회보험으로, 이는 국가가 강제가입을 통해 시민들에게 권리로서 급여를 보장하는 제도이다.

사회보험은 아이러니하게도 독일의 지주계급 출신이었던 비스마르크에 의해 1880년대에 처음 도입되었다. 당시 독일은 산업화를 시작한 지 얼마되지 않은 국가였기에 앞서 언급한 상황에 부합하지 않는다. 그런 점에서 다소 이해하기 어려울 수 있다. 이를 이해하려면 그 시기 국제정세를 살펴볼 필요가 있다. 이 시기(1870년대부터 제1차 세계대전 발생 전까지)는 '제1차 세계화 시대(the first age of globalization)'라 불릴 만큼 세계경제가 확장되던 때였다. 독일은 그 당시 갓 통일국가가 된 상황이었고(1871), 그 결과 산업화가 다른 유럽국가들에 비해 상대적으로 늦었다. 비스마르크는 이러한 자국의 상황을 사회보험으로 돌파하려 하였다. 사회보험을 통해 당시 극심했던 사회주의 운동세력으로부터 노동자들을 포섭하는 한편, 사회투자의 하나로 생산성을 확대하려 한 것이다. 즉 비스마르크의 사회보험은 다른 국가들, 특히 영국과 프랑스에 대해 경쟁적 우위를 점하고자 국가전략으로서 위로부터 만들어진(top-down) 사회보장 프로그램이었다(Rimlinger, 1971/1991; Wehler, 1985/1996).

가장 산업화된 국가였고, 강력한 국가 행정기구와 정당 간 경쟁이 있었던 영국은 이로부터 약 30년 늦게 사회보험을 도입했다. 여기에는 여러 이유가 있지만, 당시 영국의 지방정부 구조가 공공정책을 수행할 만큼 잘 갖추어지지 않았다는 점이 주요 이유로 꼽힌다(Kuhnle and Sander, 2010).[3] 또한 영국에서는 민간에서 사회보험과 유사한 기능을 하는 수많은 우애조합(friendly society)이 잘 운영되고 있었다.[4] 그러다 노

....

3 당시 영국의 지방정부 구조는 매우 다양했다. 시골 지역은 전통적인 교구(parish)와 읍(township) 단위로 구성되어 있었고, 도시 지역은 시(borough) 단위로 조직되어 있었다. 이들 각각이 독립적으로 운영되어 통일된 체계가 부족했으며, 중앙정부는 이러한 지방정부에 대한 직접적인 통제력이나 영향력이 미약했다. 그래서 중앙정부의 공공정책이 일관되게 시행되기 어려운 상황이었다.

4 영국의 우애조합(공제조합이라고도 불린다)은 17세기부터 시작된 상호부조 단체이다. 이 조합은 질병, 실업, 사망 등 도움이 필요할 때 회원들에게 재정적 지원을 제공하기 위해 자원을 모으는 지

동대표위원회(영국 노동당의 전신)와 연합한 자유당(liberal government)
이 집권하면서 비기여 자산조사형 노령연금제도가 도입되었고, 1911년
국민보험법, 즉 건강보험과 실업보험의 도입으로 이어졌다. 부상하던 노
동당과 사회주의 사상에 맞서 노동계급의 지지를 유지해야 했기 때문이
다. 또한 영국 내 빈곤 및 불평등 문제와 더불어 독일의 성공 경험도 영
향을 미쳤다. 이를 통해 영국 또한 명실공히 유럽의 다른 국가들과 동등
한 수준의 복지국가로 발돋움했던 것이다(Kuhnle and Sander, 2010).

유럽의 다른 국가들도 이러한 변화에 동참했다. 덴마크를 비롯한 몇
몇 국가들이 사회보험을 뒤따라 도입하였다. 다만, 유념할 것은 이 국가
들이 독일의 강제 사회보험을 도입하기 전부터 자신만의 제도를 발전시
켜 왔다는 점이다. 독일식을 무조건 따라하지도 않았다. 예컨대 덴마크
는 비기여 자산조사형 연금제도를 1891년에 도입했고, 1907년에는 세
계에서 가장 포괄적인 사회보험제도를 가진 나라가 되었다. 스웨덴은 최
초의 전 국민 대상 보편적인 기여형 노령연금제도를 1913년에 도입하
였고, 제1차 세계대전이 발발하기 이전에 이미 영국과 같은 수준의 제도
적 포괄범위를 갖춘 나라가 되었다. 프랑스는 1905년에 국가 차원에서
보조금을 지급하는 자발적 실업보험을 도입한 최초의 국가이다. 이러
한 모습들은 유럽의 다른 국가들이 독일 사회보험의 영향을 받았지만,
각자의 방식대로 제도를 발전시켜 나갔음을 보여 준다. 특히, 각 국가에
존재했던 기존의 제도나 복지제공 방식이 복지국가의 출현기에 중요한
역할을 했다는 사실을 기억할 필요가 있다(Kuhnle and Sander, 2010).

제1차 세계대전은 유럽 전역에 복지국가의 확장과 변화를 촉진했
다. 전쟁으로 인해 사회문제에 대한 정부의 역할이 훨씬 커지고 강력해
진 것이다. 군인(퇴역군인포함)과 과부, 고아 등을 위한 연금과 의료서비

....

역사회 기반의 개인그룹으로 형성되어 있었다. 즉 사회보험과 매우 유사한 기능을 수행한 민간 조
직이었던 것이다. 그래서 이들은 비기여 연금을 도입한 영국의 「노령연금법」(British Old Age
Pension Act, 1908)을 가장 강력히 반대하였다(Rimlinger, 1971/1991). 자신들의 존재와 원칙에
대한 위협으로 여겼기 때문이다.

스가 확장되었고, 가족수당이 1913년 프랑스를 필두로 도입되기 시작했다. 또한 교육이나 직업훈련이 강화되었고, 안정적인 노동인력을 확보하기 위해 임금이나 근무조건이 개선되어야만 했다. 특히, 전후 복구와 복지지출에 필요한 재정을 마련하기 위해 누진세와 공공 차입 등의 재정정책이 강화되었는데, 이러한 개입주의 재정정책은 전후 복지국가를 확장시키는 중요한 토대가 되었다. 그리고 전간기(interwar period)에 설립된 국제노동기구(International Labor Organization: ILO, 1919)는 전 세계에 이러한 이념과 제도들을 확산시키는 데 중요한 역할을 했다 (Kuhnle and Sander, 2010).

대공황을 시작으로 제2차 세계대전 직후까지 많은 국가에서 제도적 확대가 일어났고, 점차 '보편적인 복지국가'로 나아가기 시작했다. 더 많은 위험에 대해, 더 많은 대상자에게 그리고 더 많은 인구집단에 대한 의무조항[5]을 통해 보장 범위가 확대된 것이다(Flora and Alber, 1981). 대공황(1929~1930년대 후반)은 국가의 경제개입과 복지개입을 강화시킨 또 다른 계기였다. 당시 수많은 기업의 파산으로 실업률이 급증했고, 이로 인해 빈곤 문제와 노숙인 문제 또한 심각해졌다. 이는 사회에 큰 혼란을 초래했는데, 일례로 독일 나치즘과 이탈리아 파시즘 등의 극단주의 정치운동이 이 시기에 다시 부상했다. 미국은 대공황이 절정이던 1933년에 실업률 25%를 경험했다. 산업 전반에 도산이 확산되었고, 산업생산량도 절반 이상 줄어들었다. 이러한 미국의 상황은 민주당의 루스벨트가 대통령에 당선되도록 만들었고, 그는 회생을 위한 3R(relief, recovery, reform), 곧 뉴딜(New Deal)정책을 시행했다. 특히 제2차 뉴딜이라 불리는 1935년의 「전국노동관계법」[6]과 「사회보장법」(노령연금, 실

----

5   사회보험 프로그램에 대한 의무적 참여로의 전환은 중요하다. 참여를 의무화함으로써 정부는 더 광범위하고 일관된 보장을 할 수 있어 사회 보호의 격차를 줄일 수 있다. 프랑스의 경우 1932년 가족수당이 의무화되어 모든 고용주가 직원 가족의 복지에 기여하도록 보장하였다. 그리고 이 시기에 실업보험 및 기타 사회보험 프로그램은 여러 국가에서 의무화되어 균일하고 광범위한 보장을 받게 되었다.

6   로버트 와그너(Robert F. Wagner)에 의해 주도되어서 와그너법이라고도 불린다. 이 법은 미국 노

업보험, 부양 자녀를 둔 가족에 대한 지원, 장애인 공공부조로 구성)은 그전까지 복지 지체국(welfare laggard)이었던 미국을 복지국가로 전환시키는 중요한 계기였다. 한편, 유럽의 많은 국가에서도 진보정당(노동당, 사회민주당 등)이 선거연합을 통해 국가권력을 획득했다. 그리고 이러한 정치적 환경에서 자본과 노동 사이에 '사회계약(social contract)', '역사적 대타협'[7] 등으로 불리는 사회협약이 체결되었다. 이를 통해 케인스주의적 수요관리(8장 참조)의 일환으로, 혹은 복지사회주의 실현의 방편으로 국가복지의 대폭적인 확대가 도모되었다(김태성·성경륭, 2006: 105).

제2차 세계대전은 전후 복지국가 발전의 비전과 계획에 큰 영향을 미쳤다. 전쟁의 경험은 보편적 사회보장제도를 위한 국가 수준의 연대를 가능하게 만든 토대였다(Marshall, 1964/2013; Titmuss, 1971, 1974). 특히 전쟁으로 발생한 영국의 사회문제를 극복하고자 윌리엄 베버리지가 작성한 베버리지 보고서(Social Insurance and Allied Services, 1942)는 현대 복지국가의 근간으로 여겨진다. 많은 국가가 그의 비전과 계획, 구체적으로 안정된 고용(완전고용)과 전 국민 의료서비스를 바탕으로 사회보험과 공공부조를 활용하여 전 생애에 걸친 보호체계를 만들고, 이를 통해 궁핍으로부터 탈피하고자 했던 계획을 차례로 받아들였다. 그 결과 전후의 복지국가는 이전의 복지국가와 성격이 상당히 달라지게 되었다. 이제 복지국가는 사회보험이나 공공부조를 통해 노동자와 빈민만을 보호하는 것이 아니라, 전 국민에 대해 권리에 기반한 보호장치를 완성

....

동법의 초석으로서 노동조합에 권한을 부여하고, 노사관계를 보다 균형적으로 만드는 데 기여한 것으로 평가되고 있다.

7   이 타협은 스웨덴의 잘츠요바덴 협정을 의미한다. 스웨덴은 대공황으로 사회적 긴장이 높아지자 사회안정을 위해 노사관계가 보다 안정되고 협력적일 필요가 있었다. 이에 스웨덴 노동조합연맹(LO)과 고용주연맹(SAF) 간에 협상이 진행되었고, 그 결과 소위 '잘츠요바덴 협정'이라 불리는 합의안이 만들어졌다. 이 협정은 1938년에 스웨덴 스톡홀름 근처에 위치한 잘츠요바덴(Saltsjöbaden) 해변 리조트에서 이루어져서 잘츠요바덴 협정이라고 불린다. 이 협정은 스웨덴의 현대 노사 관계의 토대를 마련한 중요한 역사적 타협으로 평가된다. 단체교섭과 갈등해결을 위한 협력적 틀을 마련함으로써 노동시장 안정과 스웨덴 복지국가 발전에 기여했기 때문이다. 협력, 협상 및 상호 존중의 원칙은 스웨덴의 노사관계를 지속적으로 형성하여 국가의 사회 및 경제 역사에서 중요한 이정표가 되었다.

해 나갔다. 보편적 시민권의 한 요소로서 사회권(social right)이 확고히 복지국가의 기반으로 자리잡은 것이다(Marshall, 1964/2013). 또한 사용되는 용어들도 '사회보험'에서 '사회보장'으로, '사회정책'에서 '복지국가'로 점차 이동하기 시작했다(Nullmeier and Kaufmann, 2010).

제도적 정비가 어느 정도 이루어진 복지국가는 그 이후로 급격하게 성장하기 시작했다. 비록 1950~1960년에는 그 발전이 두드러지지 않았으나(Pierson, 1998: 132), 그 이후부터 1970년대 초반까지 정부의 사회지출이 GDP에서 차지하는 비중이 2배 이상으로 급격하게 증가하였다. GDP 대비 20%를 넘어 30% 중반까지 사회지출을 하는 국가들도 등장했다. 이 시기가 '복지국가 황금기(the golden age of the welfare states)'라 불리는 이유이다. 그리고 이러한 복지국가의 성장을 견인한 것은 기본적으로 전후의 경제 호황과 정치적 안정이었다. 이 시기는 '자본주의 황금시대(the golden age of capitalism)'라고도 불리는데, 제2차 세계대전 이후 많은 서구 국가가 전례 없는 경제성장을 경험했기 때문이다. 산업생산도 급증해 고용률이 높아지고 소득이 크게 늘었다. 전후 국가의 재건노력(예: 마셜플랜)[8], 기술 발전, 소비자 수요 증가, 국제무역 확대(예: GATT)[9], 역동적인 노동시장, 베이비붐 및 고령화, 군비 지출 등이 결합된 결과였다. 이에 더해 정부의 우호적인 정책도 큰 몫을 하였다. 당시 대부분의 정부가 케인지언(Keynesian) 경제정책을 채택하고 있었는데, 이는 수요를 관리하고 완전고용을 보장하고자 적극적인 재정정책을 옹호하는 것이었다. 여기에는 인프라, 교육 및 복지 프로그램에 대한 공공 지출도 포함되어 있다. 그뿐만 아니라, 1944년에 설립된 브레턴우

----

8   마셜 플랜(The Marshall Plan)은 유럽의 경제적 회복과 정치적 안정을 돕기 위한 미국의 포괄적인 원조 프로그램이다. 1947년 6월 5일 하버드 대학교 연설에서 조지 C. 마셜 미국 국무장관이 처음 제안했다. 4년(1948~1952) 동안 120억 달러(현재 약 1,300억 달러에 해당) 이상의 경제적 지원이 주로 인프라 재건, 산업 현대화, 생산성 향상을 위한 보조금, 대출, 기술 지원 형태로 이루어졌다. 기금은 교통체계, 공장, 주택 재건, 식량 및 원자재 구입 등 다양한 용도로 사용되었다.

9   관세 및 무역에 관한 일반협정(GATT)은 현재의 세계무역기구(WTO)의 전신으로 무역 장벽을 낮추고 국제무역을 촉진하기 위한 다자간 조약이다. 비차별, 관세 인하, 무역 자유화, 분쟁 해결 원칙을 통해 세계 무역을 확대하고 경제성장을 촉진하는 데 중요한 역할을 했다.

즈체제(Bretton Woods system)는 고정환율과 미국 달러를 기축통화로 하는 국제통화 안정성의 틀을 제공했다. 국제 무역 및 투자가 촉진될 수 있는 환경이 갖추어졌던 것이다.

지금까지 개략적으로 복지국가가 어떻게 생겨났고, 또한 발전해 왔는지 살펴보았다. 서구 복지국가의 발전 과정에 한정되었다는 한계가 있지만, 이는 복지국가 자체가 서구 역사의 산물이라는 점에서 불가피한 일이다. 그런 점에서 동양, 특히 한국 복지국가의 발전 과정을 살펴보는 추가적인 노력이 필요할 것이다. 그보다 중요한 것은 기원과 발전 과정을 통해 복지국가의 개념과 발전 및 유형론을 이해하기 위한 배경 지식을 갖는 것이다.

2 복지국가의 발전과 유형

1) 복지국가 발전 이론

복지국가는 어떻게 생겨나고, 어떻게 발전을 거듭하게 되었을까? 사실 앞서 서술한 복지국가의 개념과 기원 그리고 발전 과정에는 이에 대한 많은 단서가 숨어 있다. 서술된 내용들이 복지국가 및 그 발전을 바라보는 여러 시각이 복합적으로 작용하여 해석된 결과물이기 때문이다. 여기서는 이를 좀 더 명시적으로 다룰 것이다. 주요 이론 4가지를 제시된 시간 순서에 따라 소개하기로 한다.

(1) 산업화론

복지국가의 발전에 대한 가장 초기 이론은 구조주의, 혹은 기능주의 관점에서 제기되었다. '산업화론(logic of industrialisation)'은 이러한 기능주의적 접근을 적용한 최초의 이론이다. 이 이론은 산업화 과정에서 제기되는 여러 '사회적 요구(social need)'에 부합하는 과정에서 복지국가가 생겨났다고 본다(Kerr et al., 1960; Wilensky, 1975). 대표적으로 커 등(Kerr et al., 1960)은 사회보장 및 복지국가의 발전을 산업노동력 구축 과정에서 중요한 역할을 하는 하나의 단계로 보았다(Cousins, 2005). 산업화 사회는 이전의 전통적인 사회와 구별되는 사회적 요구에 직면할 수밖에 없는데, 전통적인 유대관계가 단절된 만큼 국가와 기업이 이를 대신할 수밖에 없다는 것이다. 특히 생산활동에 종사하는 사람들뿐만 아니라 통제할 수 없는 이유로 일할 수 없는 사람들에 대한 최소한의 복지와 안전을 보장할 필요성이 제기된다(Kerr et al., 1960). 마찬가지로 윌렌스키와 르보(Wilensky and Lebeaux, 1958) 역시 산업화로 인해 도시화, 이동성 증가, 가족구조 등 사회 전반에 걸쳐 광범위한 변화가 발생했으며, 이러한 변화가 사회복지 시스템이 해결해야 하는 새로운 사회적 위험과 요구를 창출한다고 보았다. 한편, 커트라이트(Cutright)는 조금 다른 관점, 즉 산업화로 인한 '사회적 요구'의 증가보다는 '가용자원'에 초점을 둔다(홍성걸, 1994). 부유한 국가일수록 보다 포괄적인 사회보장 시스템을 보유하는 경향이 있는데, 이는 경제적 자원이 사회복지 제공 능력에서 중요한 요소이기 때문이라는 것이다(Cutright, 1965). 결국 산업화론은 산업화로 제기되는 사회 변화와 그에 동반하는 사회적 요구 그리고 경제성장에 따른 충분한 자원을 복지국가 발전의 원동력으로 보는 것이다. 이에 따라 복지국가의 발전은 각 사회의 경제체제(사회주의 대 자본주의)나 이념(집합주의 대 개인주의), 혹은 정치제제(민주주의 대 권위주의)와 무관하다고 본다(Wilensky, 1975). 그래서 산업화론은 종종 수렴이론(convergence theory)이라 불리기도 한다. 어떤 나라이든 산업화만 되면 복지국가로 발전한다고 보기 때문이다(김태성·성경륭, 2006).

산업화론에 대한 비판은 이러한 수렴론, 혹은 결정론적 주장으로 인해 제기되었다. 산업화와 관련된 것들(경제성장, 인구고령화 등)이 복지국가 확장의 공통적인 추세를 설명하는 데 필요하지만, 정치는 전혀 중요하지 않다는 식의 주장은 논란의 여지가 있다는 것이다(Myles and Quadagno, 2002). 동일한 환경에서도 다를 수 있는 인간의 생각과 반응, 이러한 차이를 토대로 하는 정치적 의사결정이 다른 결과를 만들어 낼 수 있기 때문이다. 또한 산업화론은 뒤에서 다룰 계급(class)의 문제를 간과하고 있다는 비판이 제기되곤 한다.

(2) 독점자본론

앞의 산업화론은 기능주의 관점에서 복지국가가 갖는 긍정적 역할에 초점을 두었다고 해도 과언이 아니다. 이와 달리 독점자본주의[10] 이론(독점자본론)은 같은 기능주의 관점을 취하지만 복지국가를 전혀 다른 방식으로 이해한다. 복지국가의 발달을 자본주의 발달과 연관하여 다소 부정적 관점에서 설명하기 때문이다. 이들은 특별히 산업화론이 간과했던 자본주의 속성, 예컨대 계급관계나 생산양식, 자본축적, 노동력 재생산 등의 문제에 천착한다.

독점자본론에서 제기하는 내용이나 주장들은 다소 복잡하여 이해에 어려움이 있을 수 있다. 그러나 이론의 핵심 주장은 명확하다. 복지국가가 자본주의 발달, 특히 자본의 독점 과정에서 나타나는 하나의 현상으로, 마르크스주의 계급 관점[11]에서 볼 때 그 역할과 성격이 모순적

....

10 독점자본(monopoly capital)은 자본주의 경제 시스템의 한 단계로서, 경제가 대기업이나 독점에 의해 지배되는 상황을 의미하는 마르크스주의 경제학 개념이다. 이는 자본주의가 소규모 기업이 서로 경쟁하는 경쟁 자본주의에서 대기업이 지배하는 독점단계로 진화한다고 보는 시각이다. 독점자본론은 경제력의 집중으로 인해 사회적, 경제적 불평등이 증가한다는 점을 강조한다.

11 카를 마르크스는 계급을 생산수단의 소유 여부에 따라 두 가지로 구분하였다. 하나는 부르주아지, 혹은 자본가계급으로 공장, 토지, 자본과 같은 생산수단을 소유하고 통제할 수 있는 계급이다. 이들 자본가계급은 생산 과정에서 발생하는 이윤에서 부를 얻는다. 다른 하나는 프롤레타리아트, 혹은 노동계급으로 생산수단을 소유하지 않으며 임금과 교환하여 부르주아지에게 노동력을 판매해야만 생존할 수 있는 계급이다. 마르크스는 부르주아지가 노동자들에게 노동 가치보다 낮은 임금을 지급함으로써 이윤을 극대화하려 하기 때문에 이 두 계급 사이의 관계는 본질적으로 착취적이라고 주장했다. 그리고 이러한 착취는 두 계급 사이에 근본적인 이해충돌을 야기하며, 그 결과 계급투쟁이 발생한다고 보았다. 계급투쟁의 결과는 결국 자본주의체제의 전복과 생산수단이 집단적으로 소유되는 사회, 곧 공산주의 사회로의 혁명적 이행일 것으로 보았다.

이라는 것이다. 이는 오코너(O'Connor)의 '국가의 재정 위기' 연구에서 찾아볼 수 있다. 그는 "자본주의 국가는 축적과 정당화라는 두 가지 기본적이고 종종 상호 모순되는 기능을 수행하려고 노력해야 한다"고 주장한다(O'Connor, 1973: 6). 국가는 한편으로 경제성장을 위해 인프라와 서비스에 투자해야 하지만(자본축적), 동시에 사회질서를 유지하기 위해 사회적 필요를 해결하고 불평등을 완화해야 한다는 것이다. 자본주의 사회에서 국가는 이 두 가지 기능을 모두 수행할 수밖에 없고, 그래서 정부에 의한 재정지출은 계속 증가할 수밖에 없다. 오코너는 그 결과가 복지국가이며, 동시에 국가의 재정 위기가 초래될 수밖에 없다고 본 것이다. 그런 관점에서 복지국가의 성장은 독점자본 확장의 원인인 동시에 결과일 수 있다. 국가지출의 증가가 점점 독점 부문 성장의 밑거름으로 기능하지만, 반대로 국가지출 및 복지 프로그램의 성장은 이러한 독점산업의 성장에서 비롯되는 문제(특히 불평등과 저임금 등)에 대한 대처의 소산물이기 때문이다(O'Connor, 1973: 7-8).

그런데 복지국가의 이러한 이중적 기능을 왜 모순적이라 하는 것일까? 이는 전통 마르크시스트 이론이 가진 국가관에서 비롯된다. 이들의 국가관은 일명 '도구주의' 관점이라 불리는데, 이는 '국가는 지배적인 자본가 계급의 도구'라는 의미이다(김영화, 1998). 자본주의 사회에서 자본가들이 경제적 조직을 독점하고, 이를 토대로 정치 조직을 점유하기에 국가가 자본의 요구에 따를 수밖에 없다고 보는 것이다. 이러한 관점에서는 국가가 자본의 이익에 반하여 복지정책을 확대하는 것을 받아들이기 어렵다. 이에 따라 국가에 대한 도구주의 관점이 아닌 '구조주의' 관점을 취하는 이들, 즉 네오마르크시스트(neo-Marxist)가 등장하게 되었다. 이들은 자본주의 경제의 '구조' 그 자체 때문에 국가의 기능이 자본의 이익에 합치되는 것이며, 개별 사안에 대해서는 자본의 이익에 반하는 결정도 할 수 있다고 본다. 복지국가의 역할이 모순적이라고 보는 이유가 여기에 있다.

독점자본론은 복지국가의 발전을 자본주의 경제구조와 연관하여 설명했다는 장점이 있다. 또한 복지국가로 인해 누가 이익을 보는지를 구체적으로 밝힌 점도 긍정적으로 평가받는다. 그러나 산업화론과 마찬가지로 경제결정론이라는 지적에서 자유롭지 못한데, 이 이론 역시 행위자의 역할에 대해 주의 깊게 다루지 않기 때문이다(김태성·성경륭, 2006).

(3) 사회민주주의론

사회민주주의론(이하 사민주의론)은 정치적 요인, 특히 계급 및 사회계층의 역할에 보다 초점을 둔다. 구체적으로 복지국가의 발전을 (임금)노동자와 사회민주주의, 또는 좌파 정당의 동원력과 관련지어 설명한다. 대표적으로 스웨덴 학자 코르피(Korpi, 1983, 1989)는 '권력자원(power resource)'의 중요성을 제기한 바 있다. 그는 분배 과정에서 중요한 역할을 하는 요인은 권력자원이라 하였다. 그리고 권력자원이 어떻게 사회에 배분되어 있느냐에 따라 국가의 구조와 성격이 달라진다고 주장한다. 이와 관련하여 민주자본주의(democratic capitalism) 사회에서 권력자원은 크게 두 집단에 나뉘어 있다. 시장에서는 자본과 경제적 자원이 권력의 기초를 형성한다. 반면 정치에서는 투표권과 단체행동을 위한 조직화 권리가 주요 권력자원이다(Cousins, 2005). 그런데 복지국가의 중요한 역할인 재분배는 정치영역에서 이루어진다. 그런 점에서 복지가 노동자들을 위한 것이라면, 노동계급 및 좌파 정당(사회민주당)의 동원력 수준이 그 사회의 복지 발전 수준을 결정짓는다고 볼 수 있다. 다만, 코르피는 복지국가의 발전을 노동계급 및 좌파 정당에 의한 것으로만 국한하지 않았다(Korpi, 1989: 312-313). 중요한 것은 복지 발전을 요구하는 세력의 동원력이었다.

계급연합의 중요성이 여기에서 나온다. 스웨덴 복지국가가 발전하던 당시(1930년대) 노동계급이라 함은 주로 육체노동자만을 지칭했으며, 이들의 규모는 정치적 다수를 점할 정도가 아니었다. 여전히 농민들로 구성된 계층이 상당수 있었고, 사회적으로 중산층 수가 계속 증가하고 있었다. 스웨덴 사회민주노동당(이하 사회민주당)은 이러한 상황에서 적-녹 동맹[12]을 통해 복지국가를 발전시킨 바 있다. 전후에는 소득비례연금(ATP)을 통해 중산층과 연대하였고, 이것이 지금의 스웨덴 복지국가를 만들었다는 평이 지배적이다(Esping-Andersen, 1985, 1990; Baldwin, 1990).

사민주의론은 기존의 다른 복지국가 이론과 달리 정치의 역할, 특히 노동계급과 좌파 정당 그리고 다른 계급과의 연대가 중요하다는 사실을 밝혔다는 점에서 긍정적인 평가를 받는다. 그럼에도 이 이론이 스웨덴을 비롯한 일부 국가들에만 제한적으로 적용된다는 비판이 제기된다. 앞 절에서 보았듯이, 역사적으로 복지국가 프로그램들이 보수주의자나 자유주의자들에 의해 시작된 경우가 많았기 때문이다. 일부 연구자들은 복지국가의 발전과 관련하여 노동계급이 아닌 중산층이나 고용주의 역할을 강조하기도 한다. 예컨대 볼드윈(Baldwin, 1990)은 북유럽 복지국가의 발전에는 농촌 중산층의 역할이 컸다고 주장한다. 스웬슨(Swenson, 2002)은 고용주들도 위험회피적이어서 필요한 경우 정부의 규제를 원하며, 마레스(Mares, 2003) 역시 사회정책이 기업의 노동시장 전략에 중요한 경제적 역할을 한다고 보았다. 이러한 연구들은 정부의 시장개입, 특히 정부의 사회정책을 노동계급만 원하는 것이 아님을 부각한다.

(4) 국가중심론

국가중심론은 앞의 이론들과 크게 다른 점이 있다. 그것은 복지국가의 발달과 관련하여 국가(state), 혹은 정치체(polity)[13]의 역할을 강조한다는 점이다. 이 이론에서 국가는 특정 계급이나 계층으로부터 완전히 자유롭고 자기이해(self-interest)를 가진 하나의 행위자이다. 심지어

....

12 적-녹 동맹은 노동자(적)와 농민(녹) 사이의 정치적 연대를 의미한다.

13 정치체는 특정 형태의 정부나 정치구조를 갖춘 하나의 조직화된 사회나 국가를 의미한다. 또한 정치적으로 제도화된 사회적 관계를 맺고 있는 집합적 정체성을 가진 일군의 집단을 뜻하기도 한다. 따라서 정치체는 크게는 국가나 주 정부, 작게는 도시나 마을 등 모든 형태나 규모의 정치조직이 될 수 있다.

정치 조직 및 행위자들을 제약하는 제도적 구성으로 인식되기도 한다(Skocpol, 1985, 1992). 이에 따라 복지정책과 그 내용은 국가의 구조와 능력에 의해 결정되는 것으로 보고 있다(홍성걸, 1994).

일례로 애시퍼드(Ashford, 1986)는 서구의 복지국가 발전을 가능하게 한 결정적 요인은 산업화나 노동계급의 조직화가 아니라 정치지도자들과 관료들의 지속적인 노력, 특히 사회적 타협을 이끈 능력에 있다고 보았다(홍성걸, 1994 재인용). 한편, 위어와 스코치폴(Weir and Skocpol, 1985)은 대공황 시기의 스웨덴과 영국 그리고 미국이 서로 어떻게 다른 성과를 보였는지 분석하였다. 당시 스웨덴과 영국은 모두 노동조합의 조직률이 높았다. 그럼에도 스웨덴은 케인스주의[14]를 받아들이고, 이를 통해 높은 복지지출을 하는 완전고용 사회로 발돋움했다. 반면, 영국은 제2차 세계대전 이후까지 그러하지 못했다. 미국은 케인스주의를 어느 정도 채택했지만, 스웨덴만큼 혁신적이진 않았다. 위어와 스코치폴은 이러한 차이가 각 국가의 제도적 기반과 관료의 성향 및 능력의 차이에서 비롯되었음을 강조한다. 예컨대 스웨덴은 강력한 사회민주당과 조합주의(정부, 노동조합, 고용주 간 협력체계)의 전통이 있었고, 이것이 새로운 체제로 전환하는 데 용이하게 작용했다고 본다. 이와 달리 영국 정부는 균형예산을 강조하는 보수적인 경제관료가 지배하고 있었다. 특히, 재무부나 영란은행 같은 기존 기관은 케인스주의에 회의적이었다. 미국의 재무부는 영국보다 개방적이고 뉴딜정책에 정치적으로 동조했지만, 미국 정부의 분권화 체계가 정책 시행을 복잡하고 단편적으로 만들었다고 위어와 스코치폴은 주장한다.

국가중심론에서 복지 발전과 관련하여 제기하는 제도의 문제, 즉 제도의 역할과 영향은 주목할 필요가 있다. 특히 '역사적 제도주의'라 불

---

14 케인스주의(Keynesianism)는 영국의 경제학자 존 메이너드 케인스(Jone Maynard Keynes)가 제안한 경제이론과 정책을 기반으로 한 경제사상이다. 그는 경기침체나 실업 같은 문제가 발생할 때 정부가 적극적으로 개입해서 경제를 안정시켜야 한다고 주장했다. 구체적으로 정부가 지출을 늘리거나 세금을 줄여서 경제활동을 촉진하고, 수요를 증가시켜야 하며(재정정책), 또한 금리를 낮춰서 사람들이 돈을 더 많이 빌리고 소비하도록 유도해야 한다(통화정책)는 것이다.

리기도 하는 접근법은 복지국가 발전에 있어 국가 간 차이를 설명하는 데 크게 기여했다. 스코치폴(Skocpol, 1992)은 미국 복지국가의 발전을 분석하면서 '국가중심, 혹은 정치체(polity-centered) 접근법'을 제시한 바 있다. 이는 정치구조 및 정치체(polity)에서 정치적 행위가 이루어지는데, 이러한 정치적 행위가 정부 및 정당시스템의 제도적 구성에 의해 좌우되는 것으로 이해하는 접근법이다(Skocpol, 1992: 41). 그리고 다음의 네 가지가 복지정책의 발전 및 변화를 이해하는 데에 중요하다고 보았다. ① 국가 및 정당의 형성과 변화, ② 정치제도 및 절차가 사회집단의 정체성, 목표, 역량에 미치는 영향, ③ 집단의 목표 및 역량과 정치제도가 허용하는(역사적으로 변화하는) 접근지점 간의 적합성(혹은 부족함), ④ 기존 정책의 피드백 효과이다(Skocpol, 1992: 41; Cousins, 2005). 스코치폴은 이러한 요소들에 대한 각 국가의 역사적 상황이 복지 발전과 관련하여 국가들 사이의 차이, 혹은 특이성을 만든다고 보았다.

국가중심론은 이렇듯 각 복지국가의 특성 및 발달의 차이를 설명하는 장점이 있지만, 반대로 해소하기 어려운 문제들 또한 존재한다. 무엇보다 국가의 구조와 역할을 너무 강조한 나머지, 다양한 사회적 변수의 영향을 과소평가하고 있다는 점이다. 국가의 대응이라는 것이 결국 사회적 문제나 요구를 전제하기 때문이다. 또한 국가별 차이와 특이성을 밝히는 데 초점을 두므로, 앞서 다루었던 이론들과 달리 복지국가 발달의 공통된 요소들을 도출하기 어렵다는 단점도 있다.

2) 복지국가 유형론

국가중심론에서 일부 단서를 얻었겠지만, 복지국가의 발전이 항상 더 발전한 경우와 그렇지 않은 경우로 구분되는 것은 아니다. 같은 발전의 수준이라 하더라도 그 성격이 전혀 다를 수 있다. 이러한 차이는 복지국가 발전 이론만으로 파악하기 어렵다. 이에 그 차이를 밝히고자 한 시도가 그동안 여러 차례 있었고, 이는 복지국가 유형론이라는 이름으로 알려져 있다. 여기서는 사람들에게 가장 잘 알려지고, 많이 언급되는 유형론 세 가지만 언급하기로 한다. 특히 이들은 복지국가들 사이에서 보이는 성격의 차이를 이해하는 데 도움이 된다.

(1) 잔여적 복지 대 제도적 복지

복지국가의 성격을 구분하는 가장 오래되고, 또한 가장 빈번하게 활용되는 유형화는 잔여적(residual) 복지와 제도적(institutional) 복지의 구별일 것이다(Titmuss, 1958; Wilensky and Lebeaux, 1958). 이 중 잔여적 복지제도는 개인의 욕구가 시장이나 가족을 통해 충족되지 않은 경우에만 제한적으로 국가가 개입하는 모델이다. 이에 따라 복지수혜의 자격은 선별적, 특히 자산조사에서 자원이 없는 것으로 평가된 이들에게만 제한적으로 주어진다. 또한 이들에 대한 지원은 일시적이며, 종종 낙인이 발생한다. 이와 달리 제도적 복지제도는 모든 국민에게 필요한 서비스를 국가가 제도적으로 보장하는 모델이다. 소득이나 욕구와 무관하게 모두가 서비스를 이용할 수 있는 보편적, 평등적인 제도들로 구성되어 있다. 국가의 역할도 전자의 경우 매우 제한적이고 보충적 수준에 머물지만, 후자의 경우는 주요 복지제공자로서 보다 적극적일 것을 요구받는다. 윌렌스키와 르보(Wilensky and Lebeaux, 1958)는 산업화가 진전되면서 잔여적 복지에서 제도적 복지로 점차 변화된다고 보았다. 산업화에 의해 추진되는 사회 및 경제발전의 과정에서 좀 더 포괄적인 사회복지를 제공할 필요성과 역량이 증가한다고 여겼기 때문이다.

현대 복지국가는 사실 이 두 가지 형태의 복지제도를 모두 운영하고 있다. 따라서 이러한 구분만으로 복지국가 자체를 구분하기에는 다소 한계가 있다. 그럼에도 일부 국가, 대표적으로 미국이나 일본은 비교적 잔여적 유형에 가깝고, 스웨덴 등 스칸디나비안 국가들은 제도적 유형에 가깝다는 것이 일반적인 평가이다(김태성·성경륭, 2006). 하지만 여전히 이러한 유형으로 구분하기 어려운 복지국가가 많다.

(2) 산업성취수행 모형

티트머스(Titmuss)는 복지국가의 유형을 잔여형과 제도형으로 구분하는 기존의 주장에 한계를 느꼈다. 두 유형 어디에도 완전히 들어맞지 않지만, 주목할 만한 뚜렷한 특성을 지닌 중간 형태의 유형이 있다고 여겼기 때문이다. 그리고 이를 토대로 복지국가 유형을 ① 잔여적 모형(residual welfare model), ② 산업성취수행 모형(industrial achievement performance model), ③ 제도적 재분배 모형(institutional redistributive model)으로 구분한 바 있다(Titmuss, 1974). 그는 이 세 가지 모형에서 국가의 개입 범위나 복지수혜 자격의 근거, 보편성 및 선별성 정도 그리고 복지정책의 전반적인 목표가 서로 차별적임을 확인하였다.

먼저 잔여적 모형의 특성은 최소한의 국가 개입, 자산조사에 따른 선정, 제한적이고 일시적인 복지혜택 등으로 기존의 잔여적 복지제도와 상당 부분 일치한다. 마찬가지로 제도적 재분배 모형은 보편적인 적용 범위, 광범위한 국가 개입, 사회적 형평성과 연대를 강조한다는 점에서 제도적 복지제도와 유사하다. 이와 달리 산업성취수행 모형은 국가 개입의 정도가 언급한 두 모델의 중간 수준이며, 수급 자격이나 혜택의 수준은 고용 이력이나 기여도 등에 의해 결정된다. 특히 티트머스는 이 모형의 정책 목표가 경제에 기여하는 사람을 지원하여 생산성을 장려하고, 업무성과를 보상하는 데에 초점을 둔다는 점에서 차별적이라고 주장했다. 그리고 사회보험을 이 유형의 대표적인 복지제도로 보았다. 따라서 그가 명시적으로 어떠한 복지국가가 이 유형에 속한다고 밝히진 않았지만, 사회보험에 대한 의존도가 높은 유럽 국가들이 이 유형에 속할 수 있음을 짐작할 수 있다(김태성·성경륭, 2006).

(3) 세 가지 복지체제

복지국가 유형론에서 가장 뛰어난 업적을 이룬 연구를 꼽자면 단연 에스핑안데르센(Esping-Anderen, 1990)의 '복지자본주의의 세 가지 세계'일 것이다. 다른 연구들과 다르게, 그는 '복지국가'가 아닌 '복지체제

(welfare regime)'라는 용어를 사용하였다. 이는 한 사회의 복지시스템에 대해 보다 전체적이고 통합적으로 접근하기 위함이었다. 복지국가가 주로 국가의 역할에만 초점을 두는 것과 달리, 비국가적 행위자와 제도적 장치의 역할, 예컨대 시장과 가족을 포함하여 한 사회에서 복지정책이 운영되는 맥락을 파악하려 한 것이다.

그에 따르면 서구의 복지체제는 크게 세 가지 유형으로 구분된다. 자유주의체제, 보수주의체제 그리고 사회민주주의체제이다. 이러한 구분은 서구의 이념 구도와 깊게 관련되어 있다. 서구는 크게 세 가지 이념, 곧 자유주의, 보수주의 그리고 사회주의 전통을 가진다. 각 이념은 복지와 관련하여 시장과 가족 그리고 국가의 역할에 대해 강조하는 정도가 다르다. 또한 각 국가마다 이들 간의 배열구조가 달라서 복지의 제도화 양상이 다르다. 그는 현대 각 복지국가의 성격은 이러한 차이가 역사적으로 계승된 결과라고 본다.[15]

그렇다면 에스핑안데르센은 어떠한 기준으로 이들 복지체제를 구분했을까? 그는 복지국가의 핵심이 마셜이 제기한 사회적 시민권, 즉 '사회권'이라는 데에 동의한다. 다만, 권리에만 집중하던 기존의 연구들과 달리, 마셜이 지적했던 사회권의 기능과 한계 모두에 주목하였다. 그에 따르면 사회권은 기본적으로 시장에 맞서 개인의 탈상품화(decommodification)[16]를 권리로서 보장하지만, 동시에 그 자체로 사회적 계층화(stratification)를 초래한다. 일반적으로 복지가 사회통합을 증진한다고만 생각하는데, 사실 그렇지 않다는 것이다. 예컨대 시장의 역할을 강조하고 국가 개입을 최소화하기 위해 도입된 자산조사 프로그램은 시장의 이중적 지위(빈곤 대 비빈곤)를 복지 프로그램을 통해 재생산한다. 이

....

15　제도주의에서는 이를 경로 의존(path dependency)이라 부른다. 이는 이전에 만들어진 제도가 이후에 만들어지는 제도에 영향을 미쳐서 같은 경로나 성향을 계속 유지하게 만든다는 의미를 내포한다.

16　앞서 '노동의 상품화'에 대해서 다루었듯이, 여기서 탈상품화란 '노동의 탈상품화'를 의미한다. 이는 노동시장에서 자신의 노동을 팔지 않고서도 생활을 유지할 수 있는 상황을 언급하는 개념이다. 복지정책은 기본적으로 소득이전을 통해 일하지 못하는 상황에서 생활을 유지하게 도와주는 역할을 한다.

와 마찬가지로 소득비례적 성격을 지니는 사회보험 역시 노동시장의 지위(소득/직업 지위)를 재생산한다. 이는 복지국가마다 어떠한 제도를 어떻게 운영하는지, 특히 국가의 복지제공 역할이 시장 및 가족의 그것과 어떻게 맞물려 있는지에 따라 다른 계층화 체계가 발생할 수 있음을 의미한다. 그래서 그는 탈상품화의 수준과 계층화의 양상을 통해 각 복지국가의 성격을 구분할 수 있다고 본 것이다.

기본적으로 자유주의체제는 최소한의 국가 개입과 시장 의존을 강조하는 체제이다. 이와 달리 사회민주주의체제는 광범위한 국가 개입을 통해 보편주의와 사회적 평등을 촉진한다. 중간의 보수주의체제는 사회적 지위와 직업적 유대의 보존을 강조하며, 시장과 국가의 역할은 가족 역할을 보완 및 보충하는 수준에 머문다. 이에 따라 탈상품화 수준은 사회민주주의체제에서 가장 높고, 자유주의체제에서 가장 낮다. 한편, 계층화 양상은 자유주의체제의 경우 시장지위처럼 개별화되거나, 자산조사 및 제한적인 보편적 급여로 인해 이중화 현상을 보인다. 보수주의체제에서는 전통적인 지위나 신분이 고수되는 계층화가 발생한다. 이와 달리 사회민주주의체제는 고수준의 보편주의 제도로 평등화를 강화하여 실질적인 사회통합을 이루는 것으로 평가받고 있다. 다음의 표 7-1은 에스핑안데르센이 언급한 각 복지체제의 주요 특성과 대표적인 국가들을 정리한 것이다.

에스핑안데르센의 복지체제 연구가 복지국가의 성격을 이해하는 데 기여한 바가 크지만, 그만큼 적지 않은 비판을 받기도 했다. 대표적으로 두 가지 비판이 있다. 첫째는 제4의 유형이 있을 가능성이다. 그의 연구에 포함되지 않은 국가들, 예컨대 남유럽 국가들(스페인, 포르투갈, 그리스 등)이나 동아시아 국가들은 그의 분류 방식에 부합하지 않는다는 비판이다. 둘째는 여성주의자들로부터 제기된 비판이다. 주장의 핵심은 탈상품화 논의가 젠더 문제를 적절히 다루지 못한다는 것이다. 여성의 노동, 특히 가정 내 돌봄이나 무급노동은 노동시장에서 상품화되지 않기에 그의 분석에서 처음부터 간과된다. 따라서 복지국가 분석에 젠더

표 7-1 각 복지체제의 특성과 대표 국가

구분	자유주의	보수주의	사회민주주의
분배 원리	• 자산조사 기반 부조 • 높지 않은 보편급여	• 지위의 차이 유지	• 보편주의 • 탈상품화
수혜 대상	• 저소득층(낙인 동반)	• 가족 중심 • 전통적 역할 장려	• 전체 시민
시장 역할	• 중요(시장해결 중심)	• 국가/가족을 보충	• 제한적(국가를 강조)
탈상품화 수준	• 낮음	• 중간	• 높음
계층화	• 개별화/이원화	• 신분/직종의 유지	• 평등화/사회통합적
사례 국가	• 미국, 캐나다, 호주 등	• 독일, 프랑스, 이탈리아 등	• 스웨덴, 덴마크, 노르웨이 등

적 관점이 반영되어야 한다는 것이 여성주의자들의 주장이었다(Lewis, 1992; Orloff, 1993; Sainsbury, 1999).

에스핑안데르센은 후속 연구에서 이러한 비판에 대해 다음과 같이 응답했다. 우선 제4의 유형에 대해서는 반대의 입장을 분명히 하였다(Esping-Andersen, 1999). 비록 가족주의가 강한 남유럽의 특성에 공감하지만, 이는 하나의 변형이라 생각했다. 이와 달리, 자신의 유형론이 실제로 젠더 문제와 복지국가에서 여성의 역할을 간과했다는 사실을 인정했다. 이에 '탈가족화' 개념, 즉 여성이 가족의 책임, 특히 돌봄의 의무로부터 독립적으로 생활할 수 있게 하는 사회적 혜택과 서비스에 접근할 수 있는 정도를 도입하였다. 그 결과 역시 세 가지 체제 간 차이가 확인됐다. 사회민주주의체제에서 국가는 성평등과 여성의 독립을 촉진하는 데 가장 진보적이었던 반면, 다른 두 체제는 전통적인 성역할을 강화할 가능성이 클 것으로 보았다. 특히 보수주의는 전통적인 가족구조를 보존하는 데 중점을 둔다고 분석되었다. 이러한 결과를 통해 그는 여성주의 관점을 포함하더라도 자신의 세 가지 체제가 여전히 유효하다고 주장했다.

3 복지국가의 위기와 미래

1) 복지국가의 위기와 대응

복지국가가 생겨난 이후로 한동안 복지국가는 지속적인 성장을 계속해 왔다. 덕분에 많은 사람이 정부의 복지 혜택을 권리로서 받는, 역사적으로 유례가 없는 시절을 보냈다. 하지만 복지국가가 항상 승승장구하진 않았다. 주기적으로 위기에 직면하면서 부침을 계속해 왔다. 특히 경제적으로 어려워지는 경우 복지비 지출에 대한 비판의 목소리가 커졌다. 대부분 재정 부담이 크다는 이유에서다.

복지국가에 위기가 찾아온 대표적인 시기는 1970년대 전후이다. 1960년대 중반부터 OECD 국가들의 경제성장이 둔화하기 시작했는데, 특히 1차 오일쇼크[17]로 일부 서구 복지국가들에서 마이너스 성장률을 기록하는 등 경기 침체에 빠지게 되었다. 여기에 1979년 2차 오일쇼크[18]까지 더해지면서 유가가 급격히 상승했고, 이는 1980년대 초 세계 경제에 불황을 가져왔다. 그 결과 많은 국가가 높은 인플레이션과 실업률, 경제성장 둔화에 직면하였다. 그리고 이 기간 정부의 공공부채도 크게 증가했다. 복지지출에 대한 수요는 증가한 반면(고실업, 인구고령화로 인한 연금 및 의료비 지출 증가 등), 세수 증가율은 둔화하면서 세입이 감소했기 때문이다(Pierson, 1998). 물론 오일쇼크가 위기의 유일한 원인은 아니었다. 이전부터 진행된 세계화의 가속화로 국가 간 경쟁이 심해

---

17 1973년 유대인의 휴일인 욤 키푸르(Yom Kippur) 기간에 아랍연합군이 이스라엘을 기습 공격하면서 전쟁(욤키푸르전쟁)이 시작되었다. 1차 오일쇼크는 당시 미국과 서방 국가들이 이스라엘을 지원한 것에 대한 대응으로 석유수출국기구(OPEC)의 아랍 회원국들이 촉발한 사건이다. 석유 금수조치를 시행하여 석유공급을 중단함에 따라 석유 가격이 크게 인상되었다. 그 결과 석유에 의존하는 많은 국가에서 인플레이션이 일어났고, 이는 경기 침체로 이어졌다.

18 2차 오일쇼크는 이란혁명(1978~1979)으로 인한 정치적 혼란과 그에 따른 불안정으로 이란의 석유 생산과 수출이 심각하게 중단되면서 발생했다. 더욱이 이란과 이라크 간에 전쟁이 발생하면서 석유 공급이 어려워지면서 유가가 급등하였다.

졌고, 후발 산업국가들의 약진으로 선진 산업국가들의 산업경쟁력은 이미 크게 떨어져 있었다. 특히 무역 경쟁의 심화와 자본 이동성 증가로 대표되는 세계화는 복지국가의 성격을 현격히 변화시키는 주범으로 꼽혔다. 이에 따라 국가경쟁력 유지를 위해 세금과 공공 지출을 삭감하라는 목소리가 커졌다. 복지국가에 위기가 찾아온 것이다.

위기에 직면한 복지국가는 좌우 모두에게서 비판의 대상이 되었다. 하지만 비판의 방식은 달랐다. 좌파는 복지국가의 위기가 자본주의 사회에서 불가피할 수밖에 없음을 강조했다. 앞서 복지국가 발달 이론에서 보았듯이, 복지국가 자체가 지닌 모순적 역할 및 성격으로 재정 위기가 발생한다고 여기기 때문이다. 따라서 이들은 현 질서체계에서 이 위기가 해결될 수 있을지 의심했다. 유일한 해결책으로 사회주의로의 이행을 얘기하는 이들도 있었다(O'connor, 1973: 122). 반면, 우파는 항상 복지국가가 경제적, 정치적 그리고 도덕적 자유와 불일치한다는 것을 강조했다. 이들은 통칭 '신우파(new right)'로 불렸는데, 이는 크게 두 가지 사상이 결합된 것이었다. 하나는 더 자유롭고 개방적이며, 더 경쟁적인 경제를 주장하는 자유주의 성향이고, 다른 하나는 사회적·정치적 권위를 복원하는 데 관심이 있는 보수주의 성향이다. 이들은 자원의 행정적·관료적 배분은 시장방식보다 좋지 않으며, 후원자나 수혜자 모두 도덕적으로 불쾌할 뿐만 아니라, 복지서비스 소비자의 선택권을 박탈하는 것으로 여겼다. 또한 막대한 자원을 투입함에도 빈곤을 없애거나 기회의 불평등을 근절하는 데 실패했다고 주장했다(Gamble, 1988). 오히려 사회의 일반적인 복지나 사회정의가 국가의 개입으로 감소했다는 것이다. 관대한 복지 프로그램이 정부의 재정 부담을 초래했고, 복지 의존성을 조성하여 사람들로 하여금 일하지 않도록 만들었다는 이유에서다. 따라서 국가의 복지제공 역할을 축소하고, 보다 시장지향적인 정책을 도입해야 한다는 게 이들의 주장이었다.

신우파들의 이러한 주장은 대중들에게도 전이되었다. 복지 프로그램의 비효율성, 낭비, 남용의 문제를 인식하면서, 여론이 점차 복지국가에 반대하는 입장으로 선회하기 시작했다. 또한 경제 상황이 악화되면서 복지국가가 더 이상 이를 감당할 수 없다는 생각이 확산되었다. 이와 동시에 사회복지정책의 팽창에 대한 대중의 지지가 감소했다. 재정 위기로 복지국가의 경제적 기반이 침식된 한편, 복지국가의 정치적 기반도 크게 위태로워지기 시작한 것이다. 실제로 이 시기에 영국과 미국을 비롯한 많은 복지국가가 보수주의 정부로 바뀌거나, 복지정책에서 보수적 색채가 강해졌다. 이러한 변화는 1980년대까지 지속되었고, 궁극에는 보수주의의 광범위한 정치적 기반이 되었다.

일부 학자들은 이러한 변화가 복지국가를 축소시킬 것으로 예상했다. 대표적으로 세계화론자들을 꼽을 수 있다. 이들은 세계화로 인한 경쟁의 심화는 국가의 정책 역량을 훼손하고, 임금과 노동조건의 불평등을 심화시킬 것으로 보았다. 또한 사회적 보호의 이념적 기반을 약화시켜 궁극적으로 복지지출을 줄이도록 할 것이라 예측했다(Mishra, 2000/2002). 반면, 일부 학자들은 오히려 보상효과(compensating effect)를 강조하기도 했다. 이들은 세계화로 사회적 위험에 더욱 노출된 국가들에서 보호장치의 필요성을 더 강하게 느낄 것으로 보았다. 그래서 복지국가의 지지기반이 축소되기보다는 오히려 강화되어 보다 적극적으로 복지정책을 확대해 나갈 것이라 주장했다(Rodrik, 1998). 경제적 관점에서 세계화의 부정적 영향을 강조한 것과 다르게 정치적 관점에서 국가가 세계화에 어떻게 대응할지에 주목한 것이다.

그러나 이 두 가지 관점 모두 세계화가 복지국가에 미치는 영향이, 그것이 긍정적이든 혹은 부정적이든, 모든 국가에서 동일할 것이라 본다는 문제가 있다. 제도주의자들은 이러한 입장에 반대한다. 이들은 세계화에 대한 복지국가의 대응은 각 국가의 개별적 상황, 특별히 사회경제적 상황과 그들이 가진 제도적 특성에 따라 다르다는 점을 강조한다. 세계화의 압력이 동일할지라도 각 국가의 제도적 상황과 정치 과정은 다양하며, 그것이 다른 결과를 만들어 낸다는 것이다. 이러한 입장의 가장 대표적인 인물이 폴 피어슨(Paul Pierson)이다. 그는 복지국가의 발전기와 다르게 축소기에는 '축소의 정치'가 작동한다고 주장했다. 구체적으로 복지 프로그램을 축소하는 것은 제도적 저항과 대중의 반대, 정치인의 비난 회피 때문에 정치적으로 어렵다는 것이다. 복지 프로그램은 일단 만들어지면 삭감에 저항하는 강력한 지지층과 제도적 구조, 즉 거부점(veto point)을 만들어 낸다. 급격한 복지감축을 위해서는 정치적으로 비용을 많이 치러야 하는 것이다. 또한 과거의 정책은 미래 정책에 대한 실행 가능한 옵션의 범위를 제한한다(경로 의존성). 따라서 축소를 시도할 때, 대대적인 개혁보다는 정치적으로 덜 민감한 분야에 대해, 그것도 소란스럽지 않게 미묘하고 점진적으로 진행할 수밖에 없다. 대중의 비난을 회피하기 위한 전략인 것이다. 따라서 복지축소의 양상은 각 국가의 제도적·정치적 상황에 따라 달라질 수밖에 없으며, 그조차도 매우 제한적이라는 것이 그의 주장이다(Pierson, 1995).

복지국가 위기에 대한 제도주의자들의 생각은 복지국가가 쉽게 후퇴하지 않을 것이라는 점을 사회에 각인시켰다. 실제로 많은 복지국가에서 복지 프로그램을 축소하려는 시도가 있었으나 대부분 제한적으로 끝나거나, 심지어 복지 프로그램이 확대되는 경우도 적지 않았다. 그러나 분명한 사실은 위기 이후의 복지국가는 과거처럼 확대일로를 걸을 수만은 없게 되었다는 것이다. 한편으로 복지 확대에 대한 우려가, 다른 한편으로 복지 축소에 대한 저항이 상존하는 시대에 접어들었다. 더욱이 복지국가 역시 변화된 환경에 적응해야 하는 과제를 안고 있다. 지속되고 있는 인구고령화를 비롯하여, 주기적인 경제위기, 기후변화, 로봇과 AI로 대표되는 기술 변화 등이 대표적이다. 이러한 것들은 그 자체로 사회에 여러 문제를 양산하지만, 그와 더불어 경제적 및 정치적 구조를 변화시키기도 한다. 그래서 복지국가를 떠받치고 있는 사회적 기반을 뿌리 채 흔들 수도 있다. 아래에서는 마지막으로 이러한 문제들을 개략적으로나마 살펴보도록 하자.

2) 복지국가의 미래

복지국가의 미래를 얘기할 때 항상 등장하는 주제는 바로 '복지국가는 지속 가능한가?'이다. 복지국가가 지닌 구조적 문제, 이와 더불어 최근의 변화들에서 오는 도전들로부터 복지국가가 본질적 가치를 유지하고 그 기능을 지속적으로 수행할 수 있을지 의문을 갖는 것이다. 많은 연구가 다양한 방식과 관점에서 이 문제를 제기했는데, 그 핵심은 크게 세 가지 문제와 관련되어 있다(Glennerster, 2010).

첫째는 재정적 문제이다. 복지국가들 상당수는 이미 오랜 재정 적자로 꽤 높은 수준의 공공부채를 지고 있다. 그런데 재정을 압박하는 요인들이 줄기보다는 오히려 증가하고 있다는 문제가 있다. 대표적인 것이 저출생과 인구고령화 문제이다. 의학 기술의 발달로 기대수명은 계속 늘어나는 반면, 출생률은 감소하여 거의 모든 복지국가에서 노인인구의 비율이 계속 증가하고 있다. 저출생은 기본적으로 '일할 사람의 부족'이자, 동시에 '소비할 사람의 부족'을 의미한다. 반면 고령화는 '부양받아야 하는 대상의 증가'를 뜻한다. 이는 한 사회의 생산성 문제와도 연결된다. 특별히 생산성이 급격하게 증가하지 않는 한, 일할 사람 및 소비할 사람의 부족은 경제의 활력을 위축시키기 때문이다. 결국 연금과 의료, 돌봄 등에 대한 비용은 지속적으로 증가하지만, 그에 부합하는 재정의 확보가 쉽지 않다는 의미이다.

그뿐만이 아니다. 사회의 변화로 인해 제기되는 재정적 위험도 적지 않다. 로봇이나 AI 등 자동화 기술의 도입은 노동시장에 적잖은 영향을 미칠 것으로 예상된다. 자동화가 진행되면서 단기 계약, 혹은 긱 워크(gig work)[19] 등의 불안정 고용이 증가하고 있는데, 이는 정규 고용을 토대로 만들어진 각종 사회보장제도의 기반을 흔들 수 있다. 보험료 등

....

19   고용주의 필요에 따라 단기로 계약을 맺거나 일회성 일을 맡는 등 초단기 노동을 제공하는 경우를 말한다.

의 사회보장 기여금 확보에 부정적이기 때문이다. 더욱이 불안정 고용
은 실업보험이나 공공부조 등에 대한 의존도를 높여 재정지출을 증가
시킬 것으로 예상된다. 기후변화 역시 복지국가에 재정적 압박을 더할
듯하다. 기후변화는 여러 자연재해나 건강상의 문제를 초래한다. 코로
나19를 통해 경험했듯이, 전염병과 기타 보건 비상 상황은 복지서비스
에 대한 수요를 증가시킨다. 다른 한편으로 기후변화는 정부의 재정지
출과 관련하여 우선순위를 재고시키고 있다(Gough, 2010). 기후변화에
대응하기 위해 전통적인 복지 분야가 아닌 다른 분야, 예컨대 자연재
해에 대한 대비나 대응(복구), 재생에너지 등과 같은 친환경 관련 투자
나 인센티브 등에 지출의 우선순위를 두는 것이다. 이에 따라 복지국가
의 기본적 기능에 대한 지출이 순위에서 밀리고, 그 결과 지출 규모 자
체가 줄어들 여지가 있다. 더욱이 환경보호를 위한 경제개발 억제 등의
조치들은 복지국가의 경제적 기반을 손상시킬 우려도 제기된다(Bailey,
2015).

둘째는 정치적 문제이다. 복지국가는 경제적 기반 위에 세워진 정치
적 의사결정의 산물이다. 그런 점에서 복지국가의 정치 환경은 향후의
복지국가 기능과 성격에 크게 영향을 미칠 수 있다. 저출생과 인구고령
화는 여기에서도 중요한 쟁점이다. 기본적으로 고령화는 노인과 관련된
복지정책들, 예컨대 의료와 장기요양 그리고 연금 문제에 대하여 노인
들의 목소리에 힘을 실어 준다. 정치인들이 이러한 요구에 반응하지 않
을 수 없기 때문이다. 반대로 그 비용을 감당해야 하는 젊은 세대의 저
항도 만만치 않을 듯하다. 고령화 수준을 고려할 때, 향후 감당해야 할
부양비가 엄청날 것이 자명하기 때문이다. 더욱이 이들은 전통적인 복
지가 아닌, 자신들의 미래에 닥칠 기후변화나 환경 등의 문제에 더 주의
를 기울이는 경향이 있다. 따라서 전통적인 복지국가의 기능 및 역할과
관련하여 세대 간에 정치적 균열이 발생할 여지가 있는 것이다.

또 다른 쟁점은 포퓰리즘(populism)과 반복지 정서이다. 많은 복지
국가에서 경제성장률이 과거에 비해 크게 둔화되었으며, 심지어 정체

되어 있는 경우도 적지 않다. 더욱이 자동화 및 기술 발전으로 일자리가 사라질까 염려되고 있다. 이러한 상황에서 복지지출을 위한 세금 인상은 정치적 저항을 초래할 수 있다. 이는 이주민을 비롯한 여성, 노인 등 일부 복지수혜자들에 대한 반감으로 이어지기도 한다. 실제로 최근 쇼비니즘(chauvinism)[20]이 세계적으로 확산되는 실정이다. 그리고 우파 포퓰리즘은 항상 이러한 상황, 즉 경제적 불안과 사회적 불만이 누적된 상태에서 등장한다. 문제는 이러한 쇼비니즘과 포퓰리즘이 복지국가의 보편적 성격을 훼손하고 사회분열을 야기할 수 있는 매우 큰 위험 요소라는 것이다(Greve, 2021). 심지어 복지국가를 포용보다는 배제의 도구로 전락시킬 우려 또한 존재한다. 쇼비니즘과 우파 포퓰리즘이 기본적으로 배타적이고 민족주의적 접근을 강조하기에 민주적 규범을 침식하고 소수집단을 소외시키는 경향이 있기 때문이다.

마지막으로 윤리적 문제이다. 앞의 내용들을 통해 짐작하겠지만, 복지국가가 추구하는 가치는 모든 시민의 복지를 국가가 보장하는 것이다. 이를 통해 계층 간 불평등을 해소하고, 사회적 연대를 강화하는 것이 복지국가에서의 사회정의다. 복지국가는 이를 위해 국가 중심의 사회적 보호장치를 마련하여 운영함으로써 정당성을 인정받는다. 그런데 복지국가에 닥친 경제적 및 재정적 어려움과 그에 대한 국가의 대응 방식은 이러한 복지국가의 윤리적 기반을 훼손하고 있다는 평가가 있다. 최근 많은 복지국가가 생존을 위해 복지 프로그램의 상당수를 시장화하고 있다. 자조를 강조하기 시작한 것이다. 이는 한편으로 서비스 이용자들에게 선택권을 보장하고, 공급자 경쟁을 통해 질 높은 서비스를 제공하기 위한 것으로 정당화된다. 그러나 다른 한편으로 사회문제나 위험에 대한 집단적 대응을 기본 가치로 삼았던 복지국가가 이를 포기한 것으로 이해되기도 한다. '신자유주의로 미끄러짐', '사회적인 것의 개

---

20 쇼비니즘은 배외주의(拜外主義), 혹은 폐쇄주의(閉鎖主義)라고 불린다. 이는 자신과 다른 사회집단을 배척하고 적대적인 태도나 심정을 갖는 것을 말한다. 이주민에 대한 적대감, 성별 적대감 등이 이와 관련되어 있다.

인화', 혹은 '사회정책의 개인화' 등의 표현이 대표적이다(Ellison, 2006; Glennerster, 2010). 심지어 '사회정책이 DIY(Do-It-Yourself) 산업의 한 분야로 자리 잡고 있다'라는 강한 비판이 제기되기도 한다(Klein and Millar, 1995).

또한 복지국가는 공정성, 혹은 형평성 문제와 관련해 여러 고충이 있다. 복지국가는 근본적으로 불평등을 줄이고 사회적 연대를 촉진하는 것을 목표로 한다. 그러나 제도적 결함이나 정책 선택의 오류, 기타 여러 사회적 요인으로 특정 계층이나 집단 간의 불평등을 악화시키는 의도하지 않은 결과를 초래하기도 한다. 사실 복지국가는 역사적으로 계급의 불평등을 제거하는 데에 중점을 두었다. 그래서 복지제도들은 대부분 경제활동을 하는 남성 노동에 초점을 두고 설계되었다. 이에 따라 비경제활동, 특히 가사나 육아와 같은 가정 내 여성의 무급노동에 관한 제도는 적절히 고려하지 못했다(Lewis, 1992). 그뿐만 아니라 인구고령화로 인해 제기되는 기존 사회보장제도들, 특히 연금과 의료, 장기요양 등을 둘러싼 세대 간 갈등 역시 복지국가의 제도적 선택이 낳은 사회적 결과물이다. 쇼비니즘이나 우파 포퓰리즘, 그리고 이들이 양산하는 이민자 및 소수자 배제 문제도 같은 맥락에서 이해될 수 있다. 이 외에 노동시장 이중화, 자산조사로 인한 낙인, 서비스 이용의 지역 간 격차 등도 결국 복지 프로그램의 설계 및 운영 과정에서 발생하는 문제들이다. 이는 복지국가 자체도 공정성 및 형평성 시비를 양산하는 체계임을 의미한다. 따라서 이러한 복지 프로그램이 불공정하다고 여기는 사회구성원들 사이에서 복지국가에 대한 반감이 발생할 수 있고, 이는 자칫 복지국가의 윤리적 기반을 침식시키는 기제로 작동할 여지가 있다.

마지막으로 환경문제와 관련하여 제기되는 윤리적 딜레마이다. 현재의 복지국가를 지속시키는 경제적 및 정치적 기반은 환경적 지속가능성과 긴장 관계에 있다. 앞서 언급했듯이, 복지국가는 경제성장을 통해 재원을 확보하는데, 이는 종종 환경적으로 지속 불가능한 성장에 의존한다. 탄소배출에 의존하는 작금의 경제성장 매커니즘이 환경을 악화시키기 때문이다. 반대로 탈탄소 전략으로 경제활동을 제약하면, (다른 조건이 동일하다면) 복지국가의 재정 기반을 위협하여 전통적인 위험관리 체계를 위협할 수 있다(Bailey, 2015). 이에 따라 복지국가의 지속가능성과 환경의 지속가능성 사이에 윤리적 딜레마가 발생할 여지가 있는 것이다. 따라서 이러한 딜레마에 빠지지 않기 위해서는 환경적 지속가능성을 해치지 않으면서도 재정적 지속가능성을 유지할 수 있는 정책적 방향을 복지국가는 모색해야 한다.

미래의 복지국가에 닥칠 이러한 위험들은 복지국가의 지속가능성에 회의감을 들게 만든다. 그러나 반대의 의견도 적지 않다. 제도주의자들은 복지국가가 여전히 대중들 다수로부터 지지받고 있으며, 그래서 예전처럼 축소나 해체가 쉽지 않을 것이라 본다. 또한 복지국가의 구조적 문제나 사회 변화에 따른 정치적 균열은 보다 보편적이고 포용적인 제도를 통해 해결될 수 있다는 주장도 있다. 재정문제에 관해서는 사회적 투자(social investment)의 중요성을 강조하기도 한다. 복지지출이 사회적 비용이 되기보다는 생산성 향상을 위한 투자가 되어야 한다는 것이다. 이 외에 다양한 의견들이 있지만, 이들 모두는 결국 복지국가의 회복력에 기대고 있다. 변화하는 환경에도 복지국가는 적응해 나갈 것이라 기대하는 것이다.

복지국가는 그 기원이 자본주의 사회에서 제기되는 각종 사회문제, 대표적으로 빈곤과 불평등을 해소하기 위해 만들어진 국가 형태이다. 그런 점에서 관련 문제들이 지속되는 현재나 미래에도 복지국가의 필요성은 여전히 유효할 것이다. 그러나 앞서 살펴보았듯이, 복지국가에서 행해지는 정책들은 항상 그 사회의 경제적, 정치적, 사회적 그리고 윤리적 문제들과 다양한 방식으로 얽혀 있다. 따라서 정책을 설계하거나 계획할 때는 작금의 상황뿐 아니라 미래에 발생할 수 있는 문제까지 고려하는 신중함을 지녀야 한다. 특히 다양한 세대의 요구와 권리의 균형을 맞추고, 공정성과 형평성을 보장하고, 대중의 신뢰를 유지하는 것은 모두 복지국가의 지속을 위해 매우 중요하다. 그래야 정치적 및 윤리적 정당성을 확보할 수 있기 때문이다. 그뿐만 아니라 친환경 성장동력을 발굴하는 것도 복지국가의 재정적 지속가능성을 확보하는 데 필수불가결한 사안이다. 무엇보다 복지국가 스스로 불평등 감소 및 사회통합을 향한 노력을 포기하지 않은 것이 복지국가의 지속가능성을 확보하는 첫걸음임을 기억할 필요가 있다.

토론주제

1   한국이 복지국가가 될 수 있었던 배경과 동력은 무엇이었을까?

2   앞으로 복지국가에 위협이 될 만한 문제들은 무엇일까? 이들은 어떠한 방식으로 복지국가에 영향을 미칠까?

3   복지국가는 미래에도 유효한 국가 형태일까?

제 8 장

사회복지정책의 이념과 제도들

사회복지정책은 어떻게 만들어질까?

인간은 누구나 행복한 삶을 염원한다. 그러나 삶을 살아가다 보면 생애주기 중 특정 시기에는 누구나 어려움을 경험하기도 하고, 그 어려움으로부터 홀로 헤쳐 나오기 어려운 경우들도 있다.

오늘날 복지정책이 확대되고 복지수준도 상향되고 있지만 사회변동에 따라 사회문제와 위험도 새롭게 증가하고 있다. 이제 사회구성원이 경험하는 어려움도 갈수록 다양화·보편화되고 있다. 이러한 사회문제는 개인과 가족의 노력만으로는 해결하기가 어렵다. 이는 갈수록 개인들의 삶에 사회의 정책적 개입이 더 필요해지는 이유가 되고 있다.

사회복지정책은 산업화 이후부터 급속도로 발전하면서 중요한 국가정책의 한 영역으로 공고화되어 왔다. 사회복지정책의 구체적 양상들은 시대와 국가별로 차이를 보이지만 사회복지정책의 발전 과정에서는 공통적인 특성들이 발견되기도 한다.

이 장에서는 사회복지정책의 개념과 사회복지정책의 근간이 되는 대표적 이념들 그리고 사회복지정책의 사례로서 우리나라의 제도들을 개괄적으로 살펴보고자 한다.

1 사회복지정책이란 무엇일까?

1) 사회복지정책의 개념

사회복지정책(social welfare policy)이란 용어는 '사회복지(social welfare)'와 '정책(policy)'이라는 두 단어가 합쳐진 것이다. 따라서 사회복지정책이 무엇인지를 개념적으로 이해하기 위해서는 사회복지와 정책의 의미를 먼저 살펴보아야 한다.

사전적으로 사회복지는 '취약계층을 돕기 위해 조직화된 공적 또는 사적 사회서비스'라고 설명된다(Merriam-Webster Dictionary, 2021). 그런데 사회복지의 개념은 개인이나 사회가 각기 지향하는 관점에 따라 다양하게 규정될 수 있다. 일례로 대표적 사회복지 이론가인 윌렌스키와 르보(Wilensky and Lebeaux, 1958)는 사회복지를 '국민의 경제적 조건, 건강 그리고 인간의 능력을 유지시키거나 향상시키는 기능을 발휘하는 기관, 제도 및 프로그램이 조직화된 체계'라고 정의하였다.

일반적으로 정책은 '정부 기관의 일반적인 목표와 허용 가능한 절차를 포괄하는 전반적인 계획'으로 이해된다. 그러나 정책의 개념은 정부의 계획이나 지침으로만 국한되는 개념은 아니며, '미래의 의사결정과 관련된 방침이나 행동 방식'으로 광의로 설명되기도 한다.

사회복지와 정책이라는 개념에 대한 앞에서의 정의를 기반으로 할 때 사회복지정책은 '음식, 주거, 소득, 건강, 고용 등에 대한 개인들의 욕구 해결을 돕기 위한 정부의 활동'(DiNitto and Johnson, 2021)이라고 정의해 볼 수 있다. 하지만 사회복지와 정책이라는 개념이 다양한 의미로 규정될 수 있는 만큼 사회복지정책의 개념도 다양하게 구분되어 설명될 수 있다. 예를 들어 사회복지정책은 협의로는 국가와 지방공공단체가 계획하는 사회복지의 목적 달성을 위한 방법과 절차 등을 포함한 방침이라고 할 수 있고 광의로는 사회복지의 추진이나 수행을 위한 국가나 지방공공단체 혹은 기타 공적이거나 사적인 여러 단체와 기관의 방침을 의미한다고 할 수 있다. 또한 영국과 독일 등 유럽의 복지 선진국들은 사회복지정책보다는 '사회정책(social policy)'이라는 최광의의 개념을 사회복지정책을 대체하는 용어로 사용하기도 한다.

2) 사회복지정책의 개념 관련 쟁점들

사회복지정책의 개념은 인간과 사회를 바라보는 관점과 지향하는 가치 등에 따라 다양하게 규정될 수 있다. 그리고 한번 정의된 개념의 의미도 영속적이고 불변하는 것이 아니라 시대와 사회의 흐름에 따라 탄력적으로 변화할 수 있다. 그런 이유로 사회복지정책의 개념을 설명할 때에는 개념적 정의를 둘러싼 다양한 쟁점들이 형성될 수 있다.

사회복지정책의 개념과 관련된 대표적 쟁점들은 욕구의 대상과 해결 방식, 욕구 해결의 범위와 해결 주체, 서비스의 제공자와 소비자 간의 관계 등에 대한 것이다(송근원·김태성, 2008). 이 쟁점들은 사회복지정책이 어떤 사람들을 대상으로, 어떤 욕구의 범위까지, 어떠한 방식으로, 누구를 통해, 어떻게 해결하도록 할 것인가를 이해하는 관점의 차이를 반영하는 것이라 할 수 있다.

사회복지정책은 사실 시대와 사회에 따라 다르게 형성될 수밖에 없고, 또 한 시대와 사회 내에서도 사회의 변동 양상을 반영하며 변화할 수밖에 없다. 그러므로 사회복지정책의 개념을 규정할 때 특정 정의만이 올바른 것이라고 주장하는 태도는 결코 바람직하지 않다. 사회복지정책의 개념을 정의할 때 고려해야 할 점은 사회복지정책의 개념은 어느 하나의 특성만으로 규정될 수 있는 것이 아니며, 사회변동을 반영하여 지속적으로 변화할 수 있다는 점이다.

3) 사회복지정책의 영역

사회복지정책은 개인이 가진 다양한 욕구가 잘 충족될 수 있도록 지원하는 것을 목표로 한다. 일반적으로 개인은 의식주 문제를 해결하기 위한 생존의 욕구뿐만 아니라 교육과 문화 그리고 여가 등에 대한 다양한 욕구를 가지고 있다. 인간이 삶을 영위하는 데에는 다양한 욕구 중에서도 음식이나 의복 등 기본적 재화를 구입할 수 있는 소득, 건강을 유지하기 위한 의료서비스, 그리고 안락한 주거 환경 안에서 일상을 지속할 수 있는 주거 문제가 가장 필수적으로 해결되어야 한다. 그런 이유로 거의 모든 국가의 사회복지정책은 이러한 생존의 욕구를 보장하기 위한 정책 영역을 핵심으로 설정하고 있다. 그러나 인간은 단순히 생존만을 목표로 하여 살아가는 존재가 아니므로 인간이 삶의 과정에서 경험하게 되는 다양한 사회적 욕구를 충족시키는 것에 대해서도 중요하게 다루어야 한다. 따라서 개인의 역량을 개발하고 사회규범을 학습하는 것과 관련된 교육 서비스나 사회적 약자들을 위한 대인 서비스 등 보다 확장된 영역들도 사회복지정책의 주요 영역으로 포괄되어야 한다. 그런 맥락에서 베버리지(Beveridge, 1942)는 소득보장, 의료보장, 교육보장, 주택보장, 고용보장을 사회정책의 핵심 분야로 주장했고, 타운센드(Townsend, 1970)는 사회복지정책의 분야를 소득보장, 건강, 교육, 주택, 사회서비스 등의 5가지로 규정한 바 있다.

대체로 오늘날 사회복지정책의 핵심적 영역(협의의 영역)은 소득, 의료, 주거, 교육, 사회서비스로 보는 것이 일반적이다. 그러나 사회환경의 변화로 인해 인간의 욕구도 다양화되면서 사회복지정책의 영역도 차츰 확장되어 가고 있으며, 오늘날에는 조세와 고용 분야도 사회복지정책의 광의의 영역으로 포괄된다.

사회복지정책의 영역이 점차 확장되는 것은 사회복지정책이 어떻게 규정되어야 하는가에 대해 끊임없이 논쟁을 유발하는 원인이 되고 있기도 하다. 오늘날 사회복지정책의 개념적 특성은 유동성으로 규정될 수 있다. 이와 같은 속성으로 인해 앞으로 사회복지정책의 개념이 어떻게 변화될 것인가에 대해서 누구도 장담하기는 어렵다. 따라서 사회복지정책을 공부하는 사람들은 항상 열린 관점에서 사회의 변화를 이해하며, 사회복지정책도 항상 변화할 것이라는 기본 전제를 가지고 변화양상을 수용적으로 탐구하려는 태도를 가지는 것이 바람직하다.

2 사회복지정책의 이념

1) 사회복지정책의 이념에 대한 개념적 이해

사회복지정책의 이념(ideology)은 사회복지정책을 바라보는 시각이나 입장이라고 할 수 있다. 사회복지정책의 이념은 인간과 사회에 대한 다양한 가치관과 사회사상들을 통해 영향을 받으며 형성되었다. 자본주의 체제가 정착되면서 사회복지는 시장자본주의 내에서의 부의 분배 문제와 깊은 상관성을 형성하게 된다. 그로 인해 사회복지정책의 이념은 주로 시장에 대한 입장을 중심으로 발달하게 된다.

사회복지정책의 이념들은 기존의 시장경제 질서를 옹호하거나 비판하면서 시대별로 다양하게 변화하였다. 따라서 사회복지정책의 태동기라 할 수 있는 중세 봉건시대 이후부터 오늘날에 이르기까지 사회복지정책의 발달에 영향을 미친 주요 이념들이 무엇이 있는지 시대별로 살펴 보고자 한다.

2) 시대별 사회복지정책의 이념들

(1) 봉건시대부터 초기 자본주의 시대

① 온정주의

온정주의(paternalism)는 '선의의 의도로 개인, 혹은 단체의 자유나 자주성을 제한하는 행위'(Dworkin, 1972)를 의미하는 개념으로, 중세 봉건사회에서 대두된 이념이다. 봉건적 생산양식의 경제적 기초는 지배자인 봉건영주 계급에 의한 토지의 소유와 농노의 인격적 종속이었다. 농노들은 빈번한 전쟁과 귀족의 횡포 등으로 인해 대토지 소유자가 보호해 주지 않으면 생활하기가 어려웠다. 봉건영주는 자신의 경제적 유익을 추구하기 위해 농노가 필요하였다. 이러한 상호 간의 이해관계 속에서 영주는 피지배 농노들에 대한 온정적 보호라는 인격적 지배를 통해 그들과의 경제적, 사회적, 정치적 예속관계를 합리화하였다. 그리고 더나아가 온정주의 이념하에서 봉건영주는 자신의 영지 내에 있는 빈민, 부랑자, 과부, 홀아비, 고아 등을 보호하는 사회문제의 해결자로서 역할도 수행하였다. 이러한 행위는 '고귀한 도덕적 책무(noblesse oblige)'로 지지받았다.

② 중상주의

중상주의(mercantilism)는 15세기 후반 이후 봉건사회에서 자본주의사회로 이행하는 과도기적 단계에서 금이나 은과 같은 귀금속으로 측정되는 국가의 부는 생산 과정이 아니라 무역을 중심으로 한 상업에서 창출된다고 본 경제 사상이라고 할 수 있다.

중상주의자는 노동, 특히 다수의 근면한 빈민의 노동을 매우 중요시했다. 중상주의자는 부의 원천을 화폐의 증대로 보았고, 화폐의 증대는 수출 확대에 의해 좌우되므로 상품 수출을 위한 국내 상품의 증대가 필요하다고 보았다. 따라서 국내 상품의 증대를 위한 생산적 노동력의 확보가 필요하므로 중상주의자는 빈민의 나태를 없애고, 빈민에게 일자리를 제공하는 것을 중요시하였다. 빈민에게 노동할 기회를 부여하는 것은 노동을 통한 국가 부의 증대와 직결되기 때문이었다.

중상주의는 봉건적 온정주의보다는 빈민에 대한 사회적 보호의 적극성이라는 측면에서 진일보된 이념이었지만 빈민에게 노동윤리를 강요함으로써 그들을 저임금 체계에 구속시키고자 한 경제적 지배계급 중심의 발상이라고 할 수 있다(Smith, 1776).

(2) 근대 자본주의 시대

① 자유주의

자유주의(liberalism)는 본래 서구의 근대 시민사회 형성기(대략 16~18세기)에 구체제에 대항하는 근대 시민계급의 사회사상으로 나타난 이념이다. 특히 이 시기에 나타난 자유주의는 고전적 자유주의로 불린다.

자유(liberty)란 개인의 생명과 재산, 자유의 보장 등을 추구하며 자신들의 모든 정당한 사회적 권리를 추구하는 가치이다. 자유를 우선적 가치로 추구하는 자유주의는 개인의 자유로운 권리와 자율성을 강조하면서 타인에게 피해를 주지 않는 한 개인에게 최대한의 자유가 보장되어야 한다고 주장한다(손철성, 2007).

아담 스미스(A. Smith)는 자본주의의 양대 지주인 시장경제와 사유재산제도의 효율성을 설득력 있게 제시하면서 시장자유주의를 설파하였다. 그의 주장은 자본주의 내에서 빈곤이나 불평등 등의 문제를 개인의 책임으로 치환하고, 복지에 대한 사회의 개입을 부정적으로 인식하는 관점의 이론적 토대로 활용된다.

② 마르크스주의

마르크스(Marx, 1985)는 원시 공동체사회에서부터 자본주의사회에 이르기까지 모든 생산 제도는 필연적으로 지배계급과 피지배계급을 낳

그림 8-1 마르크스의 역사 발전 과정

고, 각 시대는 지배계급이 피지배계급으로부터 빵을 빼앗는 방법의 차이에 따라 구분될 뿐이라고 보았다(그림 8-1 참조).

마르크스주의자는 중세 봉건제도에서는 영주들이 농노의 이익을 가로챘지만 자본주의사회에서는 자본가가 상대적으로 많은 부를 탈취해 간다고 보았다. 이들은 또한 복지국가의 복지정책은 개인의 능력을 향상시키며 시장의 맹목적 역할에 대한 사회적 통제 기능과 인간을 규제하여 자본주의 경제에 적응시키는 경향을 동시에 갖고 있기 때문에 복지국가는 그 자체가 모순을 가지고 있으며, 결국 붕괴의 위기에 직면한다고 주장한다(이진숙·임소연, 2021).

(3) 현대

① 사회민주주의

19세기 말에 이르러 영국을 위시한 서유럽국가들의 경제가 순조롭게 발달하고 보통선거 제도의 도입, 노동조합운동의 활성화, 사회복지정책의 확대 등으로 자본주의의 자체적 생존능력이 크게 향상되자 급진적 마르크스주의에 대한 수정운동이 진영 내부에서 일어나기 시작하였다. 그 소산이 사회주의의 지적 전통을 이어받으면서도 온건한 개혁적 사회주의를 추구하는 사회민주주의(social democracy)라고 할 수 있다(이진숙·임소연, 2021).

복지국가들이 위기를 맞이하게 되면서 21세기에는 수정된 사회민주주의가 등장하는데, 이를 의미하는 '제3의 길(The Third Way)'이라는 용어가 회자된 것은 토니 블레어(T. Blair) 영국 수상과 앤터니 기든스(A. Giddens)가 제시한 정책 노선 때문이다(Giddens, 1999). 이들은 자신

들이 추구하는 노선을 미국의 시장자본주의나 소련의 공산주의적 계획
경제와 구분되는 것이라고 하면서 제3의 길로 지칭하였다. 그러므로 제
3의 길이 추구한 이념적 정향은 좌파와 우파 사이의 노선을 실현하고자
한 것이라 할 수 있다.

② 케인스주의

자유주의적 이념에 의해 지탱된 자본주의는 1930년대에 이르러 위
기 상황에 봉착하였다. 미국의 대공황은 기존의 경제이론으로는 도저히
설명할 수 없는 새로운 위기 현상이었다. 이러한 상황에서 케인스(John
M. Keynes)는 오늘날 케인스주의(Keynesianism)라 불리는 새로운 경제
학을 제창하였다. 케인스는 경제에서 중요한 것은 수요라고 보고 수요
는 일반적 의미의 일반수요와 실제적으로 구매력을 가진 유효수요로
나뉘며 이러한 수요가 있어야 투자가 효과를 발한다고 보았다(Keynes,
2017). 이러한 케인스의 경제사상은 국가개입주의의 기반이 되었다. 케
인스는 자본주의 경제가 건강성을 유지하기 위해서는 시장실패에 대해
국가가 적절히 개입해야 한다고 주장하였다. 따라서 자본주의는 현명하
게 관리된다면 가장 능률적인 체제임에 틀림없지만 부나 소득은 거대한
불평등을 야기한다는 점에서 관리되어야만 한다는 논리가 케인스주의
라고 할 수 있다(이진숙·임소연, 2021).

③ 신자유주의

신자유주의(neo-liberalism)는 국가의 개입을 배제하는 철저한 시장
주의를 주장하는 하이에크(Friedrich Hayek)와 프리드먼(Milton Fried-
man)으로 대표되는 이론적 입장이다. 신자유주의는 기본적으로 정부개
입을 비판하고, 개인의 자유를 고양하는 효율적인 자원 배분 기구로서
의 시장을 존중하고 신뢰한다. 그리고 정부개입은 초월적 권위와 힘으
로 시장 질서를 왜곡하고 노동 의욕을 고갈시키며 결과적으로 사회 전
체를 혼란하게 하므로 시장 질서의 유지를 위해 최소 수준으로 제한되

어야 한다고 본다.

신자유주의는 기본적으로 복지국가에 비판적이다. 복지국가는 인간의 자유를 위협하며 가족 유대감 등과 같은 전통적 가치들을 약화하고 국민들로 하여금 정부 의존성을 강화시켜서 자본주의 정신과 인간의 본성마저도 왜곡한다고 본다. 그리하여 복지국가는 개인과 가족의 복지 증진 노력을 저해하고 인간의 위기 대응 능력을 감소시키며 책임과 의무보다 권리를 강조하는 경향이 있다고 주장한다.

신자유주의 추종자들은 복지국가에 대한 이러한 문제의식에 따라 복지지출을 삭감하고 복지서비스 제공에서 정부의 개입을 최소화하는 방안을 제시한다. 또한 복지서비스의 제공에서 선별주의를 강화하고자 한다. 사회복지대상자를 진정한 욕구(needs)를 가진 자로 한정하며 자조와 가족책임의 원칙에 입각하여 자조할 수 없는 자와 가족이 책임질 수 없는 자만이 사회복지의 수급자라는 인식을 강화하고자 한다. 이러한 신자유주의에 입각한 복지 재편의 사례가 영국 대처 정부의 일명 대처리즘(Thacherism)과 미국 레이건 정부의 레이거노믹스(Reaganomics)라 하겠다(민경국, 2012).

3 사회복지정책의 제도들

현실에서 국가마다 운영하는 사회복지정책의 제도들은 다양한데, 제도 유형은 일반적으로 사회보험, 공공부조, 사회서비스로 대별된다. 우리나라에서도 사회복지정책의 제도적 구조는 다음의 그림과 같이 크게 사회보험과 공공부조 그리고 사회서비스(관련 복지제도 포함)로 구분이 된다(그림 8-2 참조). 사회보험은 소득보장과 의료보장이라는 사회보장의 두 중심축을 따라 국민연금보험, 산업재해보상보험(약칭 산재보험), 고용보험, 국민건강보험, 국민건강보험과 연동되는 노인장기요양

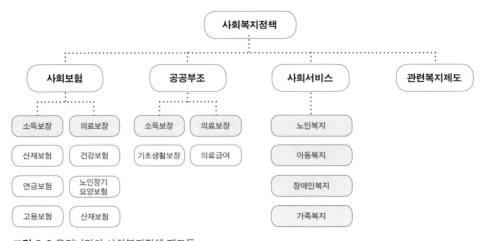

그림 8-2 우리나라의 사회복지정책 제도들
출처: 4대사회보험 정보연계센터의 자료를 참고하여 재구성

보험의 5개 제도로 구성된다. 공공부조 제도로는 소득보장의 성격을 가진 국민기초생활보장제도와 의료보장의 성격을 가진 의료급여제도가 대표적으로 존재한다. 사회서비스 제도들로는 노인과 아동, 장애인, 가족 등 범주별 집단들을 대상으로 하는 대인 서비스들 및 관련된 다양한 서비스들이 포함된다.

이 절에서는 사회복지정책의 제도적 유형들을 사회보험, 공공부조, 사회서비스로 구분하고, 이들에 대해 각각의 이론적 특성을 살펴본 다음에 한국사회에서 운영되고 있는 관련 제도들의 내용을 구체적으로 살펴 보고자 한다.

1) 사회보험

(1) 사회보험의 개념과 역사

우리나라의 「사회보장기본법」 제3조 제2호에서는 사회보험을 "국민에게 발생하는 사회적 위험을 보험의 방식으로 대처함으로써 국민의 건강과 소득을 보장하는 제도"라고 정의하고 있다. 일반적인 차원에서 사회보험(social insurance)은 사회보장 구성 체계의 하나로 보험 기술을 이용하여 사회정책을 실현하려는 경제 사회제도이며 질병, 노령, 장애, 실업, 사망 등으로 활동 능력의 상실과 소득 감소 시 보험 방식에 의해 소득을 보장하는 제도라 할 수 있다.

사회보험제도는 비스마르크(Otto von Bismarck)에 의해 독일에서 가장 먼저 도입되었다. 비스마르크는 독일 통일에 이어 독일 민족의 내부적 통일, 즉 사회 통합의 필요성을 통감하고, 노동자계급을 국가 내로 통합시키기 위한 일종의 당근 정책으로 사회보험을 입법 및 도입하였다. 이후 사회보험은 전 세계로 확산되면서 일차적으로는 노동자를 주된 대상으로 하다가 점진적으로 국민 전체를 대상으로 확장하는 방식으로 발전되었다.

우리나라에서는 1963년 「산업재해보상보험법」 제정과 1976년 「의료보험법」 전문개정(1999년 「국민건강보험법」 제정)에 이어 1986년 「국민연금법」, 1993년 「고용보험법」, 2007년 「노인장기요양보험법」이 차례로 제정됨으로써 오늘날 5대 사회보험의 구조를 갖추게 되었다.

(2) 사회보험의 특성

사회보험은 공공부조를 비롯한 다른 사회보장제도와 차별화되는 특성이 있다.

첫째, 사회보험은 사회적 위험(사망, 노령, 장애, 질병 등)으로부터 국민을 보호하기 위한 의무 제도로 강제 가입 방식을 취하고 있다(가입의 강제성). 국민 전체가 가능한 한 일정 수준 이상의 생활을 유지하도록 적극적으로 국가가 개입하는 것이므로, 소득이나 직업, 지역 간 차이에 관계 없이 일정한 자격 요건을 정하여 일률적으로 그리고 강제적으로 적용하는 특성을 가지는 것이다. 강제 가입에 의해 전 국민을 포괄하게 되므로 대상자의 보편성이 확보된다.

둘째, 사회보험은 일종의 빈곤 예방적 소득보장을 위한 일차적 제도라는 의미를 지닌다. 공공부조제도가 이미 빈곤한 사람을 대상으로 하는 구빈적 성격을 지닌 제도라면, 사회보험제도는 빈곤 문제에 봉착하기 전에 대처하여 생활의 안정과 복지 향상을 도모하는 특성을 가진다.

셋째, 사회보험은 정기적으로 가입자가 내는 기여금으로 재원이 조달되는 경우가 많고 여기에 따라 급여가 제공된다. 그러므로 사회보험 수급권은 수급자와 보험자(정부) 간의 계약에 의해 규정된 권리(contractual right)이며, 사회보장 관련법에 의해 보장된 권리(statutory right)이다.

넷째, 사회보험의 급여로는 보험급여 등 모든 급여 내용이 법적으로 규정된다(법정급여). 따라서 사전에 규정된 욕구에 따라 급여가 제공되고, 급여 자격, 시기, 수준 등이 규정되어 있다.

다섯째, 사회보험은 비영리적 국가사업으로 정부가 관장하거나 감독한다. 그러므로 국가가 운영비의 부담, 갹출금의 일부 부담, 적자액의 보전 등을 수행하기도 한다. 즉, 사회보험은 최종적인 책임은 정부가 지므로 최악의 경우 국가 예산으로 지원하게 되고, 그로 인해 재정의 안정성이 보장될 수 있다.

여섯째, 사회보험은 소득재분배와 국민 통합이라는 정책적 목표를 향하여 추진된다. 사회보험을 통하여 가능한 한 소득의 불평등을 축소시키고 위험을 분산시켜 생활을 보장하여 사회구성원을 사회에 통합하는 정책 목표를 지향하는 것이다(Rejda, 1998).

사회보험과 민영보험을 비교해 보면 사회보험의 위험 대상은 사회적 위험(실업, 재해, 질병, 퇴직 등)이며, 민영보험의 위험 대상은 개인적 위험으로 인식된다는 점에서 근본적인 차이가 있다. 또한 사회보험은 영리를 목적으로 하지 않는 반면, 민영보험은 영리를 목적으로 하고 있으므로 본질적으로 전혀 다른 제도라 할 수 있다. 그러나 사회보험과 민영보험은 상호보완적인 관계로, 사회보험은 국민의 최저생활을 보장하고 그 이상은 개인의 노력으로 민영보험을 통하여 여러 가지 위험의 발생으로 생기는 경제적 타격의 정도를 완화하도록 하고 있다(Rejda, 1998).

(3) 사회보험의 종류

① 국민연금

급여 대상 공적 연금은 산업사회의 구조적인 변화에 대한 정책적 대응으로 등장한 노후소득보장제도로, 일반적으로 장애, 노령, 퇴직, 사망 등에 의해 소득이 상실되거나 감소되는 장기적인 위험에 대한 소득보장제도이다. 우리나라의 「국민연금법」 제1조에서는 국민연금은 "국민의 노령, 장애 또는 사망에 대하여 연금급여를 실시함으로써 국민의 생활 안정과 복지 증진에 이바지하는 것을 목적으로 한다"고 명시하고 있다.

우리나라에서는 1960년 공무원연금제도, 1963년 군인연금제도, 1973년 사립학교교원연금제도 등의 특수직역연금을 먼저 만들어 실시하였다. 일반 국민을 대상으로 하는 국민연금제도는 1986년에 와서야 생겼다. 1988년에 시행된 국민연금제도는 처음에는 상시근로자 10인 이상의 사업장 피용자만을 대상으로 하였으나 2003년 7월에는 1인 이상의 사업장으로 확대되어 명실상부한 국민연금이 되었다.

국민연금은 국내에 거주하는 18세 이상 60세 미만의 국민이라면 가입을 할 수 있다. 그러나 「공무원연금법」, 「군인연금법」, 「사립학교교직원연금법」의 적용을 받는 자는 별도의 연금(특수직역연금)에 가입되어 있으므로 제외된다. 국민연금의 가입자는 사업장가입자, 지역가입자, 임의가입자 및 임의계속가입자로 구분된다. 이 중 임의가입자 및 임의계속가입자는 소득이 없어 가입 의무가 없거나 60세가 된 경우에도 본인이 원하는 경우 계속 가입하는 것을 의미한다(표 8-1 참조).

최근 국민연금 수급권을 확대하기 위한 노력의 일환으로 크레딧제도(군복무크레딧, 출산크레딧, 실업크레딧)와 추후납부제도가 도입되었다. 크레딧제도는 사회적으로 가치 있는 행위 혹은 불가피한 사유로 인해 보험료를 납부하지 못하는 기간이 발생하여 연금수급권이 발생하지 않거나 급여액이 적절한 수준에 미치지 못하는 것을 방지하기 위해 연금 가입 기간으로 인정해 주는 제도이다.

표 8-1 국민연금 가입자 종류

종류		가입 요건
의무 가입	사업장가입자	• 1인 이상 사업장에 종사하는 18세 이상 60세 미만의 근로자와 사용자
	지역가입자	• 18세 이상 60세 미만인 자로서 사업장가입자가 아닌 자
선택 가입	임의가입자	• 18세 이상 60세 미만인 자로서 사업장가입자 및 지역가입자 이외의 자 중 가입희망자 • 퇴직연금등수급권자, 기초수급자 중 생계급여 · 의료급여 · 보장시설 수급자; 타 공적 연금가입자, 사업장가입자, 지역가입자 및 임의계속가입자, 노령연금 및 퇴직연금등수급권자의 무소득 배우자; 18세 이상 27세 미만인 자로서 연금보험료를 납부한 사실이 없고 소득이 없는 자 중 가입희망자
	임의계속가입자	• 1개월 이상 가입 기간이 있는 가입자 또는 가입자였던 자로서 60세에 도달하여 국민연금 가입자의 자격을 상실하였으나, 가입 기간이 부족하여 연금을 받지 못하거나 가입 기간을 연장 하여 더 많은 연금을 받고자 하는 경우 65세에 달할 때까지 신청에 의하여 가입

출처: 국민연금 홈페이지 내용을 재구성

| 자료 |

연금크레딧제도

① 군복무크레딧 : 노령연금 수급 시점에 6개월 인정하였으나, 2024년부터
는 군복무 기간 전체를 군 복무 완료 시점부터 인정하게 된다.
② 출산크레딧 : 2자녀 12개월, 3자녀 30개월, 4자녀 48개월을 인정하여
5자녀 이상의 경우 최대 50개월까지 국민연금의 추가 기간을 인정받아
노령연금액이 인상되는 효과가 있었으나 2024년부터 확대하여 첫째부터
자녀당 12개월씩 인정하고 상한도 없애며 출산과 동시에 크레딧을 인정받
게 된다.
③ 실업크레딧 : 실직 전 급여의 50%의 9%에 해당하는 금액 중 75%를 국
가가 부담하여 지원한다. 실업크레딧의 경우는 실업을 당했을 때 본인이
신청하여야 지원받을 수 있다(월 최대 5만 원, 최대 1년까지 지원).

출처: 국민연금공단 공식 블로그 및 관련 보도를 재구성

추후납부제도는 연금보험료를 추후에 납부하면 추후 납부를 가입 기간으로 인정하는 제도로, 연금 혜택을 확대하기 위한 조치이다.

| 자료 |

추후납부제도

추후 납부(추납)는 아래의 대상 기간에 해당하는 추납 보험료를 전액 일시에 납부하거나 금액이 클 경우 월 단위 최대 60회 분할하여 납부할 수 있다.
- 연금보험료를 1개월 이상 납부한 날 이후 무소득 배우자 등 적용제외된 기간
- 사업중단이나 실직 등으로 인한 납부 예외 기간
- 군 복무 기간(1988년 1월 이후)

출처: 국민연금 홈페이지 내용을 재구성

급여 종류   국민연금의 급여는 노령연금, 장애연금, 유족연금, 반환일시금, 사망일시금으로 구성되어 있고, 각 급여의 수급 요건은 다음 표 8-2와 같다.

표 8-2 국민연금 급여 종류와 수급 요건

급여 종류		수급 요건
노령연금	완전 노령연금	• 20년 이상 가입하고 60세[1]에 달한 때
	감액 노령연금	• 10년 이상 20년 미만 가입하고 60세에 달한 때[2]
	재직자 노령연금	• 10년 이상 가입하고 60세에 도달하여 노령연금을 받고 있는 자로서 61세에서 66세 미만의 기간 동안 일정 금액의 연금액을 감액하여 지급되는 연금

....
1   수급 연령은 1953~1956년생은 61세, 1957~1960년생은 62세, 1961~1964년생은 63세, 1965~1968년생은 64세, 1969년 이후 출생자는 65세다.
2   기본 연금액의 50% + 부양가족연금액

노령연금	조기
	노령연금
		• 10년 이상 가입하고 55세 이상 60세 미만인 자로서 소득이 있는
		  업무에 종사하지 아니하는 경우 본인이 희망한 때
		• 55세에 수급 시 기본 연금액의 70%를 받고 청구 연령 1세
		  증가마다 6% 증액
		• 연금 수급 중 60세 이전에 소득이 있는 업무에 종사하게 되면 그
		  기간 동안은 연금 지급이 정지됨

	특례
	노령연금
		• 국민연금 시행 초기와 확대 과정에서 보험료를 납입해도 최소
		  가입 기간인 10년을 채울 수 없는 연령층일 경우 최소 5년
		  이상만 가입하면 연금을 받을 수 있도록 한 경과적 노령연금임

	배우자
	분할연금
		• 3가지 요건 충족: ① 노령연금 수급권자와의 혼인 기간이 5년
		  이상인 자가 ② 배우자와 이혼하고 ③ 60세에 도달하였을 때
		  청구하여 혼인 기간에 해당하는 연금을 균등하게 나누어 받는
		  제도(2016년 12월부터 협의 또는 재판으로 별도의 분할 비율
		  가능)

장애연금		• 가입자가 가입 중 질병 또는 부상으로 인해 완치 후에도 장애가 남는 경우 • 1급에서 4급까지 구분(1~3급은 연금 지급, 4급은 일시금으로 지급)

유족연금		• 유족연금은 다음의 자가 사망한 때 유족에게 지급함
		  ① 노령연금 수급권자 ② 가입 기간 10년 이상 가입자였던 자
		  ③ 가입자 ④ 장애등급 2급 이상인 장애연금 수급권자
		• 유족연금 수급권 우선순위: 배우자 → 자녀 → 부모 → 손자녀 → 조부모 순
		• 남녀 모두(성별에 관계 없이) 최초 3년간 지급한 후 55세가 될 때까지
		  정지함(수급권자가 장애등급 2급 이상, 25세 미만의 자녀 또는 장애등급 2급
		  이상의 자녀의 생계를 유지한 경우 제외)
		• 수급권자가 사망하거나 배우자인 수급권자가 재혼하면 수급권은 소멸됨

반환일시금		• 가입 기간이 10년 미만인 자가 60세에 달할 때, 국적 상실, 국외 이주 등
사망일시금		• 사망 시 유족연금이나 반환일시금의 수급 요건을 충족하는 유족이 없는 경우 더 넓은 범위의 유족에게 지급

출처: 국민연금 홈페이지 내용을 재구성

국민연금제도는 1988년 국민연금법이 시행된 이래 급여 수준을 지속적으로 하향 조정하였다. 처음 도입 시 평균소득자를 기준으로 40년 가입 시 급여 수준이 소득대체율 70%였던 것을 단계적으로 하향 조정하여 2028년부터는 40%가 되도록 하였다. 아울러 연금 수급 연령은 상향 조정되어 2013년부터 5년 간격으로 1세씩 상향 조정하여 2033년에는 65세가 되도록 하고 있다. 그러나 고령화가 기존의 예측보다 급속히 진행되면서 연금기금의 고갈이라는 이슈가 불거지면서 연금 재정의 지속가능성을 위한 논쟁이 진행되는 상황이다.

② 국민건강보험

급여 대상 「국민건강보험법」은 "이 법은 국민의 질병·부상에 대한 예방·진단·치료·재활과 출산·사망 및 건강증진에 대하여 보험급여를 실시함으로써 국민보건 향상과 사회보장 증진에 이바지함을 목적으로 한다"고 규정하고 있다(「국민건강보험법」 제1조). 따라서 건강보험제도는 사회보험 방식을 통하여 국민의 건강을 확보하고 소득 유지와 생활의 안정을 함께 도모하는 사회보장제도라고 할 수 있다.

국민건강보험의 적용 대상은 국내에 거주하는 모든 국민을 대상으로 하기 때문에 「의료급여법」에 의한 의료급여 대상자 등을 제외하면 국민개보험(国民皆保險)을 원칙으로 하고 있다.

국민건강보험의 가입자 종류는 직장가입자, 지역가입자, 피부양자로 구분된다. 직장가입자는 1인 이상 사업장 근로자 및 사용자, 공무원 및 교직원으로 구성되며 1개월 미만의 일용근로자와 병역법에 의한 현역병 등은 제외된다. 그리고 이러한 직장가입자의 배우자와 직계 존·비속(배우자의 직계 존·비속 포함) 및 그 배우자, 형제자매로 주로 직장가입자에 의해 생계를 유지하는 자로서 보수 또는 소득이 없는 자는 피부양자가 된다. 다른 한편으로 지역가입자는 가입자 중 직장가입자와 피부양자를 제외한 농어업 종사자 및 도시 자영업자를 의미한다.

급여 종류 국민건강보험제도에 따라 제공되는 법정급여는 요양급여, 건강 검진의 현물급여와 요양비, 장애인 보조기기, 임신·출산 진료비 등의 현금급여로 이루어진다. 급여 종류별 급여의 내용은 다음 표 8-3과 같다.

③ 산업재해보상보험

급여 대상 우리나라의 산업재해보상보험(이하 산재보험)제도는 1963

표 8-3 국민건강보험의 급여 종류와 급여 내용

급여	종류	급여 내용
요양급여	현물급여	• 가입자 및 피부양자의 질병·부상·출산 등에 대하여 급여 실시 　– 요양급여의 범위 　　① 진찰·검사 ② 약제·치료 재료의 지급 　　③ 처치·수술, 기타의 치료 ④ 예방·재활 　　⑤ 입원 ⑥ 간호 ⑦ 이송 등 　– 요양기관의 종류 　　① 의료법에 따라 개설된 의료기관 　　② 지역보건법에 따라 설치된 보건소·보건의료원 및 보건지소 　　③ 농어촌 등 보건의료를 위한 특별조치법에 따라 설치된 　　　보건진료소 　　④ 약사법에 따라 개설 등록된 약국 및 한국희귀의약품센터
건강 검진	현물급여	• 직장가입자와 20세 이상인 피부양자 • 지역세대주와 20세 이상인 세대원 　– 매 2년마다 1회 실시, 비사무직은 매년 실시 　　(66세는 생애전환기 건강검진 대상으로 별도 검사)
요양비	현금급여	• 긴급한 경우, 부득이한 사유로 인해 요양기관과 유사한 기능을 　수행하는 기관에서 요양을 받거나 요양기관 외의 장소에서 　출산한 경우 요양급여에 상당하는 금액을 지급
장애인 보조기기 급여비	현금급여	• 장애인복지법에 의해 등록된 장애인가입자 및 피부양자가 구입한 　보조기기에 지원 　– 기준액, 고시금액 및 실구입금액 중 최저금액의 90% 　– 희귀난치성질환자, 희귀난치성질환 외의 질환으로 6개월 이상 　　치료를 받고 있거나 6개월 이상 치료가 필요한 자, 18세 미만 　　아동은 100%
임신·출산 진료비	현금급여	• 임신·출산 진료비 일부 지원 　– 100만 원 이용권, 다태아 140만 원 ('19년부터, 국민행복카드)

출처: 국민건강보험 홈페이지 내용을 재구성

년에 「산업재해보상보험법」(이하 산재보험법)이 제정되면서 1964년부터 시행되었다. 산재보험제도는 업무상 재해와 질병으로 인한 소득 상실을 보전함과 동시에 충분한 요양과 재활서비스를 제공하여 직업 복귀를 도모하기 위한 제도이다. 「산재보험법」 제1조는 근로자의 업무를 신속하고 공정하게 보상하며, 재해근로자의 재활 및 사회 복귀를 촉진하기 위하여 이에 필요한 보험시설을 설치·운영하고, 재해 예방과 그 밖에 근로자의 복지 증진을 위한 사업을 시행하여 근로자 보호에 이바지하는 것을 이 법의 목적으로 하고 있다.

일반적으로 산재보험급여는 산재보험의 적용을 받는 사업 또는 사업장 소속 근로자가 업무상 사유로 인하여 부상, 질병, 장애 또는 사망한 경우에 이를 회복시키거나 소득을 보장하고 가족의 생활보호를 위하여 지급되는 급여이다. 따라서 산재보험을 통해 가능한 일은 다음과 같다. 첫째, 산재 발생 시 사업주의 개별책임주의의 한계를 인정하고 강제 사회보험 방식을 통해 위험을 분산하여 신속, 공정한 재해 보상을 실시할 수 있게 된다. 둘째, 필요한 보험 시설의 설치, 운영과 재해 예방이나 각종 근로복지 사업을 추진함으로써 재해를 입은 근로자나 그 가족의 인간다운 생활을 보장한다. 셋째, 정부 주도의 강제보험으로 산재보험 업무를 정부(근로복지공단)가 담당하여 재해보상 청구 절차를 간소화하여 보상의 공정성과 안정성도 확보할 수 있게 된다.

산재보험제도는 1인 이상 근로자를 사용하는 모든 사업 또는 사업장에 적용된다. 따라서 이 제도의 적용을 받는 사업을 당연적용사업이라고 하고 「공무원 재해보상법」, 「군인 재해보상법」, 「사립학교교직원 연금법」 등 개별법에 의해 재해 보상이 이루어지는 사업은 당연적용사업에서 제외된다.

급여 종류　산재보험의 급여에는 요양급여, 휴업급여, 장해급여, 간병급여, 유족급여, 상병보상연금, 장례비, 직업재활급여의 8가지가 있다(표 8-4 참조).

④ 고용보험

급여 대상　우리나라의 고용보험은 1993년에 고용보험법이 제정되면서 1995년부터 실시되었다. 고용보험은 전통적 의미의 실업보험 사업을 비롯하여 고용안정사업과 직업능력사업 등의 노동시장 정책을 적극적으로 연계하여 통합적으로 실시하는 사회보장보험제도라 할 수 있다.

표 8-4 산재보험의 급여 종류와 지급 내용

급여 종류와 급여 내용	요양급여	• 업무상 부상 또는 질병의 치료를 위해 지급하는 현물급여 • 3일 이내의 요양으로 치유될 수 있으면 지급하지 아니함
	휴업급여	• 휴업 기간에 대해 임금 대신 지급(평균임금 70%) • 취업하지 못한 기간이 3일 이내이면 지급하지 않음
	장해급여 (1-14등급)	• 1~3등급은 연금으로만 지급 • 4~7등급은 연금과 일시금 중 선택 가능 • 8~14등급은 일시금으로 지급
	유족급여	• 산업재해근로자가 사망한 경우 생계를 같이 하고 있던 유가족에게 연금 지급 원칙(수급자의 선택으로 50% 일시금 지급 가능) • 수급 권리 순서: 배우자 → 자녀 → 부모 → 손자녀 → 조부모 및 형제자매
	상병보상 연금	2년 이상 장기요양을 한 재해근로자가 완치되지 않았거나, 중증요양상태등급 1~3등급으로 판정된 경우 휴업급여를 중지하고 중증요양상태 등급에 따라 지급
	장례비	업무상 사유로 사망한 경우 지급(평균임금의 120일분)
	간병급여	산업재해근로자가 치료 종결 후 간병이 필요하여 간병을 받는 자에게 지급
	직업재활 급여	장해급여를 받은 자 중 취업을 위해 직업훈련이 필요한 자에게 실시
	특별급여	사업주의 고의 또는 과실로 발생한 업무상 재해로 근로자가 장해를 입거나 사망한 경우, 근로자와 사업주 간에 합의가 이루어지면 수급권자가 「민법」에 따른 손해배상청구 대신 특별급여를 청구할 수 있으며, 근로복지공단은 지급한 특별급여액 전부를 사업주로부터 징수함

출처: 찾기 쉬운 생활법령정보 홈페이지 내용을 재구성

「고용보험법」 제1조에서는 "실업의 예방, 고용의 촉진 및 근로자 등의 직업능력의 개발과 향상을 꾀하고, 국가의 직업지도와 직업소개 기능을 강화하며, 근로자 등이 실업한 경우에 생활에 필요한 급여를 실시하여 근로자 등의 생활안정과 구직 활동을 촉진함으로써 경제·사회 발전에 이바지하는 것을 목적으로 한다"고 명시하고 있다. 고용보험이라는 명칭과 법의 목적에 따르면 과거의 실업보험이 가진 소극적이고 제한적인 기능을 넘어 보다 적극적으로 실업을 예방하고 직업능력을 개발하고 근로자의 고용안정을 위한 사업까지 포함하고 있음을 알 수 있다.

고용보험의 적용 대상은 근로자를 사용하는 모든 사업 또는 사업장이다. 그러나 산업별 특성 및 규모 등을 고려하여 대통령령이 정하는 사업에 대하여는 고용보험제도를 적용하지 않는다.

사업 종류와 사업 내용 고용보험사업의 종류는 실업급여와 육아휴직·출산전후휴가 급여 그리고 고용안정 사업과 직업능력개발 사업으로 구분된다. 실업급여는 이미 발생한 실업으로 인한 소득 상실을 보전하기 위한 급여이지만 육아휴직·출산전후휴가 급여, 고용안정 사업과 직업능력개발 사업은 실업을 예방하기 위한 적극적 노동시장 정책의 수단이라 할 수 있다. 고용안정 사업과 직업능력개발 사업에서는 직업 알선과 훈련 등 서비스급여와 이에 소요되는 비용이 지원되는 반면, 육아휴직·출산전후휴가 급여는 시간급여, 실업급여는 현금급여의 형태로 지급된다. 사업 종류별 사업 내용에 대한 자세한 설명은 다음 표 8-5와 같다.

⑤ 노인장기요양보험

급여 대상 전통사회에서는 수발이 필요한 노인은 주로 가족에 의해 보호를 받아 왔다. 그런데 산업화와 도시화 및 핵가족화의 진전에 따른 가족 규모의 축소, 노인단독가구의 증가, 여성의 사회 진출의 증가, 노인 부양 의식의 변화 등으로 인해 노인의 장기요양 및 돌봄은 가족에게 과중한 부담이 되고 있다. 이러한 현실로 인해 노인의 의료비뿐만 아니라 요양보호 비용은 개인의 부담이나 정부만의 부담이 아닌 사회적 연대를 통해 분담해야 하며, 이를 위해 새로운 재원조달 방식인 노인장기요양보험제도의 필요성이 대두되었다고 볼 수 있다.

「노인장기요양보험법」 제1조에서는 "고령이나 노인성 질병 등의 사유로 일상생활을 혼자서 수행하기 어려운 노인등에게 제공하는 신체활동 또는 가사활동 지원 등의 장기요양급여에 관한 사항을 규정하여 노후의 건강증진 및 생활안정을 도모하고 그 가족의 부담을 덜어줌으로

표 8-5 고용보험제도 사업 종류와 사업 내용

사업 구분	사업 내용	
실업급여	① 구직급여	
	② 상병급여	
	③ 연장급여	훈련연장급여, 개별연장급여, 특별연장급여
	④ 취업촉진수당	조기재취업수당, 직업능력개발수당, 광역구직활동비, 이주비
육아휴직·출산전후 휴가급여	① 출산전후휴가급여 ② 육아휴직급여 ③ 육아기 근로시간 단축	
고용안정· 직업능력개발사업	① 고용창출의 지원 ② 고용조정의 지원 ③ 지역고용의 촉진 ④ 고령자 등 고용촉진의 지원 ⑤ 건설근로자 등의 고용안정 지원 ⑥ 고용안정 및 취업촉진 ⑦ 고용촉진시설에 대한 지원 ⑧ 사업주에 대한 직업능력개발 훈련의 지원 ⑨ 피보험자들에 대한 직업능력개발 지원 ⑩ 직업능력개발 훈련시설에 대한 지원 ⑪ 직업능력개발의 촉진 ⑫ 건설근로자 등의 직업능력개발 지원 ⑬ 고용정보의 제공 및 고용지원 기반의 구축 ⑭ 지방자치단체 등에 대한 지원	

출처: 고용보험 홈페이지 내용을 재구성

써 국민의 삶의 질을 향상하도록 함을 목적으로 한다"고 규정하고 있다.

노인장기요양보험의 경우는 가입자격과 연령 조건 두 가지를 모두 만족시켜야 급여를 받을 수 있는데, 가입자격은 국민건강보험가입자인 장기요양보험가입자와 피부양자 그리고 의료급여 수급권자가 해당된다. 또한 연령 조건으로는 65세 이상의 노인이 해당된다. 65세 이상 노인이라면 원인과 상관없이 보험급여의 수급권이 발생하고 예외적으로 64세 이하라도 치매, 노화에 따른 질병이 있어 보호가 필요하다고 판단되면 수급권이 발생할 수 있다. 이러한 수급 자격을 갖추었다면, 심신의 기능 상태에 따라 장기요양이 필요하다는 인정 절차를 거쳐 5가지 등급으로 나누어 차등 지원된다. 등급은 장기요양인정조사표에 따라 작성된 심신 상태에 대한 조사 결과를 기초로 영역별 조사항목 점수표에서 조사항목의 판단 기준에 따라 영역별 해당 점수의 합으로 원점수를 산출하여 판정한다.

급여 종류 장기요양등급을 판정받아 장기요양을 이용하고자 하는 사람은 장기요양기관을 선택하여 선택한 장기요양기관과 급여 계약을 체결할 수 있다. 계약을 체결한 후 체결한 급여 계약 내용에 따라 장기요양급여를 이용할 수 있다.

노인장기요양보험의 급여는 재가급여와 시설급여 그리고 특별현금급여로 구분된다. 급여의 내용은 다음 표 8-6과 같다.

표 8-6 노인장기요양보험제도 급여 종류와 급여 내용

① 재가급여
 – 가정에서 타인으로부터 식사 도움과 목욕 등의 신체활동서비스, 집안
   청소 등의 가사활동서비스와 간호·진료서비스 등을 받는 것을 말함

〈재가급여 종류〉

	종류	내용
급 여	방문요양	수급자의 가정을 방문하여 신체활동 및 가사활동 지원함
	인지활동형 방문요양	1~5등급 치매수급자에게 인지자극활동 및 잔존기능 유지·향상을 위한 일상 생활 함께하기 훈련 제공
	방문목욕	목욕설비를 갖춘 장비를 이용하여 수급자의 가정을 방문하여 목욕을 제공함
	방문간호	간호사 등이 의사, 한의사 또는 치과의사의 지시서에 따라 수급자의 가정을 방문하여 간호, 진료보조, 요양상담, 구강위생 등 제공함
	주·야간 보호	수급자를 하루 중 일정 시간 동안 장기요양기관에 보호하여 신체활동 지원 및 심신기능의 유지 향상을 위한 교육, 훈련 등을 제공함
	단기보호	수급자를 일정 기간 동안 장기요양기관에 보호하여 신체활동 지원 및 심신기능의 유지 향상을 위한 교육, 훈련 등을 제공함(월 9일 이내)
	기타 (복지용구)	수급자의 일상생활, 신체활동 지원에 필요한 용구 (수동휠체어, 성인용 보행기 등)를 제공하거나 가정을 방문하여 재활에 관한 지원 등을 제공함

급 여	– 재가급여요양기관: 재가노인복지시설, 재가장기요양기관

	② 시설급여
	– 노인요양에 필요한 시설과 설비 및 전문 인력을 갖추고 있는 노인의료
	  복지시설(노인전문병원 제외)에 장기간 입소하여 신체활동 지원 및 심
	  신기능의 유지 향상을 위한 교육 및 훈련 등을 제공하는 급여
	– 시설급여요양기관: 노인요양시설, 노인요양공동생활가정

	③ 특별현금급여
	– 섬·벽지에 거주하거나 천재지변, 신체·정신 또는 성격 등의 사유로 지
	  정된 시설이 아닌 그 가족 등으로부터 방문요양에 상당하는 장기요양
	  급여를 받을 때 지급하는 현금급여

출처: 국민건강보험 홈페이지 내용을 재구성

2) 공공부조

(1) 공공부조의 개념

사회보험이 일차적, 예방적 사회안전망(social security net)이라면, 공공부조(public assistance)는 이차적 사회안전망이라 할 수 있다. 즉, 공공부조는 사회보험의 혜택을 받지 못해 기본 생계가 보장되지 않는 사람에게 국가 및 지방자치단체가 제공하는 최종적인 경제적 보호제도이다.

우리나라 「사회보장기본법」 제3조 제3호에서는 공공부조를 "국가와 지방자치단체의 책임하에 생활 유지 능력이 없거나 생활이 어려운 국민의 최저생활을 보장하고 자립을 지원하는 제도"로 정의하고 있다.

우리나라의 공공부조 제도로는 가장 대표적으로 국민기초생활보장제도와 의료급여제도가 있다.

(2) 공공부조의 특성

공공부조의 일반적 특성을 살펴보면 다음과 같다.

첫째, 공공부조는 빈곤에 대한 최후의 국가적 대응책이다. 자본주의사회는 자기 삶을 스스로가 책임지는 '사적 자치의 원리'를 기반으로 하면서도, 현대사회가 특성으로 하는 빈곤의 사회적 배경을 감안하여 국가(사회)가 빈곤을 해결한다. 따라서 공공부조는 최후의 사회적 안전 망으로 기능하는 제도적 장치이므로 자산조사와 같은 자격요건의 심사 가 일반적이다.

둘째, 공공부조는 특수한 대상자를 선정하여 원조를 제공하는 선택 주의(selectivity)를 지향한다.

셋째, 공공부조에 필요한 재원은 통상 일반조세를 통하여 마련된다.

넷째, 공공부조는 일방적 소득 이전을 통해 소득 계층들 간에 소득 의 재분배적 기능을 도모할 수 있는 제도이다.

(3) 대표적 공공부조제도들

① 국민기초생활보장제도

우리나라의 대표적 공공부조제도인 국민기초생활보장제도(national basic living security)의 도입 배경에는 1961년에 도입되어 공공부조 역 할을 하던 「생활보호법」이 인구학적 구분에 의한 대상자 선정 문제와 낮은 급여 수준으로 인해 생계유지가 어려운 저소득층을 제대로 보호하 지 못하였다는 문제의식에서 출발한다. 그리고 특히 1997년 IMF로 인 한 대량 실업과 경제적 빈곤의 문제가 사회적으로 확산되자 근로 능력 에 관계 없이 실업자의 최저생계를 보장할 수 있는 새로운 공공부조가 필요하다는 공감대가 형성되면서 새로운 제도의 모색이 가속화되었다. 이러한 사회경제적 배경 속에서 1999년 9월에 「국민기초생활 보장법」 이 제정되고, 제도가 2000년부터 시행되었다.

국민기초생활보장제도의 급여는 근로 능력과 연령에 관계 없이 가 구의 소득인정액기준을 충족해야 하고, 근로 능력이 있는 수급자의 경 우 자활 사업에 참여할 것을 조건으로 급여를 받을 수 있다. 소득인정액 은 소득평가액과 재산을 소득으로 환산한 금액을 합산하여 결정된다(표 8-7 참조).

표 8-7 소득인정액 산정 방식

소득인정액	소득평가액 + 재산의 소득환산액
소득평가액	(실제소득 - 가구특성별 지출비용 - 근로소득공제)
재산의 소득환산액	(재산 - 기본재산액 - 부채) × 소득환산율

출처: 보건복지부 홈페이지

표 8-8 2024년 기준 중위소득   (단위: 원)

구분	1인 가구	2인 가구	3인 가구	4인 가구	5인 가구	6인 가구	7인 가구
기준 중위소득	2,228,445	3,682,609	4,714,657	5,729,913	6,695,735	7,618,369	8,514,994

출처: 보건복지부 홈페이지

수급권자의 1촌의 직계혈족(부모, 아들·딸 등) 및 그 배우자(며느리, 사위 등)를 의미하는 부양의무자 기준은 단계적으로 폐지되어 가고 있는데 부양의무자 가구에 장애인연금 수급자가 포함되면 생계급여와 의료급여에서, 기초연금수급자가 포함되면 생계급여에서 부양의무자 기준이 적용되지 않고 있다. 또한 2021년 1월부터 노인 외에 한부모 수급권자 가구에 대해서도 생계급여에 적용되던 부양의무자 기준이 폐지되었다.

급여의 선정 기준으로는 종전에는 최저생계비가 활용되었으나 2015년 7월부터는 상대적 빈곤의 관점을 반영하여 소득인정액이 기준 중위소득(표 8-8 참조)의 일정 비율 이하인 자에게 해당 급여를 각각 지급하는 방식으로 선정 기준이 전환되었다.

국민기초생활보장제도의 급여 종류는 생계급여, 의료급여, 주거급여, 교육급여, 해산급여, 장제급여, 자활급여가 있다. 2024년 기준 중위소득을 기준으로 한 교육급여, 주거급여, 의료급여, 생계급여 등 주요 급여들의 수급자 선정 기준은 다음 표 8-9와 같다.

표 8-9 2024년 기준 중위소득과 급여별 수급자 선정 기준

가구 규모	기준액(원)					
	1인가구	2인가구	3인가구	4인가구	5인가구	6인가구
2024년 중위소득	2,228,445	3,682,609	4,714,657	5,729,913	6,695,735	7,618,369
생계급여 (기준 중위소득 32% 이하)	713,102	1,178,435	1,508,690	1,833,572	2,142,635	2,437,878
의료급여 (기준 중위소득 40% 이하)	891,378	1,473,044	1,885,863	2,291,965	2,678,294	3,047,348
주거급여 (기준 중위소득 48% 이하)	1,069,654	1,767,652	2,263,035	2,750,358	3,213,953	3,656,817
교육급여 (기준 중위소득 50% 이하)	1,114,222	1,841,305	2,357,328	2,864,956	3,347,867	3,809,184

출처: 보건복지부 홈페이지

② 의료급여제도

의료보장과 소득보장은 상보적인 관계로서, 빈곤계층의 경우에는 빈곤으로 인하여 양질의 의료를 구매하기 어려운 상황이 질병과 장애를 악화시켜 빈곤을 지속시키는 기제가 되기도 한다. 그러므로 적절한 수준의 의료서비스 혹은 의료보장은 소득보장과 함께 공공부조의 양대 지주로 포괄되는 게 일반적이다. 우리나라 의료급여제도(medical care assistance)는 1961년 「생활보호법」의 한 사업으로 의료보호사업이 운영되다가 1977년 「의료보호법」으로 분리하여 실시되었고, 2001년부터는 「의료급여법」으로 전면 개정되어 시행되고 있다.

급여 대상 앞의 국민기초생활보장제도의 의료급여에서 살펴봤듯이 의료급여는 국민기초생활보장제도의 급여 중 하나로, 국가의 일반 재정으로 운영되는 공적 의료부조제도(public medical assistance)이다. 즉, 이 제도는 헌법에 보장된 국민의 인간다운 생활을 할 권리와 건강권을 저

소득층과 사회적 기여자들에게 구체화하는 공공부조 프로그램이라고 할 수 있다.

「의료급여법」 제3조에 의한 의료급여의 수급자는 「국민기초생활보장법」에 따른 의료급여 수급자, 「재해구호법」에 따른 이재민으로서 보건복지부장관이 의료급여가 필요하다고 인정한 사람, 「의사상자 등 예우 및 지원에 관한 법률」에 따라 의료급여를 받는 사람, 「입양특례법」에 따라 국내에 입양된 18세 미만의 아동 등이다.

급여 종류 「의료급여법」 제7조에 의하면 수급권자의 질병·부상·출산 등에 대한 의료급여의 내용은 ① 진찰·검사, ② 약제·치료재료의 지급, ③ 처치·수술과 그 밖의 치료, ④ 예방·재활, ⑤ 입원, ⑥ 간호, ⑦ 이송과 그 밖의 의료목적을 달성하기 위한 조치 등으로 규정되어 있다.

의료급여를 제공하는 의료급여 기관은 1, 2, 3차 기관으로 구분되는데 1차 기관에 먼저 의료급여를 신청하고, 필요한 경우에 2차, 3차 기관을 방문하도록 체계화되어 있다.

3) 사회서비스

(1) 사회서비스의 개념

현재 우리나라에서 사회서비스(social service)는 사회보험 및 공공부조와 더불어 사회복지정책 영역의 핵심을 이루고 있는 제도이다. 사회서비스는 사회복지서비스(social welfare service), 대인사회서비스 (personal social service), 사회적 돌봄(social care) 등 다양한 용어들과 혼용되고 있지만 일반적으로 이는 공공행정, 보건의료, 교육서비스, 사회복지서비스 등 다양한 공적 서비스 분야들을 포함한다. 대부분의 국가에서는 노인, 장애인, 아동, 가족을 사회서비스의 주요대상으로 설정하며, 서비스 내용으로는 돌봄, 기초적 의식 및 주거보장, 보건의료, 교육, 고용 등을 포괄한다(그림 8-3 참조).

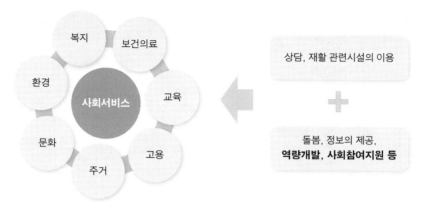

그림 8-3 사회서비스의 개념과 분야
출처: 사회서비스 전자바우처 홈페이지

「사회보장기본법」제3조 제4호에서 사회서비스는 "국가·지방자치단체 및 민간부문의 도움이 필요한 모든 국민에게 복지, 보건의료, 교육, 고용, 주거, 문화, 환경 등의 분야에서 인간다운 생활을 보장하고 상담, 재활, 돌봄, 정보의 제공, 관련 시설의 이용, 역량 개발, 사회참여 지원 등을 통하여 국민의 삶의 질이 향상되도록 지원하는 제도"로 정의되어 있다.

사회서비스의 급여는 사회보험이나 공공부조와 달리 비물질적, 심리사회적 서비스를 주된 내용으로 한다. 이 때문에 사회서비스는 사회서비스를 전달하는 사람들의 전문적인 개입과 기술 및 실천적 윤리 의식을 강하게 요구하는 영역이라고 할 수 있다.

(2) 우리나라의 사회서비스

우리나라에서 사회서비스는 1980년대부터 본격적으로 확대되기 시작했으며, 사회보험이나 공공부조에 비하면 역사적으로는 뒤늦게 형성된 제도 영역이지만 최근 상당히 빠른 속도로 확대되고 있는 영역이다. 우리나라는 사회서비스 분야가 확대되면서 노인, 아동, 보육, 장애인 등을 대상으로 하는 다양한 사회서비스들을 제공하기 시작하였고, 그 급여 형태로 바우처(voucher, 서비스 이용권)을 많이 활용하고 있다. 기존

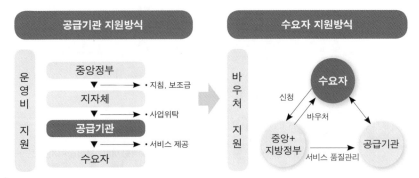

그림 8-4 사회서비스 바우처의 지원방식
출처: 사회서비스 전자바우처 홈페이지

의 사회복지서비스는 공급자 지원 방식으로 이루어져 수요자의 선택권이 제한되는 한계가 존재하였다. 이에 따라 수요자에게 직접 지원하는 방식의 수정이 필요하였는데, 수요자 직접 지원 방식은 공급기관의 허위, 부당 청구 등 도덕적 해이를 최소화하는 장점이 있다. 정부는 이러한 수요자 중심의 지원 방식을 구현하기 위한 수단으로 바우처 제도를 도입했다고 할 수 있다(그림 8-4 참조).

바우처 방식으로 운영되는 우리나라의 사회서비스는 2007년 장애인활동지원서비스를 시작으로 지역자율형 사회서비스 투자사업, 임신출산 진료비지원 서비스, 일상돌봄 서비스사업, 에너지바우처, 아이돌봄지원, 전국민마음투자지원사업 등으로 확대되었다. 앞으로도 사회서비스의 영역은 사회환경과 개인들의 욕구가 변화하는 것에 발맞추어 지속적으로 확대될 것으로 예측된다.

토론주제

1 오늘날 한국 사회에서 발견되는 사회복지정책의 이념이 있다면 무엇인지 제시하고, 그 이념의 특성에 대해 설명하시오.

2 사회복지정책의 각 제도들을 살펴보고, 한국 사회에서 가장 개선이 필요한 제도는 무엇이며, 그 이유가 무엇인지 토론해 보시오.

제 9 장

사회복지실천의 가치와 주요 관점

사회복지실천을 위해서는 어떤 준비가 필요할까?

본 장에서는 사회복지실천의 정의, 실천의 바탕을 이루는 이론적 관점 및 윤리에 대해 다룬다. 일반적으로 실천이라는 말은 '생각한 바를 실제로 행한다'라는 행위를 지칭하거나 '윤리적 행위' 또는 '사회를 변혁하는 의식적이고 계획적인 모든 활동'이라는 뜻을 지닌다(『표준국어대사전』). 사회복지실천은 사회구성원이 안녕을 누리는 상태(사회복지)를 만들고자 하는 목표를 이루기 위해 지식을 적용하여 실제로 행하는 행위이자, 인간존엄성 존중과 사회정의라는 가치가 반영된 윤리적 행위이며, 궁극적으로는 사회 변화를 요구하는 활동이기도 하다. 사회복지라는 용어만큼 사회복지실천은 광범위하고 모호하다. 따라서 그 정의를 내리기 쉽지 않으나, 이 장에서는 사회복지실천을 앞 장에서 살펴본 사회복지정책 및 행정과는 구별지어 사회복지서비스를 필요로 하는 개인, 가족, 집단, 지역사회와 직접적으로 함께 일하며 전문적 지식과 기술을 사회복지현장에 적용하는 실질적인 활동으로 보고 논의하고자 한다.

1 사회복지실천의 개념

1) 정의

사회복지는 사회구성원 모두가 최소한의 인간다운 생활을 누리는 안녕 상태이자, 그러한 안녕 상태를 만들기 위한 사회의 집합적이고 조직적인 노력을 포괄적으로 의미한다(엄명용 외, 2020). 사회복지실천의 정의는 고정적이기보다는 국가나 지역에 따라 달라질 수 있으며, 사회적 안녕 상태에 대한 정의와 그에 도달하는 수단에 대한 사회적 합의와 가치가 변화함에 따라 사회복지실천이 무엇인가에 대한 개념 역시 변화하며 발전하였다.

서구의 사회복지 발달 초기에 사회복지전문직을 전문화하고 체계화하려는 노력을 시작했던 리치몬드(Richmond, 1922: 98)는 사회복지실천을 이렇게 정의하였다.

> 개별 사회복지실천(social casework)은 인간 대 환경 간의 조정을 통해 개인적 수준에서 의식적으로 이루어지는 개별의 고유한 특성(personality)을 발달하게 하는 과정으로 이루어져 있다.

비록 당시 사회복지실천이 개인 수준에서의 치료적 접근에 기반한 자선활동으로서 이루어져 그 범위가 제한적이나, 이 정의에서도 사회복지실천이 개인과 사회적 환경의 상호작용을 향상시키고자 한다는 핵심적인 생각이 반영되어 있음을 알 수 있다.

1960~70년대를 거치며 전문성을 강화하고 다양한 대상집단을 포괄하게 되면서 실천의 정의에서도 사회복지실천의 역할을 더욱더 구체화하게 된다. 미국사회복지사협회(National Association of Social Workers: NASW)의 정의는 다음과 같다(NASW, 1973: 4).

사회복지실천(social work)은 개인 또는 집단, 지역사회가 자신들의 사회기능을 위한 능력을 향상하거나 회복하도록 원조하고, 이들이 자신의 목표에 알맞은 사회조건을 조성하도록 원조하는 전문활동이다. 사회복지실천은 사회복지 가치, 원칙, 기술을 다음의 목적 중 하나 또는 그 이상을 달성하기 위해 적용하는 것으로 구성되어 있다.

- 주거, 식사, 소득과 같은 유형의 서비스를 획득하도록 돕는 것
- 개인, 가족, 집단에 상담과 심리치료를 제공하는 것
- 사회서비스 및 보건서비스를 제공하거나 향상시킬 수 있도록 지역사회 구성원을 돕는 것
- 관련 입법 과정에 참여하는 것

이 정의에서도 볼 수 있듯, 사회복지실천을 전문적 활동으로 규정하고 실천의 대상이 개인뿐만 아니라 환경에 대한 이중초점을 두고 있다는 것을 알 수 있다. 환경과 인간 간의 상호작용을 변화시키고자 하는 것은 사회복지실천의 공통적인 특성임을 확인할 수 있다.

이후 2000년대 들어서면서 사회복지영역은 확장되어 다양화되었고, 인권과 사회정의의 관점의 중요성이 더욱 부각되었다. 이에 국제사회복지사연맹(International Federation of Social Workers: IFSW, 2014)은 사회복지실천[1]의 정의를 다음과 같이 공표하였다.

사회 변화와 사회 개발, 사회적 응집력, 사람들의 역량 강화와 자유를 촉진하는 실천 기반의 전문직이자 학문 분야의 구체적 활동으로, 사회정의, 인권, 공동 책임성, 다양성 존중의 원칙을 근간으로 하여 삶의 과제를 해결하고 복지를 향상시키는 데 개인과 사회구조의 참여를 끌어내는 것이다. 위의 정의는 국가 그리고/또는 지역에 따라 확장되거나 세부 사항이 추가될 수 있다.

....
1   본 장에서는 사회사업/사회복지(social work), 사회복지전문직(social work profession)에 대한 정의를 사회복지실천의 그것과 동일하게 보고 기술하였다.

상대적으로 개인의 변화가 중심이던 과거의 정의에 비해 새롭게 마련된 정의는 사회복지실천의 학술적이고 과학적인 기초를 더욱 강조하고 집단적인 해결 방안과 불평등을 야기하는 사회구조에 대한 거시적 관점의 중요성을 명시한다. 이는 사회복지실천이 개인과 사회구조의 변화 모두를 포괄하는 방향으로 이루어져야 하며, 지역적 특성 역시 존중받아야 함을 나타낸다.

비록 사회복지실천의 구체적 정의가 시대나 사회에 따라 강조하는 지점이 바뀌어 왔을지라도, 사회복지실천이 인간과 사회의 안녕이라는 특정한 목적을 성취하기 위해 사회정의와 같은 가치에 기반하여 전문적 지식과 기술을 적용하고, 개인과 환경(사회) 모두를 변화시키는 활동임을 알 수 있다.

2) 목적과 역할

사회복지실천은 전문적인 원조 활동이므로 목적을 설정하고 계획적으로 이루어진다. 대체로 사회복지실천의 목적은 다음의 영역들로 구별할 수 있다(NASW, 1982; Zastrow, 2014 재인용).

첫째, 욕구를 가진 개인의 역량 강화에 초점을 맞추어 개입한다. 즉, 개인이 삶에서 맞닥뜨리는 도전에 대처하고 문제를 해결하며, 발전할 수 있도록 능력을 향상시키는 데 목적이 있다. 인간과 환경의 이중초점이라는 사회복지실천의 특성 가운데 개인에 좀 더 초점을 둔 목적이라고 할 수 있다. 이때 사회복지사는 상담자, 정보제공자, 사회적 지지 제공자, 촉진자로서의 역할을 수행한다.

둘째, 자원, 서비스, 기회를 제공하는 사회체계와 개인을 연계한다. 이는 환경과 개인 간의 상호작용에 초점을 두는 것으로, 환경이 개인의 욕구에 더 잘 반응하도록 돕는 것이다. 이때 사회복지사는 중개자 역할을 수행한다.

셋째, 개인에게 서비스와 자원을 제공하는 체계가 효과적이고 인도적인 방식으로 운영되도록 개선한다. 이 목적은 개인과 상호작용하는 환경에 변화의 초점을 둔다. 이때 사회복지사는 서비스 이용자를 대변하고 옹호하는 역할을 한다. 또한 사회복지사는 프로그램을 개발하기도 하고, 서비스 전달의 효율성과 효과성을 모니터링하고 필요할 시 조정 및 자문을 수행한다.

넷째, 사회정책을 새롭게 만들거나 발전시킨다. 이때 사회복지사는 제도를 새롭게 마련하거나 변화시키기 위해 옹호자, 사회운동가, 행동가의 역할을 수행하게 된다.

다섯째, 인류와 공동체의 안녕을 증진한다. 사회복지실천의 정의에서도 제시된 목적으로서 빈곤, 억압, 차별에 반대하며 사회정의를 추구하는 사회복지실천의 가치가 반영되어 있다. 인간으로서 가지는 기본적이고 보편적 권리를 보장하기 위해 노력한다.

3) 범위와 대상

사회복지실천은 대상의 범위에 따라 미시(micro-), 중간(mezzo-), 거시(macro-) 수준으로 나누어 살펴볼 수 있다(그림 9-1 참조). 미시적 수준의 실천은 주로 개인 수준에서 서비스가 필요한 당사자나 가족에 대해 일대일로 직접적으로 이루어진다. 미시적 수준에서의 실천은 다양한 어려움에 직면한 개인이 환경에 적응하도록 돕거나 환경을 조정하고 자원을 연계하는 서비스들이 포함된다. 예를 들어, 학교 부적응 청소년에게 상담을 제공하거나 실직자에게 직업훈련이나 구직활동을 지원하거나 피학대 아동과 가족에게 아동보호서비스와 상담서비스를 제공하는 등 다양한 직접적 서비스들이 포함된다.

중간 수준의 실천은 집단, 조직, 지역사회를 대상으로 한다. 집단을 대상으로 할 경우 개인의 발전이나 집단 공동의 목표를 성취하기 위해 교육집단, 지지집단, 자조집단 등 다양한 목적의 집단을 구성하여 운영한다. 조직을 대상으로 할 경우 학교나 의료기관 등에서 교육을 제공하

그림 9-1 사회복지실천의 대상 영역

거나 전문가들과 연계하여 자원을 개발하는 활동들이 포함된다. 한편, 지역사회를 단위로 지역주민의 욕구를 파악하고 그를 충족시키기 위해 자원을 개발하거나, 지역사회 주민의 공동체 의식을 강화하여 지역사회 변화를 도모하는 활동도 중간 범위의 실천에 포함된다.

거시 수준의 실천은 지역사회나 국가 수준에서 사회구조의 변화를 도모하기 위해 이루어진다. 입법을 위한 연구 활동, 토론회 개최, 시위, 청원 등 다양한 정책적 수준에서의 옹호 활동이 포함되며, 비영리조직, 인권단체와 같은 조직에서 법과 제도의 변화를 지향하는 활동들도 거시 수준의 실천이라 볼 수 있다.

2 사회복지실천의 관점

1) 생태체계 관점

사회복지실천은 환경과 인간 간의 상호작용에 개입하여 복지를 향상시키고자 한다. 개입의 초점은 인간과 환경 모두에 두게 되며 이러한 사회복지실천의 이중초점은 '환경 속의 인간(person-in-environment: PIE)'이라는 개념으로 집약된다(그림 9-2 참조). 즉, 개인이 경험하는 도전과 과제가 개인의 결함이나 병리적 원인에서 기인하지 않고 환경과의 상호작용 속에서 나타나는 것으로 이해한다. 따라서 해결방안을 마련할 때에도 개인의 문제해결능력과 대처기술을 향상시키고, 사회와 환경이 개인의 욕구에 반응할 수 있도록, 그리고 환경과 개인의 긍정적인 상호작용이 이루어지도록 인간과 환경 모두에 개입한다. 이러한 사회복지실천의 관점을 이론과 접목시켜 발전시킨 것이 바로 생태체계 관점이다. 생태체계 관점은 생태학적 관점과 일반체계이론을 통합하여 발전시킨

그림 9-2 '환경 속의 인간(person-in-environment)' 개념도
출처: Zastraw, 2014: 50

것으로 특정 영역에 국한되지 않고 다양한 사회복지실천에 보편적으로 적용할 수 있는 이론이다.

(1) 생태학적 관점

생태학은 살아 있는 유기체와 사회적, 물리적 환경의 모든 요소와 그 관계를 연구하는 학문이며, 생태학적 관점은 이러한 관점을 인간과 환경 간 상호작용에 적용하여 발전하였다. 이때 인간은 물리적, 사회적, 문화적 환경과 상호작용하며 환경에 적응하기도 하고 자신의 욕구를 충족시키기 위해 환경을 변화시키기도 한다. 인간을 둘러싼 다양한 환경 가운데 물리적 환경은 자연 세계와 인공물(건축물 등 인공적 구조물)을 의미하며, 사회적 환경은 친구, 가족, 사회적 공동체나 집단, 지역사회를 일컫는다. 또한 환경의 문화적 측면은 개인의 관점을 형성하는 가치, 규범, 신념, 언어 등을 포함한다. 생태학적 관점을 적용하는 것은 개인, 가족, 집단, 지역사회, 물리적, 사회적, 문화적 환경 간의 관계가 상호연결되어 있고 동시에 상호의존적이며 순환적 과정에 놓여 있음을 이해한다는 의미이다(Gitterman, 2009).

생태학적 관점의 주요 가정 중 하나는 개인이 생애 과정에서 그들과 환경 간에 적합성(person-environment fit)을 유지하려고 노력한다는 것이다. 개인이 자신의 강점과 능력에 대해 긍정적으로 바라보고, 환경이 필수적이고 유용한 자원을 제공하여 자신의 욕구가 충족될 거라 희망적으로 생각할 때, 개인과 환경은 상호호혜적으로 적응의 상태를 유지할 수 있다. 이러한 개인과 환경 간의 긍정적이고 바람직한 적합성을 생태체계적 관점에서는 적응된 상태(adaptedness)라고 부른다. 이때 적응은 현재 환경에 대한 순응적이고 수동적인 상태라기보다는 개인의 잠재력을 높일 수 있는 긍정적 상황이라고 보는 것이 적절하다. 반대로 사람들이 현재 자신의 욕구가 충족되지 않고 능력이 계발되지 않아 절망적으로 느낀다면, 혹은 환경의 자원이 개인에게 반응적이지 않다고 생각된다면, 사람과 환경 간의 적합성은 낮아지고 개인은 스트레스를 경험하게 된다. 이때 사회복지사는 개인과 함께 사람과 환경 간의 적합성을 높이기 위해 이용자와 협력하게 되고 개인의 관점과 행동, 환경의 반응, 개인과 환경 간의 상호교류에서 변화를 추구하며 개입할 수 있다(Gitterman et al., 2021).

환경의 다양한 부분 간의 상호연결은 정적이지 않고 시간에 따라, 역사나 문화에 따라 지속적으로 변화한다. 생태학적 관점에서는 원인과 결과가 선형적 관계를 나타낸다고 가정하지 않는다. 오히려 인간은 관계망 속의 다양한 체계와 상호작용하며 피드백 루프(feedback loop)를 형성하고 쌍방향으로 순환하며 그들 간에 교류(transactions)가 이루어진다. 이러한 교류를 통해 새로운 행동이나 유형, 구조들이 만들어지고 새롭게 형성된 행동이나 패턴이 다시 영향을 끼치게 되며 체계 간 균형이 형성된다(Gitterman et al., 2021). 따라서 생태학적 관점을 가지고 실천을 하게 되면 인간과 다양한 체계 간의 상호작용에 영향을 미치는 환경적 요인을 동시적으로 고려하게 된다. 즉, 개입의 목표를 단순히 A나 B에 두는 것이 아니라 A와 B가 속한 가족 또는 사회적 환경이나 스트레스의 소인이 될 수 있는 물리적 환경 모두의 변화를 이끌어 내는 데 둘 수 있다.

(2) 체계론적 관점

생태체계 관점은 체계이론으로부터 체계에 대한 개념들을 받아들여 발전시켰다. 일반체계이론(general systems theory)은 본래 물리학에서 나왔으나 사회현상을 설명하는 사회체계이론(social systems theory)으로 확장되었다. 체계(system)란 상호관계를 맺는 요소들로서 사회체계론에서는 사회체계 간의 관계를 설명한다. 한 개인을 초점체계로 볼 때 개인을 둘러싼 사회적·물리적 환경이 주변의 다양한 환경체계가 될 수 있다. 이러한 체계들은 경계(boundary)로 구분되며 다른 체계들과 에너지를 교환(상호작용)할 수 있다. 다른 체계와 활발히 상호작용할 때 개방체계(open system)라 부르고 다른 체계와 영향을 주고 받지 않아 외부와 단절된 체계를 폐쇄체계(close system)라고 부른다. 또한 체계들은 그의 상위체계나 하위체계가 있어 서로 위계를 갖고 연결되어 있다(김혜란 외, 2018). 예를 들어, 개인은 가족이라는 상위체계에 속하지만, 가족은 지역사회라는 더 큰 체계의 하위체계이다.

체계들은 변화하려는 속성과 동시에 체계의 구조와 성격을 유지하려는 속성이 존재한다. 체계는 자신의 구조와 성격을 안정적으로 유지하려는 속성 때문에 변화에 저항할 수 있다. 이것을 항상성(homeostasis)이라고 부른다. 환경과의 상호작용을 지속하면서 체계는 끊임없이 변화하면서 질서를 유지하고 구조를 안정시키는 경향이 있는데 이를 역동적 평형상태(dynamic equilibrium)라고 한다(강상경, 2021).

체계들은 긍정적이거나 부정적인 환류(feedback)를 통해 규제된다. 하나의 체계에서 일어나는 변화는 다른 연계된 체계에 영향을 미치게 되므로 영향은 순환적이다(강상경, 2021). 체계이론은 주어진 영향이 여러 가지 방식으로 영향을 주고받아 한 체계에서의 변화가 연쇄적인 영향을 미쳐 기대하지 않은 결과를 가져올 수 있음을 강조한다.

(3) 생태체계 관점의 사례 적용

| 사 례 |

OO초등학교에서 수업 방해와 또래 간의 갈등 문제로 학교사회복지사에게 10살 A군이 의뢰되었다. A군은 정서적으로 위축되어 있었고 우울감도 보였으며 학업적으로도 어려움이 있었다. 또한, 지역산업이 쇠퇴하면서 A군의 아버지가 일하던 공장 역시 구조조정을 하게 되어 A군의 아버지는 최근 일자리를 잃었다. 그 후 구직이 잘 되지 않자 아버지는 술에 의존하기 시작하였다. 그동안 전업주부였던 어머니도 생활비를 벌기 위해 일을 하기 시작했으나 경력 단절로 인해 비정규직 시간제 근로 일자리를 겨우 구하였다. 아버지의 폭음과 경제적 어려움으로 큰 스트레스를 겪으며 부부 싸움이 잦아졌고 아버지의 폭력적인 언행도 나타나기 시작했다. 종일 술을 마시는 아버지를 피해 A군은 하교 후 집 밖에서 대부분의 시간을 보내고 있었다.

이 사례가 제일 처음 의뢰된 계기는 A군의 수업 방해와 또래와의 심각한 갈등 문제였다. 만약 사회복지사가 개인에게만 초점을 두고 이 문제에 접근했다면 A군이 보이는 문제 행동과 그를 유발하는 우울증과 같은 심리 상태나 학습 부진과 같은 개별적인 요인에 치중하고 개입 목표를 설정할 가능성이 높다. 그러나 생태체계적 관점을 적용한다면 현재 이용자는 개인과 환경 간의 적합성이 낮아져 스트레스에 노출되고 적응이 낮아진 상태로 볼 수 있다. 생태체계 관점의 틀로 바라보면 이용자의 심리적·행동적 특성뿐만 아니라 이용자가 처한 상황과 욕구, 자원을 포괄적으로 사정(assessment)하며 이해하는 것이 가능해진다.[2] 이 사례에서는 A군을 초점체계로, A군의 부모님, 학교, 또래, 아버지와 어머니의 직장, 지역사회 서비스 등을 그 환경체계로 본다면, 그 환경의 욕구와 자원을 탐색하고 활용하여, 환경의 변화를 개입 목표로 삼을 수 있다. 또한 생태체계 관점을 적용할 경우 환경체계 간의 관계에 대해 이해하고 이들 체계 간의 환류 과정을 분석할 수 있다. 위 사례에서는 환경체계의 변화(아버지의 실직)는 연쇄적으로 부부체계와 초점체계에 영향을 미쳤고, 학교체계(담임선생님과 급우들)에게까지 영향을 끼쳤다. 이러한 영향이 일방향적이지 않고 상호적으로 일어났음을 사례에서도 볼 수 있다. 마지막으로, 생태체계 관점을 활용할 때 이용자를 둘러싼 환경을 폭넓게 살펴봄으로써 이용자의 욕구를 충족시키기 위해 새롭게 개발하거나 강화해야 할 자원은 무엇인지 파악할 수 있다. 위의 사례에서는 A군의 심리 및 학습적 지원뿐만 아니라 환경체계의 변화도 절실하다. 사회복지사는 지역사회 내에서 이용자의 아버지를 위한 중독 치료 서비스와 구직 지원과 같은 자원들을 개발하여 연계하는 것을 계획할 것이다. 이용자를 둘러싼 환경이 이용자의 욕구에 더 반응적인 상황이 되도록 함으로써 이용자와 가족체계 모두 적응된 상태로 나아가게끔 원조할

....

2   실천 과정 중 사정 단계에서 생태체계 관점이 반영된 생태도(ecomap)와 같은 사정도구를 활용하여 초점체계와 환경체계 간의 상호작용을 요약적인 그림으로 나타내기도 한다.

수 있다. 한편, 더 큰 지역사회 체계로 살펴볼 때 지역 내 주요 일자리를 제공하던 산업이 쇠퇴하며 직장을 잃고 A군의 가정과 같이 어려움에 처한 가정이 많이 있을 수 있으므로 지자체 단위에서 정책적으로 지원을 할 수 있도록 지역주민 조직화 및 옹호 활동도 사회복지실천의 하나로 가능할 것이다.

2) 강점 관점

강점 관점은 사회복지사가 이용자를 어떻게 바라보고 접근할 것인가에 대한 바탕을 제공하는 틀이다. 강점 관점은 사회복지사가 이용자의 문제나 결핍, 역기능에 초점을 맞추는 것에 대한 대안으로서 나타났으며, 이용자가 가진 능력과 자원에 중심을 두고 개입할 때 문제해결과 성장이 가능하다고 가정한다.

(1) 강점의 정의

강점 관점에서는 사람들은 누구나 재능과 기술을 갖추고 있고 어떤 역량들은 개발되거나 발전될 수 있다고 본다. 강점에는 개인의 재능, 기술, 능력뿐만 아니라 희망, 의지와 같은 속성들도 포함되며 고난을 통해 얻은 지혜와 깨달음, 멘토나 선생님으로부터 얻은 지식도 이에 속한다. 강점은 개인 내적인 측면뿐만 아니라 사회적 관계나 지역사회와 같은 환경에서도 찾을 수 있다. 지역사회에서 제공하는 다양한 공식적, 비공식적 자원들이 이에 포함된다. 또한 개인이 속한 공동체의 문화적 이야기, 사람들이 가진 자부심, 영성에서도 찾을 수 있다(Saleebey, 1996).

(2) 강점 관점의 전제

이용자의 병리적 측면에 초점을 둔 접근에서는 사회복지사가 전문가로서 문제의 원인을 판단하고 치료 계획을 세우고 평가하는 것을 문제해결의 과정으로 본다. 이때 이용자보다 사회복지사의 전문적 지식과 판단이 주요하게 작용하므로, 이용자는 문제를 해결할 능력이나 의지가 부족하다고 가정하고 이용자의 결핍이나 역기능적 측면을 강조하게 된다. 이렇게 이용자의 강점을 망각하게 될 때 사회복지사는 그들의 성장이나 변화에 대해서도 회의적인 태도를 갖기 쉽다. 그러나 강점 관점을 기반으로 접근할 때에는 이용자는 강점을 가진 존재이고, 이러한 강점이 문제해결과 성장의 원동력이라고 보기 때문에 사회복지사와 이용자는 동등한 위치에서 문제해결을 위해 협력한다(Mizrahi and Davis, 2008). 실천 과정에서도 이용자의 강점과 자원을 탐색하고 사정하며 목표를 성취하도록 활용하므로, 이용자는 사회복지사와 평등하고 협력적인 관계를 형성하며 문제해결을 주도할 수 있게 된다.

(3) 실천 원칙

다음은 샐리비(Saleebey, 2006)가 정리한 강점 관점 기반의 실천 원칙들이다.

첫째, 개인, 가족, 지역사회는 강점을 지닌다. 사회복지사는 이용자를 유능하며 기술과 강점을 가진 존재로 바라봐야 한다. 이용자는 가족과 지역사회 자원을 가지고 있을 수 있으며 이러한 자원들은 탐색되고 활용될 수 있다.

둘째, 질병, 학대, 고난은 기회로 작용할 수 있다. 이용자는 매우 어려운 상황들을 극복할 수 있을 뿐만 아니라 새로운 기술과 긍정적인 보호 요인들을 발전시킬 수 있다. 개인은 다양한 트라우마에 노출될 수 있으나 이것으로 인해 항상 무력한 희생자가 되거나 해를 입는 것만은 아니다. 즉, 회복탄력성을 가지고 있다.

셋째, 이용자의 희망을 존중하고 이용자의 잠재 역량에 대해 제한을 두지 않고 기대하도록 한다. 종종 소위 '전문가'들은 이용자가 정한 목표가 비현실적이라고 봄으로써 성장에 대한 이용자의 잠재력을 깎아내린다. 그러나 사회복지사는 이용자에게 높은 기대를 함으로써 이용자가 회복할 수 있으며 희망이 실현 가능하다고 믿어야 한다.

넷째, 이용자와 협력함으로써 최선의 서비스를 제공할 수 있다. 전문가로서 항상 답을 주는 역할을 하는 것은 적절하지 않다. 전문가가 문제 해결을 주도할 때 이용자의 강점과 자원에 대한 이해가 오히려 방해받을 수 있다. 강점 관점은 사회복지사와 이용자 간의 협력을 중요시한다.

다섯째, 모든 환경은 자원이 있으므로, 환경적 자원을 활용한다. 모든 지역사회는 지식, 지지, 상담, 유형의 자원과 같이 무언가를 제공할 수 있다. 이러한 지원들은 일반적인 사회서비스 기관이 아닌 지역사회에도 존재할 수 있으며 이용자에게 유용할 수 있다.

여섯째, 상호 돌봄의 중요성을 간과하지 않는다. 강점 관점은 공동체와 소속된 개인들의 참여, 사회정의를 위한 노력을 중요시한다. 상호 돌봄을 통해 시민참여의 기초를 만든다.

(4) 강점 관점을 적용한 실천 사례

| 사 례 |

45세 만성 조현병 진단을 받은 B씨는 장기 입원 후 퇴원하면서 지역사회 정신재활시설에 의뢰되어 독립하고자 준비 중이다. 그러나 시설 직원들은 B씨가 의사소통이 어렵고 위생 관리 상태가 좋지 않을 뿐더러 정기적으로 환각 증상을 경험하고 있고, 최근에는 매일 밤 짐을 싸며 어딘가로 떠날 사람처럼 행동하여 재입원을 우려하고 있다. 강점 관점을 훈련받은 사회복지사는 B씨가 가진 강점을 사정하고 B씨가 성장 과정에서 농촌에서 자라면서 동식물을 키우는 데 열정과 지식이 많다는 것을 발견하였다. B씨와의 의논 후 그가 가진 이러한 자원을 활용할 만한 곳을 찾았고 인근 지역에서 사회적 협동조합에서 운영하는 농장을 찾게 되었다. 이 농장에서 B씨가 정기적으로 봉사하는 경험을 갖게 되면서 농장 직원들과도 신뢰를 쌓게 되었다. 이러한 경험이 쌓이게 되자 B씨의 의사소통 능력도 조금씩 향상되었고 위생 상태도 개선되는 모습을 보이게 되었으며, 농장에서 고용가능성에 대해 고려하게 되었다.[3]

....

3 이 사례는 Weick et al.(1989: 11)에서 발췌하여 요약하였다.

이 사례에서 사회복지사는 B씨가 보이는 비위생적 행동, 환각, 침묵과 같은 문제라고 여겨지는 모습에 초점을 두지 않고, 의식적으로 그 증상을 넘어서 B씨가 가진 지식, 열정, 관심에 집중하였다. 이는 강점 관점에서 제시하는 전제(사람들의 강점은 문제해결과 성장의 원동력이다)와 일치하는 모습이다. B씨의 열의와 희망이 반영된 개입 목표에 B씨가 적극적으로 참여하면서 B씨가 지닌 다른 일상생활의 기술들까지 함께 적응적으로 변하며 성장하였다. 또한 사회복지사는 B씨와의 협력적 관계를 통해 강점을 발견할 수 있었으며, 전문가로서 환경적 자원들을 적극적으로 활용하였다.

3) 역량강화 접근

역량강화(empowerment)는 국제사회복지사연맹(IFSW)의 사회복지실천의 정의에서 나타나듯이 사회복지실천의 핵심적인 개념으로 자리 잡으며, 사회복지를 역량강화의 전문직(DuBois and Miley, 2014)으로 정의할 정도로 중요한 개념이 되었다. 역량강화 접근은 사회경제적인 불의와 개인적인 고통과 역경 간에 연결 지점을 찾는 데서 시작된다. 구조적 억압과 차별을 개인의 어려움과 연관 지으며 억압받고 차별받는 집단의 욕구를 충족하기 위해 통합적이고 전체적인 접근을 취한다.

(1) 정의

솔로몬(Solomon, 1976)에 따르면, 역량강화란 낙인화된 집단으로 정형화되면서 겪은 차별로 인한 무력감을 감소시키는 과정이다. 역량강화는 사회에서 차별받고 낙인화되면서 부정적 가치를 내면화하여 생긴 자신에 대한 부정적 인식을 바꾸는 동시에, 억압적이고 부정의한 사회구조나 정책, 차별에 대해 저항하는 것에 초점을 둔다. 핀더휴즈(Pinder-hughes, 1983)는 역량강화 개념을 서비스 이용자와 연관 지어 설명하였는데, 역량강화를 권한(권력)을 획득하고 통제하고 발전시키는 것으로 정의하였다. 또한 대처를 방해하는 요인들을 건설적으로 다루는 능력, 서비스 이용자가 자신의 운명을 통제하도록 지원하는 것을 역량강화에 포함시켰다. 한편, 구티에레스(Gutiérrez, 1990)는 역량강화를 개인이 자신의 삶의 지위를 향상시키기 위해 개인적, 대인관계적, 혹은 정치적으로 권한을 증진시키는 과정이라고 정의하였다.

(2) 가정

역량강화의 기본적 가정은 다음과 같다(Lee and Hudson, 2017). 억압은 사회구조적 현상으로 이는 개인과 지역공동체에 영향을 미치며, 이러한 영향으로 인한 피해는 부족한 의료 자원으로 인한 영아 사망부터 높은 범죄율로 인한 살인, 폭력 피해, 자살에 이르기까지 치명적일 수 있다. 또한 긍정적인 미래를 기대할 수 없어 희망을 잃게 되면 자아와 타인에 대해 부정적인 효과를 낳게 되는데, 절망, 무관심, 내재화된 분노, 자신의 가치에 대한 잘못된 믿음과 같은 것들이다. 이러한 부정적인 관점이 내재화될 때 억압은 더욱더 공고해진다. 이러한 악순환의 고리를 끊어내기 위해서는 긍정적인 정체성을 발전시킬 수 있는 강력한 지지체계와 사람들 간의 좋은 관계 맺음과 연결이 필수적이다. 긍정적인 공동체 소속감과 정체성은 예방적이고 치료적 효과를 가질 수 있다.

또 하나의 가정은 제도화된 억압과 이를 유지하는 사회구조, 이들이 자신에게 미치는 영향을 분석하고 이해함으로써 사람들은 충분히 현재의 문제를 해결할 역량을 갖출 수 있다는 것이다. 사람들은 자신의 내적 자원을 강화하고, 가족이나 집단, 지역사회와 함께 변화를 위해 협력하며, 억압하는 구조적 요인들을 변화시키기 위해 스스로 역량강화를 할 수 있다. 역량강화의 관점에서 개인은 구조되는 희생자로서 수동적으로 머무르는 것이 아니라 역량강화를 통해 행동(action)과 반성(reflection)을 실천해 나갈 수 있는 능동적 존재로 이해한다.

(3) 구성 요소

역량강화의 네 가지 구성 요소는 다음과 같다(Gutiérrez et al., 2006; 박지영 등, 2020 재인용). 첫째, 개인적 차원에서의 태도, 신념, 가치의 변화를 추구하는 것이다. 특히, 자신의 삶을 통제할 수 있는 능력에 대한 믿음인 자기효능감(self-efficacy)을 획득하도록 돕는다. 자기효능감을 획득함으로써 다른 역량강화 요소들에도 긍정적 영향을 미친다.

둘째, 집합적 경험을 통해 자신의 경험이 개별적이고 고유한 것이 아니라 타인의 경험을 공유하는 것, 사회구조적 문제로 인한 것임을 성찰하는 것이다. 이는 개인에 대한 비난을 감소시키고 의식을 고양시켜 개인을 넘어서 사회적 요인을 변화시키려는 동기를 형성하는 데 도움이 된다.

셋째, 사회적이고 정치적인 현실의 복합성에 대해 비판적으로 이해할 수 있도록 지식과 역량을 형성하는 것이다. 집합적 경험에서 개인은 상호 공유와 지지를 통해 문제에 대해 비판적으로 사고할 능력을 기를 수 있다. 기존에 갖고 있던 가치, 신념, 태도가 현재 문제에 미치는 영향이나 거시 수준의 구조가 미치는 영향에 대해서 이해함으로써 비판적으로 사고하며 변화를 위한 행동에 필요한 지식과 기술을 습득하게 된다.

넷째, 개인적이고 집합적인 사회적 목적이나 자유를 얻기 위해 자원이나 전략을 개발하며 행동하는 것이다. 반성적 행동을 통해 문제해결에 필요한 자원이나 지식, 기술을 획득하는 경험을 쌓아나갈 수 있다. 자신의 행동에 책임을 지고 공동의 목적과 사회 변화를 위해 공동의 행동을 수행하는 것을 배우게 된다.

(4) 역량강화 관점을 적용한 실천 사례

| 사 례 |

> 두 아들을 둔 35세 여성인 C씨는 가정폭력을 행하는 남편과 헤어진 후 가정폭력상담소에 도움을 요청하였다. C씨는 가정폭력 피해를 입었다는 사실에

대한 수치심, 낮은 자존감, 재정적 문제, 사회적 고립 등의 어려움을 겪고 있었다. 사회복지사는 C씨와 신뢰관계를 쌓아 C씨가 그동안 겪은 일들을 이야기할 수 있도록 도왔다.

실천 과정의 초기에 사회복지사는 주거, 정서적 지지, 재정적 지원과 같은 이용자가 호소하는 욕구를 중심으로 사정하였다. 특히, 사회복지사는 무기력함에 빠진 C씨가 자신과 아이들을 보호하기 위해 단호하고 빠른 조치를 취했으며 어려운 상황에서 최선을 다했다는 것을 상기시키며 자신의 강점을 인식하도록 도왔다. 또한, C씨와 사회복지사는 함께 주거지 마련과 자녀의 등교를 단기 목표로, C씨의 재취업을 장기 목표로 설정하였다.

이러한 목표를 이루기 위해 사회복지사는 지역사회의 다양한 자원들(자립자활 교육 및 취업 훈련 프로그램, 상담서비스 등)을 연계하여 C씨가 면접과 이력서를 준비할 수 있도록 도왔다. 사회복지사는 C씨의 상황이 어느 정도 안정되자 C씨에게 가정폭력생존자 지지집단에 참여할 것을 권하였다. C씨는 이 모임에 참여하면서 유사한 어려움을 겪었던 집단구성원들과 만나며 자신의 어려움이 개인의 잘못이 아님을 느낄 수 있었다. 이를 통해 정서적 지지를 얻고 그들과 우정과 연대감을 나눌 수 있었다. 마지막으로 사회복지사는 C씨가 스스로 자신에게 필요한 자원들을 찾고 선택하고 이용할 수 있도록 도왔으며 C씨는 재취업에도 성공하였다. 이러한 역량강화 접근을 통해 C씨는 점차 자신감과 소속감을 되찾고 자립을 이루었다. C씨는 자신이 하고 싶던 일을 하고자 일을 병행하며 공부를 더 하기로 하였고, 이후 자신의 경험을 바탕으로 상담소에 찾아오는 다른 피해자들에게도 멘토로서 도움을 주는 옹호자로 성장하였다.

C씨는 개입 초기에 오랜 기간 폭력에 시달리며 자신에 대해 부정적인 신념을 가진 상태였으나 사회복지사와의 신뢰에 기반한 협력적 관계를 통해 스스로의 강점을 인지하고 자신에 대한 믿음을 수정해 나갔다. 또한 개입의 목표를 약점과 결핍이 아닌 미래지향적 문제해결에 집중하여 설정하고, 지역사회 자원을 탐색하며 스스로 자신의 권리를 찾고 문제를 해결하는 능력을 키워 나갔다. 이 과정에서 타인과 자신의 유사한 경험을 공유하며 구조적인 영향력을 이해하고 수치심과 고립감에서 벗어날 수 있었다. 역량강화 관점은 이용자가 주체가 되어 스스로의 문제

를 해결해 나가며 집합적 행동을 통해 사회를 변화시키는 실천으로 이끈다는 점에서 의의를 가진다.

3 사회복지실천과 윤리

1) 사회복지실천의 가치와 윤리

(1) 의미

사회복지실천의 가치와 윤리는 실천의 목적과 정당성, 방향을 제시해 주는 핵심적 요소이다. 일반적으로 가치는 사람들이 무엇이 선하고 바람직하며 소중한가에 대해 지니는 일종의 믿음이며, 사회복지실천에서 가치는 사회복지실천의 맥락에서 무엇이 바람직하며 중요한가에 대한 믿음의 총체라고 할 수 있다. 즉, 가치는 바람직한 사회상, 이러한 사회를 만들기 위한 일반적인 원칙, 전문가의 바람직한 특성이나 특징을 포괄한다. 한편, 윤리는 옳고 그른 행위에 대한 문제, 선하고 악한 특성과 관계에서의 책임에 대한 문제와 연관된다. 사회복지실천의 맥락에서는 윤리는 주로 옳고 그른 행위와 선하고 악한 특성, 실천 맥락에서 관계에 따르는 전문적 책임에 대해 전문직이 따라야 할 규범이나 기준이라는 의미를 지닌다(Banks, 2020). 사회복지실천 윤리는 사회복지의 가치가 행동적 실천 규범과 기준으로 나타난 것으로 볼 수 있다.

사회복지실천의 가치는 추상적인 구호에 머무르지 않고 구체적 실천에 영향을 미칠 수 있다. 가치는 사회복지실천의 임무와 목표를 제시하며, 사회복지실천현장에서 서비스 이용자와 어떤 관계를 맺어야 할지에 대한 지침이 될 수 있다. 또한 무엇이 바람직한 개입 방법인지 선택할 때, 실천 과정에서 부딪히는 윤리적 딜레마나 갈등 상황을 해결하는 데 가치는 중요한 역할을 한다(김기덕, 2006). 특히 윤리적 딜레마 상황에서 어떤 윤리 원칙이 더 우선적으로 적용되어야 하는가는 가치 판단의 문제와 결부되어 있다. 사회복지실천을 지식이나 기술의 문제로 치환하기 쉬우나 가치와 윤리가 실천의 근본을 구성한다고 보는 것이 바람직할 것이다.

사회복지사는 실천 현장에서 가치에 기반한 판단을 해야 하는 상황에 자주 처하게 된다. 그런 상황에서 사회복지사는 자신의 개인적 가치 또는 전문적 가치, 사회적 가치에 영향을 받아 어떤 결정을 내리게 된다. 개인적 가치는 사회복지사 개인이 가지고 있는 가치의 입장으로 개인적인 경험이나 종교, 문화의 영향을 받는다. 전문적 가치는 사회복지 전문직이 공유하는 가치로서 인간 존엄, 사회정의, 자원의 공정한 분배와 평등과 같은 전문직의 실천윤리와 관계가 깊다. 한편, 사회적 가치는 사회가 바람직하거나 중요하다고 여기는 믿음에 대한 공감대로 그 사회가 추구하는 원칙이나 목표가 해당된다(양옥경, 2017). 이러한 가치들은 일치할 수도 있지만 다를 수도 있으며 사회복지사가 마주하는 상황에서 다양한 가치들은 영향을 미칠 수도 있다. 따라서 사회복지사는 자신의 결정이 어떠한 가치에 근거하여 만들어진 것인지에 대한 객관적이고 명확한 이해가 있어야 한다. 개인적 가치와 전문적 가치가 다르거나 갈등이 생길 경우 이러한 가치 갈등과 당면한 윤리적 갈등이 무엇인지 명료화하고, 이를 체계적이고 비판적으로 검토하여 이용자의 복지를 최대화할 수 있도록 결정할 수 있는 능력이 윤리적 실천을 담보한다.

(2) 윤리적 갈등

사회복지실천에서 사회복지사는 종종 윤리적 가치와 원칙 간에 충돌이 일어나 어떠한 대안을 선택해야 할지 명확하지 않은 순간을 맞이한다. 다음은 사회복지사가 경험하는 윤리적 딜레마를 범주화한 것이다(Banks, 2020).

첫째, 개인의 권리와 복지 영역에서 사회복지사들이 경험하는 윤리적 딜레마다. 문제해결 방안을 선택하는 데 서비스 이용자의 자기결정권을 존중할지, 혹은 서비스 이용자의 복지를 증진시켜야 하는 사회복지사의 책임을 더 중요시할지 갈등이 생길 수 있다. 인간존엄성 존중이라는 가치는 개인의 자유와 자율성을 존중하기 위해 서비스 이용자의 자기결정권 존중, 비밀보장과 사생활 존중, 고지에 입각한 동의와 같은 다양한 실천 원칙으로 구체화된다. 그러나 이러한 원칙은 종종 전문가로서 사회복지사가 이용자의 복지를 증진시키고 권리를 옹호하기 위해 보호적 조치를 해야 하는 상황과 갈등을 빚을 수 있다. 당장 이용자가 서비스를 거부한다고 할지라도 서비스를 제공함으로써 장기적으로 이용자의 자율성과 자기결정능력이 향상될 수 있다고 전문적 판단이 될 때 개입하는 경우도 존재한다. 아동학대로 아동에 대한 해가 명백해 보이는 경우 아동이 원하지 않더라도 생명을 보호하기 위해 법에 근거해 분리 조치하는 경우가 그러한 예에 해당할 것이다. 그러나 어떤 상황에서는 이러한 판단을 내리기 모호할 수 있다.

둘째, 전문적 역할과 경계 짓기에 관한 윤리적 딜레마다. 사회복지사가 상담가, 정보제공자, 옹호자 등 다양한 역할 가운데 어떤 역할을 취할지, 개인적인 관계와 전문적인 관계가 중첩될 때 어떻게 대처해야할지와 같은 문제들이 여기에 해당한다.

셋째, 공공복지와 관련된 영역에서 서비스 이용자가 아닌 타인이나 기관, 사회의 이익을 옹호해야 하는 상황에서 경험하는 윤리적 딜레마다. 공적 재원과 자원으로 서비스를 전달하기 때문에 사회복지사는 이용자 개인뿐만 아니라 동료, 기관, 지역사회 및 전체사회에 대한 책임을 동시에 가지고 있어, 이러한 역할 간에 갈등이 일어나기도 한다.

마지막으로 평등, 다양성, 구조적 억압과 관련된 영역에서 겪는 윤리적 딜레마다. 사회정의와 문화적 다양성 존중이 사회복지실천의 중요한 가치이므로 사회복지사는 억압에 도전하고 사회 변화를 위해 노력해야 하는 역할과 책임이 있으나 이러한 역할들이 충돌하는 상황도 존재한다(Banks, 2020). 다음은 윤리적 갈등이 생길 수 있는 사례들이다.

① 노숙인 D씨는 건강이 악화되어 안정적이고 위생적인 주거 환경에서 치료를 받아야 하는 상황이지만 서비스를 거부하고 있다.
② 청소년 E 학생은 상담 중 학교사회복지사에게 학교폭력 피해를 겪었음을 말하였지만 아무에게도 알리지 말 것을 요구하였다.
③ 자녀의 교육비 명목으로 후원금을 지원받은 이용자 F씨가 후원금을 자신의 술과 담배를 사는 데 사용한 것을 알게 되었다.

첫 번째 사례에서는 이용자의 이익 보호와 자기결정권 존중 사이에서의 갈등이 있을 수 있고, 두 번째 사례에서는 비밀보장과 이용자 보호의 측면에서 윤리적 갈등이 존재한다. 마지막 사례는 후원금을 기부한 지역사회에 대한 책임 문제와 이 자원을 F씨 대신 받지 못한 다른 이용자의 이익과도 결부되는 윤리적 갈등이 있다. 이러한 윤리적 갈등은 사회복지실천 과정에서 언제든 겪을 수 있으며, 당면한 상황에서 윤리적 갈등을 명확히 할 수 있는 윤리적 민감성을 갖추어야 유능한 실천이 가능하다.

2) 사회복지실천의 윤리적 준거

(1) 사회복지사 윤리강령

전문직이 실천 과정에서 지켜야 하는 적절한 행동에 대한 기대를 규정한 것을 윤리강령이라고 한다. 이러한 윤리강령은 윤리적 갈등 상황에서 전문가에게 적절한 지침을 제공하고, 외적 규제로부터 전문가를 보호하며 잘못된 실천에 대한 판단기준을 제시하여 부정직하고 무능한 전문가로부터 이용자를 보호할 수 있다. 각국의 사회복지사협회에서는 사회복지전문직의 행동 규범에 대한 강령이나 행동 지침을 마련해 놓고 있으며 우리나라의 경우 사회복지사협회에서 1982년 최초로 윤리강령을 제정하였고 그 후 5차 개정을 통해 현재의 모습에 이르렀다.

한국 사회복지사 윤리강령은 전문, 윤리강령의 목적, 윤리강령의 가치와 원칙, 사회복지사의 윤리기준, 사회복지사 선서문으로 구성되어 있다. 사회복지사의 윤리기준은 다섯 부분으로 구성되어 있는데, 첫 번째 조항 기본적 윤리기준은 인간 존엄성 존중과 사회정의 실현이라는 전문가로서의 가치와 자세를 언급하고 전문성 개발을 위한 노력과 기본적 자질과 자기 관리, 이해관계와 관련된 지침을 제시한다.

두 번째 조항은 이용자에 대한 윤리기준을 담고 있다. 사회복지사는 이용자의 권익옹호를 최우선으로 하며, 실천 과정에서 문제해결의 목표와 방법에 대한 이용자의 자기결정권을 존중하며, 서비스 제공과 관련된 결정을 할 때 충분한 정보를 제공하고 동의를 받아야 한다. 또한 실천 과정에서 이용자의 사생활을 보호하고 비밀을 보장한다. 그 외에도 기록 및 정보 관리, 직업적 경계 유지, 서비스 종결 등의 하위 조항이 기술되어 있으며 실천 방법에 대한 구체적 윤리기준을 제시하고 있다.

세 번째 조항은 사회복지사의 동료에 대한 윤리기준을 기술한다. 동료를 존중하고 서로 협력하며, 동료가 비윤리적 행위를 했을 때는 윤리강령과 관련 법에 따라 대처한다. 혹은 적법한 업무 수행 중 동료가 부당한 조치를 당할 때에는 동료를 원조해야 하며, 동료에게 가해지는 부적절한 차별이나 괴롭힘, 부적절한 성적 행동에 가담하거나 이를 용인해서는 안 된다. 또한 슈퍼바이저가 지도할 때 지켜야 할 윤리적 기준을 담고 있다.

네 번째 조항은 기관에 대한 윤리기준이다. 기관의 사명과 목표를 달성하기 위해 사회복지사는 함께 노력해야 하며 기관의 부당한 정책과 요구에는 법률과 규정에 따라 대응해야 함을 제시하고 있다.

마지막은 사회에 대한 윤리기준이다. 사회복지사의 지역사회, 국가, 국제사회에 대한 책임과 사회정책에 대한 옹호의 역할을 명시하고 있으며, 사회재난과 국가 위급 상황에서 문제해결에 적극적으로 활동하고 생태환경에 대한 영향도 고려할 것을 규정하고 있다.

(2) 윤리적 의사결정

윤리적 갈등이 얽혀 있는 다양한 상황을 마주하게 되는 사회복지사는 이를 체계적으로 검토하여 합리적이고 최선인 결정을 내릴 수 있어야 한다. 윤리적 갈등을 명확히 하고 대안들을 검토하며 결정을 내리는 것을 윤리적 의사결정이라 한다. 사회복지사 윤리강령이 올바른 윤리적 실천에 대한 방향성은 제시하지만, 윤리강령 간에 갈등이 생기거나 부딪히는 경우 어떤 것을 우선하여 결정을 내릴지까지 제시하기는 어려우므로 구체적 상황에 적용하기에 한계가 있다. 학자들은 다양한 윤리적 의사결정 과정을 하나의 모형으로 정리하여 제시하였다. 학자마다 구체적인 윤리적 의사결정 과정의 단계는 다를지라도 대체로 윤리적 쟁점과 그에 따른 이해관계자 그리고 그들의 가치의 차이를 확인하고 윤리강령, 법 등의 기준을 검토하며 각 대안의 결과를 비교하여 결정하고, 자문을 구하는 단계들이 포함된다. 다음은 실천 현장에 쉽게 적용될 수 있도록 간명하면서도 다양한 윤리적 접근을 통합하여 만든 콩그레스의 윤리적 의사결정 모델이다(Congress, 2017).

| 더 알아보기 |

콩그레스의 윤리적 의사결정 모델

1. 관련되는 개인, 사회적 기관, 이용자와 전문적 가치를 조사한다.
2. 윤리강령의 윤리적 기준 가운데 무엇이 적용될지, 관련 법과 판례를 숙고한다.
3. 각각의 대안에 따른 가능한 결과들을 가정하여 비교한다.
4. 사회복지사는 윤리적 딜레마 상황에서 가장 취약한 위치에 처한 사람의 입장에서 바라보고 누가 이익을 얻고 누가 해를 입을지 파악한다.
5. 결정한 대안이 가장 윤리적인 결정인지 슈퍼바이저와 동료들에게 자문을 구한다.

사회복지실천을 정의하는 중요한 속성 가운데 하나는 환경과 인간에 대한 이중초점을 가지고 사회정의와 인권적 접근을 바탕으로 한 가치 기반의 원조 전문직이라는 점이다. 실천의 밑바탕이 되는 기본적 관점들 역시 사회복지실천의 개념을 반영하고 있다.

생태체계 관점은 이용자를 '환경 속의 인간'으로 바라봄으로써 개인이 겪고 있는 도전과 과업들을 환경과의 상호작용 속에서 발생하는 것으로 이해하도록 돕는다. 이러한 생태체계 관점은 특히 이용자의 욕구와 자원을 포괄적으로 이해할 수 있게 하고, 개입의 대상 역시 개인을 넘어서 개인을 둘러싼 환경체계와 그들 간의 상호작용까지 넓히는 효과를 가져온다.

한편, 강점 관점은 이용자의 역기능과 결함, 문제에 초점을 둔 치료적 모델을 비판하며 나온 대안적 관점으로서 이용자의 성장과 변화에 대한 긍정적인 기대를 가지고 이용자의 강점에 기반하여 성장을 이룰 수 있다고 믿는다. 강점 관점은 단순한 낙관주의와는 구별되며 이용자가 처한 상황을 직간접적으로 증진시키기 위해 이용자의 강점과 자원, 자산을 규명하고 동원하는 지속적 과정이라고 볼 수 있다.

마지막으로 역량강화 관점은 이용자가 자신의 삶에 대한 통제력을 되찾고 자원에 대한 접근과 권한을 얻기 위해 집합적으로 해결해 나가는 능력을 키워 나가는 과정을 중시한다. 전문가의 시혜적인 원조가 아니라 이용자가 문제해결의 주체가 되고 실천 과정에서도 이용자의 역량강화와 자기결정을 중요하게 여긴다. 생태체계 관점과 마찬가지로 구조적 영향력을 인식하고 변화하는 것을 목표로 하며, 이 과정에서 이용자의 강점은 자신에 대한 긍정적 인식과 문제해결의 동력이 된다는 점에서 이용자의 역량강화에 핵심적인 역할을 할 수 있다. 이처럼 생태체계 관점, 강점 관점, 역량강화 관점은 서로 영향을 받는다. 세 관점은 사회복지실천의 다양한 개입 모델에 영향을 주면서 일반적인 사회복지실천의 기초적 관점으로 자리 잡았다.

가치 기반의 전문직인 사회복지실천이 실천의 정당성을 갖추기 위해, 또 효과적으로 실천하기 위해 고려해야 할 것은 실천의 윤리적 측면이다. 사회복지실천 과정에서 사회복지사는 윤리적 갈등들을 자주 접하게 되는데 이를 민감하게 알아채고 윤리적인 의사결정을 내릴 수 있어야 한다. 윤리강령은 사회복지사가 따라야 할 규범들을 제시하고 있으며 이러한 윤리강령으로 해결하기 어려운 경우 체계적으로 문제를 해결하기 위해 윤리적 의사결정 모델들을 활용하기도 한다. 사회복지실천이 궁극적으로 어떠한 모습이어야 하는지, 실천이 어떠한 방식으로 어떻게 이루어져야 하는지를 알려주는 것이 가치와 윤리이므로 사회복지실천을 수행할 때 이에 대한 깊은 성찰이 필요할 것이다.

토론주제

1   사회복지실천 사례들을 찾아보고 '환경 속의 인간' 개념을 어떻게 적용하였는지 토의해 보시오.

2   다음의 사례에서 생태체계 관점, 강점 관점, 역량강화 관점 가운데 적용할 수 있는 관점은 무엇인가?

OO씨는 중학교부터 등교를 거부하고 입대 전까지 집에서만 생활하였다. 집에서만 생활하다 보니 밖에 나가기가 더 두려워졌고 은둔 생활을 하게 되었다. 군 제대 전 고립 청년을 지원하는 사회적 협동조합에서 운영하는 검정고시 교육 프로그램에 참여하게 되었고 이것이 인연이 되어 진로 탐색 프로그램에도 참여하였다. 이후 협동조합에서 운영하는 카페에서 일하게 되면서 자신이 일을 잘할 수 있다는 자신감을 찾게 되고 실수에 대한 압박감도 내려놓을 수 있게 되었다. OO씨는 협동조합에 온 다른 후배 청년들과 관계 맺고 도움을 주며 그들이 성장하는 모습에 뿌듯함을 느끼면서 정기적인 일자리를 갖게 되었다.[4]

3   한국 사회복지사 윤리강령 전문을 읽고 가장 중요하다고 여겨지는 항목은 무엇이라고 생각하는가? 그 이유는 무엇인가?

....

4   이 사례는 다음 기사 내용 일부를 요약하였다. 출처: 송윤경·김향미, "일로 상처받고 '은둔 굴레'… 사회로 꺼내줄 '밧줄' 절실"

제10장

사회복지실천의 지식과 기술

사회복지실천은 어떻게 이루어질까?

　　인간은 살면서 끊임없이 타인과 도움을 주고받는다. 돕는 전문가로서 사회복지사는 누군가를 돕는다는 것이 의미하는 바를 잘 생각해 보아야 한다. 돕는다는 것은 일단 선하고 좋은 일이다. 그런데 과연 선한 의도로 시작했다고 해서 언제나 선한 결과로 이어질 수 있을까? 우리는 그렇지 않은 경우를 종종 경험하곤 한다. 특히 사랑하는 가족이나 친구와 같이 가까운 관계에서 더욱 그러하다. 상대방을 아끼고 위하는 마음에서 시작된 조언이나 관여가 오히려 상대방에게는 간섭이 되고 통제가 되며 상처가 되기도 한다. 타인에 대한 관심, 돕고자 하는 진실한 마음, 성실함과 열정만으로는 충분치 않다.

　　그렇다면 무엇이 필요할까? 도움이 필요한 사람을 잘 이해해야 한다. 상대방에게 최선의 결과를 가져올 수 있는 방법을 알고 적용해야 한다. 사회복지사는 인간이 겪는 아픔을 잘 이해하고 해결을 돕기 위하여 사회복지 지식체계에 의지한다. 응용학문으로서 사회복지학은 방대한 사회과학지식으로부터 도출된 다양한 지식과 이론을 활용한다. 본 장에서는 사회복지 지식체계의 기초적이고 핵심적인 내용을 개관적으로 살펴본다.

1 사회복지실천의 지식체계

1) 사회복지실천과 이론의 관계

이론(theory)이란 어떤 현상을 설명하기 위한 가설, 개념, 의미의 집합체다. 즉 실재를 나타내는 모형이며, 우리가 경험하는 어떤 현상을 설명하고 예측하는 기능을 한다(Turner, 1974/2004). 해결하기 어려운 인생의 문제 속에서 갈 길을 잃은 채 사회복지사를 찾아온 이용자를 떠올려 보자. 만약 이용자가 아무것도 하지 않고 현재 상황이 지속된다면 어떤 결과가 초래될 것인가? 만약 사회복지사가 특정 방식으로 개입한다면 현재 상황이 어떻게 달라질 것인가? 이러한 중요한 질문에 이론을 근거로 하여 답할 수 있다. 이론이 배제된 채 사회복지사 개인의 경험, 판단, 전문가로서의 권위에만 의존한다면 사회복지사 자신도, 이용자도 지금 무엇이 어떤 방향으로 진행되는 것인지 정확히 알 수 없다. 사회복지사가 가진 지식체계가 견고할수록 지금 사회에서 혹은 이용자에게 일어나고 있는 일을 파악하고, 사회복지실천을 통해 기대할 수 있는 결과를 예측함으로써 실천 과정에서 길을 잃을 가능성은 줄어들 것이고, 보다 확신과 안정감을 가지고 해결을 향해 나아갈 수 있을 것이다.

사회복지실천이 확고한 지식체계에 근거해야 한다는 것은 사회복지사의 책무성과도 연결된다. 돕는 전문가로서 사회의 재가를 받은 사회복지전문직에게 주어진 책무성이 있기 때문이다. 효과적이고 책임성 있는 실천은 이론적 기반에 근거해야 한다.

이론이 결여된 실천도 위험하지만 특정 이론에 지나치게 의존적인 실천도 위험성을 내포하고 있다(Turner, 1974/2004). 특정 이론만을 이용하는 경우 이용자의 개별적인 상황과 특성을 고려하지 않은 채 이론에 이용자를 끼워 맞추게 될 수 있다. 예를 들어 정신역동이론을 너무 선호하는 나머지 모든 이용자에게 정신역동이론을 적용하는 것은 위험할 수 있다. 또한 이론을 너무 맹신하는 경우 기계적으로 적용하게 될 수 있다. 아무리 유용한 이론이라 하더라도, 이용자의 고유한 특성과 복잡한 상황을 충분히 고려하여 적용해야 한다. 이러한 맥락에서 사회복지실천을 과학이자 예술이라고 명명하기도 한다.

| 더 생각하기 |

사회복지실천은 과학이자 예술

사회복지실천의 예술성이란 직관, 가치관과 신념, 창조성, 판단력, 관계 형성 능력 등 실천가의 예술적 역량이 실천의 과정과 성과에 영향을 미친다는 것을 의미한다. 동시에 사회복지와 같은 전문직의 실천은 과학적 지식에 기반해야 한다. 예술성이 결여된 지식기반도, 지식이 빈약한 예술성도 모두 한계가 있다. 즉 사회복지실천은 최선의 과학적 지식에 기반해야 하고, 그 지식의 적용에는 사회복지사의 예술성이 뒷받침되어야 한다(Sheafor and Horejsi, 2014/2020).

사회복지실천지식은 실천에 영향을 주는 구체성의 정도에 따라 패러다임, 관점, 이론, 모델 등으로 구분된다(홍선미, 2004). 이론은 관점보다는 경험적인 과정을 거쳐 구체화되었지만 여전히 추상적인 개념과 용어로 구성되어 있는 반면, 모델(model)은 문제와 상황을 분석하고 개입하는 기술적 적용 방법을 제시함으로써 실천 활동을 구조화하는 데 도움을 준다. 사회복지실천모델은 특정 이론으로부터 도출된 모델(정신분석이론과 정신분석모델, 인지이론과 인지치료 등)도 있고, 이론적 기반과 무관하게 혹은 여러 이론을 절충주의적으로 활용할 수 있는 모델(과업중심모델 등)이 있다. 이제 사회복지실천에서 유용하게 활용되고 있는 몇 가지 실천모델에 대하여 살펴보기로 하자.

2) 사회복지실천모델

(1) 인지행동모델

① 기본 가정

인지행동모델에서는 인간이 주어진 조건이나 환경에 의해 결정되는 존재가 아니라, 자신만의 고유한 인지 과정을 통해 상황을 인식하고 해석하며 의미를 부여하는 주관적이고 능동적인 존재로 가정한다. 인간에 대한 이러한 가정을 토대로 인지행동모델은 인지 활동이 인간의 행동에 영향을 미치는데, 인지 활동은 변화할 수 있고, 이러한 인지 변화를 통해 행동과 정서도 달라질 수 있다는 가정을 지닌다(Dozois et al., 2019).

| 더 생각하기 |

생각이 감정과 행동을 결정짓는다!

우리는 비슷한 상황에서도 개인에 따라 달리 생각하는 것을 보곤 한다. 중간고사를 일주일 앞둔 상황에서 누군가는 준비하기에 충분한 시간이라고 생각할 수도 있고, 누군가는 이번 중간고사도 망쳤다고 체념할 수도 있다. 시험을 앞두고 불안을 느끼는 것은 불편할 수는 있으나 나쁜 것은 아니다. 오히려 평소보다 더 긴장감을 갖는 시험 기간에 집중력을 발휘할 수 있다. 그러나 실패를 용납할 수 없는 사람은 과도한 긴장과 극심한 불안으로 인해 더 집중하지 못하고 시험 성적이 저하될 수 있다. 인지행동모델에서는 불안과 같은 정서 자체에 초점을 두기보다는, 지금 어떤 생각을 하고 있는가에 초점을 두고 그 생각을 변화시키면 행동과 불안 정서도 달라질 수 있다고 가정한다. 인간이 겪는 고통은 사건이나 상황 그 자체가 아니라 그 상황을 어떻게 해석하는가에 따라 달라진다고 보기 때문이다.

이러한 기본 가정을 공유하는 인지행동모델들은 공통적으로 문제에 초점을 둔 단기치료를 지향하며, 사회복지사와 이용자 간 협력적인 관계를 토대로 교육을 통해 자기치료 접근을 강조하는 구조화된 모델이다. 인지행동모델은 엘리스(Ellis)의 합리정서행동치료(rational emotive behavior therapy)와 벡(Beck)의 인지치료(cognitive therapy)가 대표적이다.

② 합리정서행동치료

합리정서행동치료에서는 부정적 감정과 행동들이 비합리적인 신념에서 비롯된다고 설명한다. 합리적 신념과 달리 비합리적 신념은 자신, 타인, 그리고 환경에 대해 '절대로', '반드시 ~해야 한다'와 같이 절대적이고 당위적인 요구를 하는 것이다. 예를 들어, '나는 모든 면에서 완벽해야 하고, 중요한 타인들로부터 인정받아야만 한다', '다른 사람들은 언제나 나를 공정하게 대우해야 한다', '우리 사회는 항상 안전해야 한다', '그렇지 않으면 절대 안 되고, 그런 상황은 참을 수 없다'고 여긴다. 인간은 누구나 실수하고 실패할 수 있고, 세상도 불완전하기 때문에 이러한 당위적 사고는 비합리적이다(Ellis, 1987/2016).

문제는 이러한 비합리적 신념이 부정적인 감정이나 증상을 야기한다는 것이다. 모든 인간은 인생에서 힘들고 고통스러운 경험을 한다. 이때 부정적인 감정을 경험하는 것은 자연스럽고 인간의 성장과 적응에 도움이 되기도 한다. 그러나 건강하지 못하고 성장과 적응에 방해가 되는 부정적 감정들이 존재하는데 이러한 감정들이 비합리적 사고에 기인한 것이다. 즉 어떤 상황에서 걱정하고 염려하는 것과 극심한 불안이나 공포를 느끼는 것은 다르다. 고통스러운 상황에서 슬픔이나 좌절감, 실망감을 느낄 수 있지만, 심각한 우울감이나 분노, 죄책감에 사로잡히는 것은 적절하지 않고 도움이 되지 않는다(김혜란 외, 2022).

비합리적 신념과 합리적 신념은 어떻게 다를까?

비합리적 신념의 예

• 교수님과 친구들 앞에서 발표를 망치다니 내가 무능하다는 것이 온 천하에 드러났네. 사람들이 나를 무능한 사람으로 보는 것을 견딜 수가 없어.
• 입사 후배가 나보다 먼저 승진하는 건 공정하지 않고 절대로 있을 수 없는 일이야. 나를 함부로 대우하는 회사에 계속 다닐 이유가 없지.

합리적 신념의 예

• 발표에서 교수님께 칭찬을 받지 못해 아쉽다. 교수님의 인정을 받고는 싶지만, 매번 잘할 수는 없지. 다음에 덜 긴장하면 나아질 수 있을 거야.
• 입사 후배가 나보다 먼저 승진하다니 속상하다. 내가 열심히 일한 것을 인정받았다면 좋았겠지만, 승진하지 못했다고 해서 내 회사 생활이 끝난 건 아니야.

반면 합리적 신념은 상황이 마음에 들지 않더라도 있는 그대로 받아들이고, 논리적이며 경험적이고, 유연하고 융통성이 있는 사고이다. 합리정서행동치료는 비합리적 신념을 규명하고 이에 대해 질문하고 논박하여 이용자 스스로가 자신이 가진 논리를 비판적으로 검토함으로써 보다 합리적인 신념으로 재구조화하는 과정으로 이루어진다.

③ 인지치료

벡의 인지치료에서는 우울, 불안과 같은 정서적 문제를 자동적 사고 (automatic thoughts), 인지 도식(schema), 인지적 오류(cognitive error) 등을 통해 설명한다(Beck, 1979/2001). 첫째, 자동적 사고란 어떤 상황에서 개인이 명확히 인식하지 못한 채 빠르게 스치듯 떠오르는 생각으로, 자동적 사고의 내용이 부정적이거나 역기능적일 때 심리적 어려움을 겪는다. 우울한 사람들은 자신과 자신의 미래, 주변 환경에 대해 부정적인 생각을 지니는 경향이 있다.

둘째, 인지 도식은 정보를 받아들이고 의미를 해석하며 조직화하는 인지구조를 말하는 것으로, 사건이나 자극을 인식하는 기본적인 이해의 틀이라고 할 수 있다. 사람들은 저마다 세상을 바라보는 고정된 인지 유형을 가지고 있는데, 이는 비교적 어린 시절에 형성된다. 같은 상황에서도 개인마다 다르게 인식하는 것은 개개인의 다른 인지 도식에서 비롯된 것이고, 한 사람이 다른 상황에서도 비슷하게 인식하는 것 역시 그 사람의 인지 도식에서 비롯된 것이다. 우울한 사람들은 특정 상황의 의미를 부정적으로 해석하게 하는 역기능적 인지 도식(dysfunctional schema)을 지니는 경향이 있다.

셋째, 인지적 오류란 정보처리 과정에서 발생하는 체계적인 오류를 말한다. 예를 들어, 한두 개의 특수한 사건을 토대로 지나치게 일반적인 결론을 내리고, 이를 무관한 상황에도 적용하는 오류인 과잉일반화(입사 시험에서 떨어진 사회초년생이 자신은 무능하고 앞으로 어디에도 취업할 수 없을 것이라고 단정함), 어떤 결론을 뒷받침하는 구체적인 증거가 없음에도 불구하고 그러한 결론을 내리는 임의적 추론(회사의 경영 악화와 구조조정으로 해고된 회사원이 자신의 무능력을 자책함), 어떤 경험의 의미나 중요성을 실제보다 지나치게 과대평가하거나 과소평가하는 의미확대와 의미축소(작은 실수나 실패로 자신의 무능함이 드러났다고 인식하거나, 성공 경험에 대해서는 어쩌다 운이 좋았던 것으로 인식함) 등이다(권석만, 2020; Beck, 1979/2001).

인지치료에서는 여러 인지적, 정서적, 행동적 기법을 사용하여 왜곡된 인지를 인식하고 스스로 평가하여 보다 현실 지향적이고 긍정적인 해석으로 변화시킴으로써 적응적인 행동을 증진하는 것을 목표로 한다. 인지치료는 우울증에 대한 개입으로 시작되었지만 구조화된 개입 과정과 방법, 효과성에 대한 실증적인 근거를 토대로 광범위한 영역에서 적용되고 있다.

(2) 해결중심모델

실천모델 대부분은 이용자의 '문제'에 초점을 둔다. 핵심 문제가 무엇인지, 문제의 원인은 무엇인지를 잘 규명하고 분석함으로써 문제를 감소시키는 것을 목표로 한다. 기존의 문제중심 접근과는 완전히 다른 관점을 취하는 모델이 있는데 바로 한국인 인수 킴 버그(Insoo Kim Berg)와 그의 남편 스티브 드세이저(Steve de Shazer)가 개발한 해결중심모델이다. 해결중심모델은 이용자가 이미 가진 자원과 강점에 초점을 두고, 문제가 아닌 해결 방안을 모색하며, 이를 위한 새로운 행동을 시작하는 것에 초점을 둔다.

| 더 생각하기 |

이용자는 자기 삶의 전문가

알코올 중독으로 어려움을 겪는 이용자를 떠올려 보자. 정신건강 사회복지사는 알코올 중독에 대한 전문적이고 방대한 지식을 가지고 있을 것이다. 하지만 이용자가 어떤 상황에서 어떤 이유로 알코올 중독에 이르게 되었는지, 중독에서 벗어나기 위해 그간 어떤 시도를 해왔는지, 그 결과는 어떠했는지, 지금 무엇을 원하는지에 대해서는 당사자에게 질문하지 않는 한 알 수가 없다. 이용자는 자기 삶의 전문가이자 변화의 주체이다. 따라서 사회복지사가 이용자의 문제를 규명하고 판단하여 해결책을 제시하는 것이 아니라, 이용자를 '알고 싶어 하는 자세(not knowing posture)'로 질문하고 그가 중요하다고 여기는 것에 초점을 둔다.

해결중심모델은 다음과 같은 기본 가정을 가지고 있다(김혜란 외, 2022; 노혜련·김윤주, 2014). 첫째, 문제와 해결책 간에 반드시 관계가 있는 것은 아니다. 둘째, 이용자는 자기 삶의 전문가이다. 셋째, 인간은 누구나 문제해결을 위한 자원과 능력을 지니고 있다. 넷째, 변화는 알게 모르게 지속적으로 일어나고 불가피하며 연쇄적이다. 이러한 기본 가정을 토대로 다음과 같은 질문 기술을 활용한다(노혜련·김윤주, 2014; Berg and Szabó, 2005/2011).

① 예외 질문

예외란 문제가 일어나지 않았던 상황을 말한다. 모든 문제에는 예외가 있다. 문제에 주목하는 대신 예외가 일어난 상황, 즉 성공적인 경험에 초점을 둠으로써 해결을 향해 나아갈 수 있다.

예외 질문의 예

- 부부 싸움을 하지 않고 대화할 수 있을 때는 언제인가요?
- 그때는 어떻게 그럴 수 있었나요?

② 대처 질문

대처 질문은 무력감에 압도된 이용자에게 그런 상황에서도 어떻게 견뎌 내고 있는지 묻는 것이다. 대처 질문을 통해 이용자는 절망적인 상황에서도 자신의 대처 능력을 인식하게 된다(노혜련·김윤주, 2014).

대처 질문의 예

- 그렇게 힘든 상황에서 어떻게 견딜 수 있었나요?
- 어디서 그런 힘이 나오나요?

③ 기적 질문

기적 질문을 통해 문제가 해결되었을 때를 상상하면서 이용자가 원하는 변화가 무엇인지 구체적이고 명료하게 그려보도록 돕는다(De Jong and Berg, 1998/2004). 기적 질문은 문제에 매몰되어 성공과 희망을 생각하기 어려워하는 내담자에게 유용하다.

기적 질문의 예

- 오늘 선생님께서 주무시는 동안 기적이 일어나서 지금까지 선생님을 힘들게 했던 모든 일이 다 해결되었습니다. 그럼 내일 아침에 무엇이 달라져 있을까요?

• 무엇을 보면 기적이 일어났는지 알 수 있을까요?

④ 척도 질문

척도 질문은 이용자의 현재 상황, 자신감, 변화를 향한 의지, 변화 정도 등을 구체화된 수치로 표현하도록 하는 것이다. 이를 통해 이용자는 다음 단계를 위해 무엇을 해야 하는지 구체적으로 알 수 있다.

척도 질문의 예

• 목표가 다 성취된 상태가 10, 전혀 그렇지 않은 상태가 1이라고 할 때, 오늘은 몇 점에 해당하나요? 1점을 높이기 위해서는 무엇을 다르게 해야 할까요?
• 지금까지 어떻게 하셨기에 여기까지 올 수 있었나요?

해결중심모델은 문제가 아닌 해결책을 이야기한다. 문제를 없애는 것은 어려운 일이고 때론 불가능해 보인다. 하지만 크고 어려운 변화는 아주 작은 변화에서 시작되고, 한번 시작된 변화의 파급효과는 계속해서 확대된다(Berg and Szabó, 2005/2011). 해결중심모델의 효과성은 정신 건강, 중독 분야뿐만 아니라 여러 영역에서 입증되고 있다.

3) 과업중심모델

과업중심모델은 1970년대 윌리엄 리드(William Reid)와 로라 엡스타인(Laura Epstein)이 사회복지실천의 효과성을 높이기 위하여 여러 이론을 절충주의적으로 통합하여 개발한 구조화된 실천모델이다. 주요 특성으로는 약 2~4개월 단기간 구조화된 절차에 의해 진행되며, 개입 과정에서 변화의 주체로서 이용자의 자기결정권을 강조한다. 또한 이용자가 겪는 문제는 기술의 부족뿐 아니라 자원의 부족에 기인한 것으로 보고 환경에 대한 개입을 강조하며, 개입의 과정에 대한 객관적인 평가를 통해 개입에 대한 책무성을 강조한다(김혜란 외, 2022).

개입 과정은 시작하기, 표적 문제 규명, 계약, 실행, 종결의 다섯 단계로 구조화된다. 표적 문제(target problem)는 이용자가 중요하게 인식하고 우선 해결하기를 원하며 사회복지사도 전문적 판단에 의해 동의한 것이다. 계약 단계에서는 목표를 달성하고 표적 문제를 해결하기 위해 수행해야 하는 과업(task)을 설정한 후 문제해결 방향에 대하여 계약한다. 실행 단계에서는 이용자의 상황에 대한 집중적인 사정과 문제해결 과정이 진행된다. 이때 사회복지사도 이용자의 자원 부족과 같은 환경적 변화를 위해 사회복지사의 과업을 계획하고 수행한다. 과업 수행에 어려움이 있는 경우 장애 요인을 개선해 나가고 모니터링한다. 마지막 평가 단계에서는 이용자가 달성한 것들을 확인하고 종결한다.

과업중심모델은 인간 내면의 근원적인 문제를 다루지 않는 단기 개입이기 때문에 문제상황이 복합적이거나 과거의 영향이 큰 이용자에게는 적합하지 않다는 비판도 있다. 그러나 과업중심모델은 이용자가 변화를 위해 필요한 구체적인 행동을 시작하도록 돕는 데 효과적이다. 특히 자원의 부족과 같은 환경적인 어려움을 가진 경우나 비자발적인 이용자에게도 유용하게 활용된다(Sheafor and Horejsi, 2014/2020).

4) 동기면담

동기면담은 1983년 밀러(Miller)에 의해 처음 소개되었다. 동기면담은 양가감정(ambivalence)을 해결함으로써 내적 동기를 높이고, 변화 동기와 변화 결단을 견고히 하도록 돕는 것에 초점을 둔다(Miller and Rollnick, 2013). 특히 진정한 변화는 타인이나 환경에 의해서가 아니라 스스로 원할 때 이루어진다는 점에서 이용자가 내적 동기를 스스로 발견함으로써 변화할 수 있도록 돕는다.

동기면담은 양가감정을 해결함으로써 내적 동기를 높인다

양가감정이란 사람이나 상황에 대해 양립할 수 없는 상반된 감정을 경험하는
것이다. 언뜻 생각하면 의아할 수 있지만 우리는 모두 양가감정을 경험한다.
매년 하는 새해 다짐을 생각해 보자. 다이어트, 운동, 영어 공부, 금연, 금주
등 크고 작은 변화를 원하지만, 우리의 마음속에서 변화를 원하는 마음과 원
치 않는 마음이 팽팽히 맞서고 있는 것을 경험하곤 한다. 동기면담에서는 이
용자의 팽팽했던 양가감정이 변화를 향하도록 도움으로써 변화 동기를 높이
고, 나아가 변화를 실천하려는 변화 결단에 이를 수 있다고 본다.

동기면담은 협동적인 의사소통 스타일이다(Miller and Rollnick,
2013). 사회복지사의 의사소통 스타일에 따라서 이용자는 변화를 향할
수도 있고, 반대로 변화하려는 마음이 사라질 수도 있다고 본다. 동기면
담에서는 이용자에게 지시하는 사람도, 따라가는 사람도 아닌 변화를
향하도록 돕는 안내자로서 사회복지사의 역할이 강조된다. 사회복지사
와 이용자 간 힘의 차이가 없다는 의미에서 동기면담은 상담(counsel-
ling)이나 치료(therapy)가 아니라 면담(interview)이라는 용어를 사용한
다(신수경·조성희, 2016). 전문가의 권위와 지식, 경험이 변화를 가져오
는 것이 아니라, 변화는 이용자에 의해 이루어지는 것이기 때문이다.

동기면담을 적용하는 사회복지사는 협동, 수용, 동정, 유발이라는
동기면담의 네 가지 정신을 내면화하고자 노력해야 한다. 이용자와 협
력하고, 절대적 가치가 있는 소중한 존재로 받아들이며, 이용자의 고통
이 경감되기를 바라는 마음으로, 이용자가 이미 변화에 대한 동기와 자
원을 가지고 있음을 신뢰하는 것은 기법과 기술을 익히는 것보다 중요
하다.

동기면담에서는 이용자가 자신의 양가감정을 탐색하고 변화를 향
한 대화를 이어가도록 돕기 위하여 열린 질문하기, 인정하기, 반영하
기, 요약하기의 4가지 핵심 기술을 사용한다(신수경·조성희, 2014). 첫째,

'열린 질문하기'를 통해 단답형으로 답변하도록 하는 것이 아니라 자발적으로 말할 수 있도록 함으로써 양가감정을 자연스럽게 표현할 수 있도록 한다. 둘째, '인정하기'를 통해 문제에서 한걸음 떨어져 내담자가 경험했던 어려움과 그간의 노력, 성공했던 경험들을 확인하고 사실에 근거하여 내담자의 강점을 인정한다. 셋째, '반영하기'를 통해 이용자의 이야기를 잘 경청하고 공감하고 있음을 표현한다. 넷째, '요약하기'를 통해 이용자가 변화에 대해 말한 것을 한데 모으고 열거하며 반영한다.

| 더 생각하기 |

단순 반영과 복합 반영

단순 반영은 이용자의 말과 거의 같은 말로 반영하지만, 복합 반영은 이용자가 한 말의 깊은 의미를 더하고, 더 강한 언어로 강조하며, 표현되지 않은 감정을 언어화하여 이용자도 미처 생각하지 않았던 부분들까지 반영한다.

이용자 "일도 하지 않고 술만 마시는 남편을 도저히 참을 수가 없어요. 제가 언제까지 모든 걸 감당해야 하나요?"
• 단순 반영: 더 이상 참을 수 없으시군요.
• 복합 반영: 그간 혼자 모든 일을 감당하시느라 많이 지치셨고 인내심도 한계에 이르렀군요.

이용자 "남편 장례식 이후로 아무것도 안 하고 있어요. 외출도 안 하고요. 그냥 집에만 있고 싶어요."
• 단순 반영: 아무것도 하고 싶지 않으시군요.
• 복합 반영: 사별 후 무기력감과 우울감을 느끼시는군요.

동기면담의 정신은 사회복지실천의 실천 원칙 및 가치와 유사하며, 광범위한 문제 영역에서 수많은 연구에 의해 효과성이 입증되었다는 점에서 과학적 연구 결과에 입각한 근거 기반 실천을 지향하는 사회복지실천에서 유용하게 활용되고 있다(Hohman, 2021).

5) 위기개입모델

인간은 살아가면서 크고 작은 위기를 경험한다. 사춘기나 중년의 위기를 겪기도 하고, 지진이나 홍수와 같은 자연재해를 겪기도 한다. 예상하지 못한 가운데 코로나19와 같은 팬데믹으로 일상이 변화하기도 하고, 누군가는 전쟁으로 인해 난민의 삶을 살기도 한다. 사회복지사는 다양한 위기 상황에 처한 사람들에게 가장 먼저 손을 내미는 전문가로서 역할을 해 왔다.

위기란 위협적이거나 외상적인 사건을 경험하고 취약해지면서 개인이 가진 자원과 대처 기제로는 감당하기 어려운 불균형의 상태가 되는 것을 의미한다(James and Gilliland, 2001/2008). 동일한 사건이나 상황이 모두에게 위기가 되는 것은 아니다. 개인이 가진 대처 자원에 따라서 혹은 상황을 어떻게 인식하는가에 따라서 위기가 될 수도 있고 그렇지 않을 수도 있다는 점에서 위기는 주관적인 것이다(김혜란 외, 2022). 또한 한자어로 위기(危機)가 위험과 기회의 뜻을 내포하고 있는 것처럼, 위기 상황을 극복하면 성장의 기회가 되기도 한다.

위기는 여러 유형으로 분류된다(Golan, 1978; James and Gilliland, 2001/2008). 첫째, 발달적 위기는 인간의 생애주기에 따른 발달 과정에서 경험하는 위기를 의미한다. 예를 들어, 사춘기, 결혼, 자녀 출산, 직업의 변화, 갱년기, 은퇴 등 발달단계에 따른 새로운 발달과업이 요구되지만 대체로 예측 가능한 변화와 관련된 위기이다. 둘째, 상황적 위기는 예측하거나 통제할 수 없지만 누구에게라도 닥칠 수 있는 위기로 갑작스러운 질병, 사망, 실직, 자살, 성폭력 등 개인에게 심각한 충격과 위협을 안기는 사건에서 발생하는 위기이다. 셋째, 환경적 위기는 자연이나 인간에 의한 재해로 발생하는 위기이다. 지진, 홍수, 산불과 같은 자연재해뿐 아니라 전염병, 전쟁, 경제불황 등도 이에 포함된다.

골란(Golan, 1978)은 위기의 구성 요소를 다섯 개로 설명하였다. 첫째, 위험 사건(hazardous event)의 발생이다. 위험 사건의 발생이 곧바로 위기가 되는 것은 아니다. 둘째, 취약 상태(vulnerable state)로 이는 위험 사건으로 인해 항상성 균형을 잃은 상태이다. 셋째, 촉발 요인(precipi-tating factor)의 발생이다. 위험 사건 자체가 촉발 요인이 될 수도 있지만, 위험 사건과 관련 없이 발생할 수도 있다. 예를 들어, 이혼으로 한부모가정의 가장이 된 여성이 꿋꿋하게 이혼의 위기를 넘기고 있는 상황에서 실직을 겪으며 더 이상 버틸 힘을 잃게 되었을 때 실직이 촉발 요인이 된다. 넷째, 실제 위기 상태(active crisis state)를 경험하게 된다. 다섯째, 재통합(reintegration) 또는 위기 해결(crisis resolution)의 단계를 경험한다. 자신이 겪은 위기 상황을 이해하고 극복하며 새로운 대처 능력을 개발할 수 있다면 성장을 경험할 수 있을 것이다. 그러나 위기 상황에서 우울, 고립, 중독과 같은 부적응적인 방법으로 대처한다면 이후 상황에 대한 대처 또한 어려워질 수 있다.

위기 상황에서 인간은 극심한 혼란과 불균형을 경험하고, 그 고통이 지속된다면 심각한 역기능과 병리적인 상태를 경험할 수 있기 때문에, 위기 개입은 다른 실천모델과는 구분되는 분명한 원칙을 갖는다(김기태·김건, 2023). 그 가운데 주요한 몇 가지를 살펴보자. 첫째, 신속한 개입을 강조한다. 일반적으로 6주 이내의 단기간에 해결되도록 즉각적인 도움을 제공한다. 둘째, 행동에 초점을 둔다. 효과적인 문제해결을 위하여 목표지향적인 행동을 하도록 적극적으로 지원한다. 셋째, 제한된 목표를 갖는다. 위기 개입의 목표는 신속하게 평형상태를 회복하도록 돕는 것이므로, 도전적이면서도 도달 가능한 목표를 설정하고 이를 달성함으로써 안도감과 성취감을 느끼도록 도와야 한다. 넷째, 변화를 희망하고 기대하도록 돕는다. 근거 없는 낙관이 아니라, 무력감에 빠진 이용자가 자신의 문제해결 능력과 변화에 대해 긍정적으로 기대할 수 있도록 지원한다.

위기 개입은 위기에 처한 사람에 대한 즉각적인 원조를 통해 문제를 해결하고, 정서적 고통을 완화하며, 대처 능력과 문제해결 능력을 강화하도록 지원하는 목표지향적인 단기 개입이다. 위기 개입을 통하여 모든 문제가 해결될 수는 없을 것이다. 그러나 위기 개입을 통해 정서적 균형상태를 빠르게 회복하고, 상황을 명확히 바라보도록 도움으로써 과도한 불안감과 공포에서 벗어나 문제에 대응할 힘을 갖도록 도울 수 있다. 위기 개입은 폭력, 자살, 재난 등 위기의 여러 영역에 따라 보다 세분화된 원칙과 지침을 통해 적용되고 있다.

2 사회복지실천의 기술

1) 사회복지실천에서의 전문적 관계

(1) 전문적 관계

펄먼(Perlman)은 관계란 타인과의 정서적 유대감이며, 좋은 관계는 문제해결과 목표 달성을 촉진케 하는 힘을 가지고 있다고 하였다(Perlman, 1978; 김혜란 외, 2018 재인용). 또한 로저스(Rogers, 1961/2014)는 최상의 도움 관계는 심리적으로 성숙한 사람을 통해 창조되는 관계라고 하였다. 이용자의 변화는 사회복지사와의 전문적 관계를 토대로 이루어진다.

전문적 관계를 형성하기 위하여 기본적으로 갖추어야 할 요건으로 펄먼(Perlman, 1979)은 따뜻함, 수용, 공감, 관심, 진실성을 제시하였다. 또한 로저스(Rogers, 1957)는 이용자가 충분히 기능하는 사람이 되도록 촉진하는 치료 관계를 형성하기 위해서는 진실성, 수용, 공감이 전제되어야 한다고 하였다. 여기서는 공감과 진실성에 대해 좀 더 살펴보기로 한다.

공감(empathy)이란 사회복지사가 이용자의 생각과 감정의 내적 경험을 정확히 이해하고, 이를 표현하는 능력이다. 사회복지사가 자신의 정체성을 떠나 이용자의 관점에서 느끼고 이해한 것을 성공적으로 전달할 수 있을 때 공감이 이루어진다(Rogers, 1961/2014). 즉 이용자를 감정이입적으로 이해하고, 이해하고 있음을 실천에 반영하는 것을 의미한다. 단, 여기서 주의할 점은 마치 이용자인 듯 감정을 이해하고자 노력해야 하지만, 감정에 휩쓸리는 것은 아니라는 점이다. 사회복지사는 이때도 객관적이고 이성적인 태도를 유지해야 한다.

진실성(genuineness)은 위선이나 가식 없는 진실한 관계의 중요성을 강조하는 것이다. 사회복지사의 내적 경험과 외적 표현이 일치하고 말과 행동이 일치할 때, 즉 진솔하고 일치성이 있는 관계에서 이용자의 변화와 성장이 일어날 수 있다(Rogers, 1961/2014). 사회복지사가 느낀 것과 다르게 행동하는 것은 변화 과정에 방해가 된다. 가식적인 관계에서 도움을 받을 수는 없다. 물론 사회복지사가 모든 감정을 다 드러내야 한다는 것은 아니다. 적정 수준에서 사회복지사의 자기표현이 이루어져야 한다(김동배·권중돈, 2006). 사회복지사도 자기 자신으로서 존재하면서 개방적인 태도로 스스로의 감정을 있는 그대로 인식함으로써 진실성은 높아질 수 있다(Rogers, 1961/2014).

| 더 생각하기 |

변화와 성장을 이끄는 관계의 힘

이제 막 대학을 졸업하고 취업한 20대의 초보 사회복지사가 사례관리자로서 첫 가정방문을 하게 되었다. 이혼 후 홀로 3세, 7세의 어린 자녀 둘을 양육하며 경제적 책임을 떠안게 된 30대 후반의 여성이 사회복지사 앞에서 눈물을 흘린다. 우울증이 악화되면서 모든 일에 의욕을 잃어 아르바이트도 그만두었고, 집안일을 할 기운도 없다. 집안 여기저기 발 디딜 틈이 없고, 아이들은 방치되었다. 사회복지사는 결혼도 육아도 경험하지 않았고, 우울증을 앓아본 적도 없다. 설상가상으로 눈물을 흘리던 이용자가 갑자기 "근데 선생님, 결혼은 하셨나요?"라고 질문하자 사회복지사는 당황하고 말문이 막힌다.
이 상황에서 사회복지사가 이용자를 수용하고 공감하며 진실성을 갖는다는 것은 무엇을 의미할까? 자유롭게 생각하고 판단하는 한 인간으로서 사회복지사가 타인에 대해 완벽하게 수용하고 공감하며 진실성을 갖는다는 것이 가능할까? 아마도 완벽한 이해와 수용은 불가능할 것이다. 이 역시 과정의 연속이고, 사회복지사의 성장과 성숙을 필요로 한다.

위 이용자는 인생의 고통 가운데에서도 아이들을 포기하지 않고 가정을 지켜내고 있다. 절망 가운데에서 도움을 요청하였고 상담에 임하고 있다. 이용자의 마음을 이해하고 그 아픔을 함께 느끼고자 하는 공감적 태도, 돕고자 하는 선한 의지, 이용자와의 관계에서 더욱 진실해지고자 하는 노력을 통해 이용자는 비로소 변화할 힘을 가질 수 있을 것이다. 그리고 그 과정에서 사회복지사 또한 성장할 수 있을 것이다.

(2) 전문적 관계의 원칙

비에스텍(Biestek, 1957)은 도움을 구하는 모든 사람에게 공통적인 욕구가 존재한다고 가정하고, 이를 바탕으로 전문적 관계를 형성하기 위한 일곱 가지 기본 원칙을 제시한 바 있다.

① 개별화

개별화(individualization)란 모든 인간이 고유한 특성과 경험, 생활양식을 지닌 독특한 존재로서 개별적으로 대우받기를 원하는 기본적인 욕구에 기반한다. 사회복지사는 이용자 개개인의 고유한 특성을 이해하고, 도움을 제공할 때에도 개인의 개성과 독특성에 기반하여 다른 원리와 방법을 적용해야 한다. 인간은 범주화해서 사고하는 경향성이 있고, 특정 집단에 대한 고정관념이나 편견을 갖기 쉽다. 예를 들어, 학교로부터 비행 청소년 상담 의뢰를 받은 사회복지사는 비행 청소년에 대한 본인의 선입관에 이 학생을 대입시킬 수 있다. 이 경우 이용자를 충분히 이해하려고 노력하기 전에 성급하게 짐작하고 추측하는 오류를 범할 수 있다는 점을 인식해야 한다.

② 의도적 감정표현

의도적 감정표현(purposive expression of feeling)이란 이용자가 자신의 감정을 자유롭게 표현하고자 하는 욕구에 기초한다. 특히 이용자는 부정적 감정에 대해 비판받을지도 모른다는 두려움을 가지고 있을 수도 있다. 사회복지사는 이용자의 감정에 의도적으로 귀 기울이고 자유롭게 표현할 수 있도록 도와야 한다. 이를 통해 이용자는 자신의 상황에 대해 보다 객관적이고 명확하게 인식할 수 있다.

③ 통제된 정서적 관여

이용자가 감정을 표현한 후에는 사회복지사에게 어떤 반응을 기대하는 것이 당연하다. 통제된 정서적 관여(controlled emotional response)란 이용자의 감정에 대해 민감성을 가지고 감정이입적 이해(empathetic understanding)를 하고, 의도적이고 적절한 반응을 하되, 이 반응이 목적에 맞게 적절히 통제되어야 함을 의미한다(엄명용 외, 2020). 예를 들어 최근 남편과 사별한 슬픔에 눈물을 흘리는 이용자와 상담하며 사회복지사도 함께 슬픔을 느낄 수 있다. 그러나 사회복지사가 오열하며 자신의 감정을 주체하지 못한다면 이는 적절한 반응이 아니다. 이용자에 대한 감정이입적 이해를 넘어 자신의 감정에 사로잡힌 것일 수 있다.

| 더 생각하기 |

이용자의 감정에 귀 기울이기

사회복지사는 대부분의 실천 과정에서 이용자의 감정, 특히 부정적 감정과 마주한다. 이용자가 자신의 감정 상태를 명확하게 인식하거나 표현하지 않는 경우라 하더라도, 사실상 모든 문제에는 감정적 측면이 있다. 예를 들어, 이제 막 치매 진단을 받은 어머니의 장기요양 등급 판정 절차와 이후 받을 수 있는 서비스를 문의하는 딸의 경우, 표면적으로는 장기요양서비스를 질문하고 있지만, 그 심정은 이루 말할 수 없는 당혹감과 슬픔, 두려움으로 가득 차 있을 것이다. 때로는 분노, 우울, 죄책감과 같은 부정적 감정 자체가 이용자의 핵심적인 어려움으로 억압된 채 긴장과 스트레스를 유발하고 있을 수 있다.

자신의 감정을 정확히 인식하고 표현하는 것은 쉽지 않다. 사회복지사가 이용자의 감정을 정확히 이해하고, 표현된 감정 이면의 잠재된 의미를 파악해야 이유는 이용자의 감정을 다루는 것이 문제해결의 핵심적인 요소이자 과정이기 때문이다.

④ 수용

인간은 자신의 약점과 실패와는 무관하게 가치 있는 존재로 인정받고자 하는 욕구가 있다. 수용(acceptance)이란 사회복지사가 이용자를 있는 그대로 받아들이고 존중하는 것을 의미한다. 대개 이용자는 자신의 아픔과 약점, 실패와 고통을 가지고 사회복지사를 만나기 때문에 방어적인 태도를 취하기 쉽다. 돕는 전문가로서 사회복지사는 인간존엄성의 가치에 기반하여 이용자의 강점, 잠재력, 긍정적인 방향으로의 지향성 등을 신뢰하고, 조건이나 상황과 관계없이 존재하는 그대로를 존중해야 한다.

수용이 항상 쉬운 것은 아니다. 사회복지사는 측은지심이 자연스럽게 유발되는 이용자를 만나기도 하지만, 가정폭력 가해자나 성폭행 범죄자 등을 만나기도 한다. 이때 사회복지사는 수용이 동의나 허용과는 다른 것임을 인식해야 한다. 수용한다고 해서 이용자의 부도덕하고 불의한 행동을 받아들이는 것이 아니다. 오히려 사회복지사는 명확한 가치체계와 윤리 기준에 입각하여 옳고 그름에 대한 기준을 가지고 있어야 한다. 그러나 문제와 그 사람을 동일시하며 그 사람을 비난하는 것이 아니라, 최대한 인간의 존엄성과 가치를 존중하고 신뢰하는 실천의 방향성을 지향해야 한다.

⑤ 비심판적 태도

비심판적 태도(nonjudgemental attitude)는 비난받고 싶지 않은 이용자의 욕구에서 기인한 것이다. 만약 가정폭력으로 인해 법원 명령으로 상담을 시작한 남편에게 "어떤 상황에서도 폭력은 정당화될 수 없는데, 왜 아내를 때리셨나요? 아무리 화가 나도 그렇게 하시면 안 되죠."라고 한다면, 이용자는 아내가 어떤 잘못을 했고, 왜 자신은 때릴 수밖에 없었는가를 설명하는 데 상당한 에너지를 쏟을 것이다. 또한 사회복지사가 자신을 이해하지 못하므로 자신도 상담에 협조할 이유가 없다고 생각할 것이다. 오히려 사회복지사가 이용자를 비난하거나 심판하는 것에 초점을 두지 않는다는 것을 알게 될 때, 이용자는 안도감과 함께 협력하게 될 것이다.

비심판적 태도를 갖는다는 것이 사회복지사가 이용자의 행동에 대해 전문적이고 객관적인 판단을 하지 않거나, 부적절한 행동까지도 받아들이고 용납하라는 의미는 아니다. 이용자의 부적절한 행동이 현재의 문제와 관련 있다면 사회복지사는 때로 이를 직면해야 하고, 이용자와 언쟁하는 것이 아니라 이용자와 토론해야 한다(Sheafor and Horejsi, 2014/2020).

⑥ 이용자의 자기결정권

인간은 자신의 삶에서 일어나는 일에 대해 스스로 결정하기를 원하고, 그렇게 할 수 있는 능력이 있다. 자기결정권은 인간의 욕구이자 권리이다. 자기결정(self-determination) 원칙은 사회복지실천의 모든 의사결정 과정에서 이용자가 스스로 선택하고 결정하는 것을 의미한다. 하지만 이용자의 자기결정이 항상 존중될 수 있는 것은 아니다. 이용자의 결정이 법과 규범에 어긋나거나, 중증의 치매나 발달장애를 가진 경우처럼 자기결정권이 제한되는 경우도 있다.

| 더 생각하기 |

자기결정권을 존중한다는 것

사회복지실천이 이루어지는 전 과정에서 결정할 것이 참 많다. 서비스를 받을지 여부, 변화를 위해 무엇을 할지, 누구를 관여시킬지 등 많은 선택과 결정이 이루어진다.

장애로 인해 자기결정권이 제한될 수 있지만, 특정 장애를 가졌다는 것 자체가 자기결정능력이 없어졌음을 의미하는 것은 아니다. 예를 들어, 요양시설에 지내는 중증의 치매노인의 경우 재산을 관리하는 능력은 상실했을 수 있지만, 오늘 프로그램에 참여할지, 간식으로 무엇을 먹을지는 스스로 선택할 수 있다. 사회복지사는 이용자의 선호와 욕구를 파악하기 위해 노력하고, 다양한 선택지를 제공함으로써 스스로 선택하고 결정할 수 있도록 최대한 지원해야 한다.

⑦ 비밀보장

사회복지실천과정에서 이용자는 사회복지사에게 많은 개인적 정보를 노출하게 된다. 만약 자신의 정보가 누군가에게 전달될 수도 있다고 생각한다면 어떤 이용자도 솔직하게 자신의 이야기를 하기 어려울 것이다. 비밀보장(confidentiality)은 사회복지사가 전문적 관계에서 알게 된 이용자에 관한 정보를 타인에게 알려서는 안 된다는 원칙이다.

하지만 이 역시 모든 상황에서 지켜질 수 있는 것은 아니다. 효과적인 문제해결을 위해 사회복지사는 지역 내 여러 전문가와 협력하며 다학제적 팀 접근을 하게 된다. 교육과 훈련을 목적으로 하는 슈퍼비전에서도 이용자에 대한 내용이 공유된다. 이때에 사회복지사는 이용자에게 고지된 동의(informed consent)를 얻어야 하고, 관여하는 전문가들도 비밀보장의 원칙을 지켜야 한다. 또한 이용자 자신이나 타인의 안전이 위협받는 경우에는 비밀보장보다 생명 보호가 우선이 된다. 예를 들어 이용자가 자살 사고가 있거나 타인을 해칠 계획이 있음을 알게 되었을 때, 사회복지사에게 비밀보장의 원칙이 우선될 수는 없다.

2) 의사소통 기술

인간은 끊임없이 서로 생각과 감정을 교환하고 정보를 주고받으며 살아간다. 의사소통이 언제나 의도한 대로 이루어지는 것은 아니다. 화자가 머릿속의 생각을 적합한 언어로 표현하지 못할 수 있고, 청자가 잘못 들을 수 있으며, 제대로 들었어도 그 의미를 잘못 해석하거나 중요성을 간과할 수 있다. 의사소통의 오류는 언제라도 일어날 수 있다.

사회복지사가 이용자와 효과적으로 의사소통하는 것은 매우 중요하다. 사회복지사는 의사소통을 통하여 이용자의 생각과 감정을 잘 이해하고 있음을 표현하고, 도움을 주려는 의도를 전달함으로써 신뢰를 얻을 수 있다. 즉 의사소통을 통하여 라포를 형성하고 전문적 관계를 구축할 수 있다(Hepworth et al., 2023). 사회복지사의 면담은 이용자와의 의사소통을 통해 이루어지므로, 명확한 의사소통을 위한 지식과 기술을 습득하고 훈련해야 한다.

의사소통에는 언어적 의사소통뿐 아니라 비언어적 의사소통도 중요하다. 비언어적 의사소통은 시선, 눈빛, 표정, 자세, 몸짓, 옷차림, 외모 등을 의미한다. 비언어적 행동은 보통 인간이 의식하지 못한 채 이루어지므로, 언어적 의사소통과 비언어적 의사소통이 일치하지 않을 수 있다(Sheafor and Horejsi, 2014/2020). 이 둘이 서로 다른 메시지를 전달할 때 메시지의 모순이 발생한다. 바람직한 의사소통은 메시지의 모순이 없으며, 단순하고 명확하게 전달하는 것이다.

3) 면담 기술

사회복지실천에서는 매우 다양한 면담 기술이 활용되지만, 여기서는 관찰, 경청, 질문에 대해 살펴보고, 적극적 경청을 위한 방법으로 명확화, 바꾸어 말하기, 감정 반영, 요약에 대해 살펴보기로 한다(Hepworth et al., 2023; Sheafor and Horejsi, 2014/2020).

(1) 관찰 기술

관찰은 이용자에게 주의를 기울여 말과 행동, 외모와 표정, 자세와 옷차림 등을 잘 살펴봄으로써 이용자를 이해하고자 하는 것이다. 언어적 표현뿐 아니라 비언어적 표현과 침묵에도 주의를 기울여야 하고, 표현된 바의 숨겨진 의미를 이해할 수 있어야 한다. 첫 상담에서 이용자가 "지금 저는 이곳이 낯설고 불안합니다."라고 언어적으로 표현할 수도 있으나, 불안한 눈빛과 서성거림 등을 통해 그 마음을 이해할 수 있다. 또는 우울증을 가진 이용자의 경우 정돈되지 않은 옷차림과 시선을 떨군 채 고개를 숙이고 있는 모습을 보이다가 우울증이 호전됨에 따라 화사한 옷차림과 밝은 표정으로 변화하는 것이 관찰될 수 있다. 관찰은 사회복지사의 선입견이나 편견에 의해 왜곡될 수 있다는 점과 이용자도 사회복지사를 관찰하고 있음을 늘 인식해야 한다. 사회복지사의 상담에 임하는 자세와 태도, 진심 어린 경청의 태도, 외양 등도 관찰의 대상이 되는 것이다.

(2) 경청 기술

타인에게 관심을 가지고 그가 하는 이야기를 잘 듣는 것은 쉽지 않다. 끊임없이 올라오는 자기와 관련된 생각, 다음 일정, 이용자에 대한 평가, 지루함 등을 모두 뒤로하고 이용자에게 집중해야 하기 때문이다. 사회복지실천에서 경청이란 단순히 듣는 것이 아니라 이용자의 사고와 감정을 이해하기 위해 이용자에게 공감하고 반응하면서 적극적으로 듣는 것을 의미한다. 이용자의 침묵을 두려워하지 말아야 하고, 적극적 경청을 위한 훈련과 연습이 필요하다.

나아가 적극적 경청(active listening)은 사회복지사가 이용자의 메시지를 정확하게 이해하고 있음을 전달함으로써 이용자가 자신이 정확히 이해받고 있음을 알도록 하는 것을 의미한다(엄명용 외, 2020).

적극적 경청을 위하여 명확화, 바꾸어 말하기, 감정 반영, 요약과 같은 기술을 사용할 수 있다(Sheafor and Horejsi, 2014/2020). 명확화(clar-ification)란 이용자의 메시지가 애매모호할 때 이를 명확하게 이해하기 위해 질문을 하는 것이다. 바꾸어 말하기(paraphrase)는 이용자가 한 말의 의미를 사회복지사의 말로 바꾸어 말하는 것이다. 감정 반영(reflec-tion of feeling)은 이용자가 표현한 메시지의 정서적 요소에 초점을 두어 다시 전달함으로써 공감 반응을 보이는 것이다. 요약(summarization)은 이용자의 메시지를 정리하여 모으는 것이다.

(3) 질문 기술

면담은 사회복지사가 적절히 질문하고 말하는 기술을 통해 진행된다. 너무 많은 질문을 하는 경우 이용자가 취조당하는 듯한 느낌을 받을 수 있는 반면, 질문을 너무 적게 하는 경우 역시 부담을 줄 수 있다. 질문은 개방형 질문과 폐쇄형 질문으로 구분되며 상황에 따라 적절히 사용할 수 있다.

| 더 생각하기 |

폐쇄형 질문과 개방형 질문

폐쇄형 질문은 이용자가 "예", "아니오" 혹은 단답형으로 답변하게 하는 질문인 반면, 개방형 질문은 이용자가 자신의 생각이나 감정을 자유롭게 표현할 수 있도록 하는 것이다. 개방형 질문을 통해 많은 정보를 수집하고 이용자를 이해할 수 있다.

폐쇄형 질문	개방형 질문
– 그날 화가 많이 나셨나요? – 변화하고 싶은 마음이 있습니까? – 지금 많이 힘드신가요?	– 그날 기분이 어떠셨나요? – 어떻게 변화하고 싶으신가요? – 지금 상황에 대해 말씀해 주세요.

이용자의 잘못을 추궁하는 것과 같은 "왜"를 사용한 질문보다는 "어떻게"를 사용한 질문을 활용하면 이용자가 방어적인 답변보다는 자신의 솔직한 생각과 감정을 표현할 수 있다. 예를 들어, "왜 아내와 다투셨나요?"보다는 "어떻게 해서 아내와 다투는 상황이 되었나요?"라고 질문하는 것이다. 또한 "어떠한 상황에서도 폭력이 허용될 수 없다는 건 알고 계시지요?"와 같이 응답을 유도하는 질문도 피하는 것이 바람직하다.

3 사회복지실천의 과정

사회복지실천의 과정은 다음 그림 10-1과 같이 다섯 단계로 구분할 수 있다. 각 단계에서 수행되는 활동과 사회복지사의 과업에 대해 살펴보기로 한다(Hepworth et al., 2023; Sheafor and Horejsi, 2014/2020).

그림 10-1 사회복지실천의 과정

1) 접수와 관여

접수(intake) 단계에서 사회복지사는 도움이 필요한 사람과 라포를 형성함으로써 변화 과정에 참여하도록 지원한다. 그리고 그의 문제와 욕구를 확인한 후 기관에서 서비스를 제공하는 것이 적합한지를 판단한다.

이용자가 처음 사회복지사를 만났을 때 도움을 받을 수 있을 것이라는 희망과 기대감이 있을 수 있다. 한편으론 이 사람이 정말 나를 도와줄 수 있을까 하는 의구심, 내 상황이 달라질 수 있을까 하는 회의감, 나를 무시하거나 비난하지는 않을까 하는 두려움, 변화를 하고 싶지만 동시에 현재를 유지하고 싶은 양가감정, 변화에 대한 저항감 등도 있을 수 있다. 만약 본인이 스스로 원해서 온 것이 아니라 비자발적으로 온 경우라면 면담에 비협조적일 수도 있다.

초기 단계에서 사회복지사는 이용자가 갖는 이러한 다양한 감정들을 민감하게 인식하면서, 이용자가 변화 과정에 참여할 동기를 갖도록 지원해야 한다. 이를 위해서는 라포 형성, 즉 사회복지사와 이용자 간에 친밀감과 신뢰 관계를 형성하는 것이 무엇보다 중요하다. 사회복지사가 편안하고 수용적인 분위기에서 이용자에 대한 진심 어린 관심을 표하고, 양가감정이나 저항감, 두려움 등을 해소함으로써 변화 과정에 지속적으로 참여하도록 돕는다.

2) 자료수집과 사정

접수 단계를 통해 해당 기관의 이용자가 되면, 이용자의 상황과 문제를 잘 이해하고 분석함으로써 이후 개입 계획을 수립하기 위한 자료를 수집한다. 자료수집은 다양한 자료와 방법을 통해 이루어진다. 대면 면접을 통한 이용자의 이야기, 이용자가 작성한 양식이나 질문지, 가족이나 이웃 등 이용자와 관련 있는 사람들로부터 얻은 정보, 심리검사나 평가도구 결과, 기관의 기록 등 다양하다. 뿐만 아니라 이용자가 타인과 상호작용하는 것을 관찰하면서 정보를 얻을 수도 있고, 이용자와 상호작용하는 사회복지사의 경험도 자료가 될 수 있다(양옥경 외, 2018; Hepworth et al., 2023; Sheafor and Horejsi, 2014/2020). 자료수집에는 이용자에 대한 기본적인 정보, 지금까지 발달 주기에 따라 이용자가 살아온 역사를 의미하는 개인력, 이용자 원가족의 관계와 기능 등을 의미하는 가족력, 신체 기능(신체적 건강, 약물 사용 등)부터 심리사회적 기능(인지·정서·행동적 기능, 대인관계, 문제해결 능력 등)에 이르는 전반적인 이용자의 기능, 활용 가능한 자원, 이용자의 강점과 한계 등의 내용이 포함된다(양옥경 외, 2018).

이용자에 대한 자료가 수집되면 수집된 자료를 토대로 사정(assessment)이 이루어진다. 사정이란 수집된 자료를 종합하고 분석하여 이용자의 문제를 규명하고, 문제해결을 위한 개입의 방향을 도출하는 과정이다. 사정은 다음과 같은 몇 가지 주요한 특성을 갖는다(Hepworth et al., 2023; Johnson and Yanka, 2007).

첫째, 사정은 사회복지실천의 초기 단계에 집중적으로 진행되지만, 전 과정에서 지속되는 과정이기도 하다. 중요한 부분에 대한 정보가 추가되고 종합되면서 전체적인 이해와 판단이 이루어진다. 둘째, 자료수집과 사정은 환경 속의 인간(person in environment) 관점 속에서 이루어지므로, 문제의 원인이나 강점을 이용자 개인에서만 찾는 것이 아니라 환경에 대한 정보를 함께 분석한다. 셋째, 이용자에 대한 자료를 토대로 전문적인 판단과 평가를 하기 위해서 지식적 근거가 필요하다. 사정 단계에서 사회복지사가 정확한 판단을 하는 것이 이후 개입의 과정과 결과를 결정짓기 때문에 객관적 지식과 이론에 근거하는 것이 중요하다.

3) 계획과 계약

사정 단계에서 이용자가 가진 문제와 욕구를 규명하였다면 이를 토대로 개입 계획을 수립한다. 계획을 수립하기 위해 먼저 해야 할 것은 표적 문제를 선정하는 것이다. 표적 문제란 이용자가 가진 다양한 문제 가운데 가장 중요하고 시급히 해결해야 하는 것으로 사회복지사와 이용자가 합의한 문제를 의미한다(김혜란 외, 2018). 문제의 우선순위를 결정할 때부터 이용자의 자기결정권을 존중하는 것은 매우 중요하다. 이용자가 중요하게 여기지 않는 일을 이용자가 하도록 하는 것은 거의 불가능한 일이기 때문이다(Sheafor and Horejsi, 2014/2020).

표적 문제를 선정하면 문제해결을 위한 목적과 목표를 수립한다. 목적(goal)이란 개입을 통해 얻고자 하는 장기적이고 궁극적인 결과로 다소 광범위한 반면, 목표(objective)는 구체적이다. 목표는 이용자가 원하는 바에 초점을 두고, 이용자가 하지 말아야 할 것이 아니라 해야 할 것을 기술하며, 관찰 가능한 행동을 설명하는 용어로 작성하기 때문에 개입의 방향을 제시해 주고 개입의 효과성을 평가할 때 그 기준이 된다. 따라서 목표를 설정할 때에는 목표 달성 여부를 객관적으로 평가할 수 있도록 구체적이고 측정 가능하게 작성하고, 제한된 시간 내에 현실적으로 달성할 수 있는 것을 설정하는 것이 중요하다(Hepworth et al., 2023; Sheafor and Horejsi, 2014/2020). 예를 들어 빈곤에서 벗어나는 것을 목표로 한다면 이는 일정 기간 내에 달성할 수도 없을 뿐 아니라 어느 정도 상태가 되면 빈곤에서 벗어난 것인지도 명확하지 않다. 만약 실업자를 위한 국가지원 교육과정에 참여하기를 목표로 한다면 이는 변화를 향한 전략이자 달성 여부를 평가할 수도 있게 된다.

목적과 목표를 수립하고 이를 달성하기 위해 누가 무엇을 해야 하는가에 대한 행동계획을 수립한 후, 사회복지사와 이용자는 이러한 내용을 담아 계약(contract)을 한다. 계약을 통해 앞으로 개입 과정이 어떻게 진행되는지, 누가 무엇을 어떻게 해야 하는지 명확히 이해하며 변화 과정에 대한 동기와 책임감을 가질 수 있다.

4) 개입과 점검

개입 단계에서 사회복지사와 이용자는 합의한 목표를 달성하기 위해 수립한 계획을 실질적으로 이행하게 된다. 사회복지사의 개입은 직접 개입과 간접 개입으로 구분된다. 직접 개입은 이용자의 대처 능력과 사회적 기능을 향상시키기 위하여 인지, 정서, 행동적 변화에 초점을 둔다. 직접 개입은 개인뿐 아니라 가족, 소집단 체계를 대상으로 이루어질 수 있다. 간접 개입은 이용자를 둘러싼 환경체계를 변화시킴으로써 이용자의 문제가 해결될 수 있도록 하는 개입을 의미한다. 구체적으로 자원 개발, 중개, 서비스 조정, 의뢰, 환경 수정, 옹호 등이 있다(김혜란 외, 2018; 엄명용 외, 2020). 사회복지실천은 개인, 가족, 집단, 지역사회를 대상으로 하며, 각각의 개입 수준에서 방대한 실천모델과 기술이 개발되고 적용되고 있다. 사회복지사는 이용자의 변화와 목표 달성을 돕기 위해 적합한 실천의 방향과 모델, 기법 등을 선택하고 적용해야 한다.

개입이 진행되는 과정에서 점검(monitoring)을 통해 의도한 변화가 이루어지고 있는지, 즉 목표가 달성되고 있는지 확인하고, 만약 그렇지 않다면 방해 요소는 무엇이고 어떤 수정이 필요한지를 평가한다.

5) 평가와 종결

마지막 종결 단계에서 개입을 통해 이용자의 목적과 목표가 잘 성취되었는지 객관적으로 점검하고 판단하는 평가가 이루어진다. 평가는 사회복지사의 책무성(accountability)의 차원에서 중요한 과업이다. 사회복지사 및 기관은 이용자에게 계약 내용에 의거한 효과적이고 윤리적인 서비스를 제공할 책임이 있다. 뿐만 아니라 사회복지서비스는 국가의 예산, 지역사회 자원과 후원금 등 다양한 공공 및 민간 자원을 통해 이루어지므로 사회복지사가 자신의 실천을 과학적으로 평가하고 그 효과성을 입증하는 것은 매우 중요하다.

종결 단계에서 사회복지사와 이용자가 복합적인 감정을 경험하는 것은 자연스러운 일이다. 공동의 노력으로 종결을 맞이한 것에 대해 성취감과 기쁨을 느낄 수 있다. 하지만 종결에 따른 서운함이나 상실감, 불안감, 거부, 슬픔이나 분노 등을 느낄 수도 있다. 사회복지사는 이러한 감정을 인식하고 표현할 수 있도록 기회를 주어야 한다. 또한 목표 성취를 재확인하고 이용자가 개입 과정에서 달성한 변화와 효과를 종결 후에도 유지하고 강화시켜 나갈 수 있도록 돕는다.

토론주제

1   사회복지실천이 확고한 지식체계에 근거해야 하는 이유에 대해 생각해 보고, 사회복지실천에서 이론이 갖는 유용성과 위험성에 대해 논의해 보세요.

2   자신이 사회복지사로서 개입한다면 어떤 모델을 적용해 보고 싶은지 생각해 보고, 반대로 자신이 만약 이용자가 된다면 어떤 모델의 적용을 받아보고 싶은지, 그 이유는 무엇인지 이야기해 보세요.

3   만일 여러분이 이용자로서 사회복지사를 만난다면 어떤 자질과 특성을 가진 사회복지사를 만나고 싶은지, 또한 본인은 사회복지사로서 어떤 강점을 가지고 있는지 이야기해 보세요.

4   다음에서 제시하는 사람들에 대해 여러분이 편견적 태도를 가지고 있거나 차별적 행동에 관여한 적이 있는지 생각해 보고, 사회복지실천에 어떤 영향을 미칠 수 있을지 논의해 보세요.
    예: 노인, 경제적으로 어려운 사람, 다른 민족·인종 집단에 속한 사람, 교육을 적게 받은 사람, 신체적·정신적 장애가 있는 사람

제11장

전문직으로서의 사회복지

전문직으로서 사회복지사가 갖추어야 할 역량은 무엇인가?

사회복지사는 인간의 삶의 질에 영향을 미치는 심리사회적인 문제를 해결하기 위해 환경 속의 인간(person-in-environment)의 관점을 적용하여 사회복지 전문지식, 기술, 가치를 활용하는 대인서비스 전문가(human service professional)이다.

이 장에서는 전문직으로서 사회복지사, 한국의 사회복지사 자격제도와 정신건강, 의료, 학교를 중심으로 한 전문사회복지사(specialist social worker) 제도를 알아볼 것이다. 또한 복합적이고 다양한 서비스 욕구를 가진 이용자가 증가함에 따라 사회복지의 민간영역 및 공공영역에서 주된 개입 방안으로 활용되며, 일반사회복지사(generalist social worker)의 주된 실천 방법이라고 할 수 있는 사례관리(case management)에 대해 살펴보고자 한다.

1 전문직으로서의 사회복지사

1) 전문직으로 발전 과정

사회복지실천은 1601년 영국 구빈법하에 시행된 우애방문자(friendly visitors)의 원조 활동으로부터 기원하였다고 볼 수 있지만, 사회복지실천이 봉사의 형태에서 전문직으로 발전하게 된 데에는 우애방문자에 대한 보수체계의 정립과 교육 및 훈련 제도가 채택되면서부터라고 할 수 있다. 사회복지사가 전문가로서 역할을 시작한 것은 1905년 의사인 캐벗(Richard C. Cabot)이 매사추세츠병원에 의료사회복지사를 정식으로 채용함으로써 시작되었다(Dolgoff et al., 1997). 그 후 아동상담소, 학교, 법정 등에 교육 및 훈련을 받은 사회복지사가 채용되면서 많은 영역으로 사회복지사의 전문가로서 역할이 확대되었다. 특히 의료 및 정신의료 영역을 중심으로 사회복지실천에 진단(diagnosis)이라는 개념을 적용시키는 기회를 제공하였고, 심리학 및 사회학과 같은 사회과학의 소개는 이론적 측면에서 사회복지사들이 개인에 대한 깊이 있는 이해뿐 아니라 개인과 사회환경 간의 역동적인 상호관계에 대해서도 이론을 적용시키게 되었다. 이로써 사회복지사는 자신(self)만을 원조(helping)의 도구로 삼던 것에서 과학적인 원조 과정(helping process)을 생각하게 되었고 사회복지 전문직은 날로 번창하였다(양옥경 외, 2018).

오늘날 학문적, 실천적으로 사회복지 분야가 발달된 미국의 경우 사회복지사를 전문직으로 여기지만, 사회복지사를 전문직으로 볼 수 있는가에 대한 논쟁은 시대와 국가에 따라 다르다. 1915년 미국 의학교육 비평가인 플렉스너(Abraham Flexner)가 사회복지사는 전문가가 아니라고 선언(Flexner, 1915; NASW, 1995 재인용)한 것을 계기로 사회복지사가 전문가로 성장하는 데 위기가 있었다. 플렉스너는 사회복지사들을 보면서 어떤 특수한 전문가적 기능을 담당하기에는 구체적 기술이 부족하기에 아직 전문직이라고 부를 수 없다고 주장하였다. 사회복지계는 타 전문직에서 받은 치명적인 비판에 대응하며 빠른 속도로 약점을 개선해 갔다. 사회복지계는 전문직의 교육 및 훈련을 담당하는 대학들을 세우고 1921년에는 미국사회복지사협회(National Association of Social Workers: NASW)를 세웠으며, 전문적 기술을 갖추기 위하여 저술을 발간하는 등 대응해 나갔다. 이 과정을 통해 사회복지실천은 많은 발전을 이뤄냈다. 또한 사회복지계는 영역별로 특수화된 전문지식과 기술뿐만 아니라 사회복지실천의 공통 지식 기반을 갖추고자 1929년 밀퍼드(Milford) 회의에서 개별사회사업(casework) 방법론을 기본으로 하는 사회복지실천을 전문직으로 삼고 있는 사회복지사라면 갖추어야 할 기본적인 지식과 방법론의 공통 요소를 발표하였다(NASW, 1974). 이렇게 사회복지실천의 정착은 개별사회사업을 바탕으로 하는 일반사회복지 접근(generalist approach)으로 시작되었으며, 이러한 방법론을 갖춘 사회복지사들은 병원, 아동상담소, 가족치료 세팅 등 민간 부문(private sector)에서 주로 근무하였다.

다른 한편으로 사회복지사들은 병원 현장에서 프로이트의 정신분석이론과 기술을 활용하며 치료자(therapist)로서의 역할을 수행하고자 하였다. 정신의료 현장에서 사회복지사의 치료자로서의 역할은 일반의료사회복지, 학교사회사업, 가족치료의 영역에도 많은 영향을 미쳤다. 그러나 이러한 움직임은 사회복지계 내부에서 정신의료적 치료자가 아닌 사회복지전문인으로서의 정체성을 찾고 사회복지전문인으로 정착해야 한다는 목소리가 대두되게 하였다.

한편 1930년 대공황 이후 공공 부문(public sector)에서 사회복지사가 필요하게 되었고, 개별사회사업은 문제의 초점을 개인의 내면 세계에 두는 진단주의학파와 개인과 상호작용하는 환경으로 이해의 폭을 넓힌 기능주의학파로 분리되었다. 대공황 이후 제2차 세계대전을 비롯한 각종 전쟁을 겪으며 다양한 형태의 상실, 가족의 붕괴 및 분리 등 복합적 문제를 가진 이용자들이 증가하면서 치료적 접근이 다시 활발해지고 개업사회복지사(private practice)가 탄생하게 되었다(NASW, 1995). 사회복지사들은 빈곤뿐만 아니라 비행, 장애, 보건, 정신건강 등 다양한 문제를 섭렵하게 되었고, 방법론으로는 개별사회사업, 집단사회사업, 지역사회조직, 통합방법론 등을 정착시키게 되었다. 이로써 사회복지 전문직의 영역은 점점 넓어졌으며 전문가인 사회복지사의 수도 늘어나 개인문제와 사회문제를 모두 섭렵하는 전문직으로 자리 잡게 되었다.

2) 전문직으로서의 사회복지사

그린우드(Greenwood, 1957)는 전문직은 다음의 5가지 기본적 속성을 지니고 있다고 하였다.

첫째, 전문직은 체계적 이론(systemic body of theory)을 가지고 있어야 하며 이러한 이론을 바탕으로 한 전문직 기술을 갖춰야 한다. 이론을 확립하기 위해서 체계적인 연구 활동을 하는 연구자가 있어야 하며 공식적인 교육 및 훈련을 통해 이론을 갖추어야 한다.

둘째, 전문적 권위(professional authority)가 있어야 한다. 서비스의 내용과 양을 결정하는 것은 서비스 제공자인 전문가이며, 전문가는 전문적 권위를 가지고 서비스를 결정해야 한다. 반면에 비전문직의 경우는 서비스 대상인 소비자가 그들 스스로 서비스의 내용과 양에 대한 결정을 내린다.

셋째, 사회로부터 일정한 권한과 특권(sanction of community)을 부여받아야 한다. 전문직의 훈련 내용 및 과정에 대한 통제와 권한, 자격시험을 주관하고 관리하는 등의 권한을 전문직 공동체가 부여받는 것이다. 또한 전문가와 이용자 사이의 비밀보장을 원칙으로 법적인 문제에서 자유로워질 수 있도록 하는 것도 포함된다.

넷째, 전문직은 자체의 윤리강령(code of ethics)을 가진다. 전문직에게 부여되는 권한과 특권 등의 남용을 막기 위해 필요한 규범 체제로 전문직의 윤리강령은 비전문직의 윤리강령에 비해 더 구속력이 있다.

다섯째, 전문직만의 문화(professional culture)가 있다. 다른 전문직과 구별되는 고유한 가치와 규범, 상징들을 전문직 공동체 구성원이 공유하게 되며, 이는 비전문직과 구별되는 점이다.

이러한 속성을 사회복지실천에 맞춰 볼 때 사회복지실천은 이미 전문직이라고 그린우드는 주장하였다.

미국사회복지사협회에 의하면 사회복지사는 인간의 삶과 문화의 모든 측면을 고려하여 개별 환경에 처한 사람들을 도울 수 있는 고유한 자격을 갖추고 있으며, 사회복지사는 개인의 안녕을 보장하며, 위기를 예방하고, 개인과 가족을 상담하며, 건강한 지역사회 형성을 지원하는 역할을 한다. 또한 사람들이 최적의 자원을 통해 필요한 도움을 받을 수 있도록 지원하고, 인생의 모든 단계에 있는 사람들이 인생의 가장 힘든 도전과 일상생활의 문제를 극복할 수 있도록 돕는다. 또한 사회복지사가 활동하는 영역은 지역사회의 모든 곳으로서 정신건강 클리닉, 병원 및 호스피스 케어, 입양 기관, 비영리 단체, 학교, 법원, 동물 병원, 도서관, 군대, 기업, 노인센터, 교도소 등 매우 다양한 세팅에서 근무하고 있다. 미국 전체 사회복지사의 60%는 독립적으로 정신질환 진단과 심리치료가 가능한 임상사회복지사(licensed clinical social worker)이다(Association of Social Work Boards, 2023). 또한 미국의 정신건강전문가의 60%는 임상사회복지사이며, 10%가 정신과 의사, 23%가 심리학자, 5%가 정신간호사이다(NASW 홈페이지). 즉, 미국에서 임상적으로 훈련받은 사회복지사는 정신건강 및 심리상담 분야에서 가장 높은 비율을 차지하고 있는 핵심 전문가임을 알 수 있다.

2 전문사회복지사 제도

사회복지사는 실천 접근 방법의 특정성에 따라 일반사회복지사

(generalist social worker)와 전문사회복지사(specialist social worker)로 나눌 수 있다. 일반사회복지사는 체계론적 관점을 바탕으로 개인, 가족, 집단, 조직, 지역사회 등에 이르는 광범위한 이용자 체계가 그 강점을 통해 역량을 강화하고 그들의 환경을 변화시킬 수 있도록 이용자의 상황에 맞는 다양한 개입 방법으로 원조한다. 일반사회복지사는 보통 사회복지체계에 진입하는 이용자와 가장 먼저 접촉하므로 이용자를 단 하나의 체계가 아닌 환경 속 개인(person in environment)의 관점에서 이용자의 상황을 전반적으로 사정한다. 따라서 이용자의 상황과 욕구에 대응하여 다양한 접근 방법과 자원을 동원하여 개입한다. 일반사회복지사에게는 다양하고 폭넓은 지식과 기술이 요구되는데, 미국의 사회복지교육협의회가 제시한 인증 정책 내용에 의하면 사회복지실천에 필요한 내용은 다음과 같다.

① 이용자와 관계 형성
② 이용자의 이슈, 문제, 욕구, 자원 규명
③ 정보의 수집과 사정
④ 서비스 전달의 계획
⑤ 의사소통 기술, 슈퍼비전의 활용
⑥ 목표 달성을 위하여 개입 계획 설정, 실행
⑦ 실천 관련 지식과 개입기법 적용
⑧ 프로그램의 성과 평가, 실천의 효과성 평가
⑨ 사회경제적 정의 실현

전문사회복지사는 실천 현장(가족서비스, 아동·청소년·노인 복지서비스, 정신건강, 지역복지, 교정, 병원, 기업 등)이나 특정 인구집단(아동, 청소년, 청장년, 중년, 노인, 남성, 여성, 소수민족 집단, 저소득층, 이주민 등) 또는 특정 사회문제(범죄 및 비행, 약물남용, 발달장애, 가정폭력, 질병, 빈곤, 인종차별, 성차별 등)를 중심으로 규정되는 보다 좁은 영역에서 특별히 요구되는 전문적 지식이나 기술을 사용하여 이용자를 원조한다. 전문사회복지사에게는 보다 전문화된 영역에서 깊이 있는 지식과 기술이 요구된다. 따라서 전문사회복지사는 각 특정 분야에 맞는 지식과 기술을 습득하기 위하여 일반사회복지사를 양성하는 학사과정을 넘어서 대학원의 석사과정 이상에서 교육을 받거나 실천 현장에서 수련 과정을 통하여 훈련을 받는다.

사회복지실천 현장에서는 일반사회복지사와 전문사회복지사의 역할이 모두 요구되는데, 일반사회복지사가 보다 넓은 범위와 일반성에 초점을 맞춘다면, 전문사회복지사는 고유한 영역에서 깊이 있는 사회복지실천에 초점을 맞춘다. 일반사회복지사와 전문사회복지사는 근무하는 기관과 실천현장에 따라 사회복지사의 역할을 구별하여 일컫는 용어일 뿐이며 실제 법적 제도에 존재하는 용어는 아니다.

1) 사회복지사 자격제도

한국에서 사회복지사의 자격은 보건복지부 장관으로부터 주어지는 법적 자격으로서 「사회복지사업법」에서 규정된다. 1970년 「사회복지사업법」이 처음 제정될 때는 법조문에서 사회복지사를 "사회복지사업종사자"라는 명칭으로 규정하였으나, 이후 3차례의 개정을 거치며 변화·발전해 왔다.

1983년 첫 번째 전면 개정 때 사회복지사업종사자를 '사회복지사'로 개칭하였으며, 사회복지사는 그냥 사회복지사업에 종사하는 사람이 아닌, "전문적 지식과 기술을 가진 자"로 인정되었다.

1997년의 두 번째 전면 개정 때 사회복지사를 대상으로 한 국가시험제도가 도입되어 사회복지사 1급에만 국가시험을 시행하게 되었다. 이 새로운 자격제도의 적용 대상은 1999년 입학생부터였고 이들이 졸업하는 2003년부터 국가자격시험이 부과되기 시작하였다.

세 번째로 2017년 전면 개정된 법에 의하면, 3개 등급이었던 사회복지사 자격은 1급과 2급의 2개 등급으로 나뉘었다. 1급 사회복지사는 국가자격시험을 통해 인정받으며, 4년제 정규대학 및 대학원 졸업생으로 「사회복지사업법」에서 규정한 이수교과목을 포함한 사회복지학 교육을 받고 졸업과 함께 국가자격시험에 합격한 자들이다.

사회복지사 1급 국가자격시험 응시자격은 대학에서 사회복지전공 교과목 및 관련교과목 중 필수 10과목, 선택 7과목 이상을 각각 이수하고 학사학위를 취득한 경우이다. 사회복지사 자격을 취득하고 사회복지법인 또는 사회복지시설에서 근무하는 사회복지사는 연간 8시간 이상 보수교육을 이수해야만 한다.

2) 전문사회복지사 자격제도

우리나라에서 사회복지사 국가자격을 취득한 이후에 그 자격을 취득할 수 있는 사회복지 전문 분야의 국가자격에는 영역별 사회복지사와 사회복지전담공무원이 있다. 앞서 제시한 일반사회복지사와 달리 전문사회복지사는 특정 영역에 깊이 있는 실천을 하게 된다. 영역별 사회복지사는 사회복지사 1급 자격을 취득한 후 정신건강, 의료, 학교 영역의 수련기관에서 1년 이상의 수련 과정을 이수한 사람이 취득할 수 있는 임상 훈련을 강화한 고급 단계의 국가자격이다. 정신건강사회복지사는 1997년에 첫 자격이 배출된 후 현재까지 오랜 기간 운영해 온 국가자격이고, 의료사회복지사와 학교사회복지사는 2020년 12월 「사회복지사업법」의 개정으로 신설된 국가자격이다.

특정 영역별 사회복지사는 정신건강, 의료, 학교 세팅에서 발생하는 심리사회적 문제의 해결과 회복을 위한 임상가로서의 역할이 강조되는 만큼 전문교육과 임상 훈련, 그리고 슈퍼비전이 매우 중요하다. 각 자격 취득을 위해서는 임상수련을 받는 것이 필수이므로 수련과정을 통해 전문가로서 성장할 수 있으며 평생의 전문직 사회복지사로서 자긍심을 가질 수 있다. 단, 사회복지사 1급 자격을 우선 취득해야 하고, 그 이후 1년의 수련 과정을 거쳐야 하므로 이러한 자격 취득 과정을 고려한 계획을 미리 세우는 것이 바람직하다.

사회복지전담공무원은 급수와 관련 없이 사회복지사 자격을 가진 사람이 공무원 시험에 합격한 경우 사회복지사업에 관한 업무를 담당하는 사회복지직 공무원이 될 수 있음을 의미한다. 사회복지전담공무원은 공무원의 신분으로 사회복지서비스를 제공한다.

(1) 정신건강사회복지사

정신건강사회복지 분야는 정신질환의 예방과 회복뿐만 아니라 일반 시민의 정신건강증진을 도모하기 위한 전문적 활동 분야이다. 현대사회에서 증가하고 있는 다양한 정신건강의 문제를 예방하고 증진하며, 조기 개입, 치료 및 재활서비스 등을 제공하는 정신건강사회복지사의 역할은 전통적인 정신질환의 예방, 치료, 재활을 위한 정신의료기관, 정신건강복지센터, 재활시설에 국한되지 않는다. 중독, 자해 및 자살, 재난 정신건강, 트라우마, 외로움, 고립 등 다양한 정신건강 이슈로 분야가 확대되어 가고 있으며, 일반 사회복지기관을 이용하는 이용자들에게 증가하고 있는 각종 정신건강 문제들은 일반사회복지사들에게 도전이 되고 있다. 코로나19 팬데믹 이후 정신건강 문제는 더욱 증가하였으며 일반 주민들의 불안, 우울에 대한 상담, 아동 및 청소년 상담, 부부 및 가족상담 등에 대한 욕구도 증가함에 따라 개업하는 정신건강사회복지사도 증가하고 있는 추세이다. 한국의 정신건강사회복지사의 역할과 가장 유사한 미국의 임상사회복지사는 상당수가 개업하여 독립적으로 심리치료를 제공하는 대표적 심리상담 및 정신건강전문가이다.

다양한 정신건강 문제를 조기 발견 및 개입하고 회복을 증진하는 정신건강사회복지 분야는 전문적인 교육과 훈련, 슈퍼비전이 요구되며, 정신건강사회복지사 전문자격 소지자가 필요한 대표적인 분야이다.

정신건강사회복지사는 사회복지사 1급 자격을 취득한 후 「정신건강증진 및 정신질환자 복지서비스 지원에 관한 법률」(이하 「정신건강복지법」) 제17조에 따른 정신건강전문요원의 자격 기준을 갖춘 사람이다. 정신건강전문요원은 그 전문 분야에 따라 정신건강사회복지사, 정신건강임상심리사, 정신건강간호사, 정신건강작업치료사로 구분된다. 이 중 정신건강작업치료사의 경우 2020년 4월 「정신건강복지법」이 일부 개정되면서 정신건강전문요원의 범위에 추가적으로 포함되었으며, 경과조치에 따라 2년의 준비 과정을 거쳐 2022년부터 정식으로 편입되었다.

1995년 제정된 「정신보건법」이 1997년 1월 시행되면서 동법 제7조(정신보건전문요원) 규정에 의거 '정신보건사회복지사' 수련제도가 실시되었고 1997년 첫해 경과규정에 의거 1급 자격증 소지자 72명, 2급 자격증 소지자 111명으로 시작되었다. 2016년에 「정신보건법」이 「정신건강복지법」으로 전면 개정되면서 이후부터는 '정신건강사회복지사'로 명칭이 변경되어 시행되고 있다.

정신건강사회복지사 2급의 자격 기준은 「사회복지사업법」에 의한 사회복지사 1급 자격 소지자로서 보건복지부장관이 지정한 수련기관에서 1년 동안 이론 교육 150시간, 실습 교육(임상 실습) 830시간, 학술 활동 20시간의 총 1,000시간의 수련 과정을 마친 경우이다. 정신건강사회복지사 1급 자격 기준은 「고등교육법」에 의한 대학원에서 사회복지학 또는 사회사업학을 전공한 석사 학위 이상 소지자로 정신건강전문요원 수련기관에서 3년 동안 수련을 마친 경우 또는 정신건강사회복지사 2급 자격을 취득한 후 5년 이상 정신건강 임상 실무 경험이 있는 경우이다. 정신건강사회복지사 자격 소지자는 매년 12시간의 보수교육을 이수해야 한다.

정신건강사회복지사는 「정신건강증진 및 정신질환자 복지서비스 지원에 관한 법률 시행령」(이하 「정신건강복지법 시행령」) 제12조에 근거 정신건강 팀의 일원으로서 다음과 같이 공통 업무와 고유 업무를 수행한다. 정신건강전문요원으로서 공통 업무와 정신건강사회복지사로서 개별 업무는 다음과 같다.

공통 업무

① 정신재활시설의 운영

② 정신질환자 등의 재활훈련, 생활훈련 및 작업훈련의 실시 및 지도

③ 정신질환자 등과 그 가족의 권익보장을 위한 활동 지원

④ 법 제44조 제1항에 따른 진단 및 보호의 신청

⑤ 정신질환자등에 대한 개인별 지원계획의 수립 및 지원

⑥ 정신질환 예방 및 정신건강복지에 관한 조사·연구

⑦ 정신질환자등의 사회적응 및 재활을 위한 활동

⑧ 정신건강증진사업등의 수행 및 교육

⑨ 그 밖에 제1호부터 제8호까지의 규정에 준하는 사항으로 보건복지부 장관이 정하는 정신건강증진 활동

정신건강사회복지사 개별 업무

① 정신질환자 등에 대한 사회서비스 지원 등에 대한 조사

② 정신질환자 등과 그 가족에 대한 사회복지서비스 지원에 대한 상담·안내

각 전문직의 고유 업무는 두 가지씩만 규정되어 있으며 제시된 개별 업무가 실제로 현장에서 수행하는 업무와 역할을 충분히 반영하지 못한 한계가 있어 규정 보완이 필요한 상황이다. 실제로 정신건강사회복지사는 의료기관 및 각종 지역사회 기관에서 심리상담을 제공하는 주된 전문가이지만, 법안에 제시된 개별 업무의 용어는 이러한 상담가로서의 역할을 잘 드러내지 못하고 있어 한국정신건강사회복지학회와 한국정신건강사회복지사협회는 「정신건강복지법 시행령」의 개정을 촉구하고 있다. 공통 업무 또한 정신질환에 초점을 맞추던 초기 정신건강사회복지 태동기의 역할을 중심으로 기술되어 있고, 현재 이루어지고 있는 일반 국민들을 대상으로 한 심리상담 및 정신건강 예방과 증진 등의 역할은 반영이 되어 있지 않아 보완이 시급하다.

(2) 의료사회복지사

기대수명이 점점 증가하고 만성질환이 증가함에 따라 치료 중심에서 건강과 예방 및 관리 중심의 체계로 패러다임이 바뀌고 있다. 현대사회는 사고, 중독, 재난의 증가와 우울, 자살, 가정폭력, 아동학대, 알코올 중독 등 심리사회적 요인들로 인한 건강 문제가 증가하고 있으며 이는 의료영역에도 중요한 문제가 되고 있다. 의료사회복지사의 역할은 의료기관의 임상 각 과뿐만 아니라 응급실, 지역사회에까지 확대되었으며, 의료기관과 지역사회를 연결하는 중요한 전문직으로 자리잡고 있다. 특히 의료와 요양, 돌봄 등 복합적인 욕구를 가진 노인, 장애인 등이 자신의 거주지에서 필요한 서비스를 받을 수 있도록 유기적인 연계체계를 갖춘 지역사회 통합돌봄이 강조되고 있다.

보건의료 현장은 임상 업무뿐 아니라 생사를 비롯한 가치와 윤리, 삶에서 중요한 결정들과 직면하면서 전문가들의 전문성이 강조되는 세팅이다. 의료사회복지사는 확고한 역할에 대한 정체성과 보건 현장과 지역사회에서 요구되는 전문적 지식과 기술, 가치가 요구되는 전문직이다. 이러한 특성들은 의료사회복지사가 국가자격으로 도입되는 배경이 되었다.

2018년 「사회복지사업법」 일부개정안이 통과되고 2020년 12월 시행됨에 따라 의료사회복지사 국가자격이 신설되었다(보건복지부, 2020). 의료사회복지사 자격제도는 2008년부터 민간자격으로 운영되면서 교육 및 자격시험 등으로 꾸준히 자격의 질 관리가 되어 왔기에 개정된 법에서는 자격자 배출 및 관리 등 그동안의 제반 내용을 거의 동일하게 담고 있다.

의료사회복지사 자격은 「사회복지사업법」 제11조 제2항에 따라 사회복지사 1급 자격을 취득한 후 제11조 제3항에 따른 수련기관에서 1년 이상 보건복지부령으로 정하는 수련 과정을 이수한 자에게 주어진다. 사회복지사업법과 시행령·시행규칙에는 영역별 사회복지사 관련 자격기준과 자격증 발급, 수련, 보수교육과 자격 전환에 관한 특례 및 경과 조치 내용을 담고 있다. 의료사회복지사 수련은 사회복지사 1급 자격을 취득하고 수련기관에 선발된 자를 대상으로 한다. 수련 과정은 이론, 실습, 학술 활동 총 세 부문으로 구성되어서 이론 교육 150시간, 임상 실습 830시간, 학술 활동 20시간으로 과목별 실습 시간을 준수하여 1년 이상 총 1,000시간 이상으로 진행된다. 의료사회복지사 자격을 취득한 후에는 대한의료사회복지사협회에서 주최하는 의료사회복지실천 교육 4시간 이상을 필수로 연간 총 12시간 이상의 보수교육을 이수해야 한다.

영역별 사회복지사 특례 및 경과조치는 「사회복지사업법」 시행령 부칙 제3조에 따라 규칙 시행 후 3년 이내 한시적으로 운영하는 것으로, 법 시행 전 발급된 자격증 소지자는 법이 시행된 2020년 12월 12일 이후 3년 이내에 보건복지부령으로 정하는 교육 이수를 통해 법정 자격으로 전환하도록 하였으며, 교육은 대한의료사회복지사협회에서 실시한다.

의료사회복지사의 업무 범위는 다음과 같다.

① 환자와 가족의 심리 · 사회 · 경제적 욕구와 문제 평가
② 재활 및 사회복귀 상담
③ 지역사회자원 연계 및 개발
④ 퇴원계획 수립 및 지원
⑤ 의료사회복지실천을 위한 연구 · 조사
⑥ 의료사회복지사의 전문성 강화 및 역량 개발
⑦ 의료사회복지실천을 위한 기획 및 행정
⑧ 그 외 보건복지부장관이 정하는 의료사회복지활동

(3) 학교사회복지사

아동 · 청소년의 정신건강과 웰빙은 성인기 삶의 질의 기초가 되는 중요한 이슈이다. 아동 · 청소년의 성장과 발달에 가장 큰 영향을 미치는 학교는 심리적 · 물리적으로 안전해야 한다. 또한 가족 내 갈등과 역경은

아동·청소년의 학교생활에 부정적인 영향을 미치기도 한다. 학교에서 아동·청소년의 심리사회적 문제를 예방하고 조기에 발견하며 적절한 개입을 하는 것은 장차 더 심각한 미래의 문제를 예방하고 건강한 성인으로 성장하도록 이끄는 방안이다. 아동·청소년의 심리사회적 문제는 다면적이며 다양한 요소들을 고려한 통합적 관점이 필요한 영역이다. 따라서 생태체계론적 관점을 지니고 아동·청소년의 정신건강과 심리사회적문제를 조기에 발견하고 개입할 수 있는 학교사회복지사의 역할은 매우 중요하다. 또한 아동·청소년기의 발달적 특성, 정신건강 문제, 부모의 양육 태도, 아동·청소년의 대인관계 문제, 가족 갈등 등을 정확히 평가하고 개입하는 학교사회복지사의 전문적 역량이 요구된다. 그러므로 이러한 전문성을 강화하고 보장하기 위한 국가자격제도가 필요하게 되었다.

2018년 「사회복지사업법」 일부개정안이 통과하고 2020년 12월 시행됨에 따라 학교사회복지사 국가자격이 신설되었다(보건복지부, 2020). 학교사회복지사 자격제도는 2005년부터 민간자격으로 운영되면서 교육 및 자격시험 등으로 꾸준히 자격의 질 관리가 되어 왔기에 개정된 법에서는 자격자 배출 및 관리 등 그동안의 제반 내용을 거의 동일하게 담고 있다.

학교사회복지사 자격은 「사회복지사업법」 제11조 제2항에 따라 사회복지사 1급 자격을 취득한 후 제11조 제3항에 따른 수련기관에서 1년 이상 보건복지부령으로 정하는 수련 과정을 이수한 자에게 주어진다. 수련은 1년 이상, 1,000시간을 이수해야 하며, 지필평가 및 과제 제출을 통한 수련 평가를 통과해야 한다. 수련 과정 내 현장 실습은 1일 4시간 이상 8시간 이하, 1주 35시간 이하, 1개월 120시간 이하 진행의 기준을 지켜야 한다. 학교사회복지사 자격을 취득한 후에는 한국학교사회복지사협회에서 주최하는 학교사회복지실천 교육 4시간 이상을 필수로 연간 총 12시간 이상의 보수교육을 이수해야 한다.

학교사회복지사의 업무 범위는 다음과 같다.

① 학생의 심리·사회적인 문제와 학생에게 영향을 미치는 주변 환경 전체의 변화에 대한 계획 수립 및 지원
② 학교 내·외부 환경 및 욕구 조사
③ 사례 발굴 및 선정
④ 학교 내·외 네트워크 구성 및 운영
⑤ 학교사회복지 개입을 위한 기록 및 평가
⑥ 학교사회복지사의 전문성 강화 및 역량 개발
⑦ 그 외 보건복지부장관이 정하는 학교사회복지 활동

(4) 사회복지전담공무원

사회복지전담공무원 자격제도는 1987년에 시행되었으며,「사회보장급여의 이용·제공 및 수급권자 발굴에 관한 법률」제43조에 의거 사회복지사업에 관한 업무를 담당하기 위하여 시도, 시군구, 읍면동 또는 사회보장사무 전담기구에 배치된 사회복지직 공무원이며, 보건복지부령으로 정하는 사회복지에 관한 전문적 업무를 담당하고 있다(한국사회복지행정연구회).

사회복지전담공무원이 담당하는 사회복지에 관한 전문적 업무는 다음과 같다.

① 취약계층 발굴 및 상담과 지도, 사회복지에 대한 욕구 조사, 서비스 제공 계획의 수립, 서비스 제공 및 점검, 사후 관리 등 통합사례관리에 관한 업무
② 사회복지사업 수행을 위한 취약계층의 소득·재산 등 생활 실태의 조사 및 가정환경 등 파악 업무
③ 사회복지에 대한 종합적인 정보 제공, 안내, 상담 업무

3 사례관리자로서의 사회복지사

사례관리(case management)는 일반사회복지사(generalist social worker)가 실천하는 대표적인 개입 형태라고 할 수 있다. 복합적이고 다양한 서비스 욕구를 가진 이용자들이 증가함에 따라 우리나라에서도 사회복지 민간영역과 공공영역에서 모두 사례관리가 주된 사회복지의 개입 방안으로 활용되고 있다. 민간영역에서는 1980년대 후반부터 노인, 장애인, 정신장애인을 위한 전문 사례관리를 시작으로 현재는 전국 종합사회복지관의 3개 기능 중 하나로 사례관리가 포함되어 있다. 공공영역에서는 2005년에 개정된 「사회복지사업법」 제33조의 5에서 "시장·군수·구청장은 보호대상자별 보호 계획을 작성하고 변경할 수 있다."라고 규정하여 사례관리의 실천 기반이 마련되었다. 2010년부터 본격적으로 전국에 위기가구 사례관리가 수행되었고, 2012년부터는 사회복지 공무원의 확충으로 사례관리 업무를 강화하는 희망복지지원단이 탄생하였다(민소영, 2015). 2014년에는 읍면동 복지기능강화를 위한 시범사업, 2017년에는 읍면동 복지허브화를 위한 읍면동 맞춤형 복지사업을 통해 복지사각지대 발굴 및 찾아가는 복지상담을 통한 읍면동 통합사례관리를 하고 있다(보건복지부, 2017). 한국에서 사례관리 방법은 가장 보편적인 사회복지서비스 전달 방법으로 자리매김하고 있다.

1) 사례관리의 개념과 원칙

한국사례관리학회(2016)의 '한국사례관리 표준'에서는 사례관리를 다음과 같이 정의하였다.

"사례관리란 복합적이고 다양한 욕구가 있는 클라이언트와 그 가족의 사회적 기능 회복을 돕는 통합적 실천방법이다. 이를 위해 운영체계를 확립하고, 클라이언트와 함께 강점관점의 체계적인 사정을 해야 하며, 클라이언트의 내적 자원 및 지역사회 자원을 개발하고 활용하여 삶의 질 향상을 위해 노력해야 한다."

사례관리란 복합적인 욕구를 가진 사람들의 기능강화와 복지를 위해 공식적·비공식적 지원을 하고 활동 네트워크를 조직, 조정, 유지하는 것으로서 사례관리자는 다음과 같은 목적을 달성하고자 한다(Moxley, 1989).

첫째, 서비스와 자원들을 활용하여 가능한 이용자 자신의 생활기술을 증진시킨다. 둘째, 이용자의 복지와 기능을 향상시키기 위해 사회적 관계망과 관련된 대인복지서비스 제공자들의 능력을 향상시킨다. 셋째, 가능한 한 가장 효율적인 방법으로 서비스 및 지원을 전달하며, 서비스의 효과성을 향상시킨다.

이러한 사례관리 목적하에 그 개입의 원칙은 다음과 같다(Gerhart, 1990).

① 서비스의 개별화: 이용자의 독특한 신체적, 정서적, 사회적 상황에 따라 각 이용자의 욕구에 맞게 서비스를 제공한다.
② 서비스 제공의 포괄성: 지역사회에서 이용자의 다양한 욕구를 충족시키기 위해 필요한 광범위한 지지를 연결하고 조정, 점검하는 것이다. 이때 필요한 도움의 유형과 범위는 다양하므로 사례관리자들은 지역사회 자원에 대한 지식을 가지고 이를 활용할 수 있어야 한다.
③ 이용자의 자율성 극대화: 이용자의 선택에 대한 자유를 최대화하고 지나친 보호를 하지 않는 것을 의미한다. 이용자의 자기결정권을 가능한 보장하고자 하는 것이다.
④ 서비스의 지속성: 사례관리자가 이용자의 욕구를 점검하여 서비스

를 지속적으로 제공한다는 것이다. 이용자가 자신의 생활 현장에서 잘 적응할 수 있도록 지속적으로 원조해야 한다는 것이다.

⑤ 서비스의 연계성: 복잡하고 분리된 서비스 전달체계를 연결하는 것이다. 사례관리자는 다른 서비스 전달체계 간의 중개자 혹은 권익 옹호자의 역할을 한다.

2) 사례관리 개입 과정

사례관리 과정은 이용자나 기관의 성격, 사례관리자의 역할에 따라 다르게 나타날 수 있으나, 사례관리 과정에서 가장 일반적으로 활용하는 단계는 다음과 같다(Ballew, 1996/1999; Moxley, 1989/1993).

(1) 사정

사례관리에서 사정은 이용자의 주위 환경을 포함한 그의 상황을 이해하는 집중적이고 체계적인 과정이다. 사정은 다음과 같은 영역에서 구체적으로 이루어져야 하며, 각 분야가 순서에 관계없이 상호 역동적으로 이루어진다.

① 욕구 및 문제 사정: 문제에 대한 정확한 사정은 사례관리의 목적 달성에 매우 중요하다. 사례관리자는 이용자와 함께 욕구 및 문제 목록을 만들고 우선순위를 정한다. 이 단계는 사례관리의 출발점이며 개입의 근거가 된다.

② 자원 사정: 문제를 구체화한 이후에는 그 문제를 해결하는 데 도움이 되는 공식적·비공식적 자원을 이용자와 함께 사정한다. 이때 자원을 구체화하기 위하여 자원 목록을 만드는 것이 유용하다. 자원이란 우리가 삶을 성장시키고 지속하는 데 필요한 재화와 서비스를 제공하는 사람들 또는 사회기관들을 의미한다.

③ 장애물 사정: 이 단계에서는 이용자가 자원을 적극적으로 활용하

지 못하는 이유를 찾는다. 여기에는 세 가지 형태의 장애물이 있기 때문인데, 외부 장애물, 선천적인 무능력, 내부 장애물이라고 할 수 있다.

(2) 계획

계획은 사정에서 수집한 정보를 이용자에게 도움이 되는 일련의 활동으로 전환하는 과정이다. 공식적이고 구조화된 계획은 다음의 4단계로 이루어진다.

① 1단계: 상호 간의 목적 수립하기

사례관리자와 이용자 사이 신뢰 관계 형성하기, 정확한 사정을 통해 현 상황 잘 파악하기.

② 2단계: 우선순위 정하기

우선순위 정하는 데 기준은 이용자가 가장 중요하다고 인식하는 것, 이용자의 삶에 즉각적 위험을 미칠 가능성이 있는 것, 달성하기 쉬운 것.

③ 3단계: 전략 수립하기

이용자와 함께 브레인스토밍하기.

④ 4단계: 최선의 전략 선택하기

이용자의 현재 상황, 능력, 보유 자원 등 기초로 여러 전략 중 선택하기.

⑤ 5단계: 전략 실행하기

전략 실행을 위해 시간과 절차 등 구체화하기.

(3) 개입

직접적 서비스와 간접적 서비스로 나뉜다. 직접적 서비스의 경우 사례관리자는 이행자, 안내자, 교육자, 정보제공자, 지원자로 기능한다. 간접적 서비스의 경우 중개자, 연결자, 옹호자로서 역할한다.

(4) 점검

서비스와 지원이 잘 이루어지고 있는가에 대해서 점검한다. 서비스 계획이 적절하게 이루어지고 있는지, 이용자의 목표 성취를 검토하고, 서비스와 사회적 지지의 산출을 검토하며, 이용자의 욕구 변화를 점검하여 서비스 계획의 변화 여부를 검토한다.

(5) 평가

평가란 사례관리자에 의해 형성, 조정되는 서비스 계획, 구성 요소, 활동 등이 시간을 투자할 만한 가치가 있는지 측정하는 과정이다. 점검은 활동이 계획대로 잘 이루어지고 있는지 살펴보는 것이라면, 평가는 사례관리자의 활동이 이용자의 삶에 어떤 변화를 만드는지 보는 것이다.

3) 사례관리자의 역할

사례관리의 기능은 크게 임상적 역할인 직접적 기능과 자원 연결의 간접적 기능으로 나뉜다. 사례관리의 임상적 기능은 지역사회의 이용자에게 개별화된 조언, 상담, 치료를 제공하는 것이며, 자원 연결의 조정 기능은 지역사회에 있는 이용자에게 지역사회 공적 및 비공식적 네크워크 안에서 필요로 하는 서비스와 자원을 연결하는 것을 의미한다(Rothman, 1991).

홀러웨이(Holloway, 1991)는 이러한 서비스를 제공하는 사례관리자의 역할을 일반사례관리자(general case manager)와 임상사례관리자(clinical case manager)로 구분하여 정의하였다. 목슬리(Moxley)는 사례관리 기능을 간접적 서비스와 직접적 서비스로 구분하고 각각의 서비스에서 사례관리자의 역할을 구분하였다. 간접적 서비스에서 사례관리자는 중개자, 연결자, 조정자, 옹호자, 사회적 망 수립자, 조정자 및 협상 제공자 등의 역할을 한다. 직접적 서비스에서는 이행자, 교육자, 안내자, 협조자, 진행자, 정보전문가, 지원자로 기능한다(Moxley, 1989/1993).

한국의 공공영역과 민간영역에 사례관리가 본격적으로 도입되면서 많은 사회복지사들이 사례관리의 간접적 기능인 자원 연결에 집중하고 상대적으로 직접적인 기능에 소홀히 하는 경향들이 관찰되곤 하는데 이는 문제라고 할 수 있다. 사례관리자는 이용자의 다양한 문제를 정확히 사정하는 배경지식을 바탕으로 욕구에 따라 필요한 직·간접서비스를 과정 초기부터 종결에 이르기까지 지속적으로 제공해야 한다. 또한 이용자에게 상담을 제공하는 최일선의 전문가이면서 생태체계론적 관점에 근거한 자원연결 등의 간접적 역할을 함께 수행하여 이용자의 문제를 해결하는 전문가가 사례관리자로서 사회복지사이다.

토론주제

1   전문직이 갖추어야 하는 특성은 어떠한 것인지 생각해 보자. 사회복지사가 전문직인 근거는 어떤 것인가?

2   우리 사회에서 사회복지사가 전문직으로서 역할을 수행하기 위해 어떤 가치와 지식과 기술이 필요한가?

3   전문사회복지사와 일반사회복지사의 역할과 기능에서 공통점과 차이점은 무엇인가?

4   여러분이 관심 있는 사회복지 분야에서 전문직으로서 역할을 수행하기 위해 필요한 교육과 훈련 과정은 무엇인지 생각해 보시오.

제12장

지역사회와 지역사회복지

지역사회복지의 개입 대상과 범위는 어디까지인가?

지역사회(환경)는 인간의 삶과 안녕(well-being)에 영향을 준다. 동시에, 인간은 지역사회(또는 공동체)라는 환경을 구성하는 요소이다. 환경 속의 인간이라는 관점에서 지역사회는 사회복지실천의 중요한 대상이자 현장이다. 사회복지사는 사회복지실천 과정에서 인간과 지역사회의 상호작용과 역동(dynamic)을 이해하고 이를 조정한다.

본 장의 목적은 사회복지실천의 중요한 영역 중 하나인 지역사회복지를 개괄적으로 소개하는 것이다. 우선, 지역사회에 대한 이해를 바탕으로 지역사회복지의 개념과 원리를 살펴보았다. 더 나아가, 지역사회복지실천을 설명하는 이론적 배경(원칙, 가치, 실천 모델·기술·과정)을 간략히 소개하였다. 끝으로, 지역사회복지를 실천하고 있는 다양한 추진체계(네트워크, 자원, 서비스 중심)의 기능과 역할을 살펴보았다. 사회복지사는 본 장에서 소개된 다양한 추진체계의 구성원으로 지역사회복지를 실천하고 있다.

1 지역사회와 지역사회복지

지역사회복지의 주요 대상은 말 그대로 지역사회이다. 따라서 지역사회에 대한 전반적인 이해는 지역사회복지실천의 토대가 된다.

1) 지역사회의 개요

(1) 정의와 개념

영어 'community'는 지역사회, 공동체, 공동사회 등으로 다양하게 번역된다. 사회복지 현장에서는 '지역사회' 또는 '커뮤니티'로 주로 사용되고 있다. 지역사회는 일정한 지역적 범위 내에 공통성 또는 공동의 이해(지역, 규범, 가치, 관습, 종교, 정체성 등)를 공유하는 사회적 단위(social unit)이다. 예를 들면, 읍·면·동, 마을, 동네 등은 지리적 의미가 강조된, 자원봉사 조직, 동아리, 동호회, 동문회, 종교단체 등은 비지리적(기능적·사회적) 의미가 강조된 지역사회(또는 공동체)로 이해할 수 있다.

힐러리(Hillery, 1955)는 지역사회를 ① 지리적 공통성, ② 공동의 목표, ③ 사회적 상호작용이 있는 집단으로 정의하였다. 이와 유사하게, 펠린(Fellin, 2001)은 ① 생계 욕구(sustenance needs)를 충족하는 기능적·지리적 단위, ② 특정한 양식의 사회적 상호작용 단위, ③ 집합적 정체성의 상징적 단위 중 하나 이상에 해당하는 사회적 단위를 지역사회로 정의하였다.

하지만, 지역사회의 개념과 정의는 시대적·사회적 상황에 따라 변화한다. 과거에는 지리적 지역사회가 강조되었지만, 현대에는 공통성 또는 사회적 동질성을 강조하는 기능적 지역사회의 중요성이 더욱 커지고 있다. 더 나아가 정보기술의 발달로 인해 가상공간의 공동체(인터넷 모임 등)가 형성·조직되어, 지역사회의 개념과 범위는 확대·변화하고 있다.

(2) 지역사회의 기능

인간과 유사하게 지역사회 또한 다양한 기능을 수행한다. 워런 (Warren, 1978)은 지역사회의 다섯 가지 기능(생산·분배·소비, 사회화, 사회통제, 사회참여, 상부상조)을 제시하였다. 이후 판토자와 페리(Pantoja and Perry, 1998)는 두 가지 기능(방어, 의사소통)을 추가하였다.

① 생산(production)·분배(distribution)·소비(consumption): 구성원이 일상생활 유지에 필요한 재화와 서비스를 생산, 분배, 소비하는 과정과 이와 관련된 기능이다. 주로, 경제 제도와 관련이 있다.

② 사회화(socialization): 구성원이 규범, 가치, 신념, 문화 등을 학습할 수 있도록 지원하는 기능이다. 주로, 가족·교육제도와 관련이 있다.

③ 사회통제(social control): 구성원이 사회적 역할, 가치, 규범(법, 도덕, 규칙 등) 등을 준수하도록 하는 기능이다. 주로, 정치·법률 제도에 의해 수행된다. 참고로, 사회해체현상(social disorganization)은 이러한 기능이 결여되고 무질서한 상황이다.

④ 상부상조(mutual support): 구성원이 스스로 욕구를 충족하거나 문제를 해결하기 어려울 때 필요한 기능이다. 주로, 사회복지제도와 관련이 있다. 과거에는 일차집단(가족, 친척, 이웃 등)에 의해 주로 수행되었으나, 현대에는 정부, 사회복지기관, 종교단체 등의 역할이 강조되고 있다.

⑤ 사회참여(social participation): 구성원이 지역사회의 다양한 집단과 활동에 참여하는 것이다. 구성원에게 사회적 상호작용 기회를 제공하고, 이를 통해 공동체를 형성·유지하는데 필요한 결속력을 제공한다. 주로, 종교·문화 제도와 관련이 있다.

⑥ 방어(defense): 안전하지 못한 상황 또는 위기로부터 구성원을 보호하고 돌보는 기능이다.

⑦ 의사소통(communication): 구성원 간 의사소통의 장으로 결속력을 강화하는 기능이다.

(3) 바람직한 또는 좋은 지역사회

지역사회복지의 궁극적 목적은 바람직한 또는 이상적인 지역사회를 형성하는 것이다. 워런(Warren, 2001)은 좋은 지역사회의 특성을 아래와 같이 제시하고 있다. 아래의 특성은 지역사회복지의 과정이자 목표가 된다.

① 지역사회 구성원 간 인격적 관계를 형성한다. 사람은 비인간적 기초가 아닌 인간적 기초위에서 서로를 존중한다.
② 지역사회 내에서 권력이 광범위하게 분산·배분된다.
③ 지역사회의 다양한 소득·인종·종교·이익집단을 포용한다.
④ 지역사회 내 높은 수준의 통제가 이루어진다.
⑤ 지역사회의 의사결정 과정에서 갈등은 최소화하고 협력은 최대화한다.

한편, 좋은 지역사회는 전문가(사회복지사)가 평가하는 객관적 특성 뿐만 아니라, 지역주민(구성원)의 주관적 인식으로 확인할 수 있다. 일반적으로 지역주민은 좋은 지역사회를 살기 좋은 곳, 일하기 좋은 곳, 자녀를 교육하기 좋은 곳, 은퇴 후 지내기 좋은 곳 등 다소 주관적인 관점에서 정의한다. 반면, 전문가는 문제해결 역량을 가지고 있는 지역사회를 바람직한 또는 좋은 공동체로 평가하고 있다. 즉, 전문가는 지역사회의 목표 수립과 달성이라는 객관적 관점에서 좋은 지역사회를 평가한다. 따라서 지역사회복지는 지역사회(공동체) 역량 강화에 일차적 관심을 둔다(오정수·류진석, 2019).

2) 지역사회복지의 개요

(1) 지역사회복지와 지역사회복지실천

지역사회복지(community welfare)는 전문 또는 비전문 인력이 지역사회 수준에서 개입하여 지역사회 내 존재하는 각종 제도에 영향을 주고, 지역사회의 문제를 해결하고자 하는 일련의 사회적 노력이다. 지역사회복지는 다음과 같은 속성을 포함한다(오정수·류진석, 2019).

① 지역성과 기능성을 포함하고, 일정한 지역사회 내에서 수행된다.
② 목표는 지역주민 삶의 질 향상이다.
③ 지역사회 문제를 해결하고 주민의 복지 욕구를 충족하는 기능을 가진다.
④ 정부와 민간기관이 공동 주체가 되어, 공공과 민간 협력이 강화되는 방향으로 발전하고 있다.
⑤ 조직적 활동을 강조하는 전문적 서비스와 방법(실천 기술)을 활용한다.

일반적으로 사회복지실천(social work practice)은 개인, 가족, 지역사회를 대상으로 통합적 접근과 개입을 한다. 한편, 지역사회복지실천(community practice)은 지역사회(공동체)와 구성원을 대상으로 하는 사회복지실천의 방법 중 하나이다. 따라서 지역사회복지실천은 지역사회 수준에서 집단, 조직, 제도, 지역주민(공동체) 간 관계와 상호작용의 행동 양식을 긍정적 방향으로 변화시키기 위해 실천 기술을 적용·활용한다.

(2) 지역사회복지 관련 개념

지역사회복지와 유사한 또는 다소 상반된 의미가 있는 다양한 개념이 있다. 아래의 용어는 사회복지실천 현장의 상황 또는 맥락에 따라, 지역사회복지와 유사 또는 다소 반대되는 개념으로 이해된다(표 12-1 참조).

표 12-1 지역사회복지 관련 개념

개념	내용
지역사회조직 (community organizing)	• 구성원(개인, 집단, 이웃, 주민 등)이 복지 향상을 위해 지역사회 수준에서 전개하는 일련의 활동
지역사회 만들기 (community building)	• 공동체 의식을 형성하는 활동 • 지역사회문제를 해결할 수 있는 공동체 구축
지역사회개발 (community development)	• 구성원 참여를 통한 지역주민 삶의 질을 향상하는 공동의 노력 • 지역사회 만들기와 유사
지역사회교육 (community education)	• 구성원에게 공동체 일원으로 필요한 다양한 교육 제공
지역사회행동 (community action)	• 사회적 약자 집단이 스스로 권익을 보호하고 역량을 형성하여 자신의 권익을 찾도록 하는 것
지역사회계획 (community planning)	• 지역사회문제 해결을 위한 체계적 계획
지역사회보호 (community care)	• 요보호 대상자에게 가정 또는 그와 유사한 지역사회 내 환경에서 서비스 제공
재가보호 · 복지 (domiciliary care)	• 요보호 대상자를 자신의 가정에서 보호
시설보호 (institutional care)	• 요보호 대상자가 일정한 시설에서 의식주와 보호 서비스를 제공받으며, 장 · 단기적으로 거주하는 사회적 보호
주거보호 (residential care)	• 시설보호 중 하나로, 주거보호를 강조
시설의 사회화 (socialization of institution)	• 시설과 지역사회의 상호작용 • 시설의 여러 자원을 지역사회에 제공하고, 사회복지에 관한 지역주민의 교육과 체험을 지원하는 제반 활동

출처: 오정수 · 류진석(2019); 최선희(2020)의 내용을 요약 · 정리함

2 지역사회복지실천의 개요

1) 원칙과 가치

(1) 원칙

지역사회복지실천의 원칙은 사회복지실천의 그것과 유사하다. 즉,
개인·가족을 주요 대상으로 하는 사회복지실천의 원칙[1]은 지역사회복
지실천에도 적용된다. 예를 들면, 지역사회복지실천에서 지역사회(공동
체)의 고유한 특성과 필요성(욕구)을 고려하는 것은 사회복지실천의 개
별화 원칙과 유사하다. 이러한 맥락에서, 맥닐(McNeil, 1954)은 지역사회
복지실천의 일곱 가지 주요한 원칙을 아래와 같이 제시하였다.

① 구성원과 그들의 욕구에 주목해야 한다. 실천의 목적은 사회복지
욕구와 자원의 조정·창조·유지하여 인간의 생활을 풍요롭게 하는
것이다.

② 사회복지를 위한 지역사회복지 활동의 일차적 대상(이용자)은 지
역사회이다.

③ 지역사회는 있는 그대로 이해되고 수용되어야 한다.

④ 지역사회 내 각 집단의 이익을 대표하는 사람의 적극적 참여를 목
표로 하고, 이를 실천하기 위해 노력해야 한다.

⑤ 욕구의 가변성에 따라 사업 과정의 변화에 대해 이해해야 한다.
즉, 인간의 욕구가 변화하듯이, 인간 간 그리고 집단 간 관계도 변
화한다.

....

1   비에스텍(Biestek, 1961)의 사회복지실천을 위한 관계의 7대 원칙: ① 개별화(individualisation),
② 자기 결정(self-determination), ③ 의도적 감정표현(purposeful expression of feelings),
④ 통제된 정서적 개입(controlled emotional involvement), ⑤ 수용(acceptance), ⑥ 비밀보장
(confidentially), ⑦ 비비판적 태도(non-judgemental attitude).

⑥ 관련 기관이 서로 협력하고 기능을 분담한다. 사회복지기관·단체·
조직은 상호의존성에 기반하여 협력적 기능을 수행해야 한다.

⑦ 과정으로서의 지역사회복지 활동이 사회복지실천의 한 분야임을
인식한다.

(2) 가치

하디나(Hardina, 2002)는 미국사회복지사협회(National Association
of Social Workers: NASW)의 윤리강령(code of ethics)을 바탕으로, 지역
사회복지실천의 다섯 가지 가치를 제시하였다.

① 다양성과 문화적 이해(diversity and cultural understanding): 인
간의 다양성과 다양한 문화에 대한 이해는 인간 행동과 사회의 기
능을 이해하는 데 필요하다.

② 자기 결정과 임파워먼트(self-determination and empowerment):
개인은 지역사회 체계에 자발적으로 참여하여 지역사회 자원을 활
용하고, 이러한 과정을 통해 개인의 역량이 강화된다.

③ 비판적 의식 개발(development of a critical consciousness): 지
역사회를 억압하는 사회적 기제(mechanism)를 관찰·인식하고,
더 나아가 억압적 상황을 구성원과 공유하면서 비판적 의식을 제
고한다.

④ 상호학습(mutual learning): 지역사회 조직화 과정에서 대상 집단
의 문화적 배경을 학습한다. 실천가(사회복지사)와 지역주민(구성
원)의 관계는 위계적이지 않고, 상호학습을 위해 동등하다.

⑤ 사회정의와 공정한 자원 분배에 대한 헌신(commitment to social
justice and the equal distribution of resources): 지역사회 환
경을 둘러싼 억압적이거나 정의롭지 못한 현상을 변화시키기 위해
지속적인 노력이 필요하다.

2) 실천 모델과 기술

지역사회복지실천은 각 사회의 정치·사회·경제·문화 등 다양한 배경과 맥락에 따라 여러 형태로 수행 되어왔다. 다양한 형태의 지역사회복지 활동을 하나의 모델로 일반화하는데 한계가 있다. 하지만, 지역사회복지 분야의 대표적 학자인 잭 로스먼(Jack Rothman)이 제시한 지역사회복지실천 모델과 이에 따른 실천 기술을 개괄적으로 소개하고자 한다.

(1) 로스먼 모델

미국의 로스먼(Rothman)은 1960년대 말부터 1990년대 중반까지 다양한 지역사회복지 활동을 관찰·분석하였다. 이를 바탕으로, 지역사회복지실천의 세 가지 유형인 ① 지역사회개발(community development), ② 사회계획 및 정책(social planning and policy), ③ 사회행동(social action) 모델을 아래와 같이 제시하였다(Weil, 1996).

① 지역사회개발(community development) 모델: 주요 목표는 공동체의 역량 강화와 통합, 자조(self-help)로, 과정(process)에 중점을 두고 있다. 실천의 주요 전략은 지역사회 문제해결을 위해 광범위한 지역주민(구성원)이 참여토록 한다. 따라서 실천 기술은 구성원 간 합의, 의사소통, 집단 토의 등을 주로 활용한다. 이를 통해, 지역사회의 협력적 의사결정 역량을 증진하는 것이다. 이 모델에서 실천가(사회복지사)는 조력자-촉매자(enabler-catalyst), 조정자(coordinator), 교육자(teacher)의 역할을 주로 수행하게 된다.

② 사회계획 및 정책(social planning and policy) 모델: 주요 목표는 합리성에 기반하여 지역사회의 주요 문제(정신 및 신체 건강, 주택, 여가 등)를 해결하는 것으로, 과업(task)에 중점을 두고 있다. 주요 전략은 해당 문제에 대한 자료수집과 논리적 과정에 기반한 의

사결정이다. 상황에 따라, 구성원 간 합의 또는 갈등을 조정하는 것이 주요 실천 기술이다. 이를 통해, 지역주민(구성원)의 서비스 욕구를 파악하고 서비스 선택에 관한 정보를 제공한다. 실천가(사회복지사)는 자료수집 및 분석가(fact gatherer and analyst), 실행가(implementer), 관리자(expediter) 등의 역할을 주로 수행한다.

③ 사회행동(social action) 모델: 주요 문제와 대상은 고통받는 집단, 사회 부정의(social injustice), 박탈, 불평등 등이다. 주요 목표는 권력관계와 자원의 이동 또는 제도의 근본적 변화로, 과정(process) 또는 과업(task)에 중점을 두고 있다. 주요 전략은 이슈(문제)를 결집하고 관련 구성원을 동원해서 표적집단에 대항하는 행동을 전개하는 것이다. 따라서, 주요 실천 기술은 갈등, 대면, 직접 행동, 협상 등이다. 이 모델에서 실천가(사회복지사)는 활동가(activist), 대변자(advocate), 선동가(agitator), 중재자(broker), 협상가(negotiator), 저항자(partisan) 등으로 다른 모델보다 행동적 역할이 필요하다.

사회복지사(실천가)는 지역주민(구성원)의 특성, 지역사회의 문제, 상황, 맥락 등에 따라 위의 세 가지 모델을 적절하게 선택하여 실천 현장에 적용·활용한다. 위의 세 가지 모델은 구분되어 있지만, 실천 현장에서 혼용하거나 순차적으로 연결하여 활용되기도 한다. 한편, 시대적·사회적 변화에 따라 지역사회복지실천 모델은 세분화·구체화되고 있으며, 지역사회복지 활동의 다양화로 인해 새로운 모델이 미래에 제시될 것으로 기대된다.

(2) 기타 관련 모델

로스먼의 지역사회복지실천 모델은 다른 학자에 의해 추가, 세분화되었다. 대표적으로, 테일러와 로버츠(Taylor & Roberts)는 로스먼 모델에 두 가지 유형을 추가하였다. 웨일과 갬블(Weil & Gamble)은 로스먼 모델을 세분화하고 테일러와 로버츠(Taylor & Roberts) 모델을 수용하

표 12-2 지역사회복지실천 모델

학자	로스먼 (Rothman)	테일러와 로버츠 (Taylor & Roberts)	웨일과 갬블 (Weil & Gamble)
A	지역사회개발 (community development)	지역사회개발 (community development)	근린지역사회조직 (neighborhood and community organizing) 기능적 지역사회조직 (functional community organizing) 지역사회·경제개발 (community social and economic development)
B	사회계획 및 정책 (social planning and policy)	계획 (planning)	사회계획 (social planning)
C	사회행동 (social action)	정치적 역량강화 (political empowerment)	정치·사회적 행동 (political and social action) 연합(coalitions) 사회운동 (social movement)
기타		프로그램 개발과 조정 (program development and coordination) 지역사회연계 (community liaison)	프로그램 개발과 지역사회 연계 (program development and community liaison)

출처: Weil(1996)의 내용을 일부 정리

여, 여덟 가지의 모델을 제안하였다(표 12-2 참조).

(3) 실천 기술

지역사회복지실천의 목표와 전략을 달성하기 위해, 사회복지사(실천가)가 활용하는 실천 기술은 다양하다. 로스먼의 지역사회복지실천 모델에 근거하여, 주로 활용되는 실천 기술은 아래의 다섯 가지로 정리

표 12-3 지역사회복지실천 모델과 기술

구분	로스먼 모델	관련 주요 기술	공통 기술
A	지역사회개발 (community development)	• 조직화(organizing) • 임파워먼트 (empowerment)	• 자원 동원(resource mobilization) • 연계(network linkage)
B	사회계획 및 정책 (social planning and policy)	• 계획과 프로그램 (planning and program)	
C	사회행동 (social action)	• 옹호(advocacy)	

출처: 오정수·류진석(2019)의 내용을 일부 정리

할 수 있다(오정수·류진석, 2019). 다만, 지역사회 여건, 상황, 문제 등에 따라 실천 기술은 각 모델의 경계를 넘어 활용될 수 있다(표 12-3 참조).

① 조직화(organizing): 가장 기초적인 기술로, 지역사회 전체 또는 하위 집단을 하나의 공동체로 형성(조직)하는데 활용된다.

② 임파워먼트(empowerment): 개인의 개별적 능력 또는 지역사회 (공동체)의 집합적 능력을 향상하는 것이다.

③ 계획과 프로그램(planning and program): 지역사회의 공통된 욕구와 문제를 파악하여, 관련 서비스를 개발·평가하는 기술이다.

④ 옹호(advocacy): 지역사회 구성원이 부당한 상황에 있을 때, 표적집단, 제도, 권력 등에 대항 또는 영향력을 행사하기 위한 기술이다.

⑤ 자원 동원(resource mobilization): 지역사회 문제해결을 위해 지역사회 내·외부에 존재하는 자원을 파악·발굴하는 것이다.

⑥ 연계(network linkage): 지역사회 구성원과 자원의 관계를 파악·연결하여 관계망을 형성하는 것이다.

3) 실천 과정

일반적으로 지역사회복지실천은 문제 확인, 지역사회 사정, 계획 및 실행, 평가의 순서로 진행된다(Hardcastle et al., 2011). 하지만, 지역주민(구성원)의 특성, 지역사회의 여건, 상황, 환경, 주요 문제 등에 따라 순서가 바뀌거나 동시에 진행될 수 있다.

(1) 문제 확인

문제 확인은 지역사회에 잠재되어 있거나 표출된 문제를 규명하기 위한 초기 과정이다. 이 단계에서의 주요 활동은 지역사회 진단, 표적집단 확인, 우선순위 선정 등이다. 첫째, 지역사회 진단은 문제를 둘러싼 지역사회의 고유한 상황과 맥락을 파악하는 것이다. 둘째, 지역사회 문제해결을 위한 구체적인 대상자(표적집단)를 확인하고 이해하는 활동이 동반된다. 끝으로, 지역사회의 여러 문제 중 우선으로 개입·활동이 필요한 사항을 판단한다.

(2) 지역사회 사정

지역사회 사정(community assessment)은 현재 상황을 진단하기 위한 체계적 과정이며, 지역사회의 제반 요소를 확인하는 구체적인 과정이다. 즉, 지역사회의 욕구와 자원을 체계적·과학적으로 파악하는 과정이다. 한편, 지역사회 사정의 목적은 문제나 욕구를 단순히 확인하는 것을 넘어, 지역사회의 다양한 이슈와 문제를 포괄해야 한다.

지역사회 사정의 방법은 목적, 영역, 초점에 따라 다양하며, 여러 유형이 동시에 활용될 수 있다. 대표적인 지역사회 사정으로 포괄적 사정, 문제 중심 사정, 하위체계 사정, 자원 사정, 협력 사정 등이 있다(Hard-castle et al., 2011). 첫째, 포괄적 사정은 지역사회의 특정 문제 또는 집단보다 지역사회 전반을 대상으로 한다. 둘째, 문제 중심 사정은 지역사회에서 우선으로 해결이 필요한 영역이나 이슈에 초점을 둔다. 셋째, 하위

체계 사정은 지역사회의 특정 하위체계(학교, 기관, 시설, 조직 등)에 대한 파악이다. 넷째, 자원 사정은 지역사회에서 활용할 수 있는 자원(권력, 전문 기술, 재정, 서비스 등)을 검토하는 것이다. 다섯째, 협력 사정은 지역 주민(구성원)이 조사 계획, 참여 관찰, 분석 실행 등 다양한 과정에 관여 (참여·협력)하여 수행된다.

(3) 계획 및 실행

계획 단계는 목표를 설정하고, 지역주민(이용자 또는 구성원)에게 제 공될 서비스(프로그램, 활동)의 수준, 기간, 방법 등을 구체화한다. 이 단 계에서 설정된 목표는 이후 평가를 위한 주요 기준이 된다. 또한, 실행 에 필요한 예산과 인력을 확보하고, 지역사회 내·외 다양한 이해관계자 를 대상으로 홍보 활동을 진행한다.

실행 단계는 문제해결을 위해 계획한 다양한 서비스(프로그램, 활동) 를 실제로 수행하는 과정이다. 이 과정에서는 지역사회의 문제해결, 참 여에 기반한 지역주민(구성원)의 집합적(공동의) 문제해결 역량 향상, 지 역사회 연계나 협력 강화 등에 초점을 둔다. 또한, 계획이 원활하게 이 행될 수 있도록 지역주민(구성원) 참여와 인력 및 재원을 확보하고, 지역 사회의 자원 동원과 조직화, 홍보활동 등도 수행한다.

(4) 평가

지역사회복지실천 과정 중 가장 마지막에 수행되는 단계이다. 지역 사회의 변화를 위해 활용된 개입과 활동의 과정과 결과를 평가한다. 일 반적으로 계획 단계에서 설정된 목표의 달성 수준을 파악하는 분석적 과정이다. 더 나가, 해당 실천에 대한 가치와 의의를 판단하는 사회적 과정이기도 하다. 평가 방법은 양적·질적, 형성·총괄, 과정·결과 평가 등이 있다.

3 지역사회복지의 추진체계

지역사회 내 다양한 공공 및 민간기관이 지역사회복지를 추진하고 있다. 주요 특성에 따라 네트워크, 자원, 서비스 중심 추진체계로 분류하여, 지역사회복지실천을 수행하는 조직과 기관을 살펴보았다(박태영·채현탁, 2020). 사회복지사는 이러한 지역사회복지기관에서 업무를 실제로 담당하거나 지역사회 내 유관 조직·단체에 참여하여, 실천가(사회복지사)의 역할을 발휘한다.

1) 네트워크 중심의 추진체계

(1) 지역사회보장협의체

지역사회보장협의체는 지역사회의 사회보장사업에 관한 주요 사항과 지역사회보장계획²을 심의·의결·평가하고, 복지, 보건, 고용, 주거, 교육, 문화, 환경 등 지역 내 다양한 사회보장 서비스의 연계·협력을 강화하기 위해 구성되었다(보건복지부, 2023). 2001년 시범사업 후, 2005년 지역사회복지협의체가 전국 시·군·구에 설치되었다. 2015년 「사회보장급여의 이용·제공 및 수급권자 발굴에 관한 법률」(이하 「사회보장급여법」)에 따라, 지역사회보장협의체로 명칭이 변경되었다(보건복지부, 2023).

지역사회복지의 중요성이 증가함에 따라서, 지역사회보장협의체의 기능과 역할은 지속적으로 확대·강화되어 왔다(표 12-4 참조). 지역사회보장협의체의 구성·운영의 목적은 ① 민관협력의 구심점으로 지역사회

------

2 2003년 「사회복지사업법」 개정으로 2005년부터 시·도 및 시·군·구 단위에서 지역사회복지계획(4년 주기 및 연차별) 수립이 의무화되었다. 2015년 「사회보장급여법」에 따라 지역사회복지계획에서 지역사회보장계획으로 명칭이 변경되었다. 시·군·구 지역사회보장계획은 해당 시·군·구 지역사회보장협의체의 심의와 시·군·구의회의 보고를 거쳐, 해당 시·도지사에게 제출한다. 한편, 시·도 지역사회보장계획은 해당 시·도 사회보장위원회의 심의와 시·도 의회의 보고를 거쳐 보건복지부장관에게 제출된다.

표 12-4 지역사회보장협의체의 성격 및 기능변화 추이

구분	2005년 이전	2005년~2015년	2015년 이후
명칭	사회복지위원회	지역사회복지협의체	지역사회보장협의체
법적 근거	사회복지사업법 제7조	사회복지사업법 제7조의 2	사회보장급여법 제41조
목적	• 사회복지사업에 관한 주요 사항 심의 또는 건의	• 지역의 사회복지사업에 관한 중요 사항과 지역사회복지계획 심의·건의 • 사회복지서비스 및 보건의료 서비스 연계·협력 강화	• 지역사회보장계획, 지역사회보장조사 및 지표, 사회보장급여, 사회보장 추진 사항 등 심의·자문 • 지역의 사회보장 증진 • 사회보장 관련 기관 등과 연계·협력 강화
기타	• 시·도 및 시·군·구 설치·운영	• 공공과 민간의 네트워크 강화를 통한 지역복지 거버넌스 구조와 기능 확대	• 사회복지에서 사회보장으로 범주 확대

출처: 보건복지부(2023)

보호체계 구축·운영, ② 수요자 중심의 통합적 사회보장급여 제공 기반 마련, ③ 지역사회 내 사회보장급여 제공기관·법인·단체·시설 간 연계·협력으로 지역 복지 자원의 효율적 활용 체계 조성, ④ 민관협력을 통한 사각지대 발굴 및 지원 강화를 위한 읍·면·동 단위의 주민 네트워크 조직이다(보건복지부, 2023).

사회보장급여법에 따라 지역사회보장협의체는 시·군·구 및 읍·면·동[3]에 의무적으로 설치·운영되고 있다(표 12-5 참조). 시·군·구 지역사회보장협의체는 주로 지역의 전문가가 참여하고 있으며, 지역의 사회보장 관련 중요 사항을 심의·자문하는 대표협의체, 업무의 효율적 수행을 위해 구성된 실무협의체, 지역의 사회보장 관련 조직 간 연계·협력을 강화하기 위해 실무분과를 구성·운영할 수 있다(보건복지부, 2023). 한편, 읍·면·동 지역사회보장협의체는 지역의 전문가뿐만 아니라, 지역주민이 참여하고 있으며, 지역의 상황과 현안에 따라 소단위 분과를

----

3   시·도(광역) 단위에는 사회보장위원회가 운영되고 있다.

표 12-5 지역사회보장협의체의 구성과 운영

구분	시 · 군 · 구 지역사회보장협의체	읍 · 면 · 동 지역사회보장협의체
위원 자격 요건	• 시장·군수·구청장이 임명 또는 위촉 　– 사회보장분야 전문가 　– 지역의 사회보장활동을 　　수행하거나 서비스 제공 　　기관·법인·단체·시설 대표자 　– 비영리민간단체의 추천자 　– 읍·면·동지역사회보장협의체 　　위원장 　– 사회보장에 관한 업무를 담당하는 　　공무원	• 시장·군수·구청장이 위촉 　– 사회보장 제공 기관·법인·단체· 　　시설 또는 공익단체 실무자 　– 사회보장 관련 업무 담당 공무원 　– 비영리민간단체의 추천자 　– 이장 및 통장 　– 주민자치위원, 자원봉사단체 　　구성원 　– 지역의 사회보장 증진에 열의가 　　있는 사람
위원회 구성· 운영	• 10명 이상 40명 이하(위원장 포함) • 대표협의체, 실무협의체, 실무분과로 　구성	• 10명 이상(위원장 포함) • 복지사각지대 발굴 • 자원 연계가 이루어질 수 있도록 소단 　위 분과 구성·운영 가능

출처: 보건복지부(2023)의 내용 일부를 요약

구성·운영할 수 있다(보건복지부, 2023). 지역사회보장협의체는 여섯 가지 원칙(① 지역성, ② 참여성, ③ 협력성, ④ 통합성, ⑤ 연대성, ⑥ 예방성)에 따라 운영되고 있다(보건복지부, 2023).

(2) 사회복지협의회

사회복지협의회는 1800년대 말 서구(영국과 미국)에서 설립된 자선조직협회(Charity Organization Society: COS)로부터 그 기원을 찾을 수 있다. 국내는 1952년 민간 사회복지기관이 모여서 한국사회사업연합회를 창립하고, 1970년 사회복지법인 한국(중앙)사회복지협의회로 조직되었다. 1998년 사회복지사업법 개정을 통해, 시·도협의회가 독립법인으로 설립되었다. 한편, 1995년 강원도 원주시를 시작으로 지역(시·군·구) 단위에서 협의회가 설립되기 시작하여, 2024년 「사회복지사업법」 개정으로 시·군·구협의회가 의무적으로 설치되었다.

사회복지협의회는 지역사회복지를 추진하고 있는 민간단체 및 개인의 연합으로, 지역사회의 복지 욕구에 효과적으로 대응하기 위해 상호협력 및 조정하는 조직이다. 한국사회복지협의회(중앙협의회), 시·도 사회복지협의회, 시·군·구사회복지협의회로 구성되며, 사회복지법인 으로 운영되고 있다. 사회복지협의회는 「사회복지사업법」에 근거한 법 정단체이지만, 국가기관이 아니라 민간기관(사회복지법인)이다. 한국사 회복지협의회는 2009년부터 '기타 공공기관'으로 지정되었다.

「사회복지사업법」 제33조에 따르면, 사회복지협의회의 주요 업무 는 사회복지에 관한 조사·연구 및 정책 건의, 사회복지 관련 기관·단 체 간의 연계·협력, 사회복지 소외계층 발굴 및 민간 사회복지 자원과 의 연계·협력, 대통령령으로 정하는 사회복지사업의 조성 등이다. 특 히, 지역(시·군·구)사회복지협의회는 주민 조직화와 지역사회복지의 활 성화를 위해 지역 내 사회복지기관과 상호 연락 및 조정, 협의의 기능을 수행하고 있다(박태영·채현탁, 2020). 지역사회복지협의회의 주요 원칙 은 ① 주민 욕구 중심, ② 주민 참여, ③ 전문성, ④ 민간비영리성, ⑤ 민 관협력, ⑥ 지역 특성 존중이다(박태영·채현탁, 2020).

2) 자원 중심의 추진체계

(1) 사회복지공동모금회

공동모금은 복지사업이나 활동에 필요한 재원을 조성하기 위해 기 부금품을 모집하는 것이다. 그 목적은 국민의 자발적인 성금을 통한 민 간 영역의 사회복지 재원 조성, 사회복지 서비스 및 프로그램 전문화 및 질적 수준 제고, 지역주민의 사회복지 활동 참여 기회 제공이다. 궁극적 으로 공동모금은 자발적 기부문화 확산과 정착을 통한 지역주민 삶의 질 향상과 지역사회의 변화를 추구한다(박태영·채현탁, 2020).

사회복지공동모금회('사랑의 열매')는 공동모금제도를 통해 다양한 이해관계자가 협력하여 사회 변화를 추구하는 기관이다. 구체적으로, 사회복지공동모금회는 「사회복지공동모금회법」에 의거하여 사회복지 사업 및 기타 사회복지활동 지원에 필요한 재원 조성과 기부금품 모집을 목적으로 설립되었다. 1997년 「사회복지공동모금법」 제정(1998년 시행, 1999년 「사회복지공동모금회법」으로 개정)으로, 1998년 전국 및 시·도 사회복지공동모금회(중앙공동모금회와 16개 시·도지회로 구성)가 설립되었다.

사회복지공동모금회의 주요 기능은 모금과 배분이다. 주요 모금 방법은 개인모금(아너 소사이어티, 착한가게, 직장인 나눔캠페인, 온라인 기부), 기업모금(맞춤형 기업사회공헌, 공익연계마케팅, 연말 집중 모금 캠페인, 물품 기부), 방송모금, 지정기부(기부자의 의도를 반영하여 특정 대상 및 분야에 지원)가 있다.

주요 배분사업은 신청사업, 기획사업, 긴급지원사업, 지정기탁사업이 있다. 신청사업은 사회복지 증진을 위해 자유 주제 공모 형태로 복지사업(계획)을 신청받아 배분하는 사업이다. 기획사업은 모금회가 주제를 선정하여 배분하거나, 배분 대상자의 제안 내용 중에서 일부를 선정하여 지원하는 시범적·전문적 사업이다. 긴급지원사업은 재난구호 및 긴급구호, 저소득층 응급지원 등 긴급히 지원할 필요가 있는 경우 배분하는 사업이다. 끝으로, 지정기탁사업은 기부자가 기부금품의 배분 지역·대상자 또는 사용 용도를 지정한 경우, 그 취지에 따라 배분한다.

배분 대상은 사회복지사업 또는 기타 사회복지활동을 수행하는 비영리 법인·기관·단체 및 시설(개인신고시설 포함)과 사회복지서비스를 필요로 하는 개인이다. 배분 제외 대상은 동일 사업으로 타 기관(국가·지방자치단체 포함)의 지원을 받거나, 법령상 금지된 행위에 사용하는 비용, 정치·종교적 목적에 이용, 수익이 주된 목적, 「공직선거법」 위반, 모금회 제재 조치 대상, 또는 모금회의 심의 결과 배분 대상 제외 필요성이 인정되는 사업 또는 비용이다.

(2) 자원봉사센터

자원봉사란 개인, 집단, 지역사회에서 발생하는 문제를 예방, 통제, 개선하기 위한 각종 활동에 개인 또는 조직(단체)이 무보수로 자발적으로 참여하는 것이다(박태영 외, 2015). 1980년대 이후, 자원봉사에 관한 관심과 참여가 급증함에 따라 체계적 지원과 자원봉사자 보호를 위한 법적 근거 마련을 위해, 2006년 「자원봉사활동 기본법」(2005년 제정)이 시행되었다.

자원봉사센터란 자원봉사활동의 개발·장려·연계·협력 등의 사업을 수행하기 위하여 법령과 조례 등에 따라 설치된 기관·법인·단체 등을 말한다(「자원봉사활동 기본법」 제3조). 자원봉사센터 운영의 주요 원칙은 ① 민간 주도성·주민 주도성, ② 전문성·책임성·투명성 ③ 중립성이다. 이러한 원칙에 근거하여, 자원봉사센터는 일곱 가지 기능(수급·조정, 기록·등록, 자원봉사활동 지원, 양성·연수, 홍보·계발, 네트워크화, 조사·연구)을 주로 수행하고 있다(박태영 외, 2015).

자원봉사센터는 「자원봉사활동 기본법」에 따라 행정안전부가 설치·운영하고 있으며, 중앙자원봉사센터, 시·도 자원봉사센터, 시·군·구 자원봉사센터로 구성된다. 자원봉사센터는 사단법인이나 재단법인 등 법령에 근거한 독립적인 법인을 설립하여 운영, 비영리법인 또는 공익법인에 위탁하여 운영, 국가기관 및 지방자치단체에서 직접 운영하는 세 가지 운영형태가 있다. 자원봉사센터와 자원봉사단체 간 중복으로 인한 혼선을 방지하고, 자원봉사 활성화를 체계적으로 추진하기 위해 센터별 역할을 규정하였다(행정안전부, 2023). 다음은 자원봉사센터별 주요 역할을 간략히 소개하고 있다(표 12-6 참조).

행정안전부가 설치·운영하는 자원봉사센터 외에도 다양한 유형의 자원봉사기관이 지역사회복지 현장에서 설치·운영되고 있다. 보건복지부가 설치·운영 중인 한국사회복지협의회 부설 사회복지자원봉사 인증관리시스템(Volunteer Management System: VMS)이 대표적이다. 또한 여성가족부가 설치·운영 중인 한국(중앙)청소년활동진흥원과 시·도 청소년활동진흥센터는 청소년활동·복지·보호에 관한 종합적 안내와 서비스를 제공하고 있다. 청소년활동진흥센터는 청소년 자원봉사활동뿐만 아니라 다양한 청소년 활동에 대한 사업을 추진하고 있다.

표 12-6 자원봉사센터별 역할

중앙자원봉사센터	시 · 도 자원봉사센터	시 · 군 · 구 자원봉사센터
• 자원봉사 정책개발 및 연구 • 중앙 단위 자원봉사기관·단체, 기업과 협력체계 구축 • 지역자원봉사센터 지원 및 협력 • 자원봉사 아카이브 운영 • 자원봉사 국제교류 및 협력 • 1365자원봉사포털 위탁 운영 • 자원봉사센터 행정업무 정보화 지원 • 재난 대응 및 지원체계 구축(현장자원봉사센터 설치 및 운영지원 등) • 자원봉사 확산을 위한 홍보 및 문화 행사 • 그 밖에 자원봉사 진흥에 기여할 수 있는 사업	• 중앙센터 및 시·군·구 센터와 협력체계 구축 • 광역 단위 기관·단체, 기업과 협력 • 시·군·구 자원봉사 관리자 및 지도자 대상 교육 • 자원봉사 아카이브 운영 • 자원봉사 프로그램 개발·보급 • 지역 자원봉사 활성화를 위한 조사·연구 • 시·군·구 센터 간 정보 교류 및 사업 조정·지원 • 1365자원봉사포털 서비스 이용 및 회원정보 관리·운영 • 재난 대응 및 지원체계 구축(시·군·구 현장자원봉사센터 설치 및 운영지원 등) • 그 밖에 시·도 지역의 자원봉사 진흥에 기여할 수 있는 사업	• 기초단위 기관·단체들과 협력체계 구축 • 읍·면·동 자원봉사자 모집 및 교육·홍보 • 자원봉사활동 수요처에 자원봉사자 배치 • 자원봉사 프로그램 운영 • 지역 자원봉사 및 공동체 활성화의 거점 역할 수행 • 자원봉사 관련 정보의 수집 및 제공 • 1365자원봉사포털 서비스 이용 및 회원 정보 관리·운영 • 현장자원봉사센터 설치 및 운영 • 그 밖에 시·군·구 지역의 자원봉사 진흥에 기여할 수 있는 사업

자료: 행정안전부(2023)

3) 서비스 중심의 추진체계

(1) 사회복지공무원

1987년 저소득 취약계층에게 전문적인 복지서비스를 제공하기 위해 별정직 사회복지전문요원으로 처음 배치되었다. 1992년 사회복지사업법 개정을 통해 사회복지전담공무원에 대한 법적 근거가 마련되었다. 2000년부터 별정직(사회복지전문요원)에서 일반직(사회복지전담공무원)으로 전환되었다.

사회복지담당공무원은 지방자치단체에서 사회복지 업무를 수행하는 인력이다. 따라서 사회복지담당공무원은 시·도청, 시·군·구청, 읍·

면·동 행정복지센터, 사회보장 전담 기구에서 주로 근무한다. 하지만 모든 사회복지담당공무원이 사회복지전담공무원은 아니다. 사회복지 담당공무원은 채용방식에 따라 일반행정직과 사회복지직(사회복지전담 공무원)으로 구분된다. 사회복지직 공무원은 사회복지사 자격증 2급 이 상 소지자만 응시 가능하다.

사회복지담당공무원은 사회복지가 필요한 지역주민에 대한 상담, 실태조사 및 가정환경을 파악하는 업무를 수행한다. 저소득층 복지지원 관리, 자활지원 관리, 국민기초생활보장 수급 관리, 의료급여 관리, 사회 복지시설 관리, 노인복지, 아동복지, 장애인복지, 긴급복지지원 등 공공 부조 및 사회서비스 관련 업무를 수행한다.

(2) 사회복지관

사회복지관은 1800년대 말 서구의 인보관 운동(settlement move-ment)에 그 뿌리를 두고 있다. 국내는 1906년 원산 인보관 운동에서 사회복지관 사업이 태동하였으며, 1921년 서울 종로에 최초로 태화여자 관이 설립되었다. 1980년대 들어, 사회복지관에 대한 정부 차원의 지원 이 확대되기 시작하였다. 1983년 「사회복지사업법」 개정으로 사회복지 관 운영의 국고 보조가 시작되었으며, 1989년 「주택건설촉진법」에 의해 저소득층 영구임대아파트 건립 시 일정 규모의 사회복지관 설립이 의무 화되었다. 2012년 「사회복지사업법」 개정으로 5대 사업(① 가족복지, ② 지역사회보호, ③ 지역사회조직, ④ 교육·문화, ⑤ 자활)에서 현재의 3대 기 능(① 사례관리, ② 서비스 제공, ③ 지역조직화)으로 변화하였다.

사회복지관은 "지역사회를 기반으로 일정한 시설과 전문 인력을 갖추고 지역주민의 참여와 협력을 통하여 지역사회복지문제를 예방하고 해결하기 위하여 종합적인 복지서비스를 제공하는 시설"이다(보건복지 부, 2024a). 사회복지관은 사회복지서비스 욕구가 있는 모든 지역사회 주민을 대상으로 보호서비스, 재가복지서비스, 자립 능력 배양을 위한 교육훈련 등 그들이 필요로 하는 복지서비스를 제공하고, 가족기능 강화 및 주민 상호 간 연대감 조성을 통한 각종 지역사회 문제를 예방·치료하는 종합적인 복지서비스 전달 기구로서 지역사회 주민의 복지증진을 위한 중심적 역할을 수행하고 있다(보건복지부, 2024a).

원칙적으로 사회복지관의 사업 대상은 사회복지서비스 욕구가 있는 모든 지역주민이다. 다만, 다음의 주민을 우선한다. 구체적으로 ① 「국민기초생활 보장법」에 따른 수급자 및 차상위계층, ② 장애인, 노인, 한부모가족 및 다문화가족, ③ 직업 및 취업 알선이 필요한 사람, ④ 보호와 교육이 필요한 유아·아동 및 청소년, ⑤ 사회복지관의 사회복지서비스를 우선 제공할 필요가 있다고 인정되는 사람이다(보건복지부, 2024a).

사회복지관 운영의 기본 원칙은 지역사회복지실천의 원칙과도 일맥상통한다. 사회복지관은 여덟 가지 기본 원칙(지역성, 전문성, 책임성, 자율성, 통합성, 자원 활용, 중립성, 투명성)에 기반하여 운영되고 있다(보건복지부, 2024a). 사회복지관의 사업은 지역사회의 특성과 지역주민의 복지 욕구에 대한 조사 결과를 바탕으로 적합한 사업 내용을 자율적으로 정하여 수행한다. 「사회복지사업법 시행규칙」에 따라, 3대 기능(① 사례관리, ② 서비스 제공, ③ 지역조직화)을 균형 있게 수행해야 한다. 사회복지관의 관할 시장·군수·구청장이 지역적 특성을 감안하여 필요하다고 인정할 경우, 예외 사항을 두거나 별도의 사업을 개발·추진할 수 있다. 아래는 사회복지관의 3대 기능과 사업 분야이다(보건복지부, 2024a).

① 사례관리: 사례발굴, 사례개입, 서비스 연계에 관한 사업 분야
② 서비스 제공: 가족기능강화, 지역사회보호, 교육문화, 자활지원 등 기타 사업 분야
③ 지역조직화: 복지네트워크 구축, 주민조직화, 자원개발 및 관리에 관한 사업 분야

지역사회에는 여러 유형의 복지관이 설치·운영되고 있다. 복지관의 주요 이용자에 따라서 크게 종합사회복지관과 단종복지관으로 구분된

다. '종합'과 '단종'은 공식 용어가 아니라, 지역사회복지 현장에서 통용되는 단어이다. 종합사회복지관은 이용 대상자를 제한하지 않는다. 즉 영·유아, 아동, 청소년, 청년, 노인, 장애인, 가족 등 모든 대상이 이용할 수 있다. 상대적으로 규모가 작은 복지관은 '종합'이라는 용어 대신, '사회복지관'이란 명칭을 사용한다.

단종복지관은 특정 대상자 또는 집단을 이용자로 제한하고 있다. 여기서 '단종'이라는 말은 하나의 종류를 의미하며, 대표적으로 노인복지관과 장애인복지관이 있다. 종합사회복지관은 사회복지사업법에 근거하고 있으나, 단종복지관은 특정 대상자와 관련된 법에 근거하고 있다.

예를 들면, 노인복지관은 「노인복지법」(1981년 제정)에 근거하여 설치되었다. 노인복지관이란 노인의 교양, 취미생활 및 사회참여 활동 등에 대한 각종 정보와 서비스를 제공하고, 건강증진 및 질병 예방과 소득보장, 재가복지 그 밖에 노인의 복지증진에 필요한 종합적인 노인복지서비스를 제공하는 시설이다(「노인복지법」 제36조).

한편, 장애인복지관은 「장애인복지법 시행규칙」 제41조에 의거한 지역사회재활시설 중 하나로, 장애인에 대한 각종 상담 및 사회심리·교육·직업·의료재활 등 장애인의 지역사회재활에 필요한 종합적인 재활서비스를 제공하고 장애에 대한 사회적 인식개선 사업을 수행하는 시설이다. 노인복지관 또는 장애인복지관 이외에도 다양한 유형의 단종복지관(예: 시각장애인복지관, 청각장애인복지관 등)이 설치·운영되고 있다.

(3) 자활센터

자활의 사전적 의미는 '자기 스스로의 힘으로 살아감'을 뜻한다. 자활사업은 근로능력이 있는 저소득층이 스스로 생활할 수 있도록 능력(자활 능력)을 배양, 기능습득 지원 및 근로 기회를 제공하는 것을 목적으로 한다(보건복지부, 2023b). 「국민기초생활 보장법」 제1조와 제15조에 근거하고 있는 자활사업은 근로능력이 있는 저소득층에게 자활할 수 있도록 일자리를 제공하고 자활 능력을 배양하고자 2000년 1월부터 시행하고 있는 보건복지부 주관 사업이다.

자활사업은 절대빈곤층의 기초생활을 보장하되, 종합적 자립자활 서비스 제공을 통해 생산적 복지를 구현한다. 즉, 조건부 생계급여제도는 자활사업에 참여하는 조건으로 생계비를 받을 수 있다. 자활사업 대상자는 ① 조건부수급자, ② 자활급여특례자, ③ 일반수급자, ④ 특례수급가구의 가구원, ⑤ 차상위자, ⑥ 근로능력이 있는 시설수급자이다.

지역사회복지 관점에서 자활사업은 다음의 성격을 가진다(오정수·류진석, 2019). 첫째, 지역사회 중심의 수요 밀착형 사업이다. 둘째, 자활사업은 민간이 주도하는 참여형 사업이다. 공공조직의 비효율성을 제고하여, 수요자(대상자)의 다양한 욕구 충족을 위해 개별화되고 창의적인 민간 부분의 참여가 필수이다. 셋째, 자활사업은 포괄적·종합적 사업이다. 기초생활을 보장하는 동시에 상담, 교육, 취업 알선, 창업지원, 기술지원 등 다양한 지원 서비스가 포괄적·종합적으로 제공되어야 한다.

자활사업은 다양한 주체가 협력하여 지역사회에서 추진되고 있다(보건복지부, 2024b; 표 12-7 참조). 첫째, 보건복지부(자활정책·사업 총괄관리)-시·도(광역 자활사업 총괄시행)-시·군·구(자활사업 총괄시행)-읍·면·동(조건부수급자 확인·조사)으로 이어지는 복지 관련 주체가 있다. 둘째, 고용노동부(취업지원 관리)-고용센터(취업지원 시행)로 이어지는 고용 관련 주체가 있다. 셋째, 실제로 자활사업을 수행하는 자활인프라로 한국자활복지개발원, 광역(시·도)자활센터, 지역(시·군·구)자활센터가 있다. 그 외 한국자활연수원과 자활 관련 공공·민간 기관으로 구성된 자활기관협의체가 있다.

자활사업의 핵심 주체로 시·군·구에 설치된 지역자활센터에서는 자활 의욕 고취를 위한 교육, 자활을 위한 정보제공 상담, 직업교육 및 취업알선, 자영창업 지원 및 기술 경영지도, 자활기업의 설립 운영지원, 사회서비스지원 사업, 자활사업 참여 혹은 취업·창업에 필요한 지원을 위한 서비스 연계, 사례관리 및 자립 역량교육 지원, 기타 자활을 위한 각종 사업 등의 주요 업무를 수행하고 있다(보건복지부, 2024b).

표 12-7 자활사업의 추진 주체별 역할

추진 주체	주요 역할	내용
보건 복지부	자활정책· 사업 총괄 관리	• 국민기초생활보장제도 총괄 • 종합자활지원계획 수립(매년 12월) • 자활프로그램 개발·추진 • 지역자활센터 지정·관리
시·도 시·군·구	자활사업 총괄시행	• 지역자활지원계획 수립(매년 1, 2월) • 자활기금의 설치·운영 • 급여 실시여부 및 내용결정, 지급 • 자활기관협의체 운영 • 조건부수급자 책정 및 생계급여중지여부 결정 • 참여자 자활지원계획 수립·관리
읍·면·동	조건부수급자 관리	• 조건부수급자 확인조사(자산조사 제외)

자활
인프라
	자활사업
	수행
		• 한국자활복지개발원
		  – 자활지원을 위한 조사·연구·교육 및 홍보사업
		  – 자활지원을 위한 사업의 개발 및 평가 등
		• 광역자활센터
		  – 광역 단위의 저소득층에 대한 취·창업지원
		  – 지역특화형 자활프로그램 개발·보급 등
		• 지역자활센터
		  – 자활의욕 고취를 위한 교육, 참여자 사례관리
		  – 자활을 위한 정보제공·상담·직업교육 및 취업알선
		  – 기타 자활을 위한 각종 사업 등

고용 노동부	취업지원 관리	• 종합취업지원계획 수립(매년 12월) • 취업지원프로그램 개발·추진
고용센터	취업지원 시행	• 개인별 취업지원계획 수립·관리 • 취업알선 등 취업프로그램 시행 • 취업대상자의 조건이행 여부 확인

출처: 보건복지부(2024b)

(4) 지역아동센터

지역아동센터는 방과후 돌봄이 필요한 지역사회 아동의 건전 육성을 위하여 보호·교육, 건전한 놀이와 오락의 제공, 보호자와 지역사회의 연계 등 복지서비스 제공을 목적으로 한다(보건복지부, 2024c). 2004년 「아동복지법」 개정을 통해, 과거 지역에서 운영되던 '공부방'을 아동복지시설 중 하나로 법제화 하였다. 그 이후 관련 법·시행령·시행규칙이 개정되고 유관 기관의 지원이 확대되었다. 다양한 추진체계(보건복지부, 아동권리보장원, 시·도청, 지역아동센터 시·도지원단, 시·군·구청) 간 협업에 기반하여 지역아동센터가 운영되고 사업을 수행하고 있다(보건복지부, 2024c). 지역아동센터는 지역사회 아동을 위한 5대 영역의 사업을 수행하고 있다(보건복지부, 2024c).

① 보호: 생활(일상생활관리, 위생건강관리, 급식지도), 안전(생활안전지도, 안전귀가지도, 5대 안전의무교육)

② 교육: 학습(숙제지도, 교과학습지도), 특기적성(예체능활동, 적성교육), 성장과 권리(인성·사회성 교육, 자치회의 및 동아리 활동)

③ 문화: 체험활동(관람·견학, 캠프·여행), 참여활동[공연, 행사(문화·체육 등)]

④ 정서지원: 상담(연고자 상담, 아동 상담, 정서지원 프로그램), 가족지원(보호자 교육, 행사·모임)

⑤ 지역사회연계: 홍보(기관 홍보), 연계(인적연계, 기관연계)

토론주제

1　자신이 경험한 지역사회(공동체) 활동을 지역사회의 개념과 기능에 적용해 보시오.

2　사회복지실천에서 사회복지사의 개입은 직접 개입과 간접 개입으로 구분된다. 지역사회복지 실천가(사회복지사)에게는 두 가지 개입 중 무엇이 더 중요한지 토론해 보시오.

3　지역사회복지실천에서 지역주민(공동체 구성원) 참여는 중요하다. 지역주민 참여를 촉진하는 방안에 대해 토론해 보시오.

제13장

사회복지의 쟁점과 과제

현재 사회복지에서의 쟁점은 무엇일까?

사회복지 전반이든, 사회복지 내 어느 한 분야이든, 그동안 몇 가지 쟁점이 되는 사안이 제기되어 왔다.

먼저, 우리는 일반적으로 개인 변화와 사회 변화를 대립적으로 생각하는 경향이 있다. 그렇다면 사회복지는 개인 변화와 사회 변화 모두를 어떻게 고려할 수 있으며, 이 둘은 어떻게 연관되어 있는가?

장애인복지 분야에서는 20여 년 전부터 당사자주의가 회자되고 있고, 장애인단체 주최 포럼이나 학회 학술대회에서도 당사자주의에 관한 토론이 벌어지기도 하였다. 그러나 그럼에도 불구하고 그에 대한 정확한 정의와 심층적인 성찰은 부족한 것 같다.

한편, 2021년 8월 2일 국무총리 주재로 정부서울청사에서 개최된 제23차 장애인정책조정위원회에서 '탈시설 장애인 지역사회 자립지원 로드맵'(보건복지부, 2021)이 심의·확정되었다. 그러나 장애인 탈시설을 추진해 온 전국장애인차별철폐연대(2021: 3)는 "정부는 2041년경에는 60% 상당의 장애인이 공동형주거지원으로 옮겨갈 것이라 발표하였다. 정부의 탈시설 정책 주요 추진 방안은 사실상 '시설소규모화'이다."라며 로드맵이 시설소규모화와 시설 서비스 재편에 관한 것이라는 부정적 평가를 하였다. 또한 한국정신장애인연합회 등도 로드맵에 정신장애인이 배제되어 있다며 전면 수정을 촉구하였다.

반면, 한국천주교주교회의 사회복지위원회(2021)는 적합한 생활 형태를 선택할 권리는 "중증 발달장애인 가운데 도전적 행동 정도가 심하여 부모가 통제할 수 없거나 부모의 건강 악화, 사망 등으로 장애인 자녀를 돌볼 수 없는 경우 등 장애인 거주 시설을 이용할 수밖에 없는 절박한 상황에 놓인 장애인 가족들에게는 결코 포기할 수 없는 권리"라고 하면서, 로드맵에 반대한다는 입장을 내놓았다. 또한 장애인거주시설이용자부모회도 지역사회 인프라가 전혀 준비되지 않은 상태에서의 탈시설 계획은 부모의 부담만을 가중하는 것이라면서 재논의를 촉구하였다. 결국 누구도 만족하지 못하는 로드맵이 되어 버린 셈이다.

이에 본 장에서는 사회복지에서 쟁점이 되어 왔던 것 중 위에서 소개한, 개인 변화와 사회 변화, 당사자주의, 시설보호와 탈시설화 등의 이슈에 대해 다룬 후, 이어 이 세 가지 이슈에 따른 과제를 논의해 보고자 한다. 다만, 이들 중 최근 가장 논쟁이 심각한 현안으로 다뤄지고 있는 탈시설화 이슈에 대하여 좀 더 많은 지면을 할애할 것이다.

1 개인 변화와 사회 변화

개인 변화는 전 생애에 걸친 개인의 도덕적·인지적 변화와 주로 관련이 있다. 이에 반해, 사회 변화는 역사적 시간 속에서 경제, 교육, 보건, 기술, 가치, 사회관계와 젠더 관계, 권력 분배 등의 영역에서 자원과 사회제도의 다양한 변화를 포함한다. 그런데 개인 변화와 사회 변화 사이의 방향성 문제는 사회과학에서 가장 논란이 많고 오랫동안 지속되어 온 흥미로운 문제 중 하나이다(Psaltis et al., 2015).

이에 본 절에서는 먼저 개인 변화에서 사회 변화로의 방향성을 살펴보고 이어 반대로 사회 변화에서 개인 변화로의 방향성을 살펴본 후, 이 두 방향성 간의 대립을 넘어설 수 있는 방안을 제시해 보고자 한다.

1) 개인 변화에서 사회 변화로

개인 변화와 사회 변화 사이의 방향성 문제에 대해 보다 심리학적인 접근 방식은 개인에서 사회로 이동하는 것이다. 그래서 개인 가치의 변화는 타인에 대한 지향의 변화를 통해 정치적·구조적 변화로 이어진다고 주장되어 왔다(Welzel et al., 2003).

이러한 접근 방식은 전통적으로 신학이 취해 온 입장으로, 사회의 개조를 먼저 그리스도인 자신이 변화된 다음에 세상을 바로 섬기는 곳에서 이루어지는 것으로 본다(김의환, 1975). 사회복지 분야 중에서 교정복지도 범죄인의 재활을 통한 사회 보호를 궁극적 목표로 하고 있다.

장애 관련 이론 중에서도 의료적 모델은 장애를 개인적 비극의 산물 또는 '건강 이상(health condition)'에서 직접적으로 초래된 생물학적 결정론의 산물로 보며, 장애는 전문가에 의한 개인적 치료의 형태로 제공되는 의료적 보호가 필요하다고 본다(Reindal, 2000; World Health Organization, 2001). 물론 의료적 모델은 장애인이 살고 있는 사회적 환경을 인정하지 않으므로, 개인적 치료를 통한 사회 변화를 목표로 한다고 보기는 어렵다.

2) 사회 변화에서 개인 변화로

개인 변화와 사회 변화 사이의 방향성 문제에 대한 지배적인 사회학적 접근 방식은 사회적인 것에서 개인적인 것으로 이동하는 것이다. 거시적 수준의 광범위한 사회적 변화는 사회 내 개인·집단 간 사회적 관계의 질에 영향을 미쳐 개인에게 큰 변화를 불러올 수 있다. 심리학의 사회문화적 전통으로부터의 다수의 연구자도 사회인구통계와 사회경제적 구조의 변화가 사회의 문화적 가치에 영향을 미치고 이것은 곧 사회적 관계의 형태를 변화시켜서 결국 개인 수준에서 인간의 변화에 영향을 미친다고 주장하면서 비슷한 입장을 취한다(Psaltis et al., 2015).

이러한 접근 방식의 예를 들자면, 사회적 모델에서는 장애인이 직면하는 문제의 원인은 개인적 제한·한계가 아니라, 적절한 서비스를 제공하지 못하고 장애인의 욕구가 사회조직 안에서 충분히 고려되도록 보장하지 못하는, 사회의 실패이다(Oliver, 1996). 장애인들은 커다란 소수집단을 형성하고 있으며, 신체적 제한만큼이나, 오히려 그 제한보다도 더욱, 사회에서의 차별과 억압에 의해 불리한 처지에 있다고 장애 권리 운동은 주장하고 있는 것이다(Asch and Mudrick, 1995; Moxley, 1992). 그러므로 장애와 관련하여 사회적 모델은 더 이상 질병이나 손상을 가진 개인을 문제의 대상으로 보지 않으며, 나아가서 환경에 대한 부적응을 문제 삼아 이를 교정하려 시도하지도 않는다. 혹 장애인의 어려움을 인정한다고 하더라도 차별이 존재하는 사회 내에서 그 개인의 독특한 경험에 주목하는 것이지, 그 사람의 손상에 초점을 두는 것은 아니다. 이에 사회적 모델의 이론가들은 장애인의 변화를 검토하는 대신에 사회적 장벽을 제거하고 실패를 해결하기 위한 정책과 제도를 통해 사회 변화를 이끌어내는 것에 초점을 두는 경향이 있어 왔다.

3) 개인 변화와 사회 변화 간의 대립을 넘어서

요즈음 사회복지는 개인 변화에서 사회 변화를 강조하는 쪽으로 변화하는 과정을 거치고 있는 것 같다. 대표적으로 우리나라 장애계도 장애를 설명하는 패러다임에 있어서 의료적 모델에서 사회적 모델로의 커다란 변화를 경험하고 있다. 이러한 패러다임에서의 변화는 장애를 둘러싼 문제의 소재와 그 해결책에서의 커다란 이동을 의미한다.

그러나 개인 변화와 사회 변화 사이의 방향성 논의에서의 또 다른 접근 방식은 개인 변화와 사회 변화의 과정에서 상호작용의 역할을 살펴봄으로써 개인과 사회 간의 대립을 초월하는 것이다. 개인 변화의 경로·속도·범위·가변성·원천과 관련하여 제기된 질문들은 사회 변화의 중요한 문제이기도 하다(Psaltis et al., 2015).

사실, 개인 변화는 사회 변화로 인해 변화될 수 있는 다양한 맥락에서 발생하는 지속적인 활동 과정이기 때문에, 개인 변화와 사회 변화는 서로 얽혀 있다. 그래서 사회복지는 오래전부터 '환경 속의 인간(person in environment)'이라는 관점하에 인간과 환경 간의 상호작용과 부조화에 주목해 왔다. 그러므로 개인 변화와 사회 변화 간에 대립하는 이때, 인간과 환경, 그리고 그들 간의 상호작용에 주목함으로써 개인 변화와 사회 변화 모두를 도모하는 사회복지의 노력은 여전히 중요하며 앞으로도 계속되어야 한다.

2 당사자주의

우리나라 장애계에서 장애를 설명하는 패러다임의 전환과 함께 또 하나 주목할 것은 사회적 장애를 해결하기 위한 과정에서 소위 전문가들의 개입을 배제하려는 움직임이다. 다시 말해, 장애와 관련된 문제에 있어서 전문가는 의사도 사회복지사도 특수교사도 재활 전문가도 아닌 장애인 당사자라는 것이다. 이러한 입장에서 장애인의 지역사회에서의 자립을 강조하는 것이 바로 자립생활 모델이다. 이에 장애인은 '당사자주의'를 주장하고 있으며, 서비스의 전달 기관으로도 기존의 장애인복지관이 아닌 자립생활센터를 설립해 나가고 있다.

원래, 당사자주의는 영어권에서는 'adversary system'이라고 표기되는 법률 용어로서, 소송의 주도권을 법원이 갖는 직권주의와 달리 소송의 주도권을 당사자가 갖고 원고와 피고가 서로 대립하여 공격과 방어를 하는 소송 형식을 일컫는 말이다. 그러나 현재 인권 운동, 특히 장애인 운동에서 활발하게 사용되는 개념으로서의 당사자주의는 문제의 당사자가 의사결정의 주체가 되어야 한다는 개념이다(국가인권위원회, 2020).

장애인 당사자주의가 한국에서 자생적으로 발생한 개념으로는 보이지 않으나, 당사자주의와 관련하여 일어난 일들을 보면 당사자주의라는 개념이 확대 재생산되고 있다는 느낌이 든다. 그러나 당사자주의는 수단적 개념이며, '주의'라기보다는 오히려 '원칙'에 가깝고 '주의'가 되기 위해서는 한참 더 성숙해야 한다. 그런 의미에서 '당사자주의'보다는 '당사자 원칙'이라는 말이 더 적절한 것 같기는 하다.

이에 본 절에서는 장애인 당사자주의가 등장한 배경은 어떠한지, 또 누가 진정한 당사자인지를 살펴보고, 이어 당사자주의에 따른 우리나라 사회복지의 과제는 무엇인지를 논의하고자 한다.

1) 장애인 당사자주의의 배경 및 당사자의 개념

당사자주의와 관련해서는 왜 그 원칙이 대두되었는가를 다시 한번 상기해 볼 필요가 있다. 그동안 인류의 역사 이래, 정도 차이는 있겠지만, 장애인은 거의 항상, 자신의 문제임에도 불구하고, 자기결정권을 행사하지 못하고 일방적으로 도움을 받는 위치로 격하되어 왔다. 그렇지만 아무리 장애인의 권리를 옹호하는 자리라 하더라도, 비장애인 활동가나 장애인 부모만 있고 실제 장애인이 그 자리에 없다면 이 역시 크나큰 문제이다. 이에 당사자주의는 '우리를 빼놓고는 우리에 대해서 논하지 말라(Nothing about us without us)'(Charlton, 2000)고 요구한다.

장애인 인권운동의 철학과 역사를 상징하는 '우리를 빼놓고는 우리에 대해서 논하지 말라'는 주제는 장애인 당사자주의 측면에서 다음 몇 가지의 중요한 함의를 지닌다(김병하, 2005).

첫째, 장애인이나 장애인 인권운동을 제대로 이해하기 위해서 우리는 당사자 개인과 집단의 주장을 함께 인식해야 한다.

둘째, 장애인의 수적 증가는 장애에 대한 입장과 개념을 의료적 조건에서 정치적·사회적 조건으로 전환해야 한다는 하나의 의식을 자극하였다.

셋째, 이런 인식론적 깨우침에 영향을 받은 장애인의 수가 지금은 상대적으로 적을지 몰라도 이제 하나의 새로운 운동이 분명히 꿈틀거리기 시작하고 있다.

넷째, 국제 장애인 인권운동의 철학과 조직은 자립과 통합, 권력화와 인권, 자조와 자기결정권을 포함한다.

다섯째, 장애인 인권운동은 새로운 태도와 세계관을 창출하는데 연관된, 떠오르는 여러 운동 가운데 하나이며, 이런 투쟁을 통해 우선권과 자원을 재편하는 하나의 비전을 제시할 수 있다.

그러나 모든 장애인 당사자가 주인의식을 가지고 있는 것은 아니다. 그렇다면 당사자주의를 둘러싼 쟁점의 핵심은 누가 진정한 장애인 당사자인가 하는 것이다. 우선 당사자라는 것은 상대적인 개념이어서, 비장애인 활동가나 장애인의 부모와 장애인 중 누가 '더' 당사자이냐 할 때는 당연히 장애인이 더 당사자이다. 이러한 우선순위는 지적장애인의 경우에도 예외가 되어서는 안 된다. 그러나 장애인의 권리를 위해 비장애 주류 사회와 투쟁하는 경우에는, 비장애인 활동가도 장애인의 부모도 당사자이다. 이런 의미에서 진정한 장애인 당사자는 '장애인으로서의 자존감과 억압의 경험을 공유하고 있는 사람'이라고 정의하는 바이며, 이러한 사람들이 장애와 관련된 문제에 있어서 주체적으로 결정권을 행사하려는 것이 진정한 '당사자주의'라 본다.

2) 당사자주의에 따른 사회복지의 과제

당사자주의를 강조하는 추세는 점점 더 세계적인 흐름이 되어 가고 있으며, 앞에서 언급하였듯이, 최근 20여 년 동안 우리나라 장애계에서도 이러한 변화가 급격히 일어나고 있다. 그렇다면 우리나라의 장애인

복지, 나아가서 사회복지는 이러한 격변에 대하여 적절히 반응해 가고 있는가?

사회복지에서 전문성이라면 흔히 전문적인 교육과 훈련에 기초한, 다른 직역과 구별되는 독특한 영역을 연상한다. 그런 맥락에서 「사회복지사업법」에서도 2018년부터 '전문사회복지사' 제도를 도입하는 내용을 포함하였다. 물론 이러한 변화는 매우 긍정적이고 고무적이다. 그러나 이러한 전문성이 장애인, 나아가서 우리의 서비스 이용자와의 높이와 거리를 멀게 하는 것으로 작용해서는 안 된다. 실제로 장애인들이 전문가를 배제하려는 것은 전문가들이 전문성이 부족해서가 아니라 그 전문성을 이유로 장애인들의 자기결정권과 통제권, 심지어는 인권을 침해하는 일까지 있었기 때문이다.

그나마 다행스러운 것은 2004년의 한 조사 결과에 의하면 자립생활센터에 관계되거나 그 센터를 이용했던 사람은 그래도 필요한 전문가로 사회복지사를 꼽고 있다는 것이다. 그러나 우리나라 사회복지가 이러한 좋은 이미지에 더 이상 안주해서는 안 되는 이유는 여전히 존재한다.

장애를 둘러싼 변화는 매우 혁명적이다. 장애 운동을 바라볼 때 장애계가 다른 영역보다 가장 앞서 나가고 있다고 생각되며, 또 그것이 사실이라면 이러한 변화는 머지않아 다른 사회복지 분야에도 파급될 것이다. 그렇다면 사회복지가 이러한 변화에 단지 적응만 해야 하는가, 아니면 오히려 이용자의 역량을 강화하여 사회의 변화를 주도해 나가야 하는가? 미국의 사회복지사들은 매우 진보적이다. 반면 우리나라의 사회복지사 중에 천사와 같은 사람은 많아도 사회 변화를 역동적으로 이끌고 가려는 사람은 그리 많지 않은 것 같은 느낌이다. 그러나 그저 변화에 적응해 나가려고만 하면 오히려 도태되게 되며, 나아가서 배제되어야 할 전문가 부류로 분류될지도 모른다.

우리나라 사회복지 수준은 아직도 열악하며 사회복지사의 근무 환경 역시 개선이 시급하다. 그러나 사회복지사만큼 소외된 사람들 편에 설 수 있는 직업 역시 많지 않다. 그러므로 앞으로도 기득권자의 편이 아닌, 이용자의 자율성과 인권에 민감하게 반응하여 어떻게든 이를 강화시키려 하는 사회복지, 나아가 늘 시민의 편에 서서 그들과 함께하는 사회복지가 되어야 할 것이다.

3 시설보호와 탈시설화

사회복지 생활시설은 기초생계를 보장하고 종합 서비스를 제공하면서 가족부양 부담을 경감하였다는 긍정적 의의가 있다. 그럼에도 불구하고, 사회복지 생활시설들이 대규모화되고 지역사회로부터 격리되면서 개인의 개별적 욕구에 부응하기보다는 획일화된 서비스를 제공하게 되고 적절한 서비스에 대한 지원이 이루어지지 않는 등의 문제점이 존재하고 있다.

그러다 보니 예를 들어, 중증장애인 거주시설 거주인 설문조사 결과(조한진 외, 2017)에 의하면, 거주인의 42.6%가 시설에서 나가서 살고 싶다고 응답하였으며, 그것도 즉시 나가서 살고 싶다고 응답한 비율이 54.8%에 달하였다. 또한 정신요양시설 거주인 설문조사 결과(조한진 외, 2017)에서도 정신요양시설 거주인 중 59.7%가 퇴소 의사를 갖고 있었으며, 생계비, 거주 장소, 일자리 등만 마련된다면 시설에서 나갈 수 있다고 인식하고 있었다. 특히, 퇴소한다면 즉시 퇴소하고 싶다고 응답한 비율이 전체 퇴소 의사 거주인의 53.8%에 달했다. 이들 결과는 시설 거주 장애인들에 대한 보다 적극적인 전환 지원체계가 수립될 필요가 있고 거주인에 대한 탈시설 정책이 시급히 요구되고 있음을 시사한다.

이처럼 장애인복지 분야에서 탈시설이 중요한 이슈로 다루어져 왔으나, 2022년 7월에 정부가 발표한 국정과제에 '보호 대상 아동 탈시설 로드맵' 마련이 포함되면서 보호 대상 아동의 탈시설 정책이 구체화 단계로 들어섰고(김희진, 2024), 대표적인 주거 취약계층인 노숙인의 탈시설과 지역사회 정착을 위해 지원주택제도인 공공임대주택 입주도 지원되고 있다(황미경 외, 2020). 특히 지역사회 통합돌봄의 구도에서 노인, 장애인, 노숙인 시설 생활인의 탈시설화 추진과 지역사회 복귀에 따라 이들에 대한 주거지원 서비스와 지역사회에서 자립적으로 살아갈 수 있는 생활과 자립 지원의 시스템화가 구상되고 있다(황미경 외, 2020).

이에 본 절에서는 먼저 사회복지 생활시설의 현황에 관하여 기술하고, 이어 사회복지 생활시설 개혁의 지도 이념에 따른 시설의 변화, 나아가 탈시설화를 넘어선 변화의 방향을 제시하고자 한다.

1) 사회복지 생활시설의 현황

보건복지부 자료에 의하면 2021년 기준으로 1,554개 장애인복지 관련 생활시설에 28,612명이 입소해 있고, 379개 아동복지 관련 생활시설에 11,196명, 6,178개 노인복지 관련 생활시설에 194,321명이 살고 있다(표 13-1 참조). 또한 106개 노숙인 관련 생활시설에 6,655명, 288개 정신요양시설 등에 10,390명, 6개 결핵·한센 시설에 255명이 살고 있다. 2012년의 총 시설 수 6,563개, 총 생활 인원 191,503명과 비교할 때, 2021년에 총 시설 수는 1,948개, 총 생활 인원은 59,926명 증가하였다(보건복지부, 2022).

그런데 전형적인 사회복지 생활시설들은 그 시설을 정의하는 몇 가지 특성을 가지고 있다(Mansell and Beadle-Brown, 2010).

첫째, 시설들은 수십, 수백, 또는 심지어 수천 명의 사람들에게 서비스를 제공하는 대형 기관이다.

둘째, 시설들은 더 넓은 사회로부터 물리적·사회적으로 격리되어 있다.

셋째, 정책에 의해서든 또는 지원의 대체 공급원이 부족해서든, 거주인들은 다른 곳에서 살기 위하여 시설을 떠나는 것이 쉽지 않다.

넷째, 더 넓은 사회에서 생활하는 대부분의 사람들과 비교했을 때,

표 13-1 사회복지 생활시설 수, 생활 인원과 종사자 수―시설 종류별: 2021　　　　단위: 개소, 명

시설 종류	시설 수	생활 인원			종사자
		계	남	여	
장애인복지	1,554	28,612	17,446	11,166	20,151
아동복지	379	11,196	6,216	4,980	7,919
노인복지	6,178	194,321	46,862	147,459	125,834
노숙인	106	6,655	4,753	1,902	1,601
정신요양*	288	10,390	5,730	4,660	2,916
결핵·한센	6	255	108	147	103
계	8,511	251,429	81,115	170,314	158,524

* 정신요양시설 및 정신재활시설 중 입소시설을 포함한 수임
출처: 보건복지부(2022)를 재구성함

물질적 생활상태가 더 열악하다.

　　이러한 시설들에서 제공되는 돌봄은 전형적으로 몰개인화(개성과 인간성을 보여 주는 개인 소지품, 표지, 상징의 제거), 일상의 경직성(개인적 선호나 필요와 관계없이 걷기, 식사하기, 활동 등으로 정해진 시간표), 블록화된 대우(사생활이나 개성을 생각하지 않고 집단으로 사람들을 처리함), 사회적 거리(직원과 거주인 간의 상이한 지위를 상징함)로 특징지어진다 (Mansell and Beadle-Brown, 2010). 무엇보다 사회복지 생활시설의 가장 중대한 문제점은 생활인의 인권이 경시되기 쉽다는 것이다. 바로 여기에 탈시설화와 '지역사회 보호(community care)'의 필요성이 있다.

　　한편, 2000년대에 들어서 지역복지 시대의 도래는 사회복지실천 영역에서 시설보호 및 재가보호에서 지역사회 중심의 실천으로 크게 방향이 바뀌어야 함을 요구하고 있고, 따라서 이와 함께 사회복지 생활시설의 변화도 필요하게 되었다. 그렇다면 우리나라에서 사회복지 생활시설의 변화 방향은 어떠해야 하는가?

2) 사회복지 생활시설 개혁의 지도 이념에 따른 시설의 변화 방향

(1) 서비스 이용자의 권리 옹호

인권은 현대의 정치적·사회적 담론 중에서 가장 영향력 있는 개념들 가운데 하나로 다양한 문화나 이데올로기적 배경을 가진 사람들도 지지하는 보편적 개념이다(국가인권위원회, 2005). 인권의 토대를 이루는 가치는 개개인의 무한한 존엄성, 각자가 자신에게 영향을 미치는 결정의 중심에 있도록 요구하는 자율과 자기결정의 개념, 차이와 상관없이 모든 사람에게 존재하는 고유한 평등권, 그리고 적절한 사회적 지지를 통해 사회가 개인의 자유를 유지하도록 요구하는 연대의 윤리 등이다(유엔인권고등판무관실, 2002). 서구에서는 시설보호 대상자에 대하여도 서비스 이용자의 권리를 옹호하기 위한 노력이 상당히 활발하게 이루어지고 있다(정미원, 2004).

권리 옹호는 사회복지 이용자의 권리 주장을 지원·대변·변호하는 활동이라 할 수 있는데, 여기에는 다음과 같은 다양한 형태가 있다. 즉, 권리 옹호 시스템은 첫째, 서비스 대상자 보호 시스템으로서 평가·정보제공·행정감사제도 등을 필요로 한다. 둘째, 예방적 권리 옹호 시스템으로서 서비스 이용지원제도 등을 필요로 한다. 셋째, 사후 처리형 권리 옹호 시스템으로서 고충 해결 제도가 필요하다(정미원, 2004).

미국에서는 많은 시설 환경에서 직원과 생활인 간 힘의 불균형이 생활인을 냉대할 가능성을 야기한다고 개혁가들이 인식하여 1987년 「총괄예산조정법(Omnibus Budget Reconciliation Act)」의 일부로서 「요양원개혁법(Nursing Home Reform Act)」이 제정되었다. 이 법은 요양원 생활인의 기본적 인권에 관한 선언을 포함하며(Greenwald, 1997), 요양원 생활인을 위하여 자유로운 선택, 속박으로부터의 자유, 사생활, 비밀보장, 필요한 편의의 도모, 불평 호소, 생활인·가족 모임 참여, 기타 활동 참여, 조사 결과 검토, 어떤 이전(移轉)에 대한 거부 등의 권리를 확립하였다(Federal Nursing Home Reform Act of 1987). 이 법에 비추어 볼 때, 생활인의 권리는 무엇보다도 시설에 들어가는 각 사람이 (생활인이든, 가족이든, 직원이든, 아니면 다른 손님이든) 존중과 존엄으로 대접받을 가치를 보장함을 강조할 필요가 있다. 물론 몇몇 생활인과 가족은 조종(manipulation)의 한 방법으로 '권리'를 이용할 수도 있고 따라서 권리가 무한한 것은 아니지만, 권리에 대한 제한은 한 개인이 다수의 적법한 이익을 침해하는 것으로 여겨지는 요구를 할 때에만 가해져야 한다(Greenwald, 1997).

시설 생활인의 삶의 진정한 질적 향상은 운영자와 직원이 생활인의 권리문제를 충분히 이해하기 위해 협력할 때만 시작될 수 있다(Greenwald, 1997). 사회복지의 권리성이나 인권 의식이 발달하지 못한 우리나라로서는 시설 생활인을 위한 권리 옹호 시스템을 강화해야 할 것이다.

(2) 시설의 개방화 · 사회화

사회복지 생활시설의 개방화는 시설의 사회화의 기초 개념으로서, 사회복지 생활시설이 지역사회 내에서 원활하고 효과적인 기능을 수행하려면 시설의 내적 단위 체계들, 상위체계인 지역사회, 그리고 각각의 체계 부분들끼리 상호작용 관계가 항상 형성 · 유지되어야 하는데, 이를 위하여 사회복지 생활시설이 지역사회에 개방되어야 함을 의미한다. 또한 사회복지 생활시설이 개방화된다는 것은 시설이 설립자 개인의 것이 아니라 그 지역사회가 공유하는 시설이 되는 것을 의미한다(곽병은, 2004).

시설의 개방화는 시설이 지역사회에 개방되어 상호 교류한다는 의미가 있는 데 반해(곽병은, 2004), 시설의 사회화는 시설보호가 불가피한 사람을 시설에서 보호하되 최대한 지역사회와의 관계의 폭을 넓히려는 시도로서(감정기 · 조추용, 1999), 지역 개방의 측면만이 아니라 이 부분을 포괄한 시설의 근본적인 개혁의 실천 논리로서 제시되고 있다(이병록, 2004). 시설의 사회화를 구체적으로 요약하면, 서비스의 사회화, 운영의 사회화, 문제의 사회화, 요(要) 양호성의 사회화, 양호 처우의 사회화라

할 수 있는데(伊部英男·石井哲夫, 1987), 현대 산업구조의 변화와 그 과정에서 필연적으로 발생하는 생활상의 제 곤란의 증가, 그리고 권리로서의 사회보장에 대한 국민 복지 의식의 향상이 복지시설의 사회화를 요구하게 된 원인이 되었음은 물론이다(一番ヶ瀬康子, 1979).

최영욱(1996)은 시설의 사회화는 지역 개방으로 한정되어서는 안 되며, 첫째, 지역주민 생활의 사회화에 대한 현실적 요청에 대응해서 지역복지 정책과의 유기적인 관련 하에 사회복지 생활시설이 체계적으로 정비 또는 배치되고 있는가, 둘째, 그 내용이 사회적 공동서비스로서 과연 높은 수준에 도달하고 있는가, 셋째, 사회문제의 대책으로서 공적 책임의 원칙을 일관하고 있는가, 넷째, 주민 주체·참가의 원칙에 따라 시설 정비와 운영을 민주적으로 추진하고 있는가 등을 총체적으로 검토할 필요가 있다고 하였다. 그러나 이 중 사회복지 생활시설의 체계적 정비·배치의 과제가 신중하게 검토된 후에 시설의 지역 개방과 나아가 사회화를 추진하여야 한다는 데는 반대의 여지가 있을 수 있다고 본다. 지역 개방에 국한하지 않고 보다 넓은 사회적 시야에서 사회복지 생활시설의 사회화를 보아야 하는 것은 사실이나, 사회복지 생활시설의 체계적 정비·배치가 반드시 선결되어야 하는 것은 아니다.

이에 사회복지 생활시설의 사회화 방안으로서 곽병은(2004)은, 첫째, 인력과 재원의 확보, 둘째, 시설 개방의 측면에서 적극적인 지역 홍보를 통해 주민의 이용 빈도를 높일 것, 셋째, 지역사회 주민 대표의 시설 운영 참여 기회를 늘릴 것, 넷째, 시설 생활인들과 직원들의 지역사회 참여 기회를 높이고 프로그램을 시설 생활인 위주로 설계할 것, 다섯째, 시설을 비롯한 사회복지기관 간의 협조와 이를 연계시킬 수 있는 지역 차원에서의 네트워크화, 여섯째, 시설 관계자에게 시설의 사회화에 대한 인식을 강화할 것, 일곱째, 생활시설에서 재가복지 서비스를 병행할 것 등을 제시한 바 있다.

(3) 탈시설화와 지역사회 보호

탈시설화는 생활인들을 시설 환경으로부터 지역사회에 기반을 둔 환경으로 이주시키는 것이고, 이러한 과정의 목표는 지역사회 재통합이다(Hatcher and Rasch, 1980). 탈시설화 운동의 이론적 틀은 정상화였다. 이것은 원래 울펜스버거(Wolfensberger)에 의해 발전한 것으로, 사람이 '정상적으로' 취급받으면 정상적으로 행동할 것이라는 사상이다(Rothman, 2003). 이어 울펜스버거(Wolfensberger, 1983)는 정상화 원리의 최고 목표는 인간의 사회적 이미지와 개인 능력의 향상을 통하여 개인이나 집단의 사회적 역할을 설정하거나 향상시키거나 지키는 것이라고 설명하면서, 따라서 정상화를 '사회적 역할의 설정(social role valorization)'이라고 부를 것을 제안한 바 있다.

어려움(예: 심한 정신 장애)이라는 것이 그것을 경험하는 사람에게는 강력한 장애물로 보인다고 할지라도, 그러한 개인들 역시 지역사회 환경에 계속적으로 통합하기 위해 이용할 수 있는 강점과 능력을 가지고 있으며, 지역사회로 돌아간 사람들에게 영향을 미친 변화 과정을 보면 그들의 강점·회복력을 강조하고 있는 것을 알 수 있다(Newton et al., 2001; Sullivan, 1992). 선행 연구의 결과 역시 시설 생활인들이 지역사회로 재통합되었을 때, 비록 더디다 할지라도 긍정적인 변화가 그들에게 있음을 보여 준다(Newton et al., 2001). 그리고 이러한 적응은 특수한·분리된 프로그램이 아닌, 자연스럽게 생긴 지역사회 자원의 이용을 통하여 가장 잘 이루어진다(Sullivan, 1992). 대개, 시설 생활인들에게 가족이 있다면 그 가족들(예: 발달장애인 가족들)은 처음에는 탈시설화를 반대하지만, 외국의 연구에 의하면, 다시 자리가 잡힌 후에는 생각을 바꾸고 지지하며 가족 간의 접촉도 지역사회 이주 후 증가하는 양상을 보여 준다(Spreat and Conroy, 2002; Tossebro, 1998).

그러나 우리나라는 헌법을 비롯하여 「사회복지사업법」 등 사회복지와 관련한 현행 법률에서 탈시설 권리를 간접적으로만 규정하고 있다. 현행 법률은 탈시설 권리에 대한 명시적인 근거 규정이 없을뿐더러 이를 위한 지원 규정이 제도적 체계를 이루지 못하고 정부와 지방자치단체의 책임조차 인정하지 않아 그 실효성을 거두지 못한 채 선언적·임의적 문구에 그치고 있다. 이에 우리나라에서 탈시설화의 시작은 「사회복지사업법」에 탈시설화의 규정을 두는 것으로부터 출발할 수 있다. 그러므로 비록 당장 모든 생활시설을 폐쇄할 수는 없다 하더라도, "국가와 지방자치단체는 탈시설화를 촉진시키기 위한 단계적인 계획을 세우고 이를 진행하여야 한다"라는 강행규정을 두어야 한다. 물론 「사회복지사업법」 제41조(시설 수용인원의 제한)의 규정에 따르면 "각 시설의 수용인원은 300명을 초과할 수 없다"라고 하고 있으나, 300명이라는 상한선은 너무 높다. 더구나 부칙 제8조(시설수용인원의 제한에 관한 경과조치)에 의하면, "이 법 시행당시[1998년 7월 1일]의 시설과 시설의 설치를 위한 허가를 신청한 시설에 대하여는 제41조의 개정규정을 적용하지 아니한다"라고 하여 과거의 대형 생활시설에 대해서는 아무런 제한도 가하지 못하고 있다.

그러므로 먼저, 생활시설의 경우 상한선을 현행 규정의 10분의 1인 30명으로 낮추어서 신규 시설의 소규모화를 지향해야 한다. 그리고 기존의 대형 생활시설에 대해서도 소규모화를 유도해야 한다. 지금까지 우리나라에서는 국가의 정책이 규모의 경제에 의한 양적 효율성을 높이기 위하여 시설의 대형화를 추구하고 있었으며, 재정지원 방법에 있어서도 수용인원에 대한 일정비율로 지원하는 추세에서 시설의 대형화가 추구되어 왔던 것이다(김미숙 외, 2005). 그러나 시설의 질적 우수성을 평가 잣대로 하고, 재정지원도 수용인원 30인을 초과하는 대형 생활시설에 대해서는 그 초과 인원에 대하여 지원 비율을 일정 정도 줄이는 방법을 통하여 시설의 소규모화를 유도할 수 있다.

지역사회 보호는 생활시설의 대안으로서 지역사회에 기초한 서비스 일반을 지칭하는 개념이다. 이 개념 또한 시설 수용에 대한 부정적 이미지로부터 출발하였으며, 시설의 보호에서 벗어나 지역사회로 나아간다는 개념을 포함하고 있다. 요즈음 많이 제기되는 재가복지는 지역사회 보호의 하위개념으로 볼 수 있다(곽병은, 2004).

탈시설의 요구와 지역사회 접근을 결합하여 보면 지역사회 중심의 사회복지서비스 정책은 크게 세 가지 차원의 접근이 가능할 것으로 보인다(김용득, 2016: 김용득, 2018: 503-504에서 재인용).

첫째, 지역사회를 생활의 장소로서 천명하고 지역사회 중심의 서비스를 강화하는 정책 방향이다.

둘째, 지방정부 주도의 사회복지서비스 정책의 실현이다.

셋째, 지역사회가 주체가 되도록 지원하는 서비스 정책이다.

한편, 성공적인 지역사회 재통합은 적절한 계획, 재정 조달, 그리고 지역사회에 기반을 둔 심리사회적인 서비스의 공급을 필요로 한다(Hatcher and Rasch, 1980). 그러므로 탈시설화와 관련해서, 가정과 지역사회에서의 예방·치료 및 사회 복귀에 초점을 둔 주간 보호 서비스, 지역사회 정신보건센터 등 지역사회 중심의 프로그램들이 활성화되어야 한다(정미원, 2004). 아울러 고용·노동 정책, '활동 보조 서비스(personal assistance services)', 소득 보장, 주택 보급과 같은 기본정책과도 연계되어야 할 것이다.

(4) 소비자 주권주의의 증진: 자립생활의 지원

기본적으로, 식품점에서 서비스를 받고 제품을 사는 고객과 마찬가지로 대인 서비스의 이용자는 소비자이다. 이용자의 소비는 직접 지불이든, 아니면 제3자 지불, 자산조사를 거친 지급, 자선기금을 통해서든 소비자가 지불하는 실제적인 비용을 수반한다. 대인 서비스 시스템 내에서 소비자 주권주의의 기본 원칙은 특정한 삶의 조건(예: 노화·장애·정신병)을 직접적으로 경험하는 사람이 자신의 욕구와 이익에 대하여 상대 전문가보다 더 잘 안다는 것이다. 개인이 환자, 클라이언트, 또는 재화와 서비스의 수납자 역할로부터 소비자의 역할로 그 역할을 재정의할 때, 자기 삶에 대한 통제감은 향상된다(Tower, 1994). 이런 맥락에서 소비자 주권주의는 제2절에서 언급한 당사자주의와 일맥상통한다.

소비자 운동의 초기에 케네디(Kennedy) 대통령은 모든 소비자는 안전의 권리, 통지받을 권리, 선택할 권리, 들을 권리 등 네 가지 기본적인 권리를 향유해야 한다고 선언한 바 있다. 1990년대에 들어 대인 서비스의 영역에서, 소비자 주권주의는 의사, 정신보건 실천가, 직업재활 상담가, 기타 원조 전문가들의 지배에 도전하기 시작하였다(Tower, 1994).

이러한 소비자 주권주의의 본질을 꿰뚫고 있는 하나의 모델이 바로 자립생활 모델이다. 자립생활 모델은 애초에는 중증장애인에 대한 관점으로서 발전되었으나(Tower, 1994), 이제 자립생활 운동은 어느덧 우리나라 장애계에 있어서 빼놓을 수 없는 주제가 되었다.

자립생활 운동의 가장 중요한 주제는, 학업·직업·가족·사회 역할에서의 수행 능력에 영향을 주는 프로그램, 서비스, 물리적 환경에 대해서, 장애인에 의한 최상의 통제 기회를 만드는 것이다(Smith and Smith, 1994). 자립생활 모델은 장애 관련 서비스를 재구성하여, 자립생활센터가 그 중심적인 장소로서 의료·교육·주택·수송 서비스를 포함하여 장애인이 이용하는 서비스에 대해 필요한 안내를 제공한다(Finkelstein, 1991). 그 외에 자립생활센터에서는 권익 옹호의 철학을 바탕으로 장애인에게 활동 보조 서비스, 정보 제공과 의뢰, 자립생활 기술훈련, 동료 상담 등도 제공한다(양숙미, 2001). 그러므로 자립생활 운동은 탈시설화에 의하여 시설을 퇴소한 장애인이 거리에 그저 던져지는 것을 막을 뿐 아니라, 이미 지역사회에 있는 장애인이 (비록 그들이 중증장애인이라 하더라도) 개인의 존엄성과 독립을 잃을 수도 있는 시설에 배치되는 대신에 지역사회에서 독립적이 되거나 독립적으로 남아있을 수 있도록 지원할 수 있는 것이다. 이러한 자립생활 모델은 허약한 노인을 포함하여 다른 취약한 이용자까지 확대·적용될 수 있다(Tower, 1994).

미국이나 일본에서는 국가나 지방자치단체에서 법적으로 자립생활 서비스와 자립생활센터를 보장하고 있다. 그러므로 우리나라에서도 자립생활 모델의 정착이 본격화될 수 있도록 자립생활을 지원해야 할 것이다. 그래야 앞으로 우리나라의 자립생활센터도 지역사회 서비스의 주

공급자로서 공적 지위를 확립하며, 자립생활 서비스를 확대하는 노력을 계속할 수 있다.

3) 탈시설화를 넘어서

본 절에서는 사회복지 생활시설에 대한 문제점들을 해결하는 방안으로 서비스 이용자의 권리 옹호, 시설의 개방화·사회화, 탈시설화와 지역사회 보호, 소비자 주권주의의 증진 등의 정책 방향을 제시하였다. 특히 탈시설화 정책은 서구에서 기존의 시설 운영에 제기되었던 많은 문제를 해결하는 결과를 가져왔다.

그러나 흔히 우리나라에서, 탈시설화란 현실적이지 못하므로 사회복지 생활시설의 충분한 공급을 달성한 후에나 고려해 봄 직한 장기적인 정책으로 제쳐놓는 경향이 연구자와 정책입안자에게는 농후한 것으로 보인다. 물론 당장 모든 생활시설을 폐쇄하고 탈시설화를 실현하는 것은 현실적이지 않을 수 있으며, 따라서 본 절에서는 단지 시설의 양적인 공급만 생각하는 근시안을 벗어나 시설 정책을 전향적으로 다시 검토하고자 할 때 고려해 볼 수 있는 정책들을 그 용이함의 순서에 따라 (이 순서에 대해서는 이견이 있을 수 있지만) 배치하고자 하였다. 그렇다고 해서 탈시설화가 장기적이고 미래에나 고려해 볼 수 있는 정책이라고 말하는 것은 절대로 아니다. 비록 당장 모든 생활시설을 폐쇄하고 탈시설화를 시행할 수 없더라도 정책의 분명한 목표로 탈시설화를 염두에 두고 어떤 정책을 집행하는 것과 그저 당장 현실적인 정책을 집행하고 나중에 여건이 허락하면 탈시설화를 고려해 보는 것은 큰 차이가 있다. 예를 들어, 시설의 경우에 재정을 국가가 책임지고 부담할 때 이 탈시설화의 목표를 항상 염두에 두고 있다면, 시설에 대한 국가의 무원칙한 재정 부담으로 자칫 탈시설화와는 역행하는 길을 재촉하여 나중에는 돌이키는데 다시 많은 노력을 들여야 하는 우를 범하지는 않을 것이다. 같은 맥락에서 진정 탈시설화와 그것이 왜 서구에서 대두되었는지를 이해하고 있다면, 시설 폐쇄를 최소화하는 정책을 펴는 대신에 가능한 대로 시설을 소규모화하고 생활인의 인권을 보장하는 정책을 시행하였을 것이다.

많은 경우에 장애인이나 노인은 활동 보조 서비스나 이와 유사한 서비스를 위해 약간 지출하면서 가정에서 독립적으로 살 수 있다(Tower, 1994). 그렇다면 진정 시설을 개혁하고자 하는 정부의 노력은 시설의 자원을 지역사회 보호와 자립생활 지원 쪽으로 재분배하려는 노력으로 이어져야 하고, 정부는 이 지원에 인색하지 말아야 할 것이다.

토론주제

1   사회복지는 개인 변화와 사회 변화를 어떻게 조화시킬 수 있는가?

2   당사자주의가 표방되고 있는 시기에 사회복지전문가의 역할은 무엇인가?

3   탈시설화를 반대하는 시설 생활인 가족들에게 어떻게 대처해야 하는가?

참고문헌

1장

고용노동부 (2010). ILO 주요협약.

권중돈 (2014). 인간행동과 사회복지실천: 이론과 적용. 학지사.

김상균·최일섭·최성재·조흥식·김혜란·이봉주·구인회·강상경·안상훈 (2011). 사회복지개론 제3판. 나남출판.

김연명 (2007). 사회투자론의 한국적 적용가능성과 쟁점. 사회복지정책 30, 423-443.

김은정 (2014). 주요 국가의 사회서비스 공급주체 성격변화와 정책적 쟁점. 한국사회와 행정연구 25(1), 169-195.

대구대학교 (2017). 대구대학교 60년사. 대구대학교.

박정임 (2012). 사회복지사를 위한 근거중심 사회복지실천 교육 및 훈련 프로그램의 개발 및 효과성 연구: 종합사회복지관을 중심으로, 보건사회연구 32(3), 221-271.

백인립 (2013). 사회복지학의 정체성: 21세기 한국사회와 사회복지의 역할. 한국사회복지조사연구 36, 297-332.

성민선·김종해·오혜경 외 (2005). 사회복지개론. EM커뮤니티.

윤홍식·남찬섭·김교성·주은선 (2019). 사회복지정책론. 사회평론아카데미.

이상은 (2021). 보편주의 대 선별주의: 개념의 다차원성, 역사적 사용, 그리고 이슈들. 사회과학논총 24, 161-185.

이인재·류진석·권문일·김진구 (2002). 사회보장론 개정판. 나남출판.

이혜경 (1996). 한국 사회복지학의 정체성. 한국사회복지조사연구(구 연세사회복지연구) 3, 41-57.

이혜경·남찬섭 (2005). 한국 사회복지학의 고등교육 50년: 사회복지의 제도화와 고등교육의 대중화를 배경으로. 한국사회복지교육 1(1), 69-95.

조흥식·권기창·이태수·박경수·이용표·엄규숙·박기훈 (2008). 사회복지학개론. 창지사.

현외성 (2004). 사회복지정책학 강론. 양서원.

Gilbert, N. and Specht, H. (1974). *Dimensions of Social Welfare Policy*. Prentice-Hall.

Greve, B. (2008). "What is welfare?", *Central European Journal of Public Policy 2*(01), 50-73.

OECD (2022). "Provision of social services in EU countries: Reform of the national framework for the provision of social services in Spain", *OECD Social, Employment and Migration Working Papers, No.276*.

Roberts, R. A., Yeager, K. R.(Ed.)(2006). *Foundations of Evidence-based Social Work Practice*. Oxford University Press.

Romanyshyn, J. M. (1971). *Social Welfare: Charity to Justice*. Random House.

Titmuss, R. (1967, April). *Universalist and Selective Social Services*. Precedings of British
National Conference on Social Welfare, London.

Titmuss, R. (1976). *Commitment to Welfare*(2nd ed.). George Allen & Unwin.

Wilensky, H. L. and Lebaux, C. N. (1965). *Industrial Society and Social Welfare*. New York
Free Press.

Zastrow, C. (2010). *Introduction to Social Work and Social Welfare: Empowering People*(3rd
ed). Brooks/Cole Cengage Learning.

Encyclopedia Britannica (2024). "Social Science". *Encyclopaedia Britannica*. https:
//www.britannica.com/topic/social-science

2장

국가인권위원회 (2018). 세계인권선언. 국가인권위원회.

권순애·이오복 (2015). 사회서비스 시장에서의 사회복지전문직 가치갈등에 관한 연구.
비판사회정책 48, 7-51.

권중돈 (2019). 『맹자』의 사회복지실천적 함의. 한국사회복지교육 45, 33-56.

김근수 (2011). 자기결정권에 관한 연구[인제대학교 석사학위논문].

김기덕 (2022). 인권과 사회복지의 관계에 대한 비판적 탐색 – 보편성과 존엄성을 중심으로.
한국사회복지학 74(2), 7-28.

김소희·김서용·이병량 (2020). 동기이론에 대한 비교분석. 한국행정학보 54(1), 37-75.

김용석·고은정 (2014). 사회복지 가치 척도의 개발. 한국사회복지학 66(1), 277-306.

김용석·하지선·이은영·서정민·김종필 (2011). 한국어판 사회복지 가치 지향 척도의 신뢰도와
타당도 평가. 한국사회복지학 63(3), 157-185.

김화중 (1995). 내적동기이론의 과제. 논문집 37, 87-106.

신중환·김정우 (2014). 사회복지사의 사회복지 가치적합성이 직무만족과 조직몰입에 미치는
영향. 한국사회복지학 66(4), 157-179.

양성욱 (2016). 사회서비스의 공공성과 공공 가치 실현의 실재. 한국사회복지행정학 18(3), 177-208.

오혜경 (2004). 사회복지실천의 가치와 윤리에 관한 연구. 사회복지리뷰 9, 115-143.

이봉주·김혜란·구인회·강상경·홍백의·안상훈·박정민·유조안·하정화·김수영·한윤선 (2023).
사회복지개론. 학지사.

이효선 (2002). 사회복지 기본가치와 보편적 윤리의 관계성에 관한 연구. 한국사회복지 6, 47-61.

전선영 (2005). 사회복지 가치를 매개로 한 사회복지 교육과 옹호 태도 및 전략의 인과관계 분석.
한국사회복지학 57(4), 35-65.

전재일·김규수·박태룡·김태진·박태영·이준상·이성희·이팔환 (2019). 사회복지개론.
형설출판사.

조기순 (2017). 소액기부자의 사회적 책임성과 지역사회애착이 기부지속성에 미치는
영향[경성대학교 석사학위논문].

최명주 (2011). 사회복지 가치와 윤리에 대한 연구. 한국인간복지실천연구 6, 201-215.

최옥채 (2019). 사회복지실천 가치로서『성경』의 공의에 관한 탐색. 한국사회복지학 71(2), 251-277.

홍선미 (2011). 사회복지실천의 가치지향 분석. 비판사회정책 31, 193-223.

Millerson, G. (1964). *The Qualifying Associations*. Routledge & Kegan Paul.

Ryan, R. M. and Deci, E. L. (2000). Intrinsic and Extrinsic Motivations: Classic Definitions and New Directions. *Contemporary Educational Psychology 25*(1), 54-67.

Zastrow, C. (2013). 사회복지개론 (강흥구·김미옥·김순규·김신열 역). Cengage Learning. (원서출판 2007).

한국사회복지사협회 홈페이지. https://www.welfare.net/

3장

국가인권위원회 (2008). 노인분야 인권교육 교재. 국가인원위원회.

국가인권위원회 (2018). 인권의 이해. 국가인권위원회.

권중돈 (2016). 노인 인권과 사회복지실천. 한국노인복지학회 학술발표논문집, 5-22.

김기덕 (2022). 인권과 사회복지의 관계에 대한 비판적 탐색—보편성과 존엄성을 중심으로—. 한국사회복지학 74(2), 7-28.

김미옥·전북대학교산학협력단 (2006). 장애인생활시설 인권교육교재 및 프로그램 개발. 국가인권위원회.

김미옥·김경희 (2011). 인권관점에 기초한 사회복지실천 경험에 관한 질적 사례연구. 한국사회복지학 63(1), 29-55.

김영종 (2006). 사회복지와 인권. 국가인권위원회 편. Jim Ife 초청 사회복지 분야 인권관점 도입·확산을 위한 워크숍 자료집, 225-230.

문진영 (2013). 인권과 사회복지: 쟁점분석, 비판사회정책 39, 83-116.

배화옥·심창학·김미옥·양영자 (2015). 인권과 사회복지. 나남.

손병돈 (2008). 사회복지와 인권. 평택대학교 다문화가족센터 편. 사회복지와 인권, 13-44. 양서원.

오혜경 (2008). 인권과 장애인복지실천. 사회복지리뷰 13, 27-57.

이민홍 (2021). 인권관점 사회복지실천 역량 강화 프로그램 효과성 연구: 노인복지관 사회복지사를 중심으로. 보건사회연구 41(4), 334-348.

이민홍·최지선 (2020). 한국어판 '인권기반 사회복지실천' 척도 신뢰도 및 타당도 연구: 노인복지관 사회복지사를 대상으로. 노인복지연구 75(4), 9-31.

이봉주 (2013). 전문가주의와 수요자중심서비스의 갈등과 조화: 클라이언트, 고객, 서비스 이용자?. 한국사회복지학회 학술대회 자료집, 56-73.

조효제 (2007). 인권의 문법. 후마니타스.

최혜지·이미진·전용호·이민홍·이은주 (2020). 노인복지론. 사회평론아카데미.

Greenwood, E. (1957). Attributes of a profession. *Social Work 2*, 45-55.

Ife, J. (2000). *Human Rights and Social Work*. Columbia University Press.

Ife, J. (2006). *Human Rights and Human Services: Opportunities and Challenges*. 국가인권위원회 편. Jim Ife 초청 사회복지 분야 인권관점 도입·확산을 위한 워크숍 자료집, 23-43.

International Federation of Social Workers[IFSW] (2002). *IFSW Manual: Social Work and the Rights of the Child.*

McPherson, J. (2015). *Human Rights Practice in Social Work: A Rights-based Framework & Two New Measures*[Doctoral dissertation, The Florida State University].

4장

김종일 (2012). 지역사회복지론. 청목출판사.

엄미선·최종복·전동일 (2009). 사회복지 자원개발론. 대왕사.

엄미선·양숙미·백은령·한주빈 (2016). 사회복지시설 운영: 이론과 실제. 학지사.

최성재·남기민 (2016). 사회복지행정론(개정 3판). 나남.

최옥채 (2006). 지역사회실천론. 푸른북.

Alderfer, C. P. (1969). An empirical test of a new theory of human needs. *Organizational Behavior and Human Performance 4*(2), 142-175.

Bradshaw, J. (1972). *A Taxonomy of Social Need.* London School of Economics.

Coleman, J. S. (1988). Social capital in the creation of human capital. *American Journal of Sociology 94*, S95-S120.

Friedlander, W. A. and Apte, R. Z. (1980). *Introduction to Social Welfare*(5th ed). Prentice-Hall.

Gilbert, N. and Terrell, P. (2013). *Dimensions of Scial Welfare policy*(8th ed.). Pearson.

Hendel, G. (2017). *Social Welfare in Western Society.* Routledge.

Kadushin, A. (1976). *Supervision in Social Work.* Columbia University Press.

Maslow, A. H. (1954). *Motivation and Personality.* Harper & Row.

McGregor, J. A., Camfield, L., & Woodcock. A. (2009). Needs, Wants and Goals: Wellbeing, Quality of Life and Public Policy. *Applied Research Quality Life 4*, 135-154.

Nadler, L. (1970). *Development Human Resource.* Addison Wesley.

Pincus, A. and Minahan, A. (1973). *Social Work Practice: Model and Method.* F.E. Peacock Publishers.

Plant, R., Lesser, G. and Taylor-Gooby, P. (1980). *Political Philosophy and Social Welfare.* Routledge.

Putnam, R. D. (1995). Bowling alone: America's declining social capital. *Journal of Democracy 6*(1), 65-78.

Rubington, E. and Weinberg, M. S. (1981). *The Study of Social Problems.* Oxford University Press.

Taylor-Gooby, P. (2004). *New Risks, New Welfare: The Transformation of the European Welfare State.* Oxford University Press.

5장

김영종 (2010). 한국 사회복지행정학의 역사적 평가와 과제. 한국사회복지행정학 12(1), 177-202.

박천오 (2009). 정부 관료제: 이론과 실제. 법문사.

보건복지부 (2023), 2023 보건복지통계.

이봉주·김혜란·구인회·강상경·홍백의·안상훈·박정민·유조안·하정화·김수영·한윤선(2023). 사회복지개론. 학지사.

이준구 (2019). 미시경제학(7판). 문우사.

이혜경 (1998). 민간사회복지부문의 역사와 구조적 특성. 동서연구 제10권, 41-75.

Gidron, B., Salamon, L. M., & Kramer, R. M. (Eds.) (1992). *Government and the Third Sector: Emerging Relationships in Welfare States*. Jossey-Bass.

Hansmann, H. (1987). Economic theories of nonprofit organization. In: W.W. Powell(ed.). *The Nonprofit Sector: A research Handbook*, pp. 27-42. Yale University Press.

Kramer, R. M. (1994). Voluntary agencies and the contract culture: "dream or nightmare?". *Social Service Review 68*(1), pp. 33-60.

Powell, M. (2007). *Understanding the Mixed Economy of Welfare*. Policy press.

Rainey, H. G. (2003). *Understanding and Managing Public Organizations*. Jossey-Bass.

Rosenbloom, D. H., Kravchuk, R. S., & Clerkin, R.M. (2005). *Public Administration: Understanding Management, Politics, and Law in the Public Sector*. McGraw Hill.

Salamon, L. M. (1987). Partners in public service: the scope and theory of government-nonprofit relations. In: ed W.W. Powell(ed.). *The Nonprofit Sector: A Research Handbook*. Yale University Press.

Salamon, L. M. and Anheir, H. K. (1998). *Defining the Nonprofit Sector: A Cross-national Analysis*. Manchester University Press.

Savas, E. S. (1994), 민영화의 길 (박동화 역). 한마음사. (원서출판 1988).

Smith, S. R. (2010). Nonprofits and public administration: reconciling performance management and citizen engagement. *American Society for Public Administration 40*(2), 129-152.

Smith, S. R. and Lipsky, M. (2009). *Nonprofits for Hire: The Welfare State in the Age of Contracting*. Harvard University Press.

Van Slyke, D. M. (2003). The Mythology of privatization in contracting for social services. *Public Administration Review 63*(3), 296-315.

Young, D. R. and Steinberg, R. (2008). 비영리경제학 (이형진·오훈희·김정린 외 옮김). 아르케. (원서출판 1995).

통계청. https://kostat.go.kr/ansk/

보건복지부. https://www.mohw.go.kr/

한국사회적기업진흥원. https://www.socialenterprise.or.kr/index.do

6장

권중돈 · 조학래 · 윤경아 · 이윤화 · 이영미 · 손의성 · 오인근 · 김동기 (2022). 사회복지학개론. 학지사.

김동규 (2004). 한국 사회복지정책의 통사적 고찰. 한국행정사학회 15, 63-94.

김태진 (2012). 사회복지의 역사와 사상. 대구대학교출판부.

나종일 · 송규범 (2005). 영국의 역사(상). 한울아카데미.

박광준 (2014). 사회복지의 사상과 역사. 양서원.

박석돈 (2023). 사회복지학개론. 양성원.

원석조 (2016). 사회복지발달사. 공동체.

이봉주 · 김혜란 · 구인회 · 강상경 · 홍백의 · 안상훈 · 박정민 · 유조안 · 하정화 · 김수영 · 한윤선 (2023). 사회복지개론. 학지사.

이준상 (2014). 대구사회복지법인의 역사. 대구시사회복지법인협회.

이준상 (2021). 사회복지역사. 학지사.

전재일 · 김규수 · 박태룡 · 김태진 · 박태영 · 이준상 · 이성희 · 이팔환 (2024). 사회복지개론. 형설출판사.

조성린 (2014). 우리나라 복지 발달사. 조은출판사.

지윤 (1964). 사회사업사. 정신사.

허구생(2002). 빈곤의 역사, 복지의 역사. 한울아카데미.

De Schweinitz, K. (2001). 영국 사회복지 발달사 (남찬섭 역). 인간과복지. (원서출판 1943).

Rimlinger, G. V. (1997). 사회복지의 사상과 역사 (한국사회복지학연구회 역). 한울. (원서출판 1971).

7장

김영화 (1998). 네오 마르크스주의와 복지국가의 모순. 社會科學 10, 261-286.

김일영 (2001). 한국에서 발전국가의 기원, 형성과 발전 그리고 전망. 한국정치외교사논총 23(1), 87-126.

김태성 · 성경륭 (2006). 복지국가론. 나남출판.

홍성걸 (1994). 복지국가론의 이해. 노동연구 11, 385-409.

Abler, J. (1982). The Causes of Welfare State Development: Theories, Hypotheses and Empirical Analysis. *Italian Political Science Review 12*(3), 493-495.

Bailey, D. (2015). The Environmental Paradox of the Welfare State: The Dynamics of Sustainability. *New Political Economy 20*(6), 793-811.

Baldwin, P. (1990). *The Politics of Social Solidarity: Class Bases of the European Welfare State, 1875-1975*. Cambridge University Press.

Castles, F. G., Leibfried, S., Lewis, J., Obinger, H., & Pierson, C. (2010). Introduction. In: F. G. Castles, S. Leibfried, J. Lewis, H. Obinger, & C. Pierson(eds.). *The Oxford Handbook of The Welfare State*, pp. 1-15. Oxford University Press.

Cousins, M. (2005). *European Welfare States: Comparative Perspectives*. SAGE Publications

Ltd. https://doi.org/10.4135/9781446211649

Cousins, M. (2005). *European Welfare States: Comparative Perspectives*. SAGE Publications Ltd. https://doi.org/10.4135/9781446211649

Cutright, P. (1965). Political Structure, Economic Development, and National Social Security Programs. *American Journal of Sociology 70*(5), 537-550.

Ellison, N. (2006). *The Transformation of Welfare States?*. Routledge.

Esping-Andersen, G. (1985). *Politics Against Markets: The Social Democratic Road to Power*. Princeton University Press.

Esping-Andersen, G. (1990). *The Three Worlds of Welfare Capitalism*. Princeton University Press.

Esping-Andersen, G. (1999). *Social Foundations of Postindustrial Economies*. Oxford University Press.

Flora, P. and Alber. J. (1981). Modernization, Democratization, and the Development of Welfare States in Western Europe. In: P. Flora and A. J. Heidenhimer(eds.), *The Development of Welfare States in Europe and America*, pp.37-80. Transaction Publishers.

Gamble, A. (1988). *The Free Economy and the Strong State: The Politics of Thatcherism*. Macmillan.

Glennerster, H. (2010). The Sustainability of Western Welfare States. In: F. G. Castles, S. Leibfried, J. Lewis, H. Obinger, & C. Pierson(eds.), *The Oxford Handbook of The Welfare State*, pp. 689-702. Oxford University Press.

Gough, I. (2010). Economic crisis, climate change and the future of welfare states. *Twenty-First Century Society 5*, 51-64.

Greve, B. (2021). *Welfare Populism and Welfare Chauvinism*. Policy Press.

Hecksher, G. (1984). *The Welfare State and Beyond: Success and Problem in Scandinavia*. University of Minnesota Press.

Kerr, C., Dunlop, J. T., Harbison, F., & Myers, C. A. (1960). *Industrialism and Industrial Man*. Havard University Press.

Klein, R. and Millar, J. (1995). Do-It-Yourself Social Policy: Searching for a new paradigm?. *Social Policy Administration 29*(4), 303-316.

Korpi, W. (1983). *The Democratic Class Struggle*. Routledge.

Korpi, W. (1989). Power, Politics, and State Autonomy in the Development of Social Citizenship: Social Rights During Sickness in Eighteen OECD Countries Since 1930. *American Sociological Review 54*(3), 309-328.

Kuhnle, S. and Sander, A. (2010). The emergence of the western welfare state. In: F. G. Castles, S. Leibfried, J. Lewis, H. Obinger, & C. Pierson(eds.), *The Oxford Handbook of The Welfare State*, pp. 61-80. Oxford University Press.

Lewis, J. (1992). Gender and the Development of Welfare Regimes. *Journal of European Social Policy 2*(3), 159-173.

Mares, I. (2003). *The Politics of Social Risk: Business and Welfare State Development*. Cambridge University Press.

Marshall, T. H. (2013). 시민권과 복지국가 (김윤태 역). 이학사. (원서출판 1964).

Mishra, R. (1990). *The Welfare State in Capitalist Society: Policies of Retrenchment and Maintenance in Europe, North America and Australia*. Harvester Wheatsheaf.

Mishra, R. (2002). 세계화와 복지국가의 위기: 지구적 사회정책을 향하여 (이혁구·박시종 역). 성균관대학교출판부. (원서출판 2000).

Myles, J. and Quadagno, J. (2002). Political Theories of the Welfare State. *Social Service Review 76*(1), 34-57.

Nullmeier, F. and Kaufmann, F. (2010). Post-War Welfare State Development. In: F. G. Castles, S. Leibfried, J. Lewis, H. Obinger, & C. Pierson(eds.). *The Oxford Handbook of The Welfare State*, pp. 81-104. Oxford University Press.

O'connor, J. (1973). *The Fiscal Crisis of the State*. St. Marin's.

Orloff, A. S. (1993). Gender and Social Rights of Citizenship: The Comparative Analysis of Gender Relations and Welfare States. *American Sociological Review 59*(3), 303-328.

Pierson, C. (1998). *Beyond the Welfare State?: The New Political Economy of Welfare* (2nd Ed.). Polity Press.

Pierson, P. (1995). *Dismantling the Welfare State? Reagan, Thatcher and the Politics of Retrenchment*. Cambridge University Press.

Polanyi, K. (2009). 거대한 전환: 우리 시대의 정치·경제적 기원 (홍기빈 역). 도서출판길. (원서출판 2002).

Rimlinger, G. V. (1991). 사회복지의 사상과 역사 (비판과대안을위한사회복지학회 역). 한울아카데미. (원서출판 1971).

Rodrik, D. (1998). Why do More Open Economies Have Bigger Governments?. *Journal of Political Economy 106*(5), 997-1032.

Sainsbury, D. (1999). *Gender and Welfare State Regimes*. Oxford University Press.

Skocpol, T. (1985). Bring the State Back In: Strategies of Analysis in Current Research. In: P. B. Evans, D. Rueschemeyer, & T. Skocpol(eds.). *Bringing State Back In*, pp. 3-38. Cambridge University Press.

Skocpol, T. (1992). *Protecting Soldiers and Mothers: The Political Origins of Social Policy in the United States*. Harvard University Press.

Swensen, P. A. (2002). *Capitalist against Markets: The Making of Labor Markets and Welfare States in the United States and Sweden*. Oxford University Press.

Titmuss, R. M. (1958). *Essays on the The Welfare State*. George Allen & Unwin.

Titmuss, R. M. (1971). *Problems of Social Policy*. Greenwood Press.

Titmuss, R. M. (1974). What is Social Policy?. In: R. M. Titmuss, B. Abel-Smith, & K. Titmuss(eds.). *Social Policy: An Introduction*, pp. 23-32. Pantheon Books.

Wehler, H. (1996). 독일 제2제국 (이대현 역). 신서원. (원서출판 1985).

Weir, M. and Skocpol, T. (1985). State Structures and the Possibilities for "Keynesian" Responses to the Great Depression in Sweden, Britain, and the United States. In: P. B. Evans, D. Rueschemeyer, & T. Skocpol(eds.). *Bringing State Back In*, pp. 107-164. Cambridge University Press.

Wilensky, H. and Lebeaux, C. N. (1958). *Industrial Society and Social Welfare*. Russell Sage

Foundation.

Wilensky, H. L. (1975). *The Welfare State and Equality: Structural and Ideological Roots of Public Expenditures*. University of California Press.

8장

민경국 (2012). 자유주의 이념에 비춰본 1980년대 서구의 개혁정책. 제도와 경제(Review of Institution and Economics) Vol.6 No.2, 19-55.

손철성 (2007). 자유주의와 공동체주의의 주요 논쟁점에 대한 검토. 동서사상 제3집, 17-32.

송근원·김태성 (2008). 사회복지정책론. 나남출판.

이진숙·임소연 (2021). 사회복지정책론. 양성원.

Beveridge, W. (1942). *Social Insurance and Allied Services*. British Library.

DiNitto, D. M. and Johnson, D. H. (2021). Social Welfare Policy: Overview. *Encyclopedia of Social Work*. Oxford University Press. https://doi.org/10.1093/acrefore/9780199975839.013.607

Dworkin, G. (1972). Paternalism. *The Monist 56*, 64-84.

Giddens, A. (1999). *The Third Way: The Renewal of Social Democracy*. Polity Press.

Keynes, J. M. (2017). *The General Theory of Employment, Interest, and Money*. Createspace Independent Publishing Platform.

Marx, K. (1985). *Das Kapital. Marx Engels Werke[MEW]*. Dietz Verlag.

Rejda, G. E. (1998). *Social Insurance and Economic Security*(6th ed.). Prentice-HALL.

Smith, A. (1776). *An Inquiry into the Nature and Causes of the Wealth of Nations*. London.

Townsend, P. (1970). *The Fifth Social Service: A Critical Analysis of the Seebohm Proposals*. Fabian Society.

Wilensky, H. and Lebeaux, C. (1958). *Industrial Society and Social Welfare*. Russell Sage.

4대사회보험정보연계센터. https://www.4insure.or.kr/pbiz/feii/ourSociSecuDefIntroView.do

고용보험 홈페이지. https://www.work24.go.kr/cm/c/f/1100/selecPolicyList.do

국민건강보험 홈페이지. https://www.nhis.or.kr/nhis/policy/wbhada02200m01.do

국민연금 홈페이지. https://www.nps.or.kr/jsppage/info/easy/easy_01_01.jsp

국민연금공단 블로그. https://blog.naver.com/pro_nps/223532864937

김잔디·오진송·권지현 (2024.09.04). 출산·군복무 크레딧 확대…'국민연금 사각지대' 해소될까. 연합뉴스. https://www.yna.co.kr/view/AKR20240904084000530

보건복지부 홈페이지. https://www.mohw.go.kr/menu.es?mid=a10708010300

사회서비스 전자바우처 홈페이지. https://www.socialservice.or.kr:444/user/htmlEditor/view.do?p_sn=1

찾기쉬운 생활법령정보. https://www.easylaw.go.kr/CSP/CnpClsMain.laf?csmSeq=575&ccfNo=1&cciNo=1&cnpClsNo=1

Webster Dictionary. https://www.merriam-webster.com/dictionary/social%20welfare

9장

강상경 (2021). 인간행동과 사회환경. 나남.

국립국어원 (n.d.). 실천. 국립국어원 표준국어대사전. https://stdict.korean.go.kr/search/
searchView.do

김기덕 (2006). 사회복지윤리학. 나눔의 집.

김혜란·공계순·박현선 (2018). 사회복지실천론. 나남.

박지영·배화숙·엄태완·이인숙·최희경 (2020). 함께 하는 사회복지실천론. 학지사.

엄명용·김성천·김혜미 (2020). 사회복지실천의 이해. 학지사.

양옥경 (2017). 사회복지 윤리와 인권. 공동체.

Banks, S. (2020). *Ethics and Values in Social Work*. Bloomsbury Publishing.

Congress, E. P. (2017). What social workers should know about ethics: Understanding and
resolving practice dilemmas. *Social Work Ethics 1*(1), 1909-1935.

DuBois, B. and Miley, K. K. (2014). *Social Work: An Empowering Profession*. Pearson.

Gittermanm, A., Knight, C., & German, C. B. (2021). *The Life Model of Social Work Practice:
Advances in Theory and Practice*. Columbia University Press.

Gutiérrez, L. M. (1990). Working with women of color: An empowerment perspective.
Social Work 35(2), 149-153.

International Federation of Social Workers (2014). *Global Definition of Social Work*.
Retrieved from https://www.ifsw.org/what-is-social-work/global-definition-of-social-
work/

Lee, J. A. and Hudson, R. E. (2017). Empowerment approach to social work treatment.
Social work treatment: Interlocking Theoretical Approaches, 142.

Mizrahi, T. and Davis, L. E. (Eds.). (2008). *Encyclopedia of Social Work*(20th Edition).
Copublished: NASW and Oxford University Press.

National Association of Social Workers. (1973). *Standards for Social Service Manpower:
Professional Standards*. NASW.

Pinderhughes, E. B. (1983). Empowerment for our clients and for ourselves. *Social
Casework 64*(6), 331-338.

Richmond, M. E. (1922). *What is Social Case Work? An Introductory Description*. [Ebook]
Retrieved from https://www.historyofsocialwork.org

Saleebey, D. (1996). The strengths perspective in social work practice: Extensions and
cautions. *Social Work 41*(3), 296-305.

Saleebey, D. (2006). *The Strengths Perspective in Social Work Practice*. Pearson Higher Ed.

Solomon, B. B. (1976). *Black Empowerment: Social Work in Oppressed Communities*.
Columbia University Press.

Weick, A., Rapp, C., Sullivan, W. P., & Kisthardt, W. (1989). A strengths perspective for social
work practice. *Social Work 34*(4), 350-354.

Zastrow, C. (2014). *Brooks/Cole Empowerment Series: Introduction to Social Work and
Social Welfare*. Nelson Education.

송윤경 · 김향미 (2024.10.07). 일로 상처받고 '은둔 굴레'··· 사회로 꺼내줄 '밧줄' 절실. 주간 경향. https://weekly.khan.co.kr/khnm.html?mode=view&code=115&artid=202409300600091

10장

권석만 (2020). 현대 심리치료와 상담 이론: 마음의 치유와 성장으로 가는 길. 학지사.

김기태 · 김건 (2023). 위기이론과 위기개입. 공동체.

김동배 · 권중돈 (2006). 인간행동이론과 사회복지실천. 학지사.

김혜란 · 공계순 · 박현선 (2018). 사회복지실천론. 나남.

김혜란 · 홍선미 · 공계순 · 박현선 (2022). 사회복지실천기술론. 학지사.

노혜련 · 김윤주 (2014). 강점관점 해결중심 사례관리. 학지사.

신수경 · 조성희 (2016). 알기 쉬운 동기면담. 학지사.

양옥경 · 김정진 · 서미경 · 김미옥 · 김소희 (2018). 사회복지실천론. 나남.

엄명용 · 노충래 · 김용석 (2020). 사회복지실천기술의 이해. 학지사.

엄명용 · 김성천 · 윤혜미 (2020). 사회복지실천의 이해. 학지사.

홍선미 (2004). 사회복지 실천의 지식기반과 학문적 특성에 관한 연구. 한국사회복지학 56(4), 195-214.

Beck, A. T. (2001). 우울증의 인지치료 (원호택 · 박현순 · 신경진 · 이훈진 · 조용래 · 신현균 · 김은정 역). 학지사. (원서출판 1979).

Berg, I, K. and Szabó, P. (2011). 해결중심 단기코칭 (김윤주 · 노혜련 · 최인숙 역). 시그마프레스. (원서출판 2005).

Biestek, F. P. (1957). *The Casework Relationship*. Loyola University Press.

De Jong, P. and Berg, I, K. (2004). 해결을 위한 면접 (노혜련 · 허남순 역). 시그마프레스. (원서출판 1998).

Dozois, D. J. A., Dobson, K. S., & Rnic, K. (2019). Historical and philosophical bases of the cognitive-behavioral therapies. In: K. S. Dobson and D. J. A. Dozois (Eds.). *Handbook of Cognitive-Behavioral Therapies*(4th ed.). The Guilford Press.

Ellis, A. (2016). 오늘부터 불행을 단호히 거부하기로 했다 (정유선 역). 북로그컴퍼니. (원서출판 1987).

Golan, N. (1978). *Treatment in Crisis Situations*. Free.

Hepworth, D. H., Vang, P. D., Blakey, J. M., Schwalbe, C., Evans, C., Rooney, R. H., Rooney, G. D., & Strom, K. (2023). *Direct Social Work Practice: Theory and Skills*(11th ed.). Cengage Learning.

Hohman, M. (2021). *Motivational Interviewing in Social Work Practice*(2nd ed.). Guilford Press.

James, R. K. and Gilliland, B. E. (2008). 위기개입 (한인영 · 장수미 · 최정숙 · 박형원 · 이소래 · 이혜경 역). 나눔의집. (원서출판 2001).

Johnson, Y. M. and Yanca, S. J. (2007). *Social Work Practice: A Generalist Approach*(9th ed.). Pearson Allyn & Bacon.

Miller, W. R. and Rollnick, S. (2013). *Motivational Interviewing: Helping People Change*(3rd ed.). Guilford Press.

Perlman, H. H. (1979). *Relationship: The Heart of Helping People*. University of Chicago Press.

Rogers, C. R. (1957). The necessary and sufficient conditions of therapeutic personality change. *Journal of Consulting Psychology 21*(2), 95-103.

Rogers, C. R. (2014). 진정한 사람되기: 칼 로저스 상담의 원리와 실제 (주은선 역). 학지사. (원서출판 1961).

Sheafor, B. W. and Horejsi, C. R. (2020). 사회복지실천 기법과 지침 (남기철·정선욱·조성희 역). 나남출판. (원서출판 2014).

Turner, F. J. (2004). 사회복지실천이론의 이해와 적용 (연세사회복지실천연구회 역). 나남출판. (원서출판 1974).

11장

민소영 (2015). 한국의 사례관리 전개 과정과 쟁점 고찰. 한국사회복지행정학 46호, 213-239.
보건복지부 (2017). 읍면동 맞춤형복지업무 매뉴얼.
보건복지부 (2020). 사회복지사업법 시행규칙(신설 2020.12.11.).
양옥경·김정진·서미경·김미옥·김소희 (2018). 사회복지실천론. 나남.
한국사례관리학회 (2016). 사회복지 사례관리 표준실천 지침.

Ballew, J. R. (1999). 사례관리 (권진숙·전석균 역). 하나의학사. (원서출판 1996).

Dolgoff, R., D. Feildstein, & L. Skolnik (1997). *Understand Social Welfare*. Longman.

Flexner, A. (1915). Is Social Work a Profession?. In: *Proceedings of the National Conference of Charities and Correction*, 576-590. National Conference of Charities and Correction.

Gerhart, U.C. (1990). *Caring for the Chronic Mentally Ill*. F.E. Peacok.

Greenwood, E. (1957). Attiributes of a Profession. *Social Work 2*, 44-55.

Holloway, F. (1991). Case Management for the Mentally Ill: Looking at the Evidence. *The International Journal of Social Psychiatry Vol.37*, 2-13.

Moxley, D. P. (1989). *The Practice of Case Management*. Sage Publications.

Moxley, D. P. (1993). 사례관리실천론 (김만두 역). 홍익재. (원서출판 1989).

NASW (1974). Social Casework: Generic and Specific(A Report of the Milford Conference of 1929). In: *National Association of Social Workers Classics Series*. NASW.

NASW (1995). *Encyclopedia of Social Work*. NASW.

Rothman, J. (1991). A Model of Case Management: Toward Empirically Based Practice. *Social Work Vol.36*, 520-525.

미국사회복지사협회. NASW. https://www.socialworkers.org
미국사회복지자격협회. Association of Social Work Boards. https://www.aswb.org
한국사회복지행정연구회. https://ksswa.or.kr

12장

보건복지부 (2023). 2024년 지역사회보장협의체 운영안내.

보건복지부 (2024a). 2024년 사회복지관 운영관련 업무처리 안내.

보건복지부 (2024b). 2024년 자활사업 안내.

보건복지부 (2024c). 2024년 지역아동센터 지원사업 안내.

박태영·채현탁 (2020). 지역사회복지론. 정민사.

박태영·채현탁·정진석·조미정 (2015). 자원봉사론. 공동체.

오정수·류진석 (2019). 지역사회복지론. 학지사.

최선희 (2020). 지역사회복지론: 커뮤니티실천의 정체성·이론·실천사례. 지식공동체.

행정안전부 (2023). 2024년 자원봉사센터 운영지침.

Biesek, F. P. (1961). *The Casework Relationship*. Unwin University Books.

Fellin, P. (2001). *The Community and the Social Worker*(3rd ed.). F. E. Peacock.

Hardcastle, D. A., Powers, P. R., & Wenocur, S. (2011). *Community Practice: Theories and Skills for Social Workers*(3rd). Oxford University Press.

Hardina, D. (2002). *Analytical Skills for Community Organization Practice*. Columbia University Press.

Hillery, G. (1955). Definitions of community: Areas of agreement. *Rural Sociology 20*, 111-123.

McNeil, C. F. (1954). *Community Organization for Social Welfare, Social Work Year Book*. American Association of Social Workers.

Pantoja, A. and Perry, W. (1998). Community development and restoration: A perspective and case study. In: F. G. Rivera and J. L. Erlich(Eds.). *Community Organizing in a Diverse Society*, 220-242. Allyn and Bacon.

Warren, R. L. (1978). *The Community in America*(3rd ed.). Rand McNally College Publishing Company.

Warren, M. (2001). *Dry Bones Rattling: Community Building to Revitalize American Democracy*. Princeton University Press.

Weil, M. (1996). Model development in community practice: An historical Perspective. *Journal of Community Practice 3*(3-4), 5-67.

13장

감정기·조추용 (1999). 통영·거제지역 사회복지시설의 사회화에 관한 연구. 통영·거제지역 연구 4(1), 269-308.

곽병은 (2004). 사회복지시설의 사회화에 관한 이론적 고찰. 사회복지리뷰 9, 5-38.

국가인권위원회 (2005). 장애인생활시설 생활인 인권상황 실태 조사―양성화된 조건부신고복지시설을 중심으로―.

국가인권위원회 (2020). 인권교육 기본용어.

김미숙·변용찬·이연희·심재호·최재성·김은정 (2005). 사회복지시설 종합발전계획: 1차년도

미신고시설의 지원방안 및 시설정보화 방안. 보건복지부·한국보건사회연구원.

김병하 (2005). 장애인 당사자주의의 특수교육(학)적 함의. 특수교육학연구 40(1), 1-22.

김용득 (2018). 탈시설과 지역사회 중심 복지서비스 구축, 어떻게 할 것인가?: 자립과
　　　상호의존을 융합하는 커뮤니티 케어. 보건사회연구 38(3), 492-520.

김의환 (1975). 개인변화 다음에 사회개조를. 신학사상 10, 577-584.

김희진 (2024). 가정 밖 청소년 탈시설의 쟁점과 과제. 보건복지포럼 331, 49-65.

보건복지부 (2021). 탈시설 장애인 지역사회 자립 지원 로드맵(안).

보건복지부 (2023). 2023 보건복지통계연보.

양숙미 (2001). 장애인의 자립생활 패러다임과 장애인복지 서비스의 실천전략. 인문사회연구
　　　4(1), 89-108.

유엔인권고등판무관실 (2002). 인권과 장애. 장애우권익문제연구소.

이병록 (2004). 사회복지시설의 사회화론에 관한 일고찰―일본 지역복지의 관점에서―.
　　　한국사회복지학 56(1), 181-201.

정미원 (2004). 외국에서의 사회복지시설 정책변화에 관한 연구―시설이용자의 관점에서―
　　　[목원대학교 사회복지학과 석사학위논문].

조한진·김기룡·김예원·김정하·김은애·송효정·이승홍·이용표·조경미 (2017).
　　　중증·정신장애인 시설생활인에 대한 실태조사. 국가인권위원회.

최영욱 (1996). 지방자치제에 있어서 사회복지시설의 사회화. 사회과학연구 3(1), 9-28.

황미경·노혜진·김현숙 (2020). 주거취약계층의 삶의 질 증진 방안 연구: 공공임대주택 입주
　　　탈시설 노숙인을 중심으로. 한국케어매니지먼트연구 35, 125-147.

Asch, A. and Mudrick, N. R. (1995). Disability. In: R. L. Edwards and J. G. Hopps(eds.).
　　　Encyclopedia of Social Work. National Association of Social Workers Press.

Charlton, J. I. (2000). *Nothing about Us Without Us: Disability Oppression and
　　　Empowerment*. University of California Press.

Federal Nursing Home Reform Act of 1987. 42 U.S.C. § 1395i-3, 1396r (2005).

Finkelstein, V. (1991). Disability: an administrative challenge?(The health and welfare heritage).
　　　In: M. Oliver(ed.). *Social Work: Disabled People and Disabling Environments*, 63-77.
　　　Jessica Kingsley.

Greenwald, S. C. (1997). The true meaning of residents' rights. *Brown University Long-Term
　　　Care Quality Advisor* 9(2), 4.

Hatcher, M. and Rasch, J. (1980). Deinstitutionalization and community based treatment
　　　alternatives. *Journal of Rehabilitation* 46(3), 64-67.

Mansell, J. and Beadle-Brown, J. (2010). Deinstitutionalisation and community living:
　　　position statement of the Comparative Policy and Practice Special Interest Research
　　　Group of the International Association for the Scientific Study of Intellectual
　　　Disabilities. *Journal of Intellectual Disability Research* 54(2), 104-112.

Moxley, D. (1992). Disability policy and social work practice. *Health and Social Work*
　　　17(2), 99-103.

Newton, L., Rosen, A., Tennant, C., & Hobbs, C.(2001). Moving out and moving on: some
　　　ethnographic observations of deinstitutionalization in an Australian community.

Psychiatric Rehabilitation Journal 25(2), 152-162.

Oliver, M. (1996). *Understanding Disability: From Theory to Practice*. Palgrave Macmillan.

Psaltis, C., Gillespie, A., & Perret-Clermont, A-N. (2015). Introduction: the role of social relations in human and societal development. In: C. Psaltis, A. Gillespie, & A-N. Perret-Clermont(eds.). *Social Relations in Human and Societal Development*, 1-15. Palgrave Macmillan.

Reindal, S. M. (2000). Disability, gene therapy, and eugenics-a challenge to John Harris. *Journal of Medical Ethics 26*(2), 89-94.

Rothman, J. C. (2003). *Social Work Practice Across Disability*. Allyn and Bacon.

Smith, L. W. and Smith, Q. W.(1994). Independent living centers: moving into the 21st century. *American Rehabilitation 20*(1), 14-22.

Spreat, S. and Conroy, J. W. (2002). The impact of deinstitutionalization on family contact. *Research in Developmental Disabilities 23*, 202-210.

Sullivan, W. P. (1992). Reclaiming the community: The strengths perspective and deinstitutionalization. *Social Work 37*(3), 204-209.

Tossebro, J. (1998). Family attitudes to deinstitutionalization before and after resettlement: the case of a Scandinavian welfare state. *Journal of Developmental and Physical Disabilities 10*(1), 55-72.

Tower, K. D. (1994). Consumer-centered social work practice: restoring client self-determination. *Social Work 39*(2), 191-196.

Welzel, C., Inglehart, R., & Kligemann, H. D. (2003). The theory of human development: a cross-cultural analysis. *European Journal of Political Research 42*(3), 341-379.

Wolfensberger, W. (1983). Social role valorization: A proposed new term for the principle of normalization. *Mental Retardation 21*(6), 234-239.

World Health Organization(2001). *International Classification of Functioning, Disability and Health: ICF.*

伊部英男 · 石井哲夫 (1987). これからの福祉施設運営(明日の福祉2). 中央法規出版.

一番ケ瀬康子 (1979). 社會福祉入門. 有斐閣.

전국장애인차별철폐연대 (2021.08.03). '너무 늦은, 너무 무책임한, 너무 긴' 무개념한 탈시설 로드맵과 권리. 에이블뉴스. https://www.ablenews.co.kr/news/articleView. html?idxno=94802

한국천주교주교회의 사회복지위원회 (2021). 보건복지부 '탈시설 장애인 지역사회 자립지원 로드맵'에 대한 한국천주교주교회의 사회복지위원회의 입장문. https://cbck.or.kr/ Committees/201005669/Resources?no=20210911

찾아보기

저자소개

이준상

장애아동과 가족들이 겪고 있는 문제를 심층적으로 파악하고 해결하기 위하여 사회복지학을 공부하였다. 대구대학교에서 박사학위를 취득한 후 현재 대구대학교 사회복지학과 교수로 재직 중이다. 주요 관심 분야는 발달장애아동과 그 가족들에 대한 사회복지실천 영역이며, 동시에 특수한 욕구를 가진 사회복지 대상자들에 대한 사회복지 개입 방안들을 연구하고 있다. 저서로는『사례관리론』(2024),『사회복지역사』(2021) 등 다수가 있다.

이진숙

사회와 가족 그리고 정책에 대한 관심에서 출발하여 정책적 관점에서 사회를 분석하는 연구를 하고 있다. 독일 뷔르츠부르크(Würzburg) 대학교에서 사회학 박사학위를 취득한 후 현재 대구대학교에서 사회복지학과 교수로 재직 중이다. 주요 연구 분야는 사회복지정책 및 가족 영역이며 최근에는 사회적 고립에 대한 연구에 집중하고 있다. 저서로『여성복지론』(2020),『사회복지정책론』(2019) 등 다수가 있다.

조한진

미국 일리노이 대학교(University of Illinois)에서 철학박사학위를 취득한 후 현재 대구대학교에서 사회복지학과 교수로 재직 중이다. 주요 연구 분야는 장애인 정책 및 장애학이다. 공저로『한국에서 장애학 하기 (2판)』(2023),『미국의 사회보장제도』(2018), 공역서로『장애이론: 장애 정체성의 이론화』(2019) 등이 있다.

현진희

이화여자대학교에서 학사, 석사, 박사학위를 취득한 후 현재 대구대학교에서 사회복지학과 교수로 재직 중이다. 주요 연구 분야는 트라우마, 재난정신건강, 임상사회복지, 지역사회정신건강 등이다. 국제트라우마스트레스학회 이사, Asian Social Work and Policy Review의 Managing Editor, International Journal of Mental Health의 Associate Editor로 활동중이며, 한국트라우마스트레스학회 회장, 한국정신건강사회복지학회 회장, 미8군 121병원 임상사회복지사를 역임하였다. 공저로『사회복지 슈퍼비전』(2021),『정신건강사회복지의 이해와 실제』(2021),『감염병 심리사회방역지침』(2020) 등 다수 있다.

박영준

사회복지실천분야에서 지역의 사회복지실천문제와 사회복지사의 조직역량에 관심을 가졌고, 최근에는 복지와 디지털대전환에 따른 융합 학문과 대학 교육의 혁신을 공부하고 있다. 대구대학교에서 철학박사학위를 취득한 후 현재 대구대학교 사회복지학과 교수로 재직 중이다. 주요 연구 분야는 사회복지실천분야 및 조직, 아동·학교사회복지 영역이며 부전공으로 사회복지조사방법을 연구하고 있다. 저서로『사회복지조사론』(2024),『아동복지론』(2013) 등 다수가 있다.

양난주

좀 더 평등한 세상을 꿈꾸며 사회복지학을 공부하였다. 서울대학교에서 사회복지학 박사학위를 취득한 후 현재 대구대학교에서 사회복지학과 교수로 재직 중이다. 주요 연구 분야는 사회복지정책 및 행정 영역이며 노인장기요양제도, 사회서비스정책, 돌봄정책을 연구하고 있다. 공저로『고령 저소득 노동 실태와 정책 대응』(2024),『사회보장제도 진단과 대안 모색』(2022),『지속가능한 돌봄정책 재정립방안 연구Ⅰ·Ⅱ』(2018) 등 다수가 있다.

김문근

서울대학교에서 사회복지학 박사학위를 취득한 후 현재 대구대학교 사회복지학과 교수로 재직 중이다. 주요 연구 분야는 정신건강복지정책, 정신건강 및 정신장애 관련 법률, 정신건강복지서비스, 사회적 낙인 등이다. 저서로『상징적 상호작용론과 정신장애의 이해』(2016),『정신건강사회복지론』(2022, 공저),『감금 없는 정신보건: 인권기반 법제와 프로그램의 대개혁』(2022, 공저) 등이 있다.

김사현

복지국가에 관심을 가지면서 사회복지학을 공부하게 되었다. 성균관대학교에서 사회복지학 박사학위를 취득한 후 현재 대구대학교에서 사회복지학과 교수로 재직 중이다. 주요 연구 분야는 비교사회복지정책이며, 복지정치 및 정책선호를 비롯하여 사회보장과 관련된 여러 주제를 연구하고 있다. 주요 연구로「노동시간과 재분배 정책에 대한 선호」(2022),「사회복지 공공성: 새로운 복지정치 담론의 제안」(2019) 등이 있다.

이현주

서울대학교에서 사회복지학 박사학위를 취득한 후 현재 대구대학교에서 사회복지학과 교수로 재직 중이다. 노년기 정신건강과 건강불평등에 대한 연구를 지속적으로 진행하고 있으며, 최근에는 노인학대, 공공후견과 공공신탁 등 취약한 노인의 인권과 의사결정지원에 대한 연구로 연구 영역을 확장하고 있다. 저서로는『정신건강론』(2023),『인간행동과 사회환경』(2015)이 있다.

김석주

사회복지 영역에서 지역사회 영향과 사회서비스 효과에 관한 연구를 주로 수행하고 있다. 미국 케이스 웨스턴 리저브 대학(Case Western Reserve University)에서 사회복지학 박사학위(PhD)를 취득한 후, 현재 대구대학교 사회복지학과 교수로 재직 중이다. 주요 연구 분야는 지역사회복지, 아동·청소년·가족복지, 사회복지 데이터 과학 등이다. 저서로는 『사회복지조사론』(2024), 『지역사회연구방법론』(2023)이 있다.

곽민영

생애주기와 성별에 따라 질병이 가족돌봄에 미치는 영향의 차이에 관심이 있으며, 주요 연구 분야는 노년기 질병과 장애와 관련된 가족돌봄이다. 미국 미시간 대학교(University of Michigan)에서 사회복지학 박사학위를 취득한 후 현재 대구대학교 사회복지학과 교수로 재직 중이다. 저서로 『사회복지 윤리와 철학』(2024)과 『노인복지학』(2020)이 있다.

이동석

인권에 기반한 사회복지 실천, 장애인 당사자가 주체가 될 수 있는 장애인복지를 위해 사회복지학을 공부하였다. 성공회대학교에서 사회복지학 박사학위를 취득한 후, 현재 대구대학교에서 사회복지학과 교수로 재직 중이다. 주요 연구 분야는 장애인복지와 장애학이다. 저서 및 역서로는 『장애와 학대』(2014), 『장애를 다시 생각한다』(2021), 『장애인중심의 사회서비스 정책과 실천: 서비스 현금지급과 개인예산』(2013) 등이 있다.

이승주

우리 사회의 불평등과 빈곤 완화를 위한 실질적이고 효과적인 방안을 모색하기 위해 사회복지학을 공부하였다. 연세대학교에서 사회복지학 박사학위를 취득한 후, 현재 대구대학교에서 사회복지학과 교수로 재직 중이다. 주전공은 사회복지행정이며, 주요 연구 분야로 빈곤 및 사회적 불평등, 사회적 경제를 연구하고 있다. 저서로는『지역사회복지론』(2022)이 있다.